本科层次职业教育改革创新教材

AI创新教材

U0773996

线性代数与概率统计

XIANXING DAISHU YU GAILU TONGJI

主　编　亢莹利　李雅馨
副主编　叶萌萌　李惠芬
陈晓月　田　佳

中国教育出版传媒集团
高等教育出版社·北京

内容提要

本书是本科层次职业教育改革创新教材。

本书紧扣职业本科教育人才培养目标，紧密契合国家“深化产教融合、推进岗课赛证融通”的政策导向，系统整合了线性代数与概率统计的核心内容，构建了一套符合职业本科学生认知规律的教学体系。全书共分为八章，涵盖矩阵与向量运算、线性方程组求解、矩阵的特征值与特征向量、向量空间与正交性、随机事件与概率计算、随机变量及其分布（包括离散型和连续型）、数字特征与极限定理、参数估计与假设检验等内容。全书结合人工智能、数据科学、5G通信等领域对数学基础的要求，着力强化学生的抽象思维、逻辑推理和数学应用能力，为学生未来的职业发展和解决复杂技术问题奠定坚实的基础。

此外，本书配备了丰富的助学助教资源，如PPT课件、电子教案等，方便师生使用。

本书不仅适合高等职业教育本科和专科院校作为教材使用，也可供应用型本科院校选用。

图书在版编目(CIP)数据

线性代数与概率统计 / 亢莹利，李雅馨主编.

北京 ：高等教育出版社，2025. 8. -- ISBN 978-7-04-065219-2

Ⅰ. O151. 2；O21

中国国家版本馆CIP数据核字第20259CA990号

策划编辑 谢永铭　**责任编辑** 程福平　**封面设计** 张文豪　**责任印制** 高忠富

出版发行	高等教育出版社	**网　址**	http://www.hep.edu.cn
社　址	北京市西城区德外大街4号		http://www.hep.com.cn
邮政编码	100120	**网上订购**	http://www.hepmall.com.cn
印　刷	上海叶大印务发展有限公司		http://www.hepmall.com
开　本	787mm×1092mm　1/16		http://www.hepmall.cn
印　张	18.75		
字　数	410千字	**版　次**	2025年8月第1版
购书热线	010-58581118	**印　次**	2025年8月第1次印刷
咨询电话	400-810-0598	**定　价**	43.00元

物 料 号 65219-00

配套学习资源及教学服务指南

AI 学习助手

本书配备专属 AI 学习助手，扫描下方二维码即可开启智能互动，享受以下服务：

1. AI答疑，突破学习难点；
2. 个性化学习方案定制；
3. 智能生成练习题及答案。

★ 如您有任何问题，可加入职业教育数学教师交流QQ群：820859236。

前 言

随着我国高等教育改革的深化和职业本科教育的蓬勃发展，培养兼具理论基础与实践能力的高素质技术技能人才已成为新时代的核心任务。为响应国家“深化产教融合、推进岗课赛证融通”的号召，满足职业本科教育拓宽口径、强化适应性的需求，本书立足职业本科人才培养目标，以“应用导向、能力本位、数字赋能”为原则，系统整合线性代数与概率统计的核心内容，构建符合职业本科学生认知规律的教学体系。

在新工科背景下，人工智能、数据科学、5G通信和区块链等前沿科技领域，数学问题不断涌现，线性代数与概率统计的基础地位愈发突出，其关键性支撑作用也更加凸显。线性代数与概率统计作为重要基础课程，对培育学生抽象思维、逻辑推理、空间想象等能力，提升数学修养与综合素质，为学生未来职业发展和解决社会事务奠定坚实基础意义重大。在此背景下，我们编写了本书，旨在服务应用型、技能型人才培养。本书基本理论阐述自然流畅，聚焦实用性，同时融入了职业教育理念与特色。

本书具有以下特点：

1. 理念融合。以职业本科人才培养为根本，在保持学科体系基础上，力求通俗化叙述抽象概念，简化理论证明，加强直观说明与几何解释，把握基本概念的准确性，以突出数学思想和数学方法的应用为核心，促进数学技术和专业融合，对接学生学习需求，让教材贴合职业教育学情。

2. 育人渗透。融入数学思想方法、数学文化等育人元素。以知识为载体，让学生感悟知识里的数学思想，树立正确三观，发挥数学对职业能力与素质养成的支撑作用，契合职业教育“立德树人”要求，为学生可持续发展奠基。

3. 应用导向。全程嵌入数学建模理念，每章从问题入手，抽象概念、归纳性质，注重知识本质与应用，强化锻炼用数学解决问题的能力，契合职业本科应用型人才培养对实践应用能力的需求，提升创新力。

4. 分层拓展。考虑职业本科生源多样、基础与能力差异大，在突出知识主线的同时，适当延伸，供学有余力者深入，让不同基础学生都能发展，满足职业本科多层次人才培养需求。

本书在内容编排上，不过分追求理论体系完整与运算技巧，保持叙述严谨、概念准确，以数学思想和方法应用为核心；由浅入深、循序渐进，借直观“模型”引入抽象概念，化难为易，对重要概念定理注释，助学生领会内涵、掌握数学处理实际问题的方法，提升分析与处理问题的能力；配大量例题、节习题与章复习题，习题难度递进（难题用 * 标注）、知识点覆盖广、题型多样，还增加了全国专升本真题（用【】标注），可作专升本考试用书，服务学生升学与职业发展。

本书由金华职业技术大学组织编写，其中线性代数部分由亢莹利、叶萌萌编写，概率统计部分由李雅馨、李惠芬、陈晓月和田佳编写，全书由亢莹利统稿。

限于编者水平，书中难免存在一些缺点和疏漏之处，敬请读者批评指正。

编　者

目 录

第一章 行列式

行列式起源于解线性方程组，是线性代数中的重要概念之一.行列式是线性代数中一个重要的数学分支，它的发展中经历了漫长而富有成效的过程.

行列式的概念广泛应用于多个领域，如物理学、工程学、计算机科学等.在物理学中，它与量子力学中的波函数变换、电路分析等紧密结合.在工程学中，它推动了结构力学、电力系统等的发展.在计算机科学中，行列式在图论、算法分析等方面发挥着重要作用.总体而言，行列式随数学思想演变不断拓展，成为线性代数及相关领域中不可或缺的数学工具之一.

本章思维导图

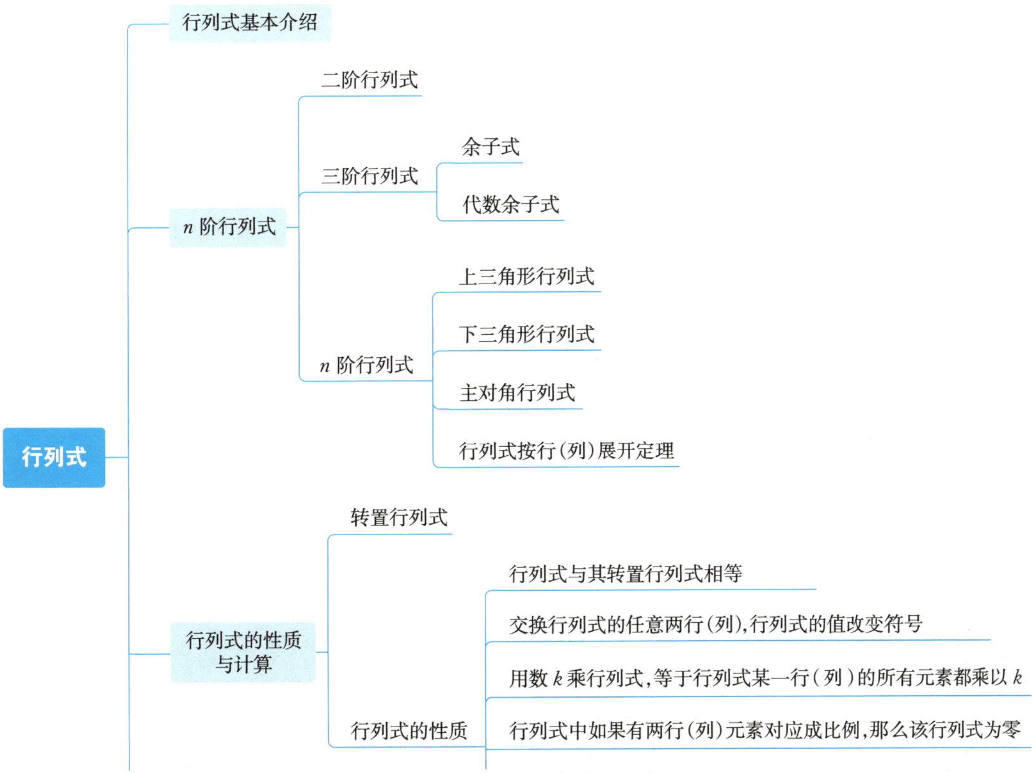

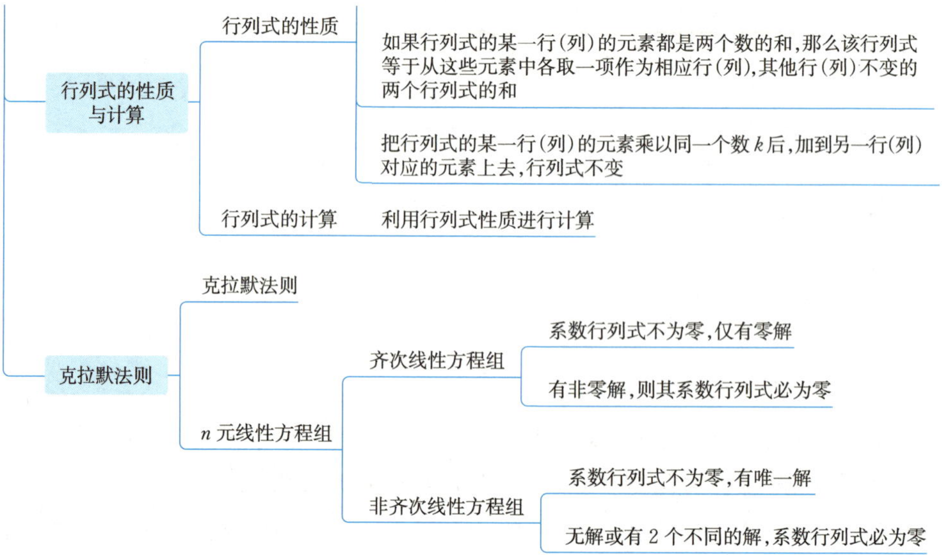

1.1　n 阶行列式

内容和目标

- 掌握行列式的概念;
- 会求解二阶、三阶行列式;
- 掌握余子式和代数余子式的概念;
- 了解 n 阶行列式的概念;
- 掌握使用行列式定义计算行列式的思路与方法.

1.1.1　二阶行列式

在许多实际问题中,常常会遇到有关线性方程组的问题,在初等数学中,曾学过如何求解二元一次方程组和三元一次方程组.

以二元一次方程组为例,已知二元一次线性方程组

$$\begin{cases} a_{11}x+a_{12}y=b_1, & (1) \\ a_{21}x+a_{22}y=b_2. & (2) \end{cases} \tag{1.1}$$

将式(1)$\times a_{22}-$式(2)$\times a_{12}$消去 y 得

$$(a_{11}a_{22}-a_{12}a_{21})x=b_1a_{22}-b_2a_{12}.$$

将式(2)$\times a_{11}-$式(1)$\times a_{21}$消去 x 得

$$(a_{11}a_{22}-a_{12}a_{21})y=b_2a_{11}-b_1a_{21}.$$

如果 $a_{11}a_{22}-a_{12}a_{21}\neq 0$,那么方程组有唯一解

$$\begin{cases} x=\dfrac{b_1a_{22}-b_2a_{12}}{a_{11}a_{22}-a_{12}a_{21}}, \\ y=\dfrac{b_2a_{11}-b_1a_{21}}{a_{11}a_{22}-a_{12}a_{21}}. \end{cases} \tag{1.2}$$

式(1.2)是方程组(1.1)解的一般公式，但它难以记忆且应用不便.观察发现式(1.2)中的分子、分母都是两组数交叉相乘再相减的结果，其中分母 $a_{11}a_{22}-a_{12}a_{21}$ 是由方程组(1.1)的未知数的 4 个系数确定的，受此启发，引入二阶行列式的概念来简化这个解的表达式.

定义 1.1 记号 $\begin{vmatrix} a_{11} & a_{12} \\ a_{21} & a_{22} \end{vmatrix}$ 表示代数和 $a_{11}a_{22}-a_{12}a_{21}$，称为**二阶行列式**，即

$$\begin{vmatrix} a_{11} & a_{12} \\ a_{21} & a_{22} \end{vmatrix}=a_{11}a_{22}-a_{12}a_{21}.$$

其中，数 $a_{11}, a_{12}, a_{21}, a_{22}$ 称为行列式的元素，横排称为行，竖排称为列.元素 a_{ij} 的第一个下标 i 称为行标，表明该元素位于第 i 行，第二个下标 j 称为列标，表明该元素位于第 j 列.例如 a_{21} 是位于第 2 行第 1 列上的元素.

从左上到右下的对角线称为主对角线(图 1-1 中的实线)，从右上到左下的对角线称为副对角线(图 1-1 中的虚线).

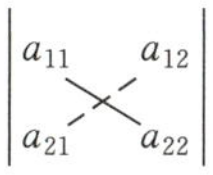

图 1-1 二阶行列式的对角线法则

根据二阶行列式的定义，二元一次线性方程组(1.1)解式(1.2)的分子和分母可记为

$$D=\begin{vmatrix} a_{11} & a_{12} \\ a_{21} & a_{22} \end{vmatrix},\quad D_1=\begin{vmatrix} b_1 & a_{12} \\ b_2 & a_{22} \end{vmatrix},\quad D_2=\begin{vmatrix} a_{11} & b_1 \\ a_{21} & b_2 \end{vmatrix}.$$

其中，D 是由 x, y 的系数组成的行列式，称为**系数行列式**.

若 $D\neq0$，方程组(1.1)有唯一解，解可表示为

$$x=\frac{D_1}{D},\quad y=\frac{D_2}{D}.$$

例 1 解二元一次方程组 $\begin{cases} 2x+y=5, \\ x-3y=-1. \end{cases}$

解 由题意可知，方程组的系数行列式为

$$D=\begin{vmatrix} 2 & 1 \\ 1 & -3 \end{vmatrix}=-7\neq0,\quad D_1=\begin{vmatrix} 5 & 1 \\ -1 & -3 \end{vmatrix}=-14,\quad D_2=\begin{vmatrix} 2 & 5 \\ 1 & -1 \end{vmatrix}=-7.$$

因此，方程组的解为

$$x=\frac{D_1}{D}=\frac{-14}{-7}=2,\quad y=\frac{D_2}{D}=\frac{-7}{-7}=1.$$

【课堂练习】

解二元一次方程组$\begin{cases}2x+3y=13,\\5x-3y=1.\end{cases}$

1.1.2　三阶行列式

现在来看三元一次方程组：

$$\begin{cases}a_{11}x+a_{12}y+a_{13}z=b_1, & (1)\\a_{21}x+a_{22}y+a_{23}z=b_2, & (2)\\a_{31}x+a_{32}y+a_{33}z=b_3. & (3)\end{cases} \tag{1.3}$$

按照消元法的做法，先由式(1)和式(2)消去 z，由式(2)和式(3)消去 z，再从所得的两个方程中消去 y，可得到

$$(a_{11}a_{22}a_{33}+a_{12}a_{23}a_{31}+a_{13}a_{21}a_{32}-a_{13}a_{22}a_{31}-a_{12}a_{21}a_{33}-a_{11}a_{23}a_{32})x$$
$$=b_1a_{22}a_{33}+a_{12}a_{23}b_3+a_{13}b_2a_{32}-a_{13}a_{22}b_3-a_{12}b_2a_{33}-b_1a_{23}a_{32}.$$

令　$$D=a_{11}a_{22}a_{33}+a_{12}a_{23}a_{31}+a_{13}a_{21}a_{32}-a_{13}a_{22}a_{31}-a_{12}a_{21}a_{33}-a_{11}a_{23}a_{32},$$

则当 $D\neq0$ 时，有

$$x=\frac{1}{D}(b_1a_{22}a_{33}+b_2a_{13}a_{32}+b_3a_{12}a_{23}-b_1a_{23}a_{32}-b_2a_{12}a_{33}-b_3a_{13}a_{22}).$$

同理可得

$$y=\frac{1}{D}(b_1a_{23}a_{31}+b_2a_{11}a_{33}+b_3a_{21}a_{13}-b_1a_{21}a_{33}-b_2a_{13}a_{31}-b_3a_{23}a_{11}),$$

$$z=\frac{1}{D}(b_1a_{21}a_{32}+b_2a_{12}a_{31}+b_3a_{11}a_{22}-b_1a_{22}a_{31}-a_{11}b_2a_{32}-b_3a_{12}a_{21}).$$

类似前面的二阶行列式，为方便记忆，可以引入三阶行列式的概念.

定义 1.2　记号 $D=\begin{vmatrix}a_{11}&a_{12}&a_{13}\\a_{21}&a_{22}&a_{23}\\a_{31}&a_{32}&a_{33}\end{vmatrix}$ 表示代数和 $a_{11}a_{22}a_{33}+a_{12}a_{23}a_{31}+a_{13}a_{21}a_{32}-a_{13}a_{22}a_{31}-a_{12}a_{21}a_{33}-a_{11}a_{23}a_{32}$，称为**三阶行列式**，即

$$D=\begin{vmatrix}a_{11}&a_{12}&a_{13}\\a_{21}&a_{22}&a_{23}\\a_{31}&a_{32}&a_{33}\end{vmatrix}=a_{11}a_{22}a_{33}+a_{12}a_{23}a_{31}+a_{13}a_{21}a_{32}-a_{13}a_{22}a_{31}-a_{12}a_{21}a_{33}-a_{11}a_{23}a_{32}.$$

【注意】上面行列式 D 有 3 行 3 列，其展开式共有 $3!=6$ 项，其中每一项都是不同行不同列的 3 个元素相乘再赋予正负号且正负项各占一半.其计算方法如图 1-2 所示，主对角线方向为正，副对角线方向为负，每一项都是 3 个元素的乘积.

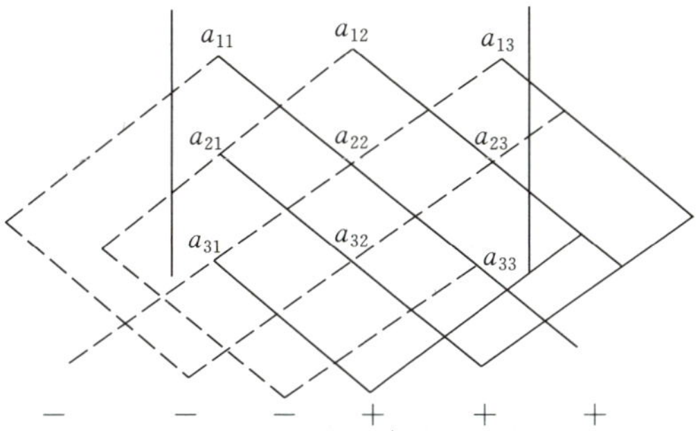

图 1-2 三阶行列式的对角线法则

由定义 1.2 可得,若三元一次线性方程组(1.3)的系数行列式

$$D=\begin{vmatrix} a_{11} & a_{12} & a_{13} \\ a_{21} & a_{22} & a_{23} \\ a_{31} & a_{32} & a_{33} \end{vmatrix}\neq 0,$$

则方程组有唯一解,解为

$$x=\frac{D_1}{D},\quad y=\frac{D_2}{D},\quad z=\frac{D_3}{D}.$$

其中,D_1,D_2,D_3 是将系数行列式 D 中的第一、第二、第三列分别换成常数列,即

$$D_1=\begin{vmatrix} b_1 & a_{12} & a_{13} \\ b_2 & a_{22} & a_{23} \\ b_3 & a_{32} & a_{33} \end{vmatrix},\quad D_2=\begin{vmatrix} a_{11} & b_1 & a_{13} \\ a_{21} & b_2 & a_{23} \\ a_{31} & b_3 & a_{33} \end{vmatrix},\quad D_3=\begin{vmatrix} a_{11} & a_{12} & b_1 \\ a_{21} & a_{22} & b_2 \\ a_{31} & a_{32} & b_3 \end{vmatrix}.$$

从二阶和三阶行列式的定义发现:

$$\begin{aligned} D=\begin{vmatrix} a_{11} & a_{12} & a_{13} \\ a_{21} & a_{22} & a_{23} \\ a_{31} & a_{32} & a_{33} \end{vmatrix} &= a_{11}a_{22}a_{33}+a_{12}a_{23}a_{31}+a_{13}a_{21}a_{32}-a_{13}a_{22}a_{31}-a_{12}a_{21}a_{33}-a_{11}a_{23}a_{32} \\ &= a_{11}(a_{22}a_{33}-a_{23}a_{32})-a_{12}(a_{21}a_{33}-a_{23}a_{31})+a_{13}(a_{21}a_{32}-a_{22}a_{31}) \\ &= a_{11}\begin{vmatrix} a_{22} & a_{23} \\ a_{32} & a_{33} \end{vmatrix}-a_{12}\begin{vmatrix} a_{21} & a_{23} \\ a_{31} & a_{33} \end{vmatrix}+a_{13}\begin{vmatrix} a_{21} & a_{22} \\ a_{31} & a_{32} \end{vmatrix} \\ &= a_{11}(-1)^{1+1}\begin{vmatrix} a_{22} & a_{23} \\ a_{32} & a_{33} \end{vmatrix}+a_{12}(-1)^{1+2}\begin{vmatrix} a_{21} & a_{23} \\ a_{31} & a_{33} \end{vmatrix}+ \\ &\quad a_{13}(-1)^{1+3}\begin{vmatrix} a_{21} & a_{22} \\ a_{31} & a_{32} \end{vmatrix}. \end{aligned}$$

其中,$\begin{vmatrix} a_{22} & a_{23} \\ a_{32} & a_{33} \end{vmatrix}$ 是原行列式 D 中划去 a_{11} 所在的行和列后剩下的元素组成的行列式,记作 M_{11},称为元素 a_{11} 的**余子式**,若考虑前面的符号以及表达的规范,令 $A_{11}=(-1)^{1+1}M_{11}$,A_{11} 称为元素 a_{11} 的**代数余子式**.

同理$\begin{vmatrix} a_{21} & a_{23} \\ a_{31} & a_{33} \end{vmatrix}$，$\begin{vmatrix} a_{21} & a_{22} \\ a_{31} & a_{32} \end{vmatrix}$，分别是原行列式 D 中分别划去 a_{12}，a_{13}所在的行和列后剩下的元素组成的行列式，分别称为元素 a_{12}，a_{13} 的**余子式** M_{12}，M_{13}，$A_{12}=(-1)^{1+2}M_{11}$ 和 $A_{13}=(-1)^{1+3}M_{13}$分别称为元素 a_{12}，a_{13} 的**代数余子式**.

因此，$D=\begin{vmatrix} a_{11} & a_{12} & a_{13} \\ a_{21} & a_{22} & a_{23} \\ a_{31} & a_{32} & a_{33} \end{vmatrix}=a_{11}M_{11}-a_{12}M_{12}+a_{13}M_{13}=a_{11}A_{11}+a_{12}A_{12}+a_{13}A_{13}$.

例 2　用两种方法计算三阶行列式 $D=\begin{vmatrix} 1 & 3 & 2 \\ 2 & -7 & -3 \\ 1 & 0 & -1 \end{vmatrix}$.

解　方法一：按照对角线法则

$$D=\begin{vmatrix} 1 & 3 & 2 \\ 2 & -7 & -3 \\ 1 & 0 & -1 \end{vmatrix}=1\times(-7)\times(-1)+3\times(-3)\times1+2\times2\times0-2\times(-7)\times1-$$
$$3\times2\times(-1)-1\times(-3)\times0$$
$$=7-9+0+14+6-0=18.$$

方法二：利用代数余子式的定义将行列式按第一行展开，得

$$A_{11}=(-1)^{1+1}\begin{vmatrix} -7 & -3 \\ 0 & -1 \end{vmatrix}=7,\quad A_{12}=(-1)^{1+2}\begin{vmatrix} 2 & -3 \\ 1 & -1 \end{vmatrix}=-1,$$
$$A_{13}=(-1)^{1+3}\begin{vmatrix} 2 & -7 \\ 1 & 0 \end{vmatrix}=7,$$

则
$$D=1\times7+3\times(-1)+2\times7=18.$$

【课堂练习】

用对角线展开和按第一行展开两种方法计算行列式

$$D=\begin{vmatrix} 2 & 1 & 2 \\ -4 & 3 & 1 \\ 2 & 3 & 5 \end{vmatrix}.$$

1.1.3　n 阶行列式

二阶、三阶行列式可以用对角线法则定义和计算.然而这种直观的方法无法推广到，$n>3$ 的情形.不过二阶、三阶行列式展开式中可发现统一遵循的规律：

二阶行列式$\begin{vmatrix} a_{11} & a_{12} \\ a_{21} & a_{22} \end{vmatrix}=a_{11}a_{22}-a_{12}a_{21}=a_{11}A_{11}+a_{12}A_{12}$；

三阶行列式 $D=\begin{vmatrix} a_{11} & a_{12} & a_{13} \\ a_{21} & a_{22} & a_{23} \\ a_{31} & a_{32} & a_{33} \end{vmatrix}=a_{11}A_{11}+a_{12}A_{12}+a_{13}A_{13}$.

即,可以利用低一阶的行列式来定义高一阶的行列式.因此,可用这种递推的方式给出 n 阶行列式的定义.

定义 1.3　由 $n\times n$ 个元素组成的一个计算式子,记作 $D=\begin{vmatrix} a_{11} & a_{12} & \cdots & a_{1n} \\ a_{21} & a_{22} & \cdots & a_{2n} \\ \vdots & \vdots & & \vdots \\ a_{n1} & a_{n2} & \cdots & a_{nn} \end{vmatrix}$,称为 **$n$ 阶行列式**,其中 a_{ij} 是行列式 D 中第 i 行第 j 列的元素,规定如下:

(1) 当 $n=1$ 时,$D=|a_{11}|=a_{11}$;

(2) 当 $n\geqslant 2$ 时,$D=a_{11}A_{11}+a_{12}A_{12}+\cdots+a_{1n}A_{1n}=\sum\limits_{j=1}^{n}a_{1j}A_{1j}$.

上式称为 n 阶行列式按第一行元素展开式,其中 $A_{1j}=(-1)^{1+j}M_{1j}$,M_{1j} 是原行列式 D 中去掉元素 a_{1j} 所在的第 1 行和第 j 列所剩下的元素按原来次序排成的低一阶的行列式,即

$$M_{1j}=\begin{vmatrix} a_{21} & \cdots & a_{2,j-1} & a_{2,j+1} & \cdots & a_{2n} \\ a_{31} & \cdots & a_{3,j-1} & a_{3,j+1} & \cdots & a_{3n} \\ \vdots & & \vdots & \vdots & & \vdots \\ a_{n1} & \cdots & a_{n,j-1} & a_{n,j+1} & \cdots & a_{nn} \end{vmatrix}\quad (j=1,2,\cdots,n).$$

在 D 中,$a_{11},a_{22},\cdots,a_{nn}$ 所在的对角线称为**主对角线**,$a_{n1},a_{n-1,2},\cdots,a_{1n}$ 所在的对角线称为**副对角线**.

定理 1.1　n 阶行列式 D 等于它的任意一行(列)的元素与它们各自对应的代数余子式的乘积的和,即

$$D=a_{i1}A_{i1}+a_{i2}A_{i2}+\cdots+a_{in}A_{in}=\sum_{j=1}^{n}a_{ij}A_{ij}\quad (i=1,2,\cdots,n)$$

或

$$D=a_{1j}A_{1j}+a_{2j}A_{2j}+\cdots+a_{nj}A_{nj}=\sum_{i=1}^{n}a_{ij}A_{ij}\quad (j=1,2,\cdots,n).$$

这个定理称为行列式按行(列)展开定理.

学完第二节行列式的性质后,读者可自行证明定理 1.1,亦可扫描二维码查看详细证明过程.

例 3　分别按第三行和第二列展开并计算行列式

$$D=\begin{vmatrix} 1 & 3 & 2 \\ 2 & -7 & -3 \\ 1 & 0 & -1 \end{vmatrix}$$

的值.

解 按第三行展开：

$$D=1\times\begin{vmatrix}3 & 2\\-7 & -3\end{vmatrix}+(-1)\times\begin{vmatrix}1 & 3\\2 & -7\end{vmatrix}=5+13=18.$$

按第二列展开：

$$D=3\times(-1)\times\begin{vmatrix}2 & -3\\1 & -1\end{vmatrix}+(-7)\times\begin{vmatrix}1 & 2\\1 & -1\end{vmatrix}=-3+21=18.$$

例 4 计算四阶行列式

$$D=\begin{vmatrix}1 & 2 & -2 & 0\\3 & 0 & -1 & 1\\5 & -1 & 2 & 0\\2 & 3 & 1 & 1\end{vmatrix}.$$

解 按第四列展开：

$$\begin{aligned}D&=1\times(-1)^{2+4}\begin{vmatrix}1 & 2 & -2\\5 & -1 & 2\\2 & 3 & 1\end{vmatrix}+1\times(-1)^{4+4}\begin{vmatrix}1 & 2 & -2\\3 & 0 & -1\\5 & -1 & 2\end{vmatrix}\\&=(-1+8-30-4-10-6)+(-10+6-12-1)\\&=-60.\end{aligned}$$

【课堂练习】

计算行列式 $D=\begin{vmatrix}3 & -1 & 0 & 2\\1 & 0 & 1 & 5\\2 & 2 & -2 & 1\\0 & 0 & 1 & -2\end{vmatrix}$.

例 5 计算行列式

$$D=\begin{vmatrix}a_{11} & 0 & \cdots & 0\\a_{21} & a_{22} & \cdots & 0\\\vdots & \vdots & & \vdots\\a_{n1} & a_{n2} & \cdots & a_{nn}\end{vmatrix}.$$

解 因为行列式第一行除了 a_{11}，其他元素均为 0，因此行列式按第一行展开后得

$$D=a_{11}\begin{vmatrix}a_{22} & 0 & \cdots & 0\\a_{32} & a_{33} & \cdots & 0\\\vdots & \vdots & & \vdots\\a_{n2} & a_{n3} & \cdots & a_{nn}\end{vmatrix}$$

同理，持续按第一行展开可得

$$D=a_{11}a_{22}\begin{vmatrix} a_{33} & 0 & \cdots & 0 \\ a_{43} & a_{44} & \cdots & 0 \\ \vdots & \vdots & & \vdots \\ a_{n3} & a_{n4} & \cdots & a_{nn} \end{vmatrix}=\cdots=a_{11}a_{22}\cdots a_{nn}.$$

【注意】主对角线上方所有的元素全部为零的行列式称为**下三角形行列式**，如例 5；主对角线下方所有的元素全部为零的行列式称为**上三角形行列式**，如

$$D=\begin{vmatrix} a_{11} & a_{12} & \cdots & a_{1n} \\ 0 & a_{22} & \cdots & a_{2n} \\ \vdots & \vdots & & \vdots \\ 0 & 0 & \cdots & a_{nn} \end{vmatrix}=a_{11}a_{22}\cdots a_{nn};$$

除了主对角线上元素，其余元素全部为零的行列式称为**主对角行列式**，如

$$D=\begin{vmatrix} a_{11} & 0 & \cdots & 0 \\ 0 & a_{22} & \cdots & 0 \\ \vdots & \vdots & & \vdots \\ 0 & 0 & \cdots & a_{nn} \end{vmatrix}=a_{11}a_{22}\cdots a_{nn}.$$

例 6 计算行列式

$$D=\begin{vmatrix} 0 & \cdots & 0 & a_{1n} \\ 0 & \cdots & a_{2,n-1} & a_{2n} \\ \vdots & & \vdots & \vdots \\ a_{n1} & \cdots & a_{n,n-1} & a_{nn} \end{vmatrix}.$$

解 因为行列式第一行除了 a_{1n}，其他元素均为零，所以按第一行展开可得

$$D=\begin{vmatrix} 0 & \cdots & 0 & a_{1n} \\ 0 & \cdots & a_{2,n-1} & a_{2n} \\ \vdots & & \vdots & \vdots \\ a_{n1} & \cdots & a_{n,n-1} & a_{nn} \end{vmatrix}=(-1)^{n+1}a_{1n}\begin{vmatrix} 0 & \cdots & 0 & a_{2,n-1} \\ 0 & \cdots & a_{3,n-2} & a_{3,n-1} \\ \vdots & & \vdots & \vdots \\ a_{n1} & \cdots & a_{n,n-2} & a_{n,n-1} \end{vmatrix},$$

继续按第一行展开可得

$$D=(-1)^{n+1}(-1)^{1+(n-1)}a_{1n}a_{2,n-1}\begin{vmatrix} 0 & \cdots & 0 & a_{3,n-2} \\ 0 & \cdots & a_{4,n-3} & a_{4,n-2} \\ \vdots & & \vdots & \vdots \\ a_{n1} & \cdots & a_{n,n-3} & a_{n,n-2} \end{vmatrix}=(-1)^{\frac{n(n-1)}{2}}a_{1n}a_{2,n-1}\cdots a_{n1}.$$

类似地

$$D=\begin{vmatrix} a_{11} & \cdots & a_{1,n-1} & a_{1n} \\ a_{21} & \cdots & a_{2,n-1} & 0 \\ \vdots & & \vdots & \vdots \\ a_{n1} & \cdots & 0 & 0 \end{vmatrix}=(-1)^{\frac{n(n-1)}{2}}a_{1n}a_{2,n-1}\cdots a_{n1}.$$

例 7 计算行列式

$$D=\begin{vmatrix} 0 & 0 & 0 & 5 \\ 0 & 0 & 5 & 7 \\ 0 & 5 & 1 & 6 \\ 5 & 4 & 3 & 2 \end{vmatrix}.$$

解 由例 6 可知

$$D=(-1)^{\frac{4(4-1)}{2}}5^4=625.$$

定理 1.2 n 阶行列式 D 中任意一行(列)的元素与另一行(列)对应元素的代数余子式的乘积之和等于零,即

$$a_{i1}A_{s1}+a_{i2}A_{s2}+\cdots+a_{in}A_{sn}=\sum_{j=1}^{n}a_{ij}A_{sj}=0 \quad (i\neq s)$$

或

$$a_{1j}A_{1t}+a_{2j}A_{2t}+\cdots+a_{nj}A_{nt}=\sum_{i=1}^{n}a_{ij}A_{it}=0 \quad (j\neq t).$$

读者可自行证明定理 1.2.

习题 1.1

1. 行列式 $\begin{vmatrix} x-1 & 1 \\ x^3 & x^2+x+1 \end{vmatrix}=$________.

2. 已知四阶行列式 D 中第三列元素依次为 $-1,2,0,1$,它们的余子式依次为 $5,3,-7,4$,则 $D=$________.

3. 设四阶行列式 $D=\begin{vmatrix} 0 & a & b & a \\ b & 0 & a & b \\ a & b & 0 & a \\ a & a & b & 0 \end{vmatrix}$,则 $A_{13}+A_{24}+A_{31}+A_{42}=$________.

4. 若行列式 $\begin{vmatrix} 1 & 2 & 5 \\ 1 & 3 & -2 \\ 2 & 5 & a \end{vmatrix}=0$,则 a 为(　　).

A. 2　　B. 3　　C. -2　　D. -3

5. 行列式 $\begin{vmatrix} k-1 & 2 \\ 2 & k-1 \end{vmatrix}\neq 0$ 的充分必要条件是(　　).

A. $k\neq -1$　　B. $k\neq -3$

C. $k\neq -1$ 且 $k\neq -3$　　D. $k\neq -1$ 或 $k\neq -3$

6. 计算下列二阶行列式.

(1) $\begin{vmatrix} 2 & 4 \\ -3 & 6 \end{vmatrix}$；　(2) $\begin{vmatrix} 1 & 3 \\ 1 & 4 \end{vmatrix}$；　(3) $\begin{vmatrix} x-1 & 1 \\ x^2 & x^2+x+1 \end{vmatrix}$.

7. 计算下列三阶行列式.

(1) $\begin{vmatrix} 1 & 2 & 3 \\ 2 & 2 & 1 \\ 3 & 3 & 2 \end{vmatrix}$；　(2) $\begin{vmatrix} -1 & 2 & 3 \\ 0 & 1 & 2 \\ -1 & 1 & 1 \end{vmatrix}$；

(3) $\begin{vmatrix} 2 & 0 & 1 \\ 1 & -4 & -1 \\ -1 & 8 & 3 \end{vmatrix}$；　(4) $\begin{vmatrix} a & b & c \\ b & c & a \\ c & a & b \end{vmatrix}$.

8. 用行列式的定义计算下列行列式.

(1) $\begin{vmatrix} 0 & 0 & 1 & 0 \\ 0 & 1 & 0 & 0 \\ 0 & 0 & 0 & 1 \\ 1 & 0 & 0 & 0 \end{vmatrix}$；　(2) $\begin{vmatrix} 1 & 2 & 3 & 4 \\ 2 & 3 & 4 & 5 \\ 3 & 4 & 5 & 6 \\ 4 & 5 & 6 & 7 \end{vmatrix}$.

9. 求行列式

$$D=\begin{vmatrix} 2 & 1 & 5 & 0 \\ 2 & 1 & -2 & 2 \\ 0 & 5 & 2 & 1 \\ 1 & 0 & 3 & 1 \end{vmatrix}$$

中元素 a_{22}, a_{43} 的余子式和代数余子式.

10. 解下列行列式方程.

(1) $\begin{vmatrix} x & 2 \\ 2 & x \end{vmatrix}=0$；　(2) $\begin{vmatrix} x & 1 & x \\ -1 & x & 1 \\ x & -1 & x \end{vmatrix}=8$.

11.【21 安徽】方程 $\begin{vmatrix} 1 & -1 & 1 \\ 1 & 2 & 4 \\ 1 & x & x^2 \end{vmatrix}=0$ 根的个数为(　　).

A. 0　　B. 1　　C. 2　　D. 3

12.【23 安徽】行列式 $\begin{vmatrix} 4 & 1 & 1 & 1 \\ 2 & 1 & 1 & 0 \\ 1 & 3 & 0 & 3 \\ 1 & 3 & 2 & 1 \end{vmatrix}$ 中第四行第一列元素的代数余子式的值为________.

1.2 行列式的性质与计算

内容和目标

- 掌握行列式转置的概念；
- 了解行列式的基本性质；
- 会用行列式的性质简化行列式的计算；
- 会用行列式性质将行列式转化为上三角形行列式；
- 会用行列式性质将行列式降阶.

当行列式的阶数 n 比较大的时候，直接按行（列）展开来计算行列式，计算量非常大.因此有必要讨论行列式的性质，进而简化行列式的计算.

1.2.1 转置行列式

定义 1.4 行列式 D 的行与列互换后得到的行列式，称为 D 的**转置行列式**，记为 D^{T}.即

$$若\ D=\begin{vmatrix} a_{11} & a_{12} & \cdots & a_{1n} \\ a_{21} & a_{22} & \cdots & a_{2n} \\ \vdots & \vdots & & \vdots \\ a_{n1} & a_{n2} & \cdots & a_{nn} \end{vmatrix}，则\ D^{\mathrm{T}}=\begin{vmatrix} a_{11} & a_{21} & \cdots & a_{n1} \\ a_{12} & a_{22} & \cdots & a_{n2} \\ \vdots & \vdots & & \vdots \\ a_{1n} & a_{2n} & \cdots & a_{nn} \end{vmatrix}.$$

显然，$(D^{\mathrm{T}})^{\mathrm{T}}=D$.

1.2.2 行列式的性质

性质 1 行列式与其转置行列式相等，即 $D=D^{\mathrm{T}}$.

例如，$D=\begin{vmatrix} a & b \\ c & d \end{vmatrix}=ad-bc=\begin{vmatrix} a & c \\ b & d \end{vmatrix}=D^{\mathrm{T}}$.

由此性质可知，行列式中行和列的地位相等，因此，行列式的性质凡是对行成立的，对列同样成立，反之亦然.

性质 2 交换行列式的任意两行（列），行列式改变符号.

例如，$\begin{vmatrix} a & b \\ c & d \end{vmatrix}=ad-bc=-(bc-ad)=-\begin{vmatrix} c & d \\ a & b \end{vmatrix}$.

以 r_i 表示行列式的第 i 行，以 c_j 表示行列式的第 j 列，交换 i,j 两行记作 $r_i\leftrightarrow r_j$，交换 i,j 两列记作 $c_i\leftrightarrow c_j$.

推论 如果行列式有两行（列）完全相同，那么该行列式为零.

例如
$$D=\begin{vmatrix}1&2&3\\4&5&6\\1&2&3\end{vmatrix}=-\begin{vmatrix}1&2&3\\4&5&6\\1&2&3\end{vmatrix}=-D,$$
则 $2D=0$,所以 $D=0$.

性质 3 用数 k 乘行列式,等于行列式某一行(列)的所有元素都乘以 k.即
$$k\begin{vmatrix}a_{11}&a_{12}&\cdots&a_{1n}\\\vdots&\vdots&&\vdots\\a_{i1}&a_{i2}&\cdots&a_{in}\\\vdots&\vdots&&\vdots\\a_{n1}&a_{n2}&\cdots&a_{nn}\end{vmatrix}=\begin{vmatrix}a_{11}&a_{12}&\cdots&a_{1n}\\\vdots&\vdots&&\vdots\\ka_{i1}&ka_{i2}&\cdots&ka_{in}\\\vdots&\vdots&&\vdots\\a_{n1}&a_{n2}&\cdots&a_{nn}\end{vmatrix}.$$
第 i 行(列)乘以 k,记作 $r_i\times k$(或 $c_i\times k$).

推论 行列式某一行(列)的所有元素的公因子可以提到行列式记号的外面.

例如
$$\begin{vmatrix}a&b\\kc&kd\end{vmatrix}=kad-kcb=k(ad-bc)=k\begin{vmatrix}a&b\\c&d\end{vmatrix}.$$
第 i 行(列)提出公因子 k,记作 $r_i\div k$(或 $c_i\div k$).

推论 行列式某行(列)的所有元素都是 0,那么该行列式为零.

性质 4 行列式中如果有两行(列)元素对应成比例,那么该行列式为零.

例如
$$\begin{vmatrix}1&2&2\\4&5&6\\4&8&8\end{vmatrix}=4\begin{vmatrix}1&2&2\\4&5&6\\1&2&2\end{vmatrix}=4\times0=0.$$

性质 5 如果行列式的某一行(列)的元素都是两个数的和,那么该行列式等于从这些元素中各取一项作为相应行(列),其他行(列)不变的两个行列式的和.

例如
$$\begin{vmatrix}a&b\\c_1+c_2&d_1+d_2\end{vmatrix}=a(d_1+d_2)-b(c_1+c_2)=ad_1-bc_1+ad_2-bc_2=\begin{vmatrix}a&b\\c_1&d_1\end{vmatrix}+\begin{vmatrix}a&b\\c_2&d_2\end{vmatrix}.$$

若 n 阶行列式的每个元素都可表示为两数之和,则它可以分解成 2^n 个行列式之和.如
$$\begin{vmatrix}a+x&b+y\\c+m&d+n\end{vmatrix}=\begin{vmatrix}a&b+y\\c&d+n\end{vmatrix}+\begin{vmatrix}x&b+y\\m&d+n\end{vmatrix}$$
$$=\begin{vmatrix}a&b\\c&d\end{vmatrix}+\begin{vmatrix}a&y\\c&n\end{vmatrix}+\begin{vmatrix}x&b\\m&d\end{vmatrix}+\begin{vmatrix}x&y\\m&n\end{vmatrix}.$$

性质 6 把行列式的某一行(列)的各元素乘以同一个数 k 后,加到另一行(列)对应的元素上去,行列式不变.

例如
$$\begin{vmatrix}a_1&a_2&a_3\\b_1&b_2&b_3\\c_1&c_2&c_3\end{vmatrix}=\begin{vmatrix}a_1&a_2&a_3\\b_1&b_2&b_3\\c_1+ka_1&c_2+ka_2&c_3+ka_3\end{vmatrix}.$$

以数 k 乘第 i 行(第 i 列)后加到第 j 行(第 j 列)上,记作 r_j+kr_i(或 $c_j\times kc_i$).

再用同样的方法处理除去第 1 行和第 1 列后余下的低一阶行列式,如此继续下去,直至使它成为上三角形行列式,此时主对角线上元素的乘积就是所求行列式的值.

1.2.3　行列式的计算

性质 2、性质 3、性质 6 分别介绍了行列式关于行和关于列的 3 种运算,即 $r_i\leftrightarrow r_j$, kr_i, r_j+kr_i 和 $c_i\leftrightarrow c_j$, kc_i, c_j+kc_i,利用这些运算可简化行列式的计算,特别是利用运算 r_j+kr_i(或 c_j+kc_i)可以把行列式中的许多元素化为 0.

方法一:利用运算 r_j+kr_i 把行列式化为上三角(或下三角)形行列式,从而得行列式的值为主对角线上元素乘积,这种方法称为"化三角形法".

方法二:选择零元素多的行(列),按此行(列)展开,最好将选中的行(列)的元素化为仅有一个非零元素,然后按照此行(列)展开,这种方法称为"降阶法".

例 1　计算 $\begin{vmatrix}1&-1&1&1\\-1&0&2&1\\2&1&1&0\\0&0&-1&2\end{vmatrix}$.

解　原式 $\xlongequal[r_3-2r_1]{r_2+r_1}\begin{vmatrix}1&-1&1&1\\0&-1&3&2\\0&3&-1&-2\\0&0&-1&2\end{vmatrix}\xlongequal{r_3+3r_2}\begin{vmatrix}1&-1&1&1\\0&-1&3&2\\0&0&8&4\\0&0&-1&2\end{vmatrix}$

$$\xlongequal{r_3\leftrightarrow r_4}-\begin{vmatrix}1&-1&1&1\\0&-1&3&2\\0&0&-1&2\\0&0&8&4\end{vmatrix}\xlongequal{r_4+8r_3}-\begin{vmatrix}1&-1&1&1\\0&-1&3&2\\0&0&-1&2\\0&0&0&20\end{vmatrix}=-20.$$

例 2　计算 $\begin{vmatrix}1&3&7&2\\2&1&0&-2\\7&4&1&-6\\-3&-2&4&5\end{vmatrix}$.

解　原式 $\xlongequal[c_1-2c_2]{c_4+c_1}\begin{vmatrix}-5&3&7&3\\0&1&0&0\\1&4&1&1\\1&-2&4&2\end{vmatrix}=\begin{vmatrix}-5&7&3\\-1&1&1\\1&4&2\end{vmatrix}\xlongequal[c_3+c_1]{c_2+c_1}\begin{vmatrix}-5&2&-2\\-1&0&0\\1&5&3\end{vmatrix}$

$$=(-1)\times(-1)^{2+1}\begin{vmatrix}2&-2\\5&3\end{vmatrix}=16.$$

【课堂练习】

分别用化三角形法和降阶法计算$\begin{vmatrix} 1 & -1 & 2 & 1 \\ 2 & 1 & 2 & 0 \\ 3 & 1 & 0 & -1 \\ -2 & -1 & 1 & 2 \end{vmatrix}$.

例 3 计算 n 阶行列式$\begin{vmatrix} a & b & \cdots & b \\ b & a & \cdots & b \\ \vdots & \vdots & & \vdots \\ b & b & \cdots & a \end{vmatrix}$.

解 首先把第 2 列一直到第 n 列都加到第 1 列上,得

$$\text{原式}=\begin{vmatrix} a+(n-1)b & b & \cdots & b \\ a+(n-1)b & a & \cdots & b \\ \vdots & \vdots & & \vdots \\ a+(n-1)b & b & \cdots & a \end{vmatrix}=[a+(n-1)b]\begin{vmatrix} 1 & b & \cdots & b \\ 1 & a & \cdots & b \\ \vdots & \vdots & & \vdots \\ 1 & b & \cdots & a \end{vmatrix}$$

然后把第 2 行一直到第 n 行都加上第 1 行的 -1 倍,得

$$=[a+(n-1)b]\begin{vmatrix} 1 & b & \cdots & b \\ 0 & a-b & \cdots & 0 \\ \vdots & \vdots & & \vdots \\ 0 & 0 & \cdots & 0 \\ 0 & 0 & \cdots & a-b \end{vmatrix}=[a+(n-1)b](a-b)^{n-1}.$$

例 4 证明$\begin{vmatrix} 1 & 1 & 1 \\ a & b & c \\ a^2 & b^2 & c^2 \end{vmatrix}=(b-a)(c-b)(c-a)$.

证

$$\begin{vmatrix} 1 & 1 & 1 \\ a & b & c \\ a^2 & b^2 & c^2 \end{vmatrix}\xlongequal[r_3-a^2r_1]{r_2-ar_1}\begin{vmatrix} 1 & 1 & 1 \\ 0 & b-a & c-a \\ 0 & b^2-a^2 & c^2-a^2 \end{vmatrix}=\begin{vmatrix} b-a & c-a \\ b^2-a^2 & c^2-a^2 \end{vmatrix}$$

$$=(b-a)(c-a)\begin{vmatrix} 1 & 1 \\ b+a & c+a \end{vmatrix}=(b-a)(c-a)(c-b).$$

采用相同的方法,可以推得 n 阶范德蒙德(Vandermonde)行列式

$$V_n=\begin{vmatrix} 1 & 1 & 1 & \cdots & 1 \\ x_1 & x_2 & x_3 & \cdots & x_n \\ x_1^2 & x_2^2 & x_3^2 & \cdots & x_n^2 \\ \vdots & \vdots & \vdots & & \vdots \\ x_1^{n-1} & x_2^{n-1} & x_3^{n-1} & \cdots & x_n^{n-1} \end{vmatrix}=\prod_{1\leqslant j<i\leqslant n}(x_i-x_j),$$

其中 $n\geqslant 2$，连乘积

$$\begin{aligned}&\prod_{1\leqslant j<i\leqslant n}(x_i-x_j)\\=&(x_2-x_1)(x_3-x_1)\cdots(x_n-x_1)(x_3-x_2)\cdots\\&(x_n-x_2)\cdots(x_{n-1}-x_{n-2})(x_n-x_{n-2})(x_n-x_{n-1})\end{aligned}$$

是满足条件 $1\leqslant j<i\leqslant n$ 的所有因子 (x_i-x_j) 的乘积.

证　对行列式的阶数 n 作数学归纳法.

当 $n=2$ 时，有

$$\begin{vmatrix}1&1\\x_1&x_2\end{vmatrix}=x_2-x_1,$$

所以 $n=2$ 时，范德蒙德行列式结论成立.

现假设对于 $n-1$ 阶范德蒙德行列式结论成立，证明对 n 阶范德蒙德行列式结论也成立.

在 V_n 中从第 n 行开始，逐行减去上一行的 x_1 倍，可得

$$V_n=\begin{vmatrix}1&1&1&\cdots&1\\0&x_2-x_1&x_3-x_1&\cdots&x_n-x_1\\0&x_2(x_2-x_1)&x_3(x_3-x_1)&\cdots&x_n(x_n-x_1)\\\vdots&\vdots&\vdots&&\vdots\\0&x_2^{n-2}(x_2-x_1)&x_3^{n-2}(x_3-x_1)&\cdots&x_n^{n-2}(x_n-x_1)\end{vmatrix}$$

$$=\begin{vmatrix}x_2-x_1&x_3-x_1&\cdots&x_n-x_1\\x_2(x_2-x_1)&x_3(x_3-x_1)&\cdots&x_n(x_n-x_1)\\\vdots&\vdots&&\vdots\\x_2^{n-2}(x_2-x_1)&x_3^{n-2}(x_3-x_1)&\cdots&x_n^{n-2}(x_n-x_1)\end{vmatrix}$$

$$=(x_2-x_1)(x_3-x_1)\cdots(x_n-x_1)\begin{vmatrix}1&1&\cdots&1\\x_2&x_3&\cdots&x_n\\x_2^2&x_3^2&\cdots&x_n^2\\\vdots&\vdots&&\vdots\\x_2^{n-2}&x_3^{n-2}&\cdots&x_n^{n-2}\end{vmatrix}.$$

上式右端的行列式是一个 $n-1$ 阶范德蒙德行列式，根据假设可知

$$V_n=(x_2-x_1)(x_3-x_1)\cdots(x_n-x_1)\prod_{2\leqslant j<i\leqslant n}(x_i-x_j)=\prod_{1\leqslant j<i\leqslant n}(x_i-x_j).$$

所以当 $n-1$ 阶范德蒙德行列式结论成立时，n 阶范德蒙德行列式结论也成立.

综上所述，对于任意 $n\geqslant 2$ 的正整数，n 阶范德蒙德行列式结论均成立.

习题 1.2

1. 若 $\begin{vmatrix} x & y & z \\ 3 & 0 & 2 \\ 1 & 1 & 1 \end{vmatrix}=1$，则 $\begin{vmatrix} x & y & z \\ 3x+3 & 3y & 3z+2 \\ x+2 & y+2 & z+2 \end{vmatrix}=$ ________.

2. 若 a,b 为实数，则当（　　）时，$\begin{vmatrix} a & b & 0 \\ -b & a & 0 \\ -1 & 0 & -1 \end{vmatrix}=0$.

A. $a=0,b=0$　　B. $a=1,b=0$

C. $a=0,b=1$　　D. $a=1,b=-1$

3. 行列式 $\begin{vmatrix} 0 & a & b & 0 \\ a & 0 & 0 & b \\ 0 & c & d & 0 \\ c & 0 & 0 & d \end{vmatrix}=$（　　）.

A. $(ad-bc)^2$　　B. $-(ad-bc)^2$

C. $a^2d^2-b^2c^2$　　D. $b^2c^2-a^2d^2$

4. 若 n 阶行列式

$$D_n=\begin{vmatrix} 1 & 1 & \cdots & 1 & 1 \\ 1 & 1 & \cdots & 2 & 0 \\ \vdots & \vdots & & \vdots & \vdots \\ 1 & n-1 & \cdots & 0 & 0 \\ n & 0 & \cdots & 0 & 0 \end{vmatrix},$$

则 $D_n=$（　　）.

A. $(-1)^n n!$　　B. $(-1)^{n^2} n!$

C. $(-1)^{\frac{n(n-1)}{2}} n!$　　D. $(-1)^{\frac{n(n+1)}{2}} n!$

5. 若 $D=\begin{vmatrix} a_{11} & a_{12} & a_{13} \\ a_{21} & a_{22} & a_{23} \\ a_{31} & a_{32} & a_{33} \end{vmatrix}$，$D_1=\begin{vmatrix} 2a_{11} & 2a_{12} & 2a_{13} \\ 2a_{21} & 2a_{22} & 2a_{23} \\ 2a_{31} & 2a_{32} & 2a_{33} \end{vmatrix}$，则 $D_1=$（　　）.

A. $2D$　　B. $-2D$　　C. $8D$　　D. $-8D$

6. 用行列式的性质计算下列行列式.

(1) $\begin{vmatrix} 34\,215 & 35\,215 \\ 28\,092 & 29\,092 \end{vmatrix}$；　　(2) $\begin{vmatrix} 0 & -1 & -1 & 3 \\ -1 & 0 & 2 & 1 \\ 2 & -1 & 3 & 0 \\ 1 & -1 & 0 & 2 \end{vmatrix}$；

(3) $\begin{vmatrix} 1 & 1 & 1 & 1 \\ -1 & 1 & 1 & 1 \\ -1 & -1 & 1 & 1 \\ -1 & -1 & -1 & 1 \end{vmatrix}$；　　(4) $\begin{vmatrix} 4 & 1 & 2 & 4 \\ 1 & 2 & 0 & 2 \\ 10 & 5 & 2 & 0 \\ 0 & 1 & 1 & 7 \end{vmatrix}$；

(5) $\begin{vmatrix} 2 & 1 & 4 & 1 \\ 3 & -1 & 2 & 1 \\ 1 & 2 & 3 & 2 \\ 5 & 0 & 6 & 2 \end{vmatrix}$；　　(6) $\begin{vmatrix} -ab & ac & ae \\ bd & -cd & de \\ bf & cf & -ef \end{vmatrix}$.

7. 把下列行列式化成上三角形行列式，并计算.

(1) $\begin{vmatrix} 2 & 0 & 2 & -1 \\ -5 & 1 & -5 & -4 \\ 1 & -5 & 1 & -3 \\ 3 & 1 & 3 & 2 \end{vmatrix}$；　　(2) $\begin{vmatrix} 3 & 1 & 1 & 1 \\ 1 & 3 & 1 & 1 \\ 1 & 1 & 3 & 1 \\ 1 & 1 & 1 & 3 \end{vmatrix}$.

8. 证明题.

(1) $\begin{vmatrix} a_1+b_1 & b_1+c_1 & c_1+a_1 \\ a_2+b_2 & b_2+c_2 & c_2+a_2 \\ a_3+b_3 & b_3+c_3 & c_3+a_3 \end{vmatrix}=2\begin{vmatrix} a_1 & b_1 & c_1 \\ a_2 & b_2 & c_2 \\ a_3 & b_3 & c_3 \end{vmatrix}$；

(2) $\begin{vmatrix} a & b & c \\ a & a+b & a+b+c \\ a & 2a+b & 3a+2b+c \end{vmatrix}=a^3$.

9. 解方程 $\begin{vmatrix} 1 & 1 & 2 & 3 \\ 1 & 2-x^2 & 2 & 3 \\ 2 & 3 & 1 & 5 \\ 2 & 3 & 1 & 9-x^2 \end{vmatrix}=0$.

1.3 克拉默(Cramer)法则

内容和目标

- 了解克拉默法则和相关推论；
- 掌握运用克拉默法则解线性方程组的方法；
- 掌握齐次线性方程组解的结构.

本节介绍线性方程组的克拉默法则，它是二元和三元线性方程组解法的推广.本节只讨论未知量个数和方程个数相等的情形，至于一般情形留到第三章讨论.

1.3.1 克拉默法则

类似二元、三元线性方程组，对于 n 元线性方程组也有相应的结论.

定理 1.3(克拉默法则) 含有 n 个未知数 $x_1,x_2,\cdots,x_n$ 的 n 个线性方程的方程组

$$\begin{cases} a_{11}x_1+a_{12}x_2+\cdots+a_{1n}x_n=b_1, \\ a_{21}x_1+a_{22}x_2+\cdots+a_{2n}x_n=b_2, \\ \cdots\cdots\cdots\cdots \\ a_{n1}x_1+a_{n2}x_2+\cdots+a_{nn}x_n=b_n. \end{cases} \tag{1.4}$$

若它的系数行列式

$$D=\begin{vmatrix} a_{11} & a_{12} & \cdots & a_{1n} \\ a_{21} & a_{22} & \cdots & a_{2n} \\ \vdots & \vdots & & \vdots \\ a_{n1} & a_{n2} & \cdots & a_{nn} \end{vmatrix}\neq 0,$$

则方程组(1.4)有唯一解：

$$x_1=\frac{D_1}{D},x_2=\frac{D_2}{D},\cdots,x_n=\frac{D_n}{D}$$

其中 $D_j(j=1,2,\cdots,n)$是用常数列替换 D 中第 j 列的元素而得到的行列式.即

$$D_j=\begin{vmatrix} a_{11} & \cdots & a_{1,j-1} & b_1 & a_{1,j+1} & \cdots & a_{1n} \\ a_{21} & \cdots & a_{2,j-1} & b_2 & a_{2,j+1} & \cdots & a_{2n} \\ \vdots & & \vdots & \vdots & \vdots & & \vdots \\ a_{n1} & \cdots & a_{n,j-1} & b_n & a_{n,j+1} & \cdots & a_{nn} \end{vmatrix}$$

【注意】 应用克拉默法则要满足以下三个条件：

(1) 线性方程组；

(2) 方程的个数和未知量的个数相等；

(3) 方程组的系数行列式 $D\neq 0$.

克拉默法则的逆命题也成立，即若线性方程组(1.4)有唯一解，则其系数行列式 $D\neq 0$.

例 1 用克拉默法则求解线性方程组

$$\begin{cases} -x_1+2x_2-x_3+2x_4=-4, \\ x_1-x_2+x_3-2x_4=2, \\ 2x_1-x_3+4x_4=4, \\ 3x_1+2x_2+x_3=-1. \end{cases}$$

解 由题意知，方程组的系数行列式

$$D=\begin{vmatrix}-1&2&-1&2\\1&-1&1&-2\\2&0&-1&4\\3&2&1&0\end{vmatrix}=2\neq 0;$$

根据克拉默法则,方程组有唯一解.因为

$$D_1=\begin{vmatrix}-4&2&-1&2\\2&-1&1&-2\\4&0&-1&4\\-1&2&1&0\end{vmatrix}=2,\quad D_2=\begin{vmatrix}-1&-4&-1&2\\1&2&1&-2\\2&4&-1&4\\3&-1&1&0\end{vmatrix}=-4,$$

$$D_3=\begin{vmatrix}-1&2&-4&2\\1&-1&2&-2\\2&0&4&4\\3&2&-1&0\end{vmatrix}=0,\quad D_4=\begin{vmatrix}-1&2&-1&-4\\1&-1&1&2\\2&0&-1&4\\3&2&1&-1\end{vmatrix}=1,$$

所以方程组的解为

$$x_1=\frac{D_1}{D}=1,\quad x_2=\frac{D_2}{D}=-2,\quad x_3=\frac{D_3}{D}=0,\quad x_4=\frac{D_4}{D}=\frac{1}{2}.$$

【课堂练习】

用克拉默法则求解线性方程组 $\begin{cases}3x_1-x_2+x_3=-1,\\ x_1+x_2+x_3=1,\\ 2x_1-x_2-x_3=2.\end{cases}$

1.3.2　齐次线性方程组

对于方程组(1.4),若常数项不全为零,则线性方程组称为**非齐次线性方程组**;若常数项全为零,则线性方程组称为**齐次线性方程组**,即

$$\begin{cases}a_{11}x_1+a_{12}x_2+\cdots+a_{1n}x_n=0,\\ a_{21}x_1+a_{22}x_2+\cdots+a_{2n}x_n=0,\\ \cdots\cdots\cdots\cdots\\ a_{n1}x_1+a_{n2}x_2+\cdots+a_{nn}x_n=0.\end{cases}\tag{1.5}$$

显然 $x_1=x_2=\cdots=x_n=0$ 是齐次线性方程组的解,即齐次线性方程组一定有零解;若一组解不全为零,则称为**非零解**,那么齐次线性方程组什么时候有非零解呢? 此时需要用到如下定理.

定理 1.4　若齐次线性方程组(1.5)的系数行列式 $D\neq 0$,则它有唯一解,即仅有零解.

定理 1.5　若齐次线性方程组(1.5)有非零解,则其系数行列式 $D=0$.

【注意】定理 1.5 是齐次线性方程组有非零解的必要条件.

例 2 当 λ 取什么值时,齐次线性方程组 $\begin{cases}\lambda x_1+x_2+x_3=0,\\ x_1+\lambda x_2+x_3=0,\\ x_1+x_2+\lambda x_3=0\end{cases}$ 有非零解?

解 若齐次线性方程组有非零解,则其系数行列式 $D=0$,即

$$D=\begin{vmatrix}\lambda & 1 & 1\\ 1 & \lambda & 1\\ 1 & 1 & \lambda\end{vmatrix}=(\lambda+2)(\lambda-1)^2=0,$$

所以

$$\lambda=-2 \quad \text{或} \quad \lambda=1.$$

【课堂练习】

当 k 取什么值时,齐次线性方程组 $\begin{cases}2x_1+kx_2=0,\\ 3x_1+4x_2=0\end{cases}$ 有非零解?

习题 1.3

1. 按照克拉默法则求解方程组 $\begin{cases}3x+4y-9=0,\\ 5x-7y+8=0\end{cases}$ 的公式是否为

$$x=\frac{\begin{vmatrix}-9 & 4\\ 8 & -7\end{vmatrix}}{\begin{vmatrix}3 & 4\\ 5 & -7\end{vmatrix}},\quad y=\frac{\begin{vmatrix}3 & -9\\ 5 & 8\end{vmatrix}}{\begin{vmatrix}3 & 4\\ 5 & -7\end{vmatrix}}?$$

2. $k=0$ 是线性方程组 $\begin{cases}2x+ky=c_1,\\ kx+2y=c_2\end{cases}$ (c_1,c_2 为不等于零的常数)有唯一解的(　　).

A. 充分条件　　B. 必要条件　　C. 充要条件　　D. 无关条件

3. 方程组 $\begin{cases}4x-3y+5=0,\\ 7x+2y-6=0\end{cases}$ 的解为(　　).

A. $x=\frac{\begin{vmatrix}-3 & -5\\ 2 & 6\end{vmatrix}}{\begin{vmatrix}4 & -3\\ 7 & 2\end{vmatrix}},y=\frac{\begin{vmatrix}4 & -5\\ 7 & 6\end{vmatrix}}{\begin{vmatrix}4 & -3\\ 7 & 2\end{vmatrix}}$　　B. $x=\frac{\begin{vmatrix}4 & -3\\ 7 & 2\end{vmatrix}}{\begin{vmatrix}-3 & -5\\ 2 & 6\end{vmatrix}},y=\frac{\begin{vmatrix}4 & -3\\ 7 & 2\end{vmatrix}}{\begin{vmatrix}4 & -5\\ 7 & 6\end{vmatrix}}$

C. $x=\dfrac{\begin{vmatrix}-3 & 5\\ 2 & -6\end{vmatrix}}{\begin{vmatrix}4 & -3\\ 7 & 2\end{vmatrix}}, y=\dfrac{\begin{vmatrix}4 & -5\\ 7 & 6\end{vmatrix}}{\begin{vmatrix}4 & -3\\ 7 & 2\end{vmatrix}}$　　D. $x=\dfrac{\begin{vmatrix}-3 & 5\\ 2 & -6\end{vmatrix}}{\begin{vmatrix}4 & -3\\ 7 & 2\end{vmatrix}}, y=\dfrac{\begin{vmatrix}4 & 5\\ 7 & -6\end{vmatrix}}{\begin{vmatrix}4 & -3\\ 7 & 2\end{vmatrix}}$

4. 用克拉默法则求解下列方程组.

(1) $\begin{cases}x_1+x_2+x_3=3,\\ x_1-x_2+3x_3=7,\\ 2x_1+3x_2-x_3=0;\end{cases}$　　(2) $\begin{cases}x_1-x_2+x_3-2x_4=2,\\ 2x_1-x_3+4x_4=4,\\ 3x_1+2x_2+x_3=-1,\\ -x_1+2x_2-x_3+2x_4=-4.\end{cases}$

5. 当 k 取何值时，齐次线性方程组

$$\begin{cases}kx_1+x_2+x_3=0,\\ x_1+kx_2-x_3=0,\\ 2x_1-x_2+x_3=0\end{cases}$$

有非零解？

实践与实验

1. 二阶、三阶行列式的几何解释

设有二阶行列式 $D=\begin{vmatrix}a & b\\ c & d\end{vmatrix}$，令 $\boldsymbol{n}=\begin{pmatrix}a\\ c\end{pmatrix}$，$\boldsymbol{m}=\begin{pmatrix}b\\ d\end{pmatrix}$，则向量组 $\boldsymbol{m}$，$\boldsymbol{n}$ 称为二阶行列式 D 的列向量组.如图 1－3 所示，向量 $\boldsymbol{m}$，$\boldsymbol{n}$ 确定一个平行四边形.关于二阶行列式与其列向量组有以下定理.

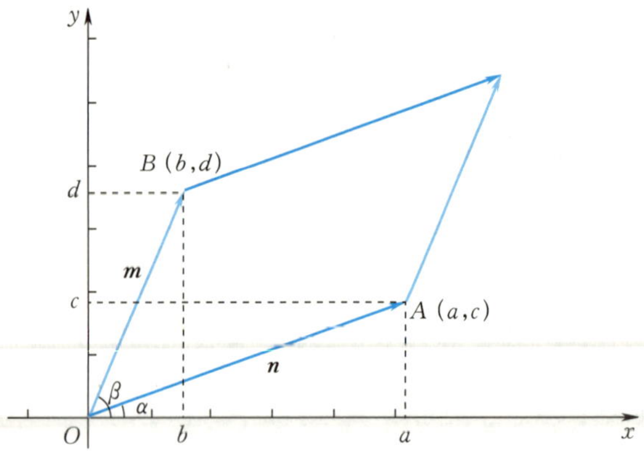

图 1－3　平行四边形的面积

定理 1.6　二阶行列式 D 的列向量组所确定的平行四边形的面积等于 $|D|$.

几何意义:二阶行列式中列(行)向量所张成的平行四边形的"面积"为该二阶行列式的绝对值.

证　由平行四边形的面积公式可知,

$$\begin{aligned}S_{\square}&=mn\sin(\beta-\alpha)\\&=mn(\sin\beta\cos\alpha-\cos\beta\sin\alpha)\\&=m\sin\beta\cdot n\cos\alpha-m\cos\beta\cdot n\sin\alpha\\&=ad-bc.\end{aligned}$$

因此,二阶行列式 $D=\begin{vmatrix}a & b\\ c & d\end{vmatrix}=ad-bc$ 是两个列向量 $\begin{pmatrix}a\\ c\end{pmatrix}$,$\begin{pmatrix}b\\ d\end{pmatrix}$ 构成的平行四边形的面积.

思考:如果是两个行向量,结果会是怎么样的呢?(提示面积是正数,行列式可能是负数.)

同样可得,对于三阶行列式 $D=\begin{vmatrix}a_1 & b_1 & c_1\\ a_2 & b_2 & c_2\\ a_3 & b_3 & c_3\end{vmatrix}$,若向量 $\boldsymbol{u}$,$\boldsymbol{v}$ 和 $\boldsymbol{w}$ 对应行列式的三个列向量,分别为 $\boldsymbol{u}=\begin{pmatrix}a_1\\ a_2\\ a_3\end{pmatrix}$,$\boldsymbol{v}=\begin{pmatrix}b_1\\ b_2\\ b_3\end{pmatrix}$ 和 $\boldsymbol{w}=\begin{pmatrix}c_1\\ c_2\\ c_3\end{pmatrix}$,关于三阶行列式及其向量组有以下定理.

定理 1.7　三阶行列式 D 的列向量 $\boldsymbol{u}$,$\boldsymbol{v}$ 和 $\boldsymbol{w}$ 所构成的平行六面体的体积为行列式 $\begin{vmatrix}a_1 & b_1 & c_1\\ a_2 & b_2 & c_2\\ a_3 & b_3 & c_3\end{vmatrix}$ 的绝对值.

例 1　求一个顶点在(1,1,1),相邻顶点在(1,0,2),(1,3,2),(−2,1,1)的平行六面体的体积,如图 1-4 所示.

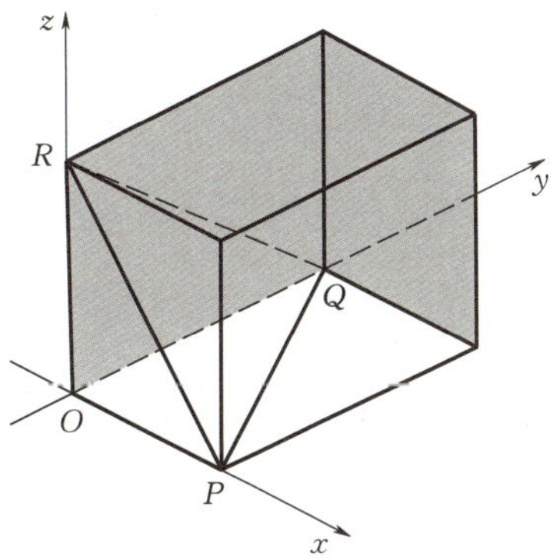

图 1-4　平行六面体的体积

解　以(1,1,1)为起点作三个向量 $\boldsymbol{\alpha}=\begin{pmatrix}0\\-1\\1\end{pmatrix}$，$\boldsymbol{\beta}=\begin{pmatrix}0\\2\\1\end{pmatrix}$，$\boldsymbol{\gamma}=\begin{pmatrix}-3\\0\\0\end{pmatrix}$，并以它们为列构造三阶行列式 $D=\begin{vmatrix}0&0&-3\\-1&2&0\\1&1&0\end{vmatrix}=9$，故所求平行六面体的体积为 9 .

2. 利用 MATLAB 软件求行列式

掌握 MATLAB 软件中计算行列式的基本命令，能够快速验证理论结果，深入理解行列式在几何与线性变换中的意义，为后续学习线性变换、特征值等内容奠定实践基础.

(1) MATLAB 软件基础操作

直接输入法：用方括号[ ]定义矩阵，行内元素用空格或逗号分隔，换行用英文半角分号，如

```
A = [a,b;c,d];                          % 定义二阶矩阵
B = [1 2 3;4 5 6;7 8 9];                % 定义三阶矩阵
```

行列式计算函数：det(A)，计算矩阵 A 的行列式.

```
det_A = det(A);                         % 数值计算
```

例 2　计算二阶行列式 $D=\begin{vmatrix}2&3\\1&4\end{vmatrix}$.

解　在 MATLAB 软件命令窗口中输入如下命令：

```
A = [2 3; 1 4];                         % 输入矩阵
det_A = det(A)                          % 输出结果
```

运行结果如下：

```
det_A =
    5
```

例 3　计算行列式 $D=\begin{vmatrix}1&0&2\\-1&3&1\\2&4&5\end{vmatrix}$.

解　在 MATLAB 软件命令窗口中输入如下命令：

```
D = [1 0 2; -1 3 1; 2 4 5];
det_D = det(D)                          % 输出结果
```

运行结果如下：

```
det_D =
    -9
```

例 4 解方程 $\begin{vmatrix} 1-x & x & 0 & 0 & 0 \\ -1 & 1-x & x & 0 & 0 \\ 0 & -1 & 1-x & x & 0 \\ 0 & 0 & -1 & 1-x & x \\ 0 & 0 & 0 & -1 & 1-x \end{vmatrix}=0.$

解 在 MATLAB 软件命令窗口中输入如下命令：

```
clear all
syms x;
A = [1 - x,x,0,0,0; - 1,1 - x,x,0,0; 0, - 1,1 - x,x,0; 0,0, - 1,1 - x,x; 0,0,0,
- 1,1 - x];
D = det(A);
f = factor(D);
x = solve(D)
```

运行结果如下：

```
x =
    1
    -(3^(1/2) * 1i)/2 - 1/2
    1/2 - (3^(1/2) * 1i)/2
    (3^(1/2) * 1i)/2 - 1/2
    (3^(1/2) * 1i)/2 + 1/2
```

即

$$x_1=1,\quad x_2=-\frac{1}{2}-\frac{\sqrt{3}}{2}\mathrm{i},\quad x_3=\frac{1}{2}-\frac{\sqrt{3}}{2}\mathrm{i},\quad x_4=-\frac{1}{2}+\frac{\sqrt{3}}{2}\mathrm{i},\quad x_5=\frac{1}{2}+\frac{\sqrt{3}}{2}\mathrm{i}.$$

【注意】以上程序均可以用 DeepSeek 等 AI 工具生成.

实验作业

1. 利用 MATLAB 软件计算行列式 $D=\begin{vmatrix} 1 & -2 \\ 3 & 4 \end{vmatrix}$，并解释其几何意义.

2. 利用 MATLAB 软件计算行列式 $D=\begin{vmatrix} 3 & 2 & 2 & 2 \\ 2 & 3 & 2 & 2 \\ 2 & 2 & 3 & 2 \\ 2 & 2 & 2 & 3 \end{vmatrix}$.

本章小结

1. 行列式的概念

由 $n\times n$ 个元素排成的 n 行 n 列的形式

$$D=\begin{vmatrix} a_{11} & a_{12} & \cdots & a_{1n} \\ a_{21} & a_{22} & \cdots & a_{2n} \\ \vdots & \vdots & & \vdots \\ a_{n1} & a_{n2} & \cdots & a_{nn} \end{vmatrix}$$

称为 n 阶行列式.

行列式按第 i 行展开的公式为

$$D=a_{i1}A_{i1}+a_{i2}A_{i2}+\cdots+a_{in}A_{in}=\sum_{j=1}^{n}a_{ij}A_{ij}\quad(i=1,2,\cdots,n)$$

行列式按第 j 列展开的公式为

$$D=a_{1j}A_{1j}+a_{2j}A_{2j}+\cdots+a_{nj}A_{nj}=\sum_{i=1}^{n}a_{ij}A_{ij}\quad(j=1,2,\cdots,n)$$

2. 行列式的计算

二阶、三阶行列式可以用对角线法则来计算.

高阶行列式计算方法通常有以下两种.

(1) 化三角形法：运用性质把行列式化成三角形行列式，行列式的值即为主对角线上元素的乘积.

(2) 降阶法：运用性质把行列式某行或某列化成仅有一个非零元素，然后按照该行或列展开，降为低一阶的行列式，如此继续下去，最后算出结果.

3. 克拉默法则

克拉默法则三个条件：① 线性方程组；② 未知数的个数和方程个数相等；③ 系数行列式 $D\neq0$.

克拉默法则两个结论：① 线性方程组有唯一解；② 方程组的解为 $x_i=\dfrac{D_i}{D}(i=1,2,\cdots,n)$.

4. 如果齐次线性方程组的系数行列式 $D\neq0$，则它有唯一解，即仅有零解.

5. 若齐次线性方程组有非零解，则系数行列式 $D=0$.

复习题一

1. 填空题.

(1) 已知 $\begin{vmatrix} a_{12} & a_{13} \\ a_{22} & a_{23} \end{vmatrix}=m$，则 $\begin{vmatrix} 2 & a_{12} & a_{13} \\ 0 & a_{22} & a_{23} \\ 1 & 0 & 0 \end{vmatrix}=$____________.

(2) 已知四阶行列式 D 中第 3 行的元素依次为 $1,2,0,-1$，它们对应的余子式为 $2,3,8,1$，则该行列式为________.

(3) n 阶行列式展开式中，共有________项.

(4) $D=\begin{vmatrix} 1 & 1 & 1 & 1 \\ 2 & 3 & 4 & 5 \\ 4 & 9 & 16 & 25 \\ 8 & 27 & 64 & 125 \end{vmatrix}$ 是一个四阶范德蒙德行列式，D 的第 4 行元素的代数余子式之和 $A_{41}+A_{42}+A_{43}+A_{44}=$________.

(5) 如果齐次线性方程组 $\begin{cases} \lambda x+2y=0, \\ 3x+y=0 \end{cases}$ 有非零解，则 $\lambda=$________.

(6) $\begin{vmatrix} \lambda-1 & 1 \\ 3 & \lambda+1 \end{vmatrix}\neq0$ 的充分必要条件是________.

2. 选择题.

(1) 行列式 $\begin{vmatrix} a & b & b \\ b & a & b \\ b & b & a \end{vmatrix}$ 为(　　).

A. $(a+2b)(a-b)^2$　　B. $(a+b)(a-b)^2$

C. $(a+2b)(a-b)$　　D. $(a-b)^3$

(2) 若 $D=\begin{vmatrix} a_{11} & a_{12} & a_{13} \\ a_{21} & a_{22} & a_{23} \\ a_{31} & a_{32} & a_{33} \end{vmatrix}$，$D_1=\begin{vmatrix} 2a_{11} & 2a_{12} & 2a_{13} \\ 2a_{21} & 2a_{22} & 2a_{23} \\ 2a_{31} & 2a_{32} & 2a_{33} \end{vmatrix}$，则 D_1 为(　　).

A. $2D$　　B. $-2D$　　C. $8D$　　D. $-8D$

(3) 若 $A=\begin{vmatrix} 2 & 0 & 8 \\ -3 & 1 & 5 \\ 2 & 9 & 7 \end{vmatrix}$，则代数余子式 A_{12} 为(　　).

A. -31　　B. 31　　C. 0　　D. 1

(4) 一个 n 阶行列式展开后，带正号的项有(　　).

A. $\dfrac{n}{2}$　　B. $\dfrac{n^2}{2}$　　C. $\dfrac{n(n-1)}{2}$　　D. $\dfrac{n!}{2}$

(5) 若行列式 $\begin{vmatrix} 1 & \lambda & 2 \\ \lambda & 4 & -1 \\ 1 & -2 & 1 \end{vmatrix}=0$，则(　　).

A. $\lambda=-3$　　B. $\lambda=-2$

C. $\lambda=-3$ 或 $\lambda=2$　　D. $\lambda=-3$ 或 $\lambda=-2$

(6) 对于 n 阶行列式 D_n，$D_n=0$ 的必要条件是(　　).

A. D_n 中有一行(或列)的元素全为零

B. D_n 中有两行(或列)的元素对应成比例

C. D_n 中至少有一行的元素可用行列式的性质全化为零

D. D_n 中各列的元素之和为零

(7) 已知线性方程组 $\begin{cases} bx_1-ax_2=-2ab, \\ -2cx_2+3bx_3=bc, \\ cx_1+ax_3=0, \end{cases}$ 则(　　).

A. 当 $a=0$ 时，方程组无解　　B. 当 $b=0$ 时，方程组无解

C. 当 $c=0$ 时，方程组无解　　D. 当 a,b,c 取任意实数时，方程均有解

3. 计算下列行列式.

(1) $\begin{vmatrix} 0 & 3 \\ 4 & -2 \end{vmatrix}$；　　(2) $\begin{vmatrix} 1 & \log_a b \\ \log_b a & 1 \end{vmatrix}$；

(3) $\begin{vmatrix} 1 & 0 & -1 \\ 3 & 5 & 0 \\ 0 & 4 & 1 \end{vmatrix}$；　　(4) $\begin{vmatrix} c & b & a \\ b & a & 0 \\ a & 0 & 0 \end{vmatrix}$；

(5) $\begin{vmatrix} 1 & 0 & -1 & 0 \\ 2 & 1 & 0 & -3 \\ 0 & -2 & 0 & 1 \\ 1 & 2 & 0 & -1 \end{vmatrix}$；　　(6) $\begin{vmatrix} a & b & b & b \\ b & a & b & b \\ b & b & a & b \\ b & b & b & a \end{vmatrix}$.

4. 解下列方程.

(1) $\begin{vmatrix} 1 & 1 & 1 \\ 1 & 2 & x \\ 1 & x & 6 \end{vmatrix}=1$；　　(2) $\begin{vmatrix} x-2 & 1 & 0 \\ 1 & x-2 & 0 \\ 0 & 0 & x-2 \end{vmatrix}=0$.

5. 判断下列齐次线性方程组是否有非零解.

(1) $\begin{cases} \lambda x+2y=0, \\ 3x+y=0; \end{cases}$　　(2) $\begin{cases} x_1+x_2-2x_3=0, \\ 2x_1-x_2+2x_3=0, \\ 4x_1+x_2+4x_3=0. \end{cases}$

6. 用克拉默法则求解下列方程组.

(1) $\begin{cases} 4x_1+x_2+5x_3=0, \\ x_1+x_2+2x_3=0, \\ 2x_1+2x_2=0; \end{cases}$　　(2) $\begin{cases} 2x+y+z=1, \\ x+y+2z=4, \\ 2x-y+2z=1; \end{cases}$

(3) $\begin{cases} x_1+x_2-2x_3=-1, \\ 2x_1-x_2+2x_3=-4, \\ 4x_1+x_2+4x_3=-2. \end{cases}$

7. 已知齐次线性方程组 $\begin{cases} 2x_1-x_2+2x_3=tx_1, \\ 5x_1-3x_2+3x_3=tx_2, \\ x_1+2x_3=-tx_3 \end{cases}$ 只有零解，求参数 t.

第二章 矩阵

矩阵最早可以追溯到19世纪，是由英国数学家阿瑟·凯莱(Arthur Cayley)提出的.矩阵的起源与线性方程组的系数和常数构成的方形阵有关，它作为解线性方程的工具有着悠久的历史.我国古代的《九章算术》中也有使用分离系数法表示线性方程组增广矩阵的概念以及消元过程中的矩阵初等变换.矩阵是数学中的一个重要概念，它在多个领域都有广泛的应用，比如经济与管理中的各种数据表(可看作矩阵)、电路设计中的传输矩阵、保密通信中的加密解密等.本书采用的 MATLAB 软件就是专门为矩阵运算设计的软件.

本章思维导图

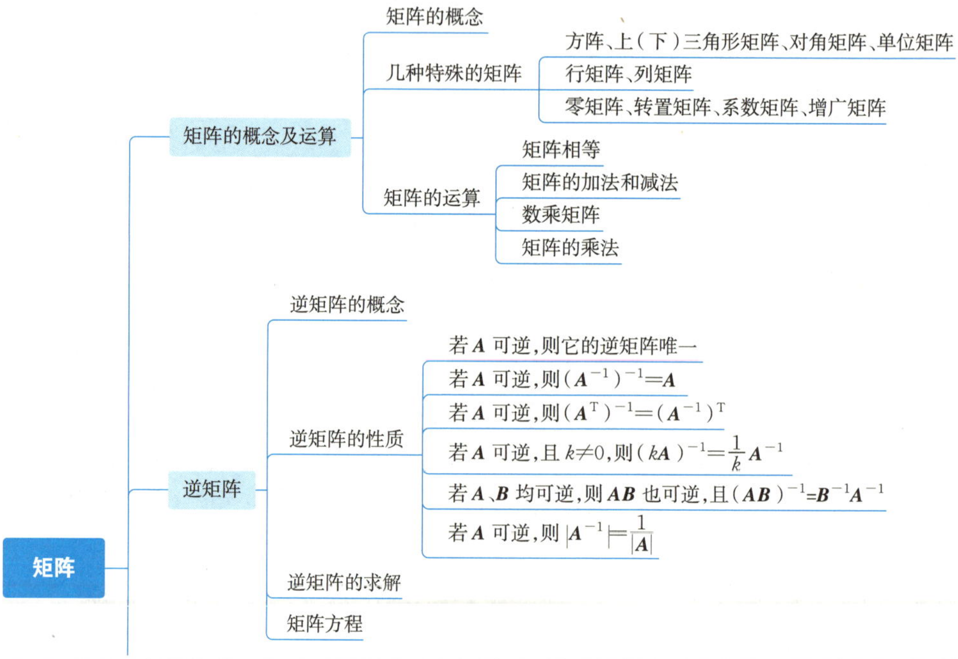

- 矩阵的初等变换
  - 初等变换的定义
  - 用初等变换求逆矩阵
  - 用初等变换求解矩阵方程
- 矩阵的秩
  - 矩阵秩的定义
  - 用初等变换求矩阵的秩
- 分块矩阵
  - 矩阵的分块
  - 分块矩阵的运算
    - 分块矩阵的加法和减法
    - 数与分块矩阵的乘法
    - 分块矩阵的乘法
    - 分块矩阵的转置
    - 分块上(下)三角形矩阵
    - 分块对角阵

2.1 矩阵的概念及运算

内容和目标

- 掌握矩阵的概念;
- 熟悉特殊矩阵;
- 熟练矩阵的加、减、数乘运算;
- 掌握矩阵乘法运算规则并能熟练计算.

2.1.1 矩阵的概念

矩阵是数(或函数)的矩形表.在经济活动中,我们常用数表表示一些量或关系,如产量的统计表、商品的价格等.

引例　表 2-1 是某超市三种饮品在不同季度的销售情况.

表 2-1　某超市三种饮品在不同季度的销售情况

饮品	第一季度	第二季度	第三季度	第四季度
A	200	250	300	220
B	513	400	450	350
C	310	280	210	220

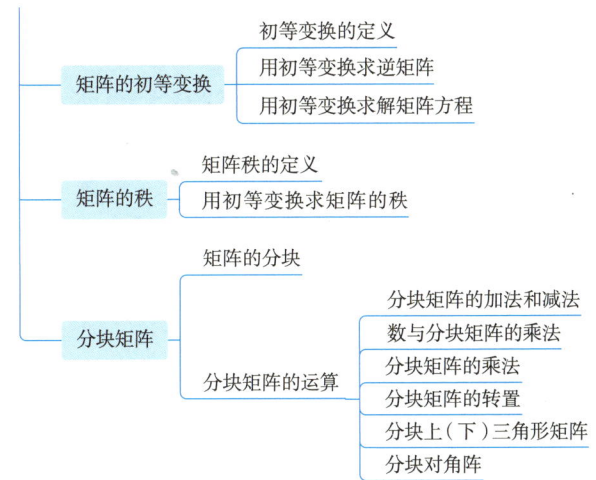

表 2-1 的销售情况完全可以用下面的矩形数表来表示

$$\begin{pmatrix} 200 & 250 & 300 & 220 \\ 513 & 400 & 450 & 350 \\ 310 & 280 & 210 & 220 \end{pmatrix}.$$

这样的矩形数表就称为一个 3 行 4 列的矩阵.

定义 2.1 由 $m \times n$ 个数 $a_{ij}(i=1,2,\cdots,m;j=1,2,\cdots,n)$ 排成的 m 行 n 列,并用圆括号(或方括号)括起来的数表

$$\begin{pmatrix} a_{11} & a_{12} & \cdots & a_{1n} \\ a_{21} & a_{22} & \cdots & a_{2n} \\ \vdots & \vdots & & \vdots \\ a_{m1} & a_{m2} & \cdots & a_{mn} \end{pmatrix}$$

称为 m 行 n 列的**矩阵**,简称 $m \times n$ 矩阵,其中 a_{ij} 是第 i 行第 j 列的元素.矩阵通常用大写黑体字母 $\boldsymbol{A},\boldsymbol{B},\boldsymbol{C},\cdots$ 表示,也可记为 $\boldsymbol{A}_{m\times n}$,$\boldsymbol{A}=(a_{ij})_{m\times n}$.

在矩阵 $\boldsymbol{A}=(a_{ij})$ 中各元素前面添上负号得到的矩阵,称为 $\boldsymbol{A}$ 的**负矩阵**,记作 $-\boldsymbol{A}$,即

$$-\boldsymbol{A}=(-a_{ij})=\begin{pmatrix} -a_{11} & -a_{12} & \cdots & -a_{1n} \\ -a_{21} & -a_{22} & \cdots & -a_{2n} \\ \vdots & \vdots & & \vdots \\ -a_{m1} & -a_{m2} & \cdots & -a_{mn} \end{pmatrix}.$$

例如,$\boldsymbol{A}=\begin{pmatrix} 1 & 0 \\ 0 & 1 \end{pmatrix}$,$-\boldsymbol{A}=\begin{pmatrix} -1 & 0 \\ 0 & -1 \end{pmatrix}$,$-\boldsymbol{A}$ 是 $\boldsymbol{A}$ 的负矩阵.

2.1.2 几种特殊的矩阵

(1) 当 $m=n$ 时,矩阵 $\boldsymbol{A}_{n\times n}$ 称为 n 阶**方阵**.

例如

$$\boldsymbol{A}=\begin{pmatrix} a_{11} & a_{12} & \cdots & a_{1n} \\ a_{21} & a_{22} & \cdots & a_{2n} \\ \vdots & \vdots & & \vdots \\ a_{n1} & a_{n2} & \cdots & a_{nn} \end{pmatrix}.$$

显然,只有方阵才有行列式.若

$$\boldsymbol{A}=\begin{pmatrix} 1 & 2 & 3 \\ 4 & 5 & 3 \\ 1 & 2 & 1 \end{pmatrix},$$

则 $\boldsymbol{A}$ 的行列式记为 $|\boldsymbol{A}|$ 或 $\det(\boldsymbol{A})$,即 $|\boldsymbol{A}|=\begin{vmatrix} 1 & 2 & 3 \\ 4 & 5 & 3 \\ 1 & 2 & 1 \end{vmatrix}$.

(2) 若一个方阵的主对角线下(上)的元素全为零,则称该矩阵为上(下)**三角形矩阵**.

$$\boldsymbol{A}=\begin{pmatrix} a_{11} & a_{12} & \cdots & a_{1n} \\ 0 & a_{22} & \cdots & a_{2n} \\ \vdots & \vdots & & \vdots \\ 0 & 0 & \cdots & a_{nn} \end{pmatrix} \quad 或 \quad \boldsymbol{A}=\begin{pmatrix} a_{11} & 0 & \cdots & 0 \\ a_{21} & a_{22} & \cdots & 0 \\ \vdots & \vdots & & \vdots \\ a_{n1} & a_{n2} & \cdots & a_{nn} \end{pmatrix}$$

(3) 除主对角线上的元素外,其他元素全是零的方阵称为 n 阶**对角矩阵**.

$$\boldsymbol{A}=\begin{pmatrix} a_{11} & 0 & \cdots & 0 \\ 0 & a_{22} & \cdots & 0 \\ \vdots & \vdots & & \vdots \\ 0 & 0 & \cdots & a_{nn} \end{pmatrix}$$

(4) 若对角矩阵主对角线上的元素全为 1,则称该矩阵为**单位矩阵**,记作 $\boldsymbol{I}$ 或者 $\boldsymbol{E}$.

$$\boldsymbol{E}=\begin{pmatrix} 1 & 0 & \cdots & 0 \\ 0 & 1 & \cdots & 0 \\ \vdots & \vdots & & \vdots \\ 0 & 0 & \cdots & 1 \end{pmatrix}$$

(5) 只有一行的矩阵称为**行矩阵**,如 $\boldsymbol{A}=(a_{11} \quad a_{12} \quad \cdots \quad a_{1n})$.

(6) 只有一列的矩阵称为**列矩阵**,如 $\boldsymbol{A}=\begin{pmatrix} a_{1n} \\ a_{2n} \\ \vdots \\ a_{mn} \end{pmatrix}$.

(7) 所有元素都为零的矩阵称为**零矩阵**,记作 $\boldsymbol{O}$ 或 $\boldsymbol{O}_{m\times n}$.

(8) 如果 n 阶矩阵 $\boldsymbol{A}=(a_{ij})$ 的元素满足 $a_{ij}=a_{ji}(i,j=1,2,\cdots,n)$,则称 $\boldsymbol{A}$ 为**对称矩阵**.

例如,矩阵

$$\boldsymbol{A}=\begin{pmatrix} 1 & 4 & -1 \\ 4 & 2 & 0 \\ -1 & 0 & 4 \end{pmatrix} \quad 和 \quad \boldsymbol{B}=\begin{pmatrix} 1 & 2 & 0 & -2 \\ 2 & 1 & 5 & 3 \\ 0 & 5 & -3 & 2 \\ -2 & 3 & 2 & 1 \end{pmatrix}$$

分别是三阶对称矩阵和四阶对称矩阵.

(9) 如果 n 阶矩阵 $\boldsymbol{A}=(a_{ij})$ 的元素满足 $a_{ij}=-a_{ji}(i,j=1,2,\cdots,n)$,则称 $\boldsymbol{A}$ 为**反对称矩阵**.

显然,对反对称矩阵有 $a_{ii}=0(i=1,2,\cdots,n)$.例如,矩阵

$$\boldsymbol{A}=\begin{pmatrix} 0 & 4 & 1 \\ -4 & 0 & -2 \\ -1 & 2 & 0 \end{pmatrix} \quad 和 \quad \boldsymbol{B}=\begin{pmatrix} 0 & 2 & 0 & 2 \\ -2 & 0 & 5 & -3 \\ 0 & -5 & 0 & -2 \\ -2 & 3 & 2 & 0 \end{pmatrix}$$

分别是三阶反对称矩阵和四阶反对称矩阵.

(10) 把矩阵 $\boldsymbol{A}$ 的行和列互换得到的矩阵称为 $\boldsymbol{A}$ 的**转置矩阵**,记为 $\boldsymbol{A}^{\mathrm{T}}$.显然,若

$$\boldsymbol{A}=\begin{pmatrix} a_{11} & a_{12} & \cdots & a_{1n} \\ a_{21} & a_{22} & \cdots & a_{2n} \\ \vdots & \vdots & & \vdots \\ a_{m1} & a_{m2} & \cdots & a_{mn} \end{pmatrix},$$

则

$$\boldsymbol{A}^{\mathrm{T}}=\begin{pmatrix} a_{11} & a_{21} & \cdots & a_{m1} \\ a_{12} & a_{22} & \cdots & a_{m2} \\ \vdots & \vdots & & \vdots \\ a_{1n} & a_{2n} & \cdots & a_{mn} \end{pmatrix}.$$

例如,矩阵 $\boldsymbol{A}=\begin{pmatrix} 2 & 0 & 3 \\ 5 & 1 & 6 \end{pmatrix}$ 的转置矩阵 $\boldsymbol{A}^{\mathrm{T}}=\begin{pmatrix} 2 & 5 \\ 0 & 1 \\ 3 & 6 \end{pmatrix}$.

矩阵的转置运算满足下列运算规律(假设运算都是可行的):

① $(\boldsymbol{A}^{\mathrm{T}})^{\mathrm{T}}=\boldsymbol{A}$; ② $(\boldsymbol{A}+\boldsymbol{B})^{\mathrm{T}}=\boldsymbol{A}^{\mathrm{T}}+\boldsymbol{B}^{\mathrm{T}}$;

③ $(k\boldsymbol{A})^{\mathrm{T}}=k\boldsymbol{A}^{\mathrm{T}}$(k 为任意常数); ④ $(\boldsymbol{AB})^{\mathrm{T}}=\boldsymbol{B}^{\mathrm{T}}\boldsymbol{A}^{\mathrm{T}}$.

(11) 由线性方程组 $\begin{cases} a_{11}x_1+a_{12}x_2+\cdots+a_{1n}x_n=b_1, \\ a_{21}x_1+a_{22}x_2+\cdots+a_{2n}x_n=b_2, \\ \cdots\cdots\cdots\cdots \\ a_{m1}x_1+a_{m2}x_2+\cdots+a_{mn}x_n=b_m \end{cases}$ 的未知数系数组成的 $m\times n$ 矩阵

$\boldsymbol{A}=\begin{pmatrix} a_{11} & a_{12} & \cdots & a_{1n} \\ a_{21} & a_{22} & \cdots & a_{2n} \\ \vdots & \vdots & & \vdots \\ a_{m1} & a_{m2} & \cdots & a_{mn} \end{pmatrix}$ 称为**系数矩阵**;把常数项添加在系数矩阵的第 $n+1$ 列组成的

$m\times(n+1)$ 矩阵 $\overline{\boldsymbol{A}}=\begin{pmatrix} a_{11} & a_{12} & \cdots & a_{1n} & b_1 \\ a_{21} & a_{22} & \cdots & a_{2n} & b_2 \\ \vdots & \vdots & & \vdots & \vdots \\ a_{m1} & a_{m2} & \cdots & a_{mn} & b_m \end{pmatrix}$ 称为**增广矩阵**.这两个矩阵在后面研究线性

方程组时经常用到.

2.1.3 矩阵的运算

1. 矩阵相等

定义 2.2 如果矩阵 $\boldsymbol{A}=(a_{ij})$,$\boldsymbol{B}=(b_{ij})$ 都是 $m\times n$ 矩阵,且对应位置上的元素都相等,即 $a_{ij}=b_{ij}$,则称矩阵 $\boldsymbol{A}$ 与 $\boldsymbol{B}$ 相等,记作 $\boldsymbol{A}=\boldsymbol{B}$.

例 1 已知 $\boldsymbol{A}=\begin{pmatrix} a+b & 2 \\ 1 & a-b \end{pmatrix}$，$\boldsymbol{B}=\begin{pmatrix} 5 & 2c+d \\ c-d & -1 \end{pmatrix}$，若 $\boldsymbol{A}=\boldsymbol{B}$，求 a,b,c,d.

解 根据矩阵相等的定义，得

$$\begin{cases} a+b=5, \\ a-b=-1, \\ 2c+d=2, \\ c-d=1, \end{cases}$$

解得

$$a=2,\quad b=3,\quad c=1,\quad d=0.$$

2. 矩阵的加法和减法

定义 2.3 如果矩阵 $\boldsymbol{A}=(a_{ij})$，$\boldsymbol{B}=(b_{ij})$ 都是 $m\times n$ 矩阵，则 $\boldsymbol{A}+\boldsymbol{B}=(a_{ij}+b_{ij})$，$\boldsymbol{A}-\boldsymbol{B}=(a_{ij}-b_{ij})$.

矩阵的加法满足如下运算规律：

(1) 交换律：$\boldsymbol{A}+\boldsymbol{B}=\boldsymbol{B}+\boldsymbol{A}$；

(2) 结合律：$(\boldsymbol{A}+\boldsymbol{B})+\boldsymbol{C}=\boldsymbol{A}+(\boldsymbol{B}+\boldsymbol{C})$.

例 2 已知 $\boldsymbol{A}=\begin{pmatrix} 1 & 2 & 1 \\ -1 & 5 & 5 \\ 2 & -2 & 3 \end{pmatrix}$，$\boldsymbol{B}=\begin{pmatrix} 1 & 1 & 1 \\ 2 & 3 & 2 \\ -2 & 1 & -1 \end{pmatrix}$，求 $\boldsymbol{A}+\boldsymbol{B}$，$\boldsymbol{A}-\boldsymbol{B}^{\mathrm{T}}$.

解

$$\boldsymbol{A}+\boldsymbol{B}=\begin{pmatrix} 1 & 2 & 1 \\ -1 & 5 & 5 \\ 2 & -2 & 3 \end{pmatrix}+\begin{pmatrix} 1 & 1 & 1 \\ 2 & 3 & 2 \\ -2 & 1 & -1 \end{pmatrix}=\begin{pmatrix} 2 & 3 & 2 \\ 1 & 8 & 7 \\ 0 & -1 & 2 \end{pmatrix},$$

$$\boldsymbol{A}-\boldsymbol{B}^{\mathrm{T}}=\begin{pmatrix} 1 & 2 & 1 \\ -1 & 5 & 5 \\ 2 & -2 & 3 \end{pmatrix}-\begin{pmatrix} 1 & 2 & -2 \\ 1 & 3 & 1 \\ 1 & 2 & -1 \end{pmatrix}=\begin{pmatrix} 0 & 0 & 3 \\ -2 & 2 & 4 \\ 1 & -4 & 4 \end{pmatrix}.$$

3. 数乘矩阵

定义 2.4 若 k 是一个数，$\boldsymbol{A}$ 是 $m\times n$ 矩阵，则数 k 与矩阵 $\boldsymbol{A}$ 的乘积为

$$k\boldsymbol{A}=k\begin{pmatrix} a_{11} & a_{12} & \cdots & a_{1n} \\ a_{21} & a_{22} & \cdots & a_{2n} \\ \vdots & \vdots & & \vdots \\ a_{m1} & a_{m2} & \cdots & a_{mn} \end{pmatrix}=\begin{pmatrix} ka_{11} & ka_{12} & \cdots & ka_{1n} \\ ka_{21} & ka_{22} & \cdots & ka_{2n} \\ \vdots & \vdots & & \vdots \\ ka_{m1} & ka_{m2} & \cdots & ka_{mn} \end{pmatrix}.$$

数乘矩阵满足如下运算规律(其中 k,l 为常数)：

(1) 分配律：$k(\boldsymbol{A}+\boldsymbol{B})-k\boldsymbol{A}+k\boldsymbol{B}$，

$(k+l)\boldsymbol{A}=k\boldsymbol{A}+l\boldsymbol{A}$；

(2) 结合律：$(kl)\boldsymbol{A}=k(l\boldsymbol{A})$.

特别地，若 $\boldsymbol{A}$ 是 n 阶方阵，且 k 为常数，则有 $|k\boldsymbol{A}|=k^n|\boldsymbol{A}|$.

例 3　已知 $A=\begin{pmatrix}-1 & 2 & 3\\ 4 & 4 & 6\end{pmatrix}$，$B=\begin{pmatrix}0 & -1 & 2\\ 3 & 2 & 1\end{pmatrix}$，且 $A-X=2B$，求 X.

解

$$2B=2\begin{pmatrix}0 & -1 & 2\\ 3 & 2 & 1\end{pmatrix}=\begin{pmatrix}0 & -2 & 4\\ 6 & 4 & 2\end{pmatrix},$$

$$X=A-2B=\begin{pmatrix}-1 & 2 & 3\\ 4 & 4 & 6\end{pmatrix}-\begin{pmatrix}0 & -2 & 4\\ 6 & 4 & 2\end{pmatrix}=\begin{pmatrix}-1 & 4 & -1\\ -2 & 0 & 4\end{pmatrix}.$$

4. 矩阵的乘法

矩阵的乘法运算是本章最重要的内容之一，也是从实际需要中产生的.

引例　有两个饮品店 A_1、A_2 卖同样三种饮品甲、乙、丙，表 2－2 给出了两个饮品店某月的销售情况，表 2－3 给出了三种饮品的单价及利润，表 2－4 给出了两个饮品店某月的总收入及总利润.

表 2－2　两个饮品店某月的销售情况　　单位：百杯

饮品店	饮品甲	饮品乙	饮品丙
A_1	30	70	10
A_2	50	70	20

表 2－3　三种饮品的单价及利润　　单位：元

	单价	利润
饮品甲	7	4
饮品乙	9	4.5
饮品丙	10	6

表 2－4　两个饮品店某月的总收入及总利润　　单位：百元

饮品店	总收入	总利润
A_1	$30\times7+70\times9+10\times10$	$30\times4+70\times4.5+10\times6$
A_2	$50\times7+70\times9+20\times10$	$50\times4+70\times4.5+20\times6$

上面 3 个数表可以用矩阵表示为

$$A=\begin{pmatrix}30 & 70 & 10\\ 50 & 70 & 20\end{pmatrix},\quad B=\begin{pmatrix}7 & 4\\ 9 & 4.5\\ 10 & 6\end{pmatrix},$$

$$C=\begin{pmatrix}30\times7+70\times9+10\times10 & 30\times4+70\times4.5+10\times6\\ 50\times7+70\times9+20\times10 & 50\times4+70\times4.5+20\times6\end{pmatrix}.$$

因此，A_1、A_2 两家饮品店的总收入和总利润矩阵 C 可以看成矩阵 A 和矩阵 B 之积，即

$$AB=\begin{pmatrix}30&70&10\\50&70&20\end{pmatrix}\begin{pmatrix}7&4\\9&4.5\\10&6\end{pmatrix}=\begin{pmatrix}30\times7+70\times9+10\times10&30\times4+70\times4.5+10\times6\\50\times7+70\times9+20\times10&50\times4+70\times4.5+20\times6\end{pmatrix}=C.$$

受此启发，可以给出矩阵的乘法的定义.

定义 2.5 若矩阵 $A=(a_{ij})_{m\times s}$，$B=(b_{ij})_{s\times n}$，则由元素

$$c_{ij}=a_{i1}b_{1j}+a_{i2}b_{2j}+\cdots+a_{is}b_{sj}=\sum_{k=1}^{s}a_{ik}b_{kj}\ (i=1,2,\cdots,m;j=1,2,\cdots,n)$$

所构成的 $m\times n$ 矩阵 $C=(c_{ij})_{m\times n}$ 称为矩阵 A 与矩阵 B 的乘积，记作

$$C=AB.$$

记号 AB 常读作 A 左乘 B 或 B 右乘 A.

【注意】(1) 只有 A 矩阵的列数和 B 矩阵的行数相等，AB 才有意义.

(2) 矩阵 $C=AB$ 的行数等于 A 的行数，列数等于 B 的列数.

(3) 矩阵 C 的元素 c_{ij} 为矩阵 A 的第 i 行的元素与矩阵 B 的第 j 列的对应元素的乘积之和，即

$$c_{ij}=(a_{i1}\quad a_{i2}\quad\cdots\quad a_{is})\begin{pmatrix}b_{1j}\\b_{2j}\\\vdots\\b_{sj}\end{pmatrix}=a_{i1}b_{1j}+a_{i2}b_{2j}+\cdots+a_{is}b_{sj}.$$

例 4 已知 $A=\begin{pmatrix}1&2&3\\0&-1&2\end{pmatrix}$，$B=\begin{pmatrix}1\\2\\0\end{pmatrix}$，求 AB.

解 $AB=\begin{pmatrix}1&2&3\\0&-1&2\end{pmatrix}_{2\times3}\begin{pmatrix}1\\2\\0\end{pmatrix}_{3\times1}=\begin{pmatrix}1\times1+2\times2+3\times0\\0\times1+(-1)\times2+2\times0\end{pmatrix}_{2\times1}=\begin{pmatrix}5\\-2\end{pmatrix}.$

由例 4 可知，AB 有意义，BA 无意义.

例 5 已知 $A=\begin{pmatrix}1&1\\-1&-1\end{pmatrix}$，$B=\begin{pmatrix}1&-1\\-1&1\end{pmatrix}$，求 AB 和 BA.

解

$$AB=\begin{pmatrix}1&1\\-1&-1\end{pmatrix}\begin{pmatrix}1&-1\\-1&1\end{pmatrix}=\begin{pmatrix}0&0\\0&0\end{pmatrix},$$

$$BA=\begin{pmatrix}1&-1\\-1&1\end{pmatrix}\begin{pmatrix}1&1\\-1&-1\end{pmatrix}=\begin{pmatrix}2&2\\-2&-2\end{pmatrix}.$$

由例 5 可知，矩阵乘法不一定满足交换律，即一般情况下 $AB\neq BA$，且由 $AB=O$ 不能推出 $A=O$ 或 $B=O$.

例 6　已知矩阵 $\boldsymbol{A}=\begin{pmatrix}1 & 1\\-1 & -1\end{pmatrix}$，$\boldsymbol{B}=\begin{pmatrix}1 & -1\\-1 & 1\end{pmatrix}$，$\boldsymbol{C}=\begin{pmatrix}0 & 0\\0 & 0\end{pmatrix}$，求 $\boldsymbol{AB}$，$\boldsymbol{AC}$.

解

$$\boldsymbol{AB}=\begin{pmatrix}1 & 1\\-1 & -1\end{pmatrix}\begin{pmatrix}1 & -1\\-1 & 1\end{pmatrix}=\begin{pmatrix}0 & 0\\0 & 0\end{pmatrix},$$

$$\boldsymbol{AC}=\begin{pmatrix}1 & 1\\-1 & -1\end{pmatrix}\begin{pmatrix}0 & 0\\0 & 0\end{pmatrix}=\begin{pmatrix}0 & 0\\0 & 0\end{pmatrix}.$$

由例 6 可知，即使矩阵 $\boldsymbol{AB}=\boldsymbol{AC}$，也不能得出 $\boldsymbol{B}=\boldsymbol{C}$.

例 7　已知 $\boldsymbol{E}=\begin{pmatrix}1 & 0 & 0\\0 & 1 & 0\\0 & 0 & 1\end{pmatrix}$，$\boldsymbol{A}=\begin{pmatrix}a_{11} & a_{12} & a_{13}\\a_{21} & a_{22} & a_{23}\\a_{31} & a_{32} & a_{33}\end{pmatrix}$，求 $\boldsymbol{AE}$ 和 $\boldsymbol{EA}$.

解

$$\boldsymbol{AE}=\begin{pmatrix}a_{11} & a_{12} & a_{13}\\a_{21} & a_{22} & a_{23}\\a_{31} & a_{32} & a_{33}\end{pmatrix}\begin{pmatrix}1 & 0 & 0\\0 & 1 & 0\\0 & 0 & 1\end{pmatrix}=\begin{pmatrix}a_{11} & a_{12} & a_{13}\\a_{21} & a_{22} & a_{23}\\a_{31} & a_{32} & a_{33}\end{pmatrix}=\boldsymbol{A},$$

$$\boldsymbol{EA}=\begin{pmatrix}1 & 0 & 0\\0 & 1 & 0\\0 & 0 & 1\end{pmatrix}\begin{pmatrix}a_{11} & a_{12} & a_{13}\\a_{21} & a_{22} & a_{23}\\a_{31} & a_{32} & a_{33}\end{pmatrix}=\begin{pmatrix}a_{11} & a_{12} & a_{13}\\a_{21} & a_{22} & a_{23}\\a_{31} & a_{32} & a_{33}\end{pmatrix}=\boldsymbol{A},$$

所以

$$\boldsymbol{AE}=\boldsymbol{EA}=\boldsymbol{A}.$$

例 7 说明矩阵的乘法中单位矩阵的作用与数 1 在数的乘法中的作用类似.

矩阵乘法满足如下运算规律：

(1) 分配律　$\boldsymbol{A}(\boldsymbol{B}+\boldsymbol{C})=\boldsymbol{AB}+\boldsymbol{AC}$，$(\boldsymbol{B}+\boldsymbol{C})\boldsymbol{A}=\boldsymbol{BA}+\boldsymbol{CA}$；

(2) 结合律　$(\boldsymbol{AB})\boldsymbol{C}=\boldsymbol{A}(\boldsymbol{BC})$，$(k\boldsymbol{A})\boldsymbol{B}=\boldsymbol{A}(k\boldsymbol{B})=k(\boldsymbol{AB})$；

(3) 若 $\boldsymbol{A}$、$\boldsymbol{B}$ 是 n 阶方阵，则 $|\boldsymbol{AB}|=|\boldsymbol{A}||\boldsymbol{B}|$；

(4) 若 $\boldsymbol{A}$、$\boldsymbol{B}$ 是 n 阶方阵，则 $(\boldsymbol{AB})^{\mathrm{T}}=\boldsymbol{B}^{\mathrm{T}}\boldsymbol{A}^{\mathrm{T}}$.

【课堂练习】

已知 $\boldsymbol{A}=\begin{pmatrix}0 & 1\\2 & 1\end{pmatrix}$，$\boldsymbol{B}=\begin{pmatrix}6 & -2\\2 & 0\end{pmatrix}$.

(1) 若矩阵 $\boldsymbol{X}$ 满足 $2\boldsymbol{X}+\boldsymbol{B}=2\boldsymbol{A}$，求矩阵 $\boldsymbol{X}$；

(2) 求 $\boldsymbol{AB}$.

习题 2.1

1. 判断题.

(1) 若 $\boldsymbol{A}^2=\boldsymbol{O}$,则 $\boldsymbol{A}=\boldsymbol{O}$. ( )

(2) 若 $\boldsymbol{A}^2=\boldsymbol{A}$,则 $\boldsymbol{A}=\boldsymbol{O}$ 或 $\boldsymbol{A}=\boldsymbol{E}$. ( )

(3) 若 $\boldsymbol{AB}=\boldsymbol{AC}$,且 $\boldsymbol{A}\neq\boldsymbol{O}$,则 $\boldsymbol{B}=\boldsymbol{C}$. ( )

(4) 若方阵 $\boldsymbol{A}\neq\boldsymbol{O}$,则 $|\boldsymbol{A}|\neq 0$. ( )

(5) 若方阵 $\boldsymbol{A}$ 和 $\boldsymbol{B}$ 满足 $\boldsymbol{AB}=\boldsymbol{O}$,则 $|\boldsymbol{A}|=0$ 或 $|\boldsymbol{B}|=0$. ( )

2. 已知 $\boldsymbol{A}=\begin{pmatrix}2&3\\4&1\end{pmatrix}$,$\boldsymbol{B}=\begin{pmatrix}3&4\\-1&0\end{pmatrix}$,求 $\boldsymbol{A}+2\boldsymbol{B}$,$\boldsymbol{A}^{\mathrm{T}}-\boldsymbol{B}$.

3. 计算题.

(1) $\begin{pmatrix}0&2\\0&3\end{pmatrix}\begin{pmatrix}1&1\\0&0\end{pmatrix}$;

(2) $\begin{pmatrix}1&3\\-4&-2\end{pmatrix}\begin{pmatrix}3&0&-1\\2&5&4\end{pmatrix}$;

(3) $(1\quad 2\quad 3\quad 4)\begin{pmatrix}1\\2\\3\\4\end{pmatrix}$;

(4) $\begin{pmatrix}1\\2\\3\\4\end{pmatrix}(1\quad 2\quad 3\quad 4)$;

(5) $\begin{pmatrix}5&0&0\\0&3&1\\0&2&1\end{pmatrix}\begin{pmatrix}1\\-2\\3\end{pmatrix}$.

4. 已知 $\boldsymbol{A}=\begin{pmatrix}1&\lambda\\0&1\end{pmatrix}$,求 $\boldsymbol{A}^2$,$\boldsymbol{A}^3$.

5.【21 安徽】若矩阵 $\boldsymbol{A}=\begin{pmatrix}0&-1\\1&0\end{pmatrix}$,则 $\boldsymbol{A}^2+2\boldsymbol{A}=$________.

6.【21 重庆】若矩阵 $\boldsymbol{A}=\begin{pmatrix}2&1\\5&3\end{pmatrix}$,则 $|3\boldsymbol{A}|=$________.

7.【22 重庆】若矩阵 $\boldsymbol{A}=\begin{pmatrix}3&-1\\4&a\end{pmatrix}$,$\boldsymbol{B}=\begin{pmatrix}1&0\\5&2\end{pmatrix}$,且 $|\boldsymbol{AB}|=8$,则 $a=$________.

2.2 逆矩阵

内容和目标

- 掌握逆矩阵的概念；
- 熟悉逆矩阵的六条性质；
- 会判定任意方阵是否可逆；
- 掌握求逆矩阵的公式并熟练计算；
- 会将线性方程组改写成矩阵乘法形式.

2.2.1 逆矩阵的概念

在实数的运算中有加减乘除，那么矩阵是否也有除法呢？在实数中，若 $a\neq 0$，且存在实数 b，使得 $ab=ba=1$，则 $b=\frac{1}{a}$，称 b 为 a 的倒数（逆数），通常也记 $b=a^{-1}$. 同样，在矩阵中也有类似定义.

定义 2.6　对于 n 阶方阵 $\boldsymbol{A}$，如果存在一个 n 阶方阵 $\boldsymbol{B}$，使得 $\boldsymbol{AB}=\boldsymbol{BA}=\boldsymbol{E}$，则称 $\boldsymbol{B}$ 为 $\boldsymbol{A}$ 的**逆矩阵**，记作 $\boldsymbol{B}=\boldsymbol{A}^{-1}$. 如果矩阵 $\boldsymbol{A}$ 存在逆矩阵，则称 $\boldsymbol{A}$ 为**可逆矩阵**，否则称 $\boldsymbol{A}$ 为**奇异矩阵**.

显然，如果 $\boldsymbol{B}$ 是 $\boldsymbol{A}$ 的逆矩阵，那么 $\boldsymbol{A}$ 也是 $\boldsymbol{B}$ 的逆矩阵.

例 1　n 阶单位矩阵 $\boldsymbol{E}$ 可逆.

解　事实上，由于 $\boldsymbol{EE}=\boldsymbol{E}$，故 $\boldsymbol{E}^{-1}=\boldsymbol{E}$.

例 2　设 $\boldsymbol{A}=\begin{pmatrix}1&3\\2&5\end{pmatrix}$，$\boldsymbol{B}=\begin{pmatrix}-5&3\\2&-1\end{pmatrix}$，验证 $\boldsymbol{A}$ 可逆，且 $\boldsymbol{B}$ 是 $\boldsymbol{A}$ 的逆矩阵.

解　可以验证

$$\boldsymbol{AB}=\begin{pmatrix}1&3\\2&5\end{pmatrix}\begin{pmatrix}-5&3\\2&-1\end{pmatrix}=\begin{pmatrix}1&0\\0&1\end{pmatrix}=\boldsymbol{E},$$

$$\boldsymbol{BA}=\begin{pmatrix}-5&3\\2&-1\end{pmatrix}\begin{pmatrix}1&3\\2&5\end{pmatrix}=\begin{pmatrix}1&0\\0&1\end{pmatrix}=\boldsymbol{E}.$$

故 $\boldsymbol{A}$ 可逆，且 $\boldsymbol{A}^{-1}=\boldsymbol{B}$，$\boldsymbol{B}^{-1}=\boldsymbol{A}$.

例 1 和例 2 为两个较特殊的方阵的逆矩阵的例子，那么对于一般的矩阵而言，如何去求它的逆矩阵呢？为此，要掌握逆矩阵的性质.

2.2.2 逆矩阵的性质

性质 1　若 $\boldsymbol{A}$ 可逆，则它的逆矩阵唯一.

若 $\boldsymbol{B}$、$\boldsymbol{C}$ 是 $\boldsymbol{A}$ 的任意的两个逆矩阵，由定义知 $\boldsymbol{AB}=\boldsymbol{BA}=\boldsymbol{E}$，$\boldsymbol{AC}=\boldsymbol{CA}=\boldsymbol{E}$，有 $\boldsymbol{B}=\boldsymbol{BE}=\boldsymbol{BAC}=\boldsymbol{EC}=\boldsymbol{C}$，即 $\boldsymbol{B}=\boldsymbol{C}$.

性质 2 若 $\boldsymbol{A}$ 可逆，则 $\boldsymbol{A}^{-1}$ 也可逆，且 $(\boldsymbol{A}^{-1})^{-1}=\boldsymbol{A}$.

$(\boldsymbol{A}^{-1})\boldsymbol{A}=\boldsymbol{A}(\boldsymbol{A}^{-1})=\boldsymbol{E}$，即 $\boldsymbol{A}$ 和 $\boldsymbol{A}^{-1}$ 互为逆矩阵.

性质 3 若 $\boldsymbol{A}$ 可逆，则 $\boldsymbol{A}^{\mathrm{T}}$ 也可逆，且 $(\boldsymbol{A}^{\mathrm{T}})^{-1}=(\boldsymbol{A}^{-1})^{\mathrm{T}}$.

事实上
$$\boldsymbol{A}^{\mathrm{T}}(\boldsymbol{A}^{-1})^{\mathrm{T}}=(\boldsymbol{A}^{-1}\boldsymbol{A})^{\mathrm{T}}=\boldsymbol{E}^{\mathrm{T}}=\boldsymbol{E};.$$
$$(\boldsymbol{A}^{-1})^{\mathrm{T}}\boldsymbol{A}^{\mathrm{T}}=(\boldsymbol{A}\boldsymbol{A}^{-1})^{\mathrm{T}}=\boldsymbol{E}^{\mathrm{T}}=\boldsymbol{E}.$$

性质 4 若 $\boldsymbol{A}$ 可逆，且 $k\neq 0$，则 $(k\boldsymbol{A})^{-1}=\frac{1}{k}\boldsymbol{A}^{-1}$.

事实上
$$\left(\frac{1}{k}\boldsymbol{A}^{-1}\right)(k\boldsymbol{A})=\frac{1}{k}k\boldsymbol{A}^{-1}\boldsymbol{A}=\boldsymbol{E},$$
$$(k\boldsymbol{A})\left(\frac{1}{k}\boldsymbol{A}^{-1}\right)=k\ \frac{1}{k}\boldsymbol{A}\boldsymbol{A}^{-1}=\boldsymbol{E}.$$

性质 5 若 $\boldsymbol{A}$、$\boldsymbol{B}$ 均为可逆矩阵，则 $\boldsymbol{AB}$ 也可逆，且 $(\boldsymbol{AB})^{-1}=\boldsymbol{B}^{-1}\boldsymbol{A}^{-1}$.

事实上
$$(\boldsymbol{AB})(\boldsymbol{B}^{-1}\boldsymbol{A}^{-1})=\boldsymbol{A}(\boldsymbol{B}\boldsymbol{B}^{-1})\boldsymbol{A}^{-1}=\boldsymbol{AEA}^{-1}=\boldsymbol{AA}^{-1}=\boldsymbol{E},$$
$$(\boldsymbol{B}^{-1}\boldsymbol{A}^{-1})(\boldsymbol{AB})=\boldsymbol{B}(\boldsymbol{A}^{-1}\boldsymbol{A})\boldsymbol{B}^{-1}=\boldsymbol{BEB}^{-1}=\boldsymbol{BB}^{-1}=\boldsymbol{E}.$$

性质 6 若 $\boldsymbol{A}$ 可逆，则 $|\boldsymbol{A}^{-1}|=\frac{1}{|\boldsymbol{A}|}$.

事实上
$$|\boldsymbol{A}||\boldsymbol{A}^{-1}|=|\boldsymbol{A}\boldsymbol{A}^{-1}|=|\boldsymbol{E}|=1\ .$$

定义 2.7 当 $|\boldsymbol{A}|=0$ 时，$\boldsymbol{A}$ 称为奇异矩阵，当 $|\boldsymbol{A}|\neq 0$ 时，$\boldsymbol{A}$ 称为非奇异矩阵.

例 3 【24 重庆】 $\boldsymbol{A}$ 为四阶方阵，且 $|\boldsymbol{A}|=2$，则 $|2\boldsymbol{A}^{-1}|=$________.

解
$$|2\boldsymbol{A}^{-1}|=2^4|\boldsymbol{A}^{-1}|=2^4\ \frac{1}{|\boldsymbol{A}|}=8.$$

【课堂练习】

若矩阵 $\boldsymbol{A}$ 已知，且 $\boldsymbol{A}^2-2\boldsymbol{A}=\boldsymbol{E}$，求 $\boldsymbol{A}^{-1}$.

2.2.3 逆矩阵的求解

定理 2.1 n 阶矩阵 $\boldsymbol{A}$ 可逆的充要条件是 $|\boldsymbol{A}|\neq 0$，且 $\boldsymbol{A}^{-1}=\frac{1}{|\boldsymbol{A}|}\boldsymbol{A}^{*}$，其中
$$\boldsymbol{A}^{*}=\begin{pmatrix} A_{11} & A_{21} & \cdots & A_{n1} \\ A_{12} & A_{22} & \cdots & A_{n2} \\ \vdots & \vdots & & \vdots \\ A_{1n} & A_{2n} & \cdots & A_{nn} \end{pmatrix}$$
称为 $\boldsymbol{A}$ 的**伴随矩阵**，且元素 $\boldsymbol{A}_{ij}$ 是 $|\boldsymbol{A}|$ 中元素 a_{ij} 的代数余子式.(证明略)

由定理 2.1 可知，n 阶方阵 $\boldsymbol{A}$ 可逆的充分必要条件是 $\boldsymbol{A}$ 为非奇异矩阵（$|\boldsymbol{A}|\neq 0$）.

例 4　求矩阵 $\boldsymbol{A}=\begin{pmatrix}1 & 1 & 2\\ -1 & 2 & 0\\ 2 & 1 & 3\end{pmatrix}$ 的逆矩阵.

解　$|\boldsymbol{A}|=\begin{vmatrix}1 & 1 & 2\\ -1 & 2 & 0\\ 2 & 1 & 3\end{vmatrix}=6-2-8+3=-1\neq 0$，所以 $\boldsymbol{A}$ 可逆.先求 $\boldsymbol{A}$ 的伴随矩阵

$$A_{11}=\begin{vmatrix}2 & 0\\ 1 & 3\end{vmatrix}=6;A_{12}=-\begin{vmatrix}-1 & 0\\ 2 & 3\end{vmatrix}=3;A_{13}=\begin{vmatrix}-1 & 2\\ 2 & 1\end{vmatrix}=-5;$$

$$A_{21}=-\begin{vmatrix}1 & 2\\ 1 & 3\end{vmatrix}=-1;A_{22}=\begin{vmatrix}1 & 2\\ 2 & 3\end{vmatrix}=-1;A_{23}=-\begin{vmatrix}1 & 1\\ 2 & 1\end{vmatrix}=1;$$

$$A_{31}=\begin{vmatrix}1 & 2\\ 2 & 0\end{vmatrix}=-4;A_{32}=-\begin{vmatrix}1 & 2\\ -1 & 0\end{vmatrix}=-2;A_{33}=\begin{vmatrix}1 & 1\\ -1 & 2\end{vmatrix}=3.$$

故

$$\boldsymbol{A}^{*}=\begin{pmatrix}6 & -1 & -4\\ 3 & -1 & -2\\ -5 & 1 & 3\end{pmatrix},$$

因此，$\boldsymbol{A}$ 的逆矩阵为

$$\boldsymbol{A}^{-1}=\frac{1}{|\boldsymbol{A}|}\boldsymbol{A}^{*}=-\begin{pmatrix}6 & -1 & -4\\ 3 & -1 & -2\\ -5 & 1 & 3\end{pmatrix}=\begin{pmatrix}-6 & 1 & 4\\ -3 & 1 & 2\\ 5 & -1 & -3\end{pmatrix}.$$

例 5　已知 $\boldsymbol{A}=\begin{pmatrix}a & b\\ c & d\end{pmatrix}$，且 $ad-bc\neq 0$，求 $\boldsymbol{A}^{-1}$.

解　$|\boldsymbol{A}|=ad-bc\neq 0$，所以 $\boldsymbol{A}$ 可逆.所以

$$\boldsymbol{A}^{*}=\begin{pmatrix}d & -b\\ -c & a\end{pmatrix},\quad \boldsymbol{A}^{-1}=\frac{1}{ad-bc}\begin{pmatrix}d & -b\\ -c & a\end{pmatrix}.$$

【课堂练习】

已知 $\boldsymbol{A}=\begin{pmatrix}1 & 2\\ 3 & 4\end{pmatrix}$，求 $\boldsymbol{A}^{-1}$.

2.2.4　矩阵方程

利用矩阵相乘和矩阵相等的定义，可以把线性方程组改写成矩阵的形式，一般地，

$$\begin{cases} a_{11}x_1+a_{12}x_2+\cdots+a_{1n}x_n=b_1, \\ a_{21}x_1+a_{22}x_2+\cdots+a_{2n}x_n=b_2, \\ \cdots\cdots\cdots\cdots \\ a_{n1}x_1+a_{n2}x_2+\cdots+a_{nn}x_n=b_n. \end{cases}$$

令
$$\boldsymbol{A}=\begin{pmatrix} a_{11} & a_{12} & \cdots & a_{1n} \\ a_{21} & a_{22} & \cdots & a_{2n} \\ \vdots & \vdots & & \vdots \\ a_{n1} & a_{n2} & \cdots & a_{nn} \end{pmatrix}, \quad \boldsymbol{X}=\begin{pmatrix} x_1 \\ x_2 \\ \vdots \\ x_n \end{pmatrix}, \quad \boldsymbol{B}=\begin{pmatrix} b_1 \\ b_2 \\ \vdots \\ b_n \end{pmatrix},$$

则上述线性方程组可写成 $\boldsymbol{AX}=\boldsymbol{B}$ 的形式.如果矩阵 $\boldsymbol{A}$ 可逆,两边同时左乘 $\boldsymbol{A}^{-1}$ 可得 $\boldsymbol{X}=\boldsymbol{A}^{-1}\boldsymbol{B}$.同理对于矩阵方程 $\boldsymbol{XA}=\boldsymbol{B}$,两边同时右乘 $\boldsymbol{A}^{-1}$ 可得 $\boldsymbol{X}=\boldsymbol{BA}^{-1}$;对于矩阵方程 $\boldsymbol{AXB}=\boldsymbol{C}$,两边同时左乘 $\boldsymbol{A}^{-1}$ 右乘 $\boldsymbol{B}^{-1}$ 可得 $\boldsymbol{X}=\boldsymbol{A}^{-1}\boldsymbol{CB}^{-1}$.

例 6 用矩阵方程求解线性方程组

$$\begin{cases} x_1+x_2+2x_3=1, \\ -x_1+2x_2=2, \\ 2x_1+x_2+3x_3=3. \end{cases}$$

解 把线性方程组写成矩阵的形式 $\begin{pmatrix} 1 & 1 & 2 \\ -1 & 2 & 0 \\ 2 & 1 & 3 \end{pmatrix}\begin{pmatrix} x_1 \\ x_2 \\ x_3 \end{pmatrix}=\begin{pmatrix} 1 \\ 2 \\ 3 \end{pmatrix}$,即 $\boldsymbol{AX}=\boldsymbol{B}$,由例 4 可知矩阵

$$\boldsymbol{A}^{-1}=\begin{pmatrix} -6 & 1 & 4 \\ -3 & 1 & 2 \\ 5 & -1 & -3 \end{pmatrix},$$

所以
$$\begin{pmatrix} x_1 \\ x_2 \\ x_3 \end{pmatrix}=\boldsymbol{X}=\boldsymbol{A}^{-1}\boldsymbol{B}=\begin{pmatrix} -6 & 1 & 4 \\ -3 & 1 & 2 \\ 5 & -1 & -3 \end{pmatrix}\begin{pmatrix} 1 \\ 2 \\ 3 \end{pmatrix}=\begin{pmatrix} 8 \\ 5 \\ -6 \end{pmatrix}.$$

因此,方程组的解为

$$x_1=8, \quad x_2=5, \quad x_3=-6.$$

【课堂练习】

求矩阵方程 $\boldsymbol{AX}=\boldsymbol{B}$ 的解,其中

$$\boldsymbol{A}=\begin{pmatrix} 1 & 1 & 1 \\ 1 & 0 & -1 \\ 3 & 2 & 3 \end{pmatrix}, \quad \boldsymbol{B}=\begin{pmatrix} 0 & 1 \\ -2 & 1 \\ 6 & 5 \end{pmatrix}.$$

习题 2.2

1. 判断题.

已知 $\boldsymbol{A},\boldsymbol{B}$ 均为 n 阶矩阵.

(1) 若 $\boldsymbol{A},\boldsymbol{B}$ 均可逆,则 $\boldsymbol{A}+\boldsymbol{B}$ 可逆.　(　　)

(2) 若 $\boldsymbol{A}$ 可逆,且 $\boldsymbol{AB}=\boldsymbol{O}$,则 $\boldsymbol{B}=\boldsymbol{O}$.　(　　)

(3) 若 $\boldsymbol{A}$ 不可逆,则 $\boldsymbol{AB}$ 也不可逆.　(　　)

(4) 若 $\boldsymbol{A}$ 为阶数大于 2 的方阵,$\boldsymbol{A}^*$ 为 $\boldsymbol{A}$ 的伴随矩阵,则 $\boldsymbol{A}$ 可逆的充分必要条件是 $\boldsymbol{A}^*$ 可逆.　(　　)

(5) 若 $\boldsymbol{A}$ 为对称矩阵且可逆,则 $\boldsymbol{A}^{-1}$ 也为对称矩阵.　(　　)

(6) 若 $\boldsymbol{A}$ 为阶数大于 2 的可逆矩阵,则 $(\boldsymbol{A}^*)^{-1}=(\boldsymbol{A}^{-1})^*$.　(　　)

2. 求下列矩阵的逆矩阵.

(1) $\begin{pmatrix}1 & 2\\3 & 1\end{pmatrix}$;　　(2) $\begin{pmatrix}\cos\alpha & -\sin\alpha\\ \sin\alpha & \cos\alpha\end{pmatrix}$;

(3) $\begin{pmatrix}1 & 2 & 3\\0 & 1 & 2\\0 & 0 & 1\end{pmatrix}$;　　(4) $\begin{pmatrix}1 & 1 & 2\\-1 & 2 & 0\\1 & 1 & 3\end{pmatrix}$.

3. 用逆矩阵求解线性方程组.

(1) $\begin{cases}x_1+x_2-x_3=2,\\-2x_1+x_2+x_3=3,\\x_1+x_2+x_3=6;\end{cases}$　　(2) $\begin{cases}x_1+x_2+2x_3=1,\\-x_1+2x_2=2,\\x_1+x_2+3x_3=3.\end{cases}$

4. 解下列矩阵方程.

(1) $\begin{pmatrix}1 & 2\\3 & 4\end{pmatrix}\boldsymbol{X}=\begin{pmatrix}0 & 3\\-1 & 5\end{pmatrix}$;　　(2) $\boldsymbol{X}\begin{pmatrix}1 & 0 & 0\\1 & 2 & 0\\1 & 0 & 3\end{pmatrix}=\begin{pmatrix}2 & 0 & 1\\0 & -1 & 4\end{pmatrix}$.

5. 设 $\boldsymbol{A}$ 为三阶矩阵,$|\boldsymbol{A}|=2$,计算 $|(2\boldsymbol{A})^{-1}-\boldsymbol{A}^*|$.

6. 设方阵 $\boldsymbol{A}$ 满足 $\boldsymbol{A}^2-2\boldsymbol{A}-2\boldsymbol{E}=\boldsymbol{O}$,且 $\boldsymbol{A}$ 可逆,求 $\boldsymbol{A}$ 和 $\boldsymbol{A}+\boldsymbol{E}$ 的逆矩阵.

7. 已知矩阵 $\boldsymbol{A}$ 满足 $\boldsymbol{A}^2+\boldsymbol{A}-3\boldsymbol{E}=\boldsymbol{O}$,试证 $\boldsymbol{A}$ 及 $\boldsymbol{A}+2\boldsymbol{E}$ 可逆.

2.3 矩阵的初等变换

内容和目标

- 深刻理解消元法与增广矩阵行变换的对应关系；
- 掌握矩阵初等变换的定义；
- 利用初等行变换熟练计算可逆矩阵的逆矩阵；
- 掌握用初等变换求解矩阵方程.

上一节学习逆矩阵求法时，发现计算量很大，第一章第三节介绍的用克拉默法则解 n 个未知数 n 个方程的线性方程组，需要算$n+1$个 n 阶行列式，计算量也很大，有没有更好的方法呢？本节将从中学的消元法来探讨 n 个方程的线性方程组的解法.

2.3.1 矩阵的初等变换

引例 消元法求解方程组

$$\begin{cases}2x_1+x_2=5,\\x_1-3x_2=-1.\end{cases}$$

消元法		对应增广矩阵操作
$\begin{cases}2x_1+x_2=5\\x_1-3x_2=-1\end{cases}$	(1) (2)	$\begin{pmatrix}2&1&5\\1&-3&-1\end{pmatrix}$
(1)、(2)位置互换$\begin{cases}x_1-3x_2=-1\\2x_1+x_2=5\end{cases}$	(3) (4)	$\xrightarrow{r_1\leftrightarrow r_2}\begin{pmatrix}1&-3&-1\\2&1&5\end{pmatrix}$
(4)-2(3)得$\begin{cases}x_1-3x_2=-1\\7x_2=7\end{cases}$	(5) (6)	$\xrightarrow{r_2-2r_1}\begin{pmatrix}1&-3&-1\\0&7&7\end{pmatrix}$
(6)$\times\frac{1}{7}$得$\begin{cases}x_1-3x_2=-1\\x_2=1\end{cases}$	(7) (8)	$\xrightarrow{\frac{1}{7}r_2}\begin{pmatrix}1&-3&-1\\0&1&1\end{pmatrix}$
(7)$+3\times$(8)得$\begin{cases}x_1=2\\x_2=1\end{cases}$	(9) (10)	$\xrightarrow{r_1+3r_2}\begin{pmatrix}1&0&2\\0&1&1\end{pmatrix}$

通过上面的步骤可以看出，消元法求解线性方程组对应了增广矩阵的 3 种操作，这些操作不改变方程组的解.这三种同解变换称为矩阵的**初等变换**.

定义 2.8 矩阵的初等变换是指对矩阵的行(列)进行如下三种变换：

(1) 交换矩阵的任意两行(列)；

(2) 矩阵的某一行(列)乘以非零的常数 k；

(3) 矩阵的某一行(列)乘以常数 k 加到另一行(列)上.

2.3.2 用初等变换求可逆矩阵的逆矩阵

可逆矩阵经过初等变换可化为单位矩阵.

$$\boldsymbol{A}=\begin{pmatrix}1&1&2\\-1&2&0\\2&1&3\end{pmatrix}\xrightarrow[r_3-2r_1]{r_2+r_1}\begin{pmatrix}1&1&2\\0&3&2\\0&-1&-1\end{pmatrix}\xrightarrow{r_2\leftrightarrow r_3}\begin{pmatrix}1&1&2\\0&-1&-1\\0&3&2\end{pmatrix}$$

$$\xrightarrow[r_1+r_2]{r_3+3r_2}\begin{pmatrix}1&0&1\\0&-1&-1\\0&0&-1\end{pmatrix}\xrightarrow[r_2-r_3]{r_1+r_3}\begin{pmatrix}1&0&0\\0&-1&0\\0&0&-1\end{pmatrix}\xrightarrow[-r_3]{-r_2}\begin{pmatrix}1&0&0\\0&1&0\\0&0&1\end{pmatrix}=\boldsymbol{E}.$$

初等变换的第一个应用，就是求可逆矩阵的逆矩阵.

定理 2.2 若 n 阶方阵 $\boldsymbol{A}$ 可逆，把同阶单位矩阵 $\boldsymbol{E}$ 放在 $\boldsymbol{A}$ 的右边形成一个 $n\times 2n$ 的扩大矩阵 $(\boldsymbol{A},\boldsymbol{E})$，称为**增广矩阵**.然后利用行初等变换将增广矩阵中 $\boldsymbol{A}$ 所在的部分化成单位矩阵 $\boldsymbol{E}$，右边 $\boldsymbol{E}$ 所在的部分就变成了 $\boldsymbol{A}^{-1}$，即

$$(\boldsymbol{A},\boldsymbol{E})\xrightarrow{\text{行初等变换}}(\boldsymbol{E},\boldsymbol{A}^{-1}).$$

例 1 求矩阵 $\boldsymbol{A}=\begin{pmatrix}1&1&2\\-1&2&0\\2&1&3\end{pmatrix}$ 的逆矩阵.

解
$$(\boldsymbol{A},\boldsymbol{E})=\begin{pmatrix}1&1&2&1&0&0\\-1&2&0&0&1&0\\2&1&3&0&0&1\end{pmatrix}\xrightarrow[r_3-2r_1]{r_2+r_1}\begin{pmatrix}1&1&2&1&0&0\\0&3&2&1&1&0\\0&1&1&2&0&1\end{pmatrix}$$

$$\xrightarrow{r_2\leftrightarrow r_3}\begin{pmatrix}1&1&2&1&0&0\\0&-1&-1&-2&0&1\\0&3&2&1&1&0\end{pmatrix}\xrightarrow[r_1+r_2]{r_3+3r_2}\begin{pmatrix}1&0&1&-1&0&1\\0&-1&-1&-2&0&1\\0&0&-1&-5&1&3\end{pmatrix}$$

$$\xrightarrow[r_2-r_3]{r_1+r_3}\begin{pmatrix}1&0&0&-6&1&4\\0&-1&0&3&-1&-2\\0&0&-1&-5&1&3\end{pmatrix}\xrightarrow[-r_3]{-r_2}\begin{pmatrix}1&0&0&-6&1&4\\0&1&0&-3&1&2\\0&0&1&5&-1&-3\end{pmatrix}$$

$$=(\boldsymbol{E},\boldsymbol{A}^{-1}),$$

所以
$$A^{-1}=\begin{pmatrix}-6&1&4\\-3&1&2\\5&-1&-3\end{pmatrix}.$$

例 2　【21 安徽】已知将矩阵 $A=\begin{pmatrix}1&0&1\\a&-1&b\\0&0&1\end{pmatrix}$ 的第 1 行乘 3 加到第 2 行可得矩阵
$$\begin{pmatrix}1&0&1\\3&-1&3\\0&0&1\end{pmatrix}.$$

(1) 求 a,b；

(2) 判断 A 是否可逆，若可逆，求 A^{-1}.

解　(1) $A=\begin{pmatrix}1&0&1\\a&-1&b\\0&0&1\end{pmatrix}\xrightarrow{3r_1+r_2}\begin{pmatrix}1&0&1\\a+3&-1&b+3\\0&0&1\end{pmatrix}=\begin{pmatrix}1&0&1\\3&-1&3\\0&0&1\end{pmatrix}$，

则
$$a+3=3,\quad b+3=3,$$
即
$$a=0,\quad b=0.$$

(2) $|A|=-1\neq0$，所以 A 可逆.

$$(A,E)=\begin{pmatrix}1&0&1&1&0&0\\0&-1&0&0&1&0\\0&0&1&0&0&1\end{pmatrix}\to\begin{pmatrix}1&0&1&1&0&0\\0&1&0&0&-1&0\\0&0&1&0&0&1\end{pmatrix}$$
$$\to\begin{pmatrix}1&0&0&1&0&-1\\0&1&0&0&-1&0\\0&0&1&0&0&1\end{pmatrix}=(E,A^{-1}).$$

故
$$A^{-1}=\begin{pmatrix}1&0&-1\\0&-1&0\\0&0&1\end{pmatrix}.$$

【课堂练习】

求矩阵 $A=\begin{pmatrix}1&2&3\\2&1&2\\1&3&4\end{pmatrix}$ 的逆矩阵.

2.3.3　用初等变换求解矩阵方程

对于矩阵方程 $AX=B$，当 A 可逆时，$X=A^{-1}B$. 可以把用初等变换求矩阵方程的过程写

成如上求逆矩阵的形式，即

$$(\boldsymbol{A},\boldsymbol{B})\xrightarrow{\text{行初等变换}}(\boldsymbol{E},\boldsymbol{A}^{-1}\boldsymbol{B}).$$

例 3　解矩阵方程 $\boldsymbol{AX}=\boldsymbol{B}$，其中

$$\boldsymbol{A}=\begin{pmatrix}1&-1&2\\-2&-1&-2\\4&3&3\end{pmatrix},\quad \boldsymbol{B}=\begin{pmatrix}1&2\\1&-1\\1&7\end{pmatrix}.$$

解　$(\boldsymbol{A},\boldsymbol{B})=\begin{pmatrix}1&-1&2&1&2\\-2&-1&-2&1&-1\\4&3&3&1&7\end{pmatrix}\xrightarrow[(2)+2(1)]{(3)+2(2)}\begin{pmatrix}1&-1&2&1&2\\0&-3&2&3&3\\0&1&-1&3&5\end{pmatrix}$

$$\xrightarrow{(2)\leftrightarrow(3)}\begin{pmatrix}1&-1&2&1&2\\0&1&-1&3&5\\0&-3&2&3&3\end{pmatrix}\xrightarrow[(3)+3(2)]{(1)+(2)}\begin{pmatrix}1&0&1&4&7\\0&1&-1&3&5\\0&0&-1&12&18\end{pmatrix}$$

$$\xrightarrow[(2)-(3)]{(1)+(3)}\begin{pmatrix}1&0&0&16&25\\0&1&0&-9&-13\\0&0&-1&12&18\end{pmatrix}\xrightarrow{-(3)}\begin{pmatrix}1&0&0&16&25\\0&1&0&-9&-13\\0&0&1&-12&-18\end{pmatrix}$$

$$=(\boldsymbol{E},\boldsymbol{A}^{-1}\boldsymbol{B}),$$

所以

$$\boldsymbol{X}=\begin{pmatrix}16&25\\-9&-13\\-12&-18\end{pmatrix}.$$

【课堂练习】

已知 $\boldsymbol{A}=\begin{pmatrix}1&0&1\\0&1&1\\1&1&0\end{pmatrix}$，$\boldsymbol{B}=\begin{pmatrix}1&2\\0&1\\3&1\end{pmatrix}$，求解矩阵方程 $\boldsymbol{AX}=\boldsymbol{B}$．

例 4　【23 安徽】已知矩阵 $\boldsymbol{A}=\begin{pmatrix}1&0&-1\\1&1&0\\0&1&2\end{pmatrix}$，$\boldsymbol{B}=\begin{pmatrix}1&2\\0&1\\2&0\end{pmatrix}$，且矩阵 $\boldsymbol{X}$ 满足 $\boldsymbol{AX}=\boldsymbol{B}$，求 $\boldsymbol{X}$.

解　$|\boldsymbol{A}|=1\neq0$，$\boldsymbol{A}$ 为可逆矩阵，由于 $\boldsymbol{AX}=\boldsymbol{B}$，所以 $\boldsymbol{X}=\boldsymbol{A}^{-1}\boldsymbol{B}$，

$$(\boldsymbol{A},\boldsymbol{B})=\begin{pmatrix}1&0&-1&1&2\\1&1&0&0&1\\0&1&2&2&0\end{pmatrix}\xrightarrow{r_2-r_1}\begin{pmatrix}1&0&-1&1&2\\0&1&1&-1&-1\\0&1&2&2&0\end{pmatrix}$$

$$\xrightarrow{r_3-r_2}\begin{pmatrix}1&0&-1&1&2\\0&1&1&-1&-1\\0&0&1&3&1\end{pmatrix}\xrightarrow[r_2-r_3]{r_1+r_3}\begin{pmatrix}1&0&0&4&3\\0&1&0&-4&-2\\0&0&1&3&1\end{pmatrix}$$

$$=(\boldsymbol{E},\boldsymbol{A}^{-1}\boldsymbol{B}),$$

所以

$$\boldsymbol{X}=\boldsymbol{A}^{-1}\boldsymbol{B}=\begin{pmatrix}4&3\\-4&-2\\3&1\end{pmatrix}.$$

习题 2.3

1. 判断题.

(1) 可逆矩阵 $\boldsymbol{A}$ 总可以经过若干次初等变换化为单位矩阵.　　(　　)

(2) 若 $\boldsymbol{A}$ 可逆,则对矩阵 $(\boldsymbol{A},\boldsymbol{E})$ 施行若干次初等行变换和初等列变换,当 $\boldsymbol{A}$ 化为单位矩阵时,相应的单位矩阵化为 $\boldsymbol{A}^{-1}$.　　(　　)

(3) 若 $\boldsymbol{A}$ 和 $\boldsymbol{B}$ 均是 n 阶可逆矩阵,则 $\boldsymbol{A}$ 总可经过初等行变换化为 $\boldsymbol{B}$.　　(　　)

2. 将矩阵 $\boldsymbol{A}=\begin{pmatrix}2&3&1&-3\\1&2&0&-2\\3&-2&8&3\\2&-3&7&4\end{pmatrix}$ 化为上三角形矩阵.

3. 利用矩阵的行初等变换求下列矩阵的逆矩阵.

(1) $\begin{pmatrix}1&2&3\\0&1&2\\0&0&1\end{pmatrix}$;　　(2) $\begin{pmatrix}1&1&2\\-1&2&0\\1&1&3\end{pmatrix}$;

(3) $\begin{pmatrix}2&2&3\\1&-1&0\\-1&2&1\end{pmatrix}$;　　(4) $\begin{pmatrix}1&2&3&4\\2&3&1&2\\1&1&1&-1\\1&0&-2&-6\end{pmatrix}$.

4. 解下列矩阵方程.

(1) $\begin{pmatrix}1&2\\1&3\end{pmatrix}\boldsymbol{X}=\begin{pmatrix}4&-6\\2&1\end{pmatrix}$;　　(2) $\begin{pmatrix}1&-1&1\\1&1&0\\3&2&1\end{pmatrix}\boldsymbol{X}=\begin{pmatrix}2&1\\0&-1\\1&0\end{pmatrix}$.

5. 用初等变换解矩阵方程 $\boldsymbol{AX}=\boldsymbol{B}$,其中 $\boldsymbol{A}=\begin{pmatrix}1&2&-3\\3&2&-4\\2&-1&0\end{pmatrix}$,$\boldsymbol{B}=\begin{pmatrix}1&-3\\10&2\\10&7\end{pmatrix}$.

6.【24 重庆】已知矩阵 $\boldsymbol{A}=\begin{pmatrix}0&1&0\\-1&1&1\\-1&0&-1\end{pmatrix}$,$\boldsymbol{B}=\begin{pmatrix}1&-1\\2&0\\5&3\end{pmatrix}$,且 $\boldsymbol{X}=\boldsymbol{AX}+\boldsymbol{B}$,求 $\boldsymbol{X}$.

7.【23 重庆】已知 $\boldsymbol{A}=\begin{pmatrix}2&1&0&0\\1&1&0&0\\0&0&2&5\\0&0&1&3\end{pmatrix}$,求 $\boldsymbol{A}^{-1}$.

2.4 矩阵的秩

内容和目标

- 掌握矩阵秩的定义;
- 熟练求解矩阵的秩.

2.4.1 矩阵秩的定义

定义 2.9 在矩阵 $\boldsymbol{A}$ 中,任取 k 行 k 列,位于这些位置的 k^2 个元素按原来的顺序构成的 k 阶行列式,称为矩阵 $\boldsymbol{A}$ 的一个 **k 阶子式**.

例如,$\boldsymbol{A}=\begin{pmatrix}3&1\\2&-3\\4&4\end{pmatrix}$,它的一阶子式有 6 个,即 $|3|,|1|,\cdots$;二阶子式有 3 个,即 $\begin{vmatrix}3&1\\2&-3\end{vmatrix},\begin{vmatrix}3&1\\4&4\end{vmatrix},\begin{vmatrix}2&-3\\4&4\end{vmatrix}$.

若 $\boldsymbol{A}$ 是 $n\times m$ 的矩阵,则 $\boldsymbol{A}$ 的 k 阶子式共有 $C_n^k\cdot C_m^k$ 个.

【课堂练习】

矩阵 $\boldsymbol{A}=\begin{pmatrix}3&2&6\\3&5&9\\6&4&15\end{pmatrix}$ 的最高阶子式是几阶,各阶子式分别有多少个?

定义 2.10 矩阵 $\boldsymbol{A}$ 中不为零的子式的最高阶数 r,称为矩阵 $\boldsymbol{A}$ 的**秩**,记作 $r(\boldsymbol{A})=r$.

显然,(1) 若 $\boldsymbol{A}$ 是 $n\times m$ 的矩阵,则 $r(\boldsymbol{A})\leqslant\min\{n,m\}$;

(2) 如果 $r(\boldsymbol{A})=r$,则 $\boldsymbol{A}$ 中所有的 $r+1$ 阶子式(若存在)都为零,且至少有 1 个 r 阶子式不为零;

(3) 若 $\boldsymbol{A}$ 是 n 阶方阵,则 $|\boldsymbol{A}|\neq 0\Leftrightarrow r(\boldsymbol{A})=n$.

例 1 求矩阵 $\boldsymbol{A}=\begin{pmatrix}1&2&-1&2\\2&-1&3&-1\\3&1&2&1\end{pmatrix}$ 的秩.

解 $\boldsymbol{A}$ 的最高阶子式能取到三阶，且有 $C_4^3=4$ 个，即

$$\begin{vmatrix}1&2&-1\\2&-1&3\\3&1&2\end{vmatrix}=0,\begin{vmatrix}1&2&2\\2&-1&-1\\3&1&1\end{vmatrix}=0,\begin{vmatrix}1&-1&2\\2&3&-1\\3&2&1\end{vmatrix}=0,\begin{vmatrix}2&-1&2\\-1&3&-1\\1&2&1\end{vmatrix}=0,$$

$\boldsymbol{A}$ 所有的三阶子式都为零，接下来找二阶子式：

$$\begin{vmatrix}1&2\\2&-1\end{vmatrix}=-5\neq0,$$

所以

$$r(\boldsymbol{A})=2.$$

【课堂练习】

求矩阵 $\boldsymbol{A}=\begin{pmatrix}3&2&6\\3&5&9\\6&4&15\end{pmatrix}$ 的秩.

2.4.2 用初等变换求矩阵的秩

由例 1 可以看出，直接根据定义计算秩工作量很大，特别是矩阵的行、列数比较多的时候，本小节将介绍一种求矩阵的秩的简单方法.

定义 2.11 满足下列两个条件的矩阵称为**阶梯形矩阵**：

(1) 零行（元素全为零的行）在最下方；

(2) 非零行的首个非零元的列标随行标增大而严格递增.

例如 $\begin{pmatrix}1&2&-1&2\\0&-5&5&-5\\0&0&0&0\end{pmatrix}$ 就是阶梯形矩阵.

定理 2.3 阶梯形矩阵的秩等于它非零行的行数.

例如 $\boldsymbol{B}=\begin{pmatrix}1&2&-1&2\\0&-5&5&-5\\0&0&0&0\end{pmatrix}$ 最高阶子式为三阶，所有的三阶子式都含有零行，故三阶子式全为零.由矩阵 $\boldsymbol{B}$ 的第一、第二行（不取零行）以及第一、第二列（取成主对角线全不为 0 的上三角形行列式）组成的二阶行列式为 $\begin{vmatrix}1&2\\0&-5\end{vmatrix}=1\times(-5)=-5\neq0$，故 $r(\boldsymbol{B})=2$，所以矩阵 $\boldsymbol{B}$ 有 2 个非零行.

再如 $\mathbf{A}=\begin{pmatrix}2&1&2&1\\0&0&1&9\\0&0&0&1\end{pmatrix}$，由矩阵的第一、第二、第三行以及第一、第三、第四列（取成主对角线全不为 0 的上三角形行列式）组成的三阶行列式为 $\begin{vmatrix}2&2&1\\0&1&9\\0&0&1\end{vmatrix}=2\times1\times1=2\neq0$，故 $r(\mathbf{A})=3$，所以矩阵 $\mathbf{A}$ 有 3 个非零行.

定理 2.4　初等变换不改变矩阵的秩，即若 $\mathbf{A}\xrightarrow{\text{初等变换}}\mathbf{B}$，则 $r(\mathbf{A})=r(\mathbf{B})$.

证明略.

例如，

$$\mathbf{A}=\begin{pmatrix}1&2&-1&2\\2&-1&3&-1\\3&1&2&1\end{pmatrix}\xrightarrow[r_3-3r_1]{r_2-2r_1}\begin{pmatrix}1&2&-1&2\\0&-5&5&-5\\0&-5&5&-5\end{pmatrix}\xrightarrow{r_3-r_2}\begin{pmatrix}1&2&-1&2\\0&-5&5&-5\\0&0&0&0\end{pmatrix}=\mathbf{B}.$$

由上面例子可知，矩阵 $\mathbf{B}$ 的秩 $r(\mathbf{B})=2$，由例 1 知 $r(\mathbf{A})=2=r(\mathbf{B})$.

【结论】综合定理 2.3 和定理 2.4，得求任意矩阵 $\mathbf{A}$ 的秩的步骤：

（1）通过初等变换将 $\mathbf{A}$ 化成阶梯形矩阵；

（2）阶梯形矩阵的非零行行数即为矩阵的秩.

例 2　求矩阵 $\mathbf{A}=\begin{pmatrix}2&-1&3&1\\4&-2&5&4\\2&-1&4&0\end{pmatrix}$ 的秩.

解　$$\mathbf{A}=\begin{pmatrix}2&-1&3&1\\4&-2&5&4\\2&-1&4&0\end{pmatrix}\xrightarrow[r_3-r_1]{r_2-2r_1}\begin{pmatrix}2&-1&3&1\\0&0&-1&2\\0&0&1&-1\end{pmatrix}\xrightarrow{r_3+r_2}\begin{pmatrix}2&-1&3&1\\0&0&-1&2\\0&0&0&1\end{pmatrix},$$

阶梯形矩阵有 3 个非零行，所以 $r(\mathbf{A})=3$.

例 3　求矩阵 $\mathbf{A}=\begin{pmatrix}1&2&-2&-1&7\\2&4&1&8&-1\\1&2&-1&1&4\end{pmatrix}$ 的秩.

解　$$\mathbf{A}=\begin{pmatrix}1&2&-2&-1&7\\2&4&1&8&-1\\1&2&-1&1&4\end{pmatrix}\xrightarrow[r_3-r_1]{r_2-2r_1}\begin{pmatrix}1&2&-2&-1&7\\0&0&5&10&-15\\0&0&1&2&-3\end{pmatrix}$$

$$\xrightarrow{\frac{1}{5}r_2}\begin{pmatrix}1&2&-2&-1&7\\0&0&1&2&-3\\0&0&1&2&-3\end{pmatrix}\xrightarrow{r_3-r_2}\begin{pmatrix}1&2&-2&-1&7\\0&0&1&2&-3\\0&0&0&0&0\end{pmatrix},$$

阶梯形矩阵有 2 个非零行，所以 $r(\mathbf{A})=2$.

例 4 已知矩阵 $\boldsymbol{A}=\begin{pmatrix}0&1&a&-2\\2&-1&5&3\\2&0&7&b\end{pmatrix}$，且 $r(\boldsymbol{A})=2$，求 a,b.

解 $\boldsymbol{A}\xrightarrow{r_1\leftrightarrow r_2}\begin{pmatrix}2&-1&5&3\\0&1&a&-2\\2&0&7&b\end{pmatrix}\xrightarrow{r_3-r_1}\begin{pmatrix}2&-1&5&3\\0&1&a&-2\\0&1&2&b-3\end{pmatrix}$

$$\xrightarrow{r_3-r_2}\begin{pmatrix}2&-1&5&3\\0&1&a&-2\\0&0&2-a&b-1\end{pmatrix},$$

因为 $r(\boldsymbol{A})=2$，所以 $\begin{cases}2-a=0,\\b-1=0,\end{cases}$ 即 $a=2,b=1$.

【课堂练习】

求矩阵 $\boldsymbol{A}=\begin{pmatrix}3&2&6\\3&5&9\\6&4&15\end{pmatrix}$ 的秩.

习题 2.4

1. 判断题.

(1) 若矩阵 $\boldsymbol{A}$ 的秩为 r，则 $\boldsymbol{A}$ 中所有 $r-1$ 阶子式必不等于零. (　　)

(2) 在秩为 r 的矩阵 $\boldsymbol{A}$ 中，有可能存在值为零的 r 阶子式. (　　)

(3) 从矩阵 $\boldsymbol{A}_{m\times n}(n>1)$ 中划去一列得到矩阵 $\boldsymbol{B}$，则 $r(\boldsymbol{A})>r(\boldsymbol{B})$. (　　)

2. 求下列矩阵的秩.

(1) $\begin{pmatrix}-1&2&0\\0&1&1\\3&0&-1\end{pmatrix}$；　　(2) $\begin{pmatrix}2&2&4\\1&-1&0\\-1&2&1\end{pmatrix}$；

(3) $\begin{pmatrix}2&1&3&-1\\3&-1&2&0\\1&3&4&-2\\4&-3&1&1\end{pmatrix}$；　　(4) $\begin{pmatrix}3&2&0&5&0\\3&-2&3&6&-1\\2&0&1&5&-3\\1&6&-4&-1&4\end{pmatrix}$.

3.【22 安徽】已知矩阵 $\boldsymbol{A}=\begin{pmatrix}2&3&4&5\\-2&t&4&-1\\0&3&4&2\end{pmatrix}$ 的秩为 2，求 t.

4. 已知 $\boldsymbol{A}=\begin{pmatrix}1 & -1 & 1 & 2\\ 3 & \lambda & -1 & 2\\ 5 & 3 & \mu & 6\end{pmatrix}$，$r(\boldsymbol{A})=2$，求 λ,μ.

2.5 分块矩阵

内容和目标

- 掌握矩阵分块的定义；
- 熟练掌握分块矩阵的加、减、数乘运算；
- 掌握分块矩阵乘法运算规则并熟练计算；
- 掌握分块上(下)三角形矩阵行列式的计算；
- 掌握分块对角阵乘法和逆矩阵的求解.

在某些特殊大型矩阵的运算中，为了降低运算的难度和复杂度，常常需要对矩阵进行分块处理.分块处理也能帮助人们更好地了解矩阵内部结构以及矩阵之间的关系.

2.5.1 矩阵的分块

用一些水平线和垂直线将一个大矩阵 $\boldsymbol{A}$ 分割成若干块，每一块看成一个小矩阵并称之为 $\boldsymbol{A}$ 的**子块**或**子矩阵**，这种以子矩阵为元素的矩阵就称为**分块矩阵**.例如

$$\left(\begin{array}{ccc:c}1 & 0 & 0 & 0\\ 0 & 1 & 0 & 0\\ 0 & 0 & 1 & 0\\ \hdashline -1 & 1 & 0 & 2\end{array}\right)=\begin{pmatrix}\boldsymbol{E} & \boldsymbol{O}\\ \boldsymbol{A}_1 & \boldsymbol{A}_2\end{pmatrix},\quad \left(\begin{array}{cc:cc}1 & 0 & 0 & 0\\ 0 & 1 & 0 & 0\\ \hdashline 1 & 2 & 1 & 0\\ 3 & 1 & 0 & 1\end{array}\right)=\begin{pmatrix}\boldsymbol{E} & \boldsymbol{O}\\ \boldsymbol{A}_3 & \boldsymbol{E}\end{pmatrix},$$

$$\left(\begin{array}{c:c:c}1 & 0 & 0\\ 0 & 1 & 0\\ 0 & 0 & 1\\ 0 & 0 & 0\end{array}\right)=(\boldsymbol{\varepsilon}_1\quad \boldsymbol{\varepsilon}_2\quad \boldsymbol{\varepsilon}_3),\quad \left(\begin{array}{ccc:c}1 & 0 & 0 & -1\\ 0 & 1 & 0 & 0\\ 0 & 0 & 1 & 2\end{array}\right)=(\boldsymbol{E}\quad \boldsymbol{A}_4).$$

从上面例子可见，矩阵分块划分方法不唯一，可根据矩阵本身结构特征或实际需求选择划分方式.

2.5.2 分块矩阵的运算

分块矩阵进行运算时，把其中每个子块当成 2.1 节中一般矩阵元素看待，在保证运算意义前提下，用 2.1 矩阵运算的有关法则进行运算即可.分块矩阵的运算包括分块矩阵的加法

和减法、数与分块矩阵的乘法、分块矩阵的乘法、分块矩阵的转置以及特殊分块矩阵运算.

1. 分块矩阵的加法和减法

设 $\boldsymbol{A}$、$\boldsymbol{B}$ 都是 $m\times n$ 矩阵,且 $\boldsymbol{A}$、$\boldsymbol{B}$ 分块方式完全相同,即

$$\boldsymbol{A}=\begin{pmatrix}\boldsymbol{A}_{11} & \boldsymbol{A}_{12} & \cdots & \boldsymbol{A}_{1q}\\ \boldsymbol{A}_{21} & \boldsymbol{A}_{22} & \cdots & \boldsymbol{A}_{2q}\\ \vdots & \vdots & & \vdots\\ \boldsymbol{A}_{p1} & \boldsymbol{A}_{p2} & \cdots & \boldsymbol{A}_{pq}\end{pmatrix},\quad \boldsymbol{B}=\begin{pmatrix}\boldsymbol{B}_{11} & \boldsymbol{B}_{12} & \cdots & \boldsymbol{B}_{1q}\\ \boldsymbol{B}_{21} & \boldsymbol{B}_{22} & \cdots & \boldsymbol{B}_{2q}\\ \vdots & \vdots & & \vdots\\ \boldsymbol{B}_{p1} & \boldsymbol{B}_{p2} & \cdots & \boldsymbol{B}_{pq}\end{pmatrix},$$

其中 $\boldsymbol{A}_{ij}$、$\boldsymbol{B}_{ij}$ 有相同的行数和列数,则

$$\boldsymbol{A}\pm\boldsymbol{B}=\begin{pmatrix}\boldsymbol{A}_{11}\pm\boldsymbol{B}_{11} & \boldsymbol{A}_{12}\pm\boldsymbol{B}_{12} & \cdots & \boldsymbol{A}_{1q}\pm\boldsymbol{B}_{1q}\\ \boldsymbol{A}_{21}\pm\boldsymbol{B}_{21} & \boldsymbol{A}_{22}\pm\boldsymbol{B}_{22} & \cdots & \boldsymbol{A}_{2q}\pm\boldsymbol{B}_{2q}\\ \vdots & \vdots & & \vdots\\ \boldsymbol{A}_{p1}\pm\boldsymbol{B}_{p1} & \boldsymbol{A}_{p2}\pm\boldsymbol{B}_{p2} & \cdots & \boldsymbol{A}_{pq}\pm\boldsymbol{B}_{pq}\end{pmatrix}.$$

2. 数与分块矩阵的乘法

设 $\boldsymbol{A}=(\boldsymbol{A}_{ij})_{p\times q}$,$k$ 是一个实数,则数 k 与分块矩阵 $\boldsymbol{A}$ 的乘积为

$$k\boldsymbol{A}=\begin{pmatrix}k\boldsymbol{A}_{11} & k\boldsymbol{A}_{12} & \cdots & k\boldsymbol{A}_{1q}\\ k\boldsymbol{A}_{21} & k\boldsymbol{A}_{22} & \cdots & k\boldsymbol{A}_{2q}\\ \vdots & \vdots & & \vdots\\ k\boldsymbol{A}_{p1} & k\boldsymbol{A}_{p2} & \cdots & k\boldsymbol{A}_{pq}\end{pmatrix}.$$

3. 分块矩阵的乘法

设 $\boldsymbol{A}$ 是 $m\times t$ 矩阵,$\boldsymbol{B}$ 是 $t\times n$ 矩阵,参考 2.1 节矩阵乘法的定义,左矩阵 $\boldsymbol{A}$ 列的分法与右矩阵 $\boldsymbol{B}$ 行的分法相同,$\boldsymbol{A}$ 分成 s 列,$\boldsymbol{B}$ 分成 s 行,即

$$\boldsymbol{A}=\begin{pmatrix}\boldsymbol{A}_{11} & \boldsymbol{A}_{12} & \cdots & \boldsymbol{A}_{1s}\\ \boldsymbol{A}_{21} & \boldsymbol{A}_{22} & \cdots & \boldsymbol{A}_{2s}\\ \vdots & \vdots & & \vdots\\ \boldsymbol{A}_{p1} & \boldsymbol{A}_{p2} & \cdots & \boldsymbol{A}_{ps}\end{pmatrix},\boldsymbol{B}=\begin{pmatrix}\boldsymbol{B}_{11} & \boldsymbol{B}_{12} & \cdots & \boldsymbol{B}_{1q}\\ \boldsymbol{B}_{21} & \boldsymbol{B}_{22} & \cdots & \boldsymbol{B}_{2q}\\ \vdots & \vdots & & \vdots\\ \boldsymbol{B}_{s1} & \boldsymbol{B}_{s2} & \cdots & \boldsymbol{B}_{sq}\end{pmatrix},$$

则

$$\boldsymbol{C}=\boldsymbol{A}\boldsymbol{B}=\begin{pmatrix}\boldsymbol{C}_{11} & \boldsymbol{C}_{12} & \cdots & \boldsymbol{C}_{1q}\\ \boldsymbol{C}_{21} & \boldsymbol{C}_{22} & \cdots & \boldsymbol{C}_{2q}\\ \vdots & \vdots & & \vdots\\ \boldsymbol{C}_{p1} & \boldsymbol{C}_{p2} & \cdots & \boldsymbol{C}_{pq}\end{pmatrix}.$$

其中 $\boldsymbol{C}_{ij}=\boldsymbol{A}_{i1}\boldsymbol{B}_{1j}+\boldsymbol{A}_{i2}\boldsymbol{B}_{2j}+\cdots+\boldsymbol{A}_{is}\boldsymbol{B}_{sj}-\sum\limits_{r=1}^{s}\boldsymbol{A}_{ir}\boldsymbol{B}_{rj}$.

例 1 设矩阵 $\boldsymbol{A}=\begin{pmatrix}1&0&0&0\\0&1&0&0\\1&2&1&0\\3&1&0&1\end{pmatrix}$，$\boldsymbol{B}=\begin{pmatrix}2&0&1&0\\1&0&0&1\\0&0&3&-1\\0&0&1&0\end{pmatrix}$，用分块矩阵乘法求 $\boldsymbol{AB}$.

解 对矩阵 $\boldsymbol{A}$、$\boldsymbol{B}$ 进行分块，得

$$\boldsymbol{A}=\left(\begin{array}{cc:cc}1&0&0&0\\0&1&0&0\\\hdashline 1&2&1&0\\3&1&0&1\end{array}\right)=\begin{pmatrix}\boldsymbol{E}&\boldsymbol{O}\\\boldsymbol{A}_{21}&\boldsymbol{E}\end{pmatrix},\quad \boldsymbol{B}=\left(\begin{array}{cc:cc}2&0&1&0\\1&0&0&1\\\hdashline 0&0&3&-1\\0&0&1&0\end{array}\right)=\begin{pmatrix}\boldsymbol{B}_{11}&\boldsymbol{E}\\\boldsymbol{O}&\boldsymbol{B}_{22}\end{pmatrix},$$

且 $$\boldsymbol{A}_{21}\boldsymbol{B}_{11}=\begin{pmatrix}1&2\\3&1\end{pmatrix}\begin{pmatrix}2&0\\1&0\end{pmatrix}=\begin{pmatrix}4&0\\7&0\end{pmatrix},\quad \boldsymbol{A}_{21}+\boldsymbol{B}_{22}=\begin{pmatrix}1&2\\3&1\end{pmatrix}+\begin{pmatrix}3&-1\\1&0\end{pmatrix}=\begin{pmatrix}4&1\\4&1\end{pmatrix},$$

则 $$\boldsymbol{AB}=\begin{pmatrix}\boldsymbol{E}&\boldsymbol{O}\\\boldsymbol{A}_{21}&\boldsymbol{E}\end{pmatrix}\begin{pmatrix}\boldsymbol{B}_{11}&\boldsymbol{E}\\\boldsymbol{O}&\boldsymbol{B}_{22}\end{pmatrix}=\begin{pmatrix}\boldsymbol{B}_{11}&\boldsymbol{E}\\\boldsymbol{A}_{21}\boldsymbol{B}_{11}&\boldsymbol{A}_{21}+\boldsymbol{B}_{22}\end{pmatrix}=\begin{pmatrix}2&0&1&0\\1&0&0&1\\4&0&4&1\\7&0&4&1\end{pmatrix}.$$

4. 分块矩阵的转置

分块矩阵的转置，不仅要对子块层面上的行和列互换，每个小子块里面的行和列也要进行互换，若

$$\boldsymbol{A}=\begin{pmatrix}\boldsymbol{A}_{11}&\boldsymbol{A}_{12}&\cdots&\boldsymbol{A}_{1s}\\\boldsymbol{A}_{21}&\boldsymbol{A}_{22}&\cdots&\boldsymbol{A}_{2s}\\\vdots&\vdots&&\vdots\\\boldsymbol{A}_{p1}&\boldsymbol{A}_{p2}&\cdots&\boldsymbol{A}_{ps}\end{pmatrix},$$

则 $$\boldsymbol{A}^{\mathrm{T}}=\begin{pmatrix}\boldsymbol{A}_{11}^{\mathrm{T}}&\boldsymbol{A}_{21}^{\mathrm{T}}&\cdots&\boldsymbol{A}_{p1}^{\mathrm{T}}\\\boldsymbol{A}_{12}^{\mathrm{T}}&\boldsymbol{A}_{22}^{\mathrm{T}}&\cdots&\boldsymbol{A}_{p2}^{\mathrm{T}}\\\vdots&\vdots&&\vdots\\\boldsymbol{A}_{1s}^{\mathrm{T}}&\boldsymbol{A}_{2s}^{\mathrm{T}}&\cdots&\boldsymbol{A}_{ps}^{\mathrm{T}}\end{pmatrix}.$$

5. 特殊分块矩阵运算

(1) 分块上三角形矩阵

$$\boldsymbol{A}=\begin{pmatrix}\boldsymbol{A}_{11}&\boldsymbol{A}_{12}&\cdots&\boldsymbol{A}_{1s}\\\boldsymbol{O}&\boldsymbol{A}_{22}&\cdots&\boldsymbol{A}_{2s}\\\vdots&\vdots&&\vdots\\\boldsymbol{O}&\boldsymbol{O}&\cdots&\boldsymbol{A}_{ss}\end{pmatrix}.$$

若 $\boldsymbol{A}_{ii}$ 为方阵，则 $|\boldsymbol{A}|=|\boldsymbol{A}_{11}|\,|\boldsymbol{A}_{22}|\cdots|\boldsymbol{A}_{ss}|$.

(2) 分块下三角形矩阵

$$A=\begin{pmatrix} A_{11} & O & \cdots & O \\ A_{21} & A_{22} & \cdots & O \\ \vdots & \vdots & & \vdots \\ A_{p1} & A_{p2} & \cdots & A_{ss} \end{pmatrix},$$

若 A_{ii} 为方阵,则 $|A|=|A_{11}||A_{22}|\cdots|A_{ss}|$.

(3) 分块对角阵

$$A=\begin{pmatrix} A_{11} & O & \cdots & O \\ O & A_{22} & \cdots & O \\ \vdots & \vdots & & \vdots \\ O & O & \cdots & A_{ss} \end{pmatrix}.$$

若 $A_{ii}(i=1,2,\cdots,s)$ 均为方阵且可逆,则

$$A^{-1}=\begin{pmatrix} A_{11}^{-1} & O & \cdots & O \\ O & A_{22}^{-1} & \cdots & O \\ \vdots & \vdots & & \vdots \\ O & O & \cdots & A_{ss}^{-1} \end{pmatrix}.$$

例 2 已知矩阵 $A=\begin{pmatrix} 1 & 2 & 0 & 0 \\ 0 & 1 & 0 & 0 \\ 1 & 2 & 1 & -2 \\ 3 & 1 & 0 & 1 \end{pmatrix}$,求 $|A|$.

解 对矩阵 A 进行分块,得

$$A=\left(\begin{array}{cc:cc} 1 & 2 & 0 & 0 \\ 0 & 1 & 0 & 0 \\ \hdashline 1 & 2 & 1 & -2 \\ 3 & 1 & 0 & 1 \end{array}\right)=\begin{pmatrix} A_{11} & O \\ A_{21} & A_{22} \end{pmatrix};$$

则分块后的 A 为下三角形分块阵,且 $|A_{11}|=\begin{vmatrix} 1 & 2 \\ 0 & 1 \end{vmatrix}=1$, $|A_{22}|=\begin{vmatrix} 1 & -2 \\ 0 & 1 \end{vmatrix}=1$,所以

$$|A|=|A_{11}||A_{22}|=1\times1=1.$$

例 3 已知矩阵 $A=\begin{pmatrix} 1 & 2 & 0 & 0 \\ 0 & 1 & 0 & 0 \\ 0 & 0 & 3 & 4 \\ 0 & 0 & 2 & 3 \end{pmatrix}$,求 A^{-1}.

解 对矩阵 A 进行分块,得

$$A=\left(\begin{array}{cc:cc}1&2&0&0\\0&1&0&0\\ \hdashline 0&0&3&4\\0&0&2&3\end{array}\right)=\begin{pmatrix}A_{11}&O\\O&A_{22}\end{pmatrix};$$

则分块后的 A 为对角分块阵，且 $A_{11}^{-1}=\begin{pmatrix}1&-2\\0&1\end{pmatrix}$，$A_{22}^{-1}=\begin{pmatrix}3&-4\\-2&3\end{pmatrix}$，所以

$$A^{-1}=\begin{pmatrix}A_{11}^{-1}&O\\O&A_{22}^{-1}\end{pmatrix}=\begin{pmatrix}1&-2&0&0\\0&1&0&0\\0&0&3&-4\\0&0&-2&3\end{pmatrix}.$$

【课堂练习】

已知矩阵 $A=\begin{pmatrix}5&0&0\\0&1&1\\0&2&3\end{pmatrix}$，求 $|A|$ 和 A^{-1}.

习题 2.5

1. 已知 A，B 都是可逆矩阵，求下列矩阵的逆矩阵.

(1) $\begin{pmatrix}O&A\\B&C\end{pmatrix}$；　　(2) $\begin{pmatrix}C&A\\B&O\end{pmatrix}$.

2. 已知 $A=\begin{pmatrix}1&0&0&0\\0&1&0&0\\2&0&1&1\\-1&1&0&1\end{pmatrix}$，$B=\begin{pmatrix}3&-2&5\\-2&1&3\\1&0&-2\\0&1&1\end{pmatrix}$，利用分块矩阵乘法求 AB.

3. 试用分块矩阵的方法求 $A=\begin{pmatrix}2&0&0\\0&2&3\\0&1&2\end{pmatrix}$ 的逆矩阵.

4. 已知 $A=\begin{pmatrix}2&3&-1\\1&1&-2\\0&0&4\end{pmatrix}$，求 A^{-1}.

5. 已知矩阵 $A=\begin{pmatrix}3&2&0&0\\2&1&0&0\\0&0&1&-1\\0&0&2&1\end{pmatrix}$，求 $|A|$，A^2，$|A^2|$ 和 A^{-1}.

实践与实验

1. 逆矩阵在密码学上的应用

在密码学中，情报是要经过加密成密文再进行传递的，情报接收方再用密钥进行解密，从而还原情报，其模型如下：

加密处理的关键在于密钥，把情报加工成密文，同时反向操作还能还原原始情报，显然逆矩阵是一个很好的密钥.快速构造一个逆矩阵作为加密密钥，原矩阵就是解密密钥.希尔密码就是在数字对应的基础上采用逆矩阵进行加密的.

例 1 首先把每个拼音字母和一个整数对应，即

A	B	C	D	E	…	X	Y	Z
1	2	3	4	5	…	24	25	26

然后加密处理这组数字，密钥就用可逆矩阵 $\boldsymbol{A}=\begin{pmatrix}1 & 1 & 2\\ -1 & 2 & 0\\ 2 & 1 & 3\end{pmatrix}$，如果发送方发送的信息是“明天”，试还原整个情报传递过程.

解 明天的拼音是“mingtian”，对应的数字为 13，9，14，7，20，9，1，14，因为密钥矩阵 $\boldsymbol{A}$ 有 3 列，所以原始信息矩阵必须排成 3 行，不足的数据用 0 填充，原始情报矩阵 $\boldsymbol{B}$ 如下：

$$\boldsymbol{B}=\begin{pmatrix}13 & 7 & 1\\ 9 & 20 & 14\\ 14 & 9 & 0\end{pmatrix}.$$

传递途中的密文矩阵 $\boldsymbol{C}$ 则为

$$\boldsymbol{C}=\boldsymbol{AB}=\begin{pmatrix}1 & 1 & 2\\ -1 & 2 & 0\\ 2 & 1 & 3\end{pmatrix}\begin{pmatrix}13 & 7 & 1\\ 9 & 20 & 14\\ 14 & 9 & 0\end{pmatrix}=\begin{pmatrix}50 & 45 & 15\\ 5 & 33 & 27\\ 77 & 61 & 16\end{pmatrix},$$

接收方的解密过程如下：

$$\boldsymbol{B}=\boldsymbol{A}^{-1}\boldsymbol{C}=\begin{pmatrix}-6 & 1 & 4\\ -3 & 1 & 2\\ 5 & -1 & -3\end{pmatrix}\begin{pmatrix}50 & 45 & 15\\ 5 & 33 & 27\\ 77 & 61 & 16\end{pmatrix}=\begin{pmatrix}13 & 7 & 1\\ 9 & 20 & 14\\ 14 & 9 & 0\end{pmatrix}.$$

13→m，9→i，14→n，7→g，20→t，9→i，1→a，14→n.合起来就是“mingtian”——明天.

2. 利用 MATLAB 软件进行矩阵运算

掌握 MATLAB 软件中矩阵的输入方法，掌握矩阵的加减、数乘、逆矩阵、矩阵的秩的基本命令.

(1) 矩阵的输入

在 MATLAB 软件命令窗口中输入如下命令：

```
"[1 2 3;2 1 2;1 3 4]"                    %或者 "[1,2,3;2,1,2;1,3,4]"
```

运行结果如下：

```
ans =
       1   2   3
       2   1   2
       1   3   4
```

(2) 矩阵的转置

在 MATLAB 软件中，转置运算用“'”.

例 2　已知 $A=\begin{pmatrix}2 & 2 & 3\\ 1 & -1 & 0\\ -1 & 2 & 1\end{pmatrix}$，求 A 的转置.

解　在 MATLAB 软件命令窗口中输入如下命令：

```
A=[2 2 3;1 -1 0;-1 2 1]                  % 定义矩阵
```

运行结果如下：

```
A =
       2     2  3
       1    -1  0
      -1     2  1
```

继续输入如下命令：

```
A'                                        % 矩阵的转置
```

运行结果如下：

```
ans =
       2     1   -1
       2    -1    2
       3     0    1
```

(3) 矩阵的加减、数乘、乘法运算

例 3 已知 $\boldsymbol{A}=\begin{pmatrix}1&1&2\\-1&2&0\\2&1&3\end{pmatrix}$，$\boldsymbol{B}=\begin{pmatrix}1&1&1\\1&2&0\\1&1&5\end{pmatrix}$，$\boldsymbol{C}=\begin{pmatrix}1&1\\2&1\\1&2\end{pmatrix}$求 $\boldsymbol{A}+\boldsymbol{B}$，$2\boldsymbol{A}-\boldsymbol{B}$，$\boldsymbol{AC}$.

解 在 MATLAB 软件命令窗口中输入如下命令：

```
A=[1 1 2;-1 2 0;2 1 3]                        % 定义矩阵
```

运行结果如下：

```
A =
      1   1   2
     -1   2   0
      2   1   3
```

继续输入如下命令：

```
B=[1 1 1;1 2 0;1 1 5]                         % 定义矩阵
```

运行结果如下：

```
B =
    1   1   1
    1   2   0
    1   1   5
```

继续输入如下命令：

```
C=[1 1;2 1;1 2]                               % 定义矩阵
```

运行结果如下：

```
C =
    1   1
    2   1
    1   2
```

继续输入如下命令：

```
A+B                                           % 矩阵加法
```

运行结果如下：

```
ans =
      2  2  3
      0  4  0
      3  2  8
```

继续输入如下命令：

```
2 * A - B                                          % 矩阵数乘、减法
```

运行结果如下：

```
ans =
        1  1  3
      - 3  2  0
        3  1  1
```

继续输入如下命令：

```
A * C                                              % 矩阵乘法
```

运行结果如下：

```
ans =
      5  6
      3  1
      7  9
```

(4) 求矩阵的逆矩阵

逆矩阵调用函数 inv(A).

例 4　求矩阵 $\boldsymbol{A}=\begin{pmatrix}1 & 1 & 2\\ -1 & 2 & 0\\ 2 & 1 & 3\end{pmatrix}$ 的逆矩阵.

解　在 MATLAB 软件命令窗口中输入如下命令：

```
A = [1 1 2; - 1 2 0;2 1 3]                         % 定义矩阵
```

运行结果如下：

```
A =

     1   1   2
    -1   2   0
     2   1   3
```

继续输入如下命令：

```
inv(A)                                             % 矩阵的逆矩阵
```

运行结果如下：

```
ans =

   -6.0000    1.0000    4.0000
   -3.0000    1.0000    2.0000
    5.0000   -1.0000   -3.0000
```

(5) 矩阵的乘方

在 MATLAB 软件中，乘方运算用“^”.

例 5 设 $\boldsymbol{A}=\begin{pmatrix}3&4&0&0\\4&-3&0&0\\0&0&2&0\\0&0&0&2\end{pmatrix}$，求 $\boldsymbol{A}^4$.

解 在 MATLAB 软件命令窗口中输入如下命令：

```
A=[3 4 0 0;4 -3 0 0;0 0 2 0;0 0 0 2]               % 定义矩阵
```

运行结果如下：

```
A =

     3     4     0     0
     4    -3     0     0
     0     0     2     0
     0     0     0     2
```

继续输入如下命令：

```
A^4                                                % 矩阵的乘方
```

运行结果如下：

```
ans =

     625      0      0      0
       0    625      0      0
       0      0     16      0
       0      0      0     16
```

(6) 方阵的行列式

在 MATLAB 软件中，计算方阵的行列式用 det(A).

例 6　已知 $\boldsymbol{A}=\begin{pmatrix}3&4&0&0\\4&-3&0&0\\0&0&2&0\\0&0&0&2\end{pmatrix}$，求 $|\boldsymbol{A}|$.

解　在 MATLAB 软件命令窗口中输入如下命令：

```
A=[3 4 0 0;4 -3 0 0;0 0 2 0;0 0 0 2]                    % 定义矩阵
```

运行结果如下：

```
A =

     3     4     0     0
     4    -3     0     0
     0     0     2     0
     0     0     0     2
```

继续输入如下命令：

```
det(A)                                                   % 矩阵的行列式
```

运行结果如下：

```
ans =

    -100
```

(7) 矩阵的秩

在 MATLAB 软件中，求矩阵的秩用 rank(A).

例 7　求 $\boldsymbol{A}=\begin{pmatrix}1&2&-2&-1&7\\2&4&1&8&-1\\1&2&-1&1&4\end{pmatrix}$ 的秩.

解　在 MATLAB 软件命令窗口中输入如下命令：

```
A=[1 2 -2 -1 7;2 4 1 8 -1;1 2 -1 1 4]          % 定义矩阵
```

运行结果如下：

```
A =
    1   2   -2   -1    7
    2   4    1    8   -1
    1   2   -1    1    4
```

继续输入如下命令：

```
rank(A)                                        % 矩阵的秩
```

运行结果如下：

```
ans =
     2
```

【注意】以上程序均可用 DeepSeek 等 AI 工具生成.

实验作业

1. 设 $\boldsymbol{A}=\begin{pmatrix}-1 & 2 & 3\\ 4 & 4 & 6\end{pmatrix}$，$\boldsymbol{B}=\begin{pmatrix}0 & -1 & 2\\ 3 & 2 & 1\end{pmatrix}$，利用 MATLAB 软件计算 $\boldsymbol{A}-2\boldsymbol{B}$，$\boldsymbol{A}^{\mathrm{T}}\boldsymbol{B}$.

2. 设 $\boldsymbol{A}=\begin{pmatrix}1 & 2\\ 3 & 4\end{pmatrix}$，利用 MATLAB 软件计算 $|\boldsymbol{A}|$，$\boldsymbol{A}^{-1}$.

3. 设 $\boldsymbol{A}=\begin{pmatrix}1 & 2 & -1 & 2\\ 2 & -1 & 3 & -1\\ 3 & 1 & 2 & 1\end{pmatrix}$，利用 MATLAB 软件计算矩阵的秩.

本章小结

1. 矩阵的概念

矩阵是由 $m\times n$ 个数 a_{ij} $(i=1,2,\cdots,m;j=1,2,\cdots,n)$ 排成的 m 行 n 列的数表

$$\begin{pmatrix} a_{11} & a_{12} & \cdots & a_{1n} \\ a_{21} & a_{22} & \cdots & a_{2n} \\ \vdots & \vdots & & \vdots \\ a_{m1} & a_{m2} & \cdots & a_{mn} \end{pmatrix}.$$

2. 几种特殊的矩阵

(1) 当 $m=n$ 时，矩阵 $\boldsymbol{A}_{n\times n}$ 称为 n 阶方阵；

(2) 除主对角线上的元素外，其他元素全是零的方阵称为 n 阶对角矩阵；

(3) 若对角矩阵主对角线上的元素全为 1 时，则称该矩阵为单位矩阵，记作 $\boldsymbol{E}$；

(4) 只有一行的矩阵称为行矩阵；

(5) 只有一列的矩阵称为列矩阵；

(6) 所有元素都为 0 的矩阵称为零矩阵；

(7) 把矩阵 $\boldsymbol{A}$ 的行和列互换得到的矩阵称为 $\boldsymbol{A}$ 的转置矩阵.

矩阵的本质是数表，而行列式的本质是数或算式；矩阵的记号是括号，行列式的记号是竖线.

3. 矩阵的运算

(1) 只有两个矩阵对应位置上的元素都相等，才称两个矩阵相等；

(2) 如果矩阵 $\boldsymbol{A}=(a_{ij})$，$\boldsymbol{B}=(b_{ij})$ 都是 $m\times n$ 矩阵，则 $\boldsymbol{A}+\boldsymbol{B}=(a_{ij}+b_{ij})$，$\boldsymbol{A}-\boldsymbol{B}=(a_{ij}-b_{ij})$；

(3) 数乘矩阵 $k\boldsymbol{A}=(ka_{ij})_{m\times n}$；

(4) 若矩阵 $\boldsymbol{A}=(a_{ij})_{m\times s}$，$\boldsymbol{B}=(b_{ij})_{s\times n}$，则由元素

$$c_{ij}=a_{i1}b_{1j}+a_{i2}b_{2j}+\cdots+a_{is}b_{sj}=\sum_{k=1}^{s}a_{ik}b_{kj}\quad(i=1,2,\cdots,m;j=1,2,\cdots,n)$$

所构成的 $m\times n$ 矩阵 $\boldsymbol{C}=(c_{ij})_{m\times n}$ 称为矩阵 $\boldsymbol{A}$ 与矩阵 $\boldsymbol{B}$ 的乘积，记作 $\boldsymbol{C}=\boldsymbol{AB}$.

4. 逆矩阵

对于 n 阶方阵 $\boldsymbol{A}$，如果存在一个 n 阶方阵 $\boldsymbol{B}$，使得 $\boldsymbol{AB}=\boldsymbol{BA}=\boldsymbol{E}$，则称 $\boldsymbol{B}$ 是 $\boldsymbol{A}$ 的逆矩阵，记为 $\boldsymbol{B}=\boldsymbol{A}^{-1}$.

n 阶矩阵 $\boldsymbol{A}$ 可逆的充要条件是 $|\boldsymbol{A}|\neq 0$，且 $\boldsymbol{A}^{-1}=\dfrac{1}{|\boldsymbol{A}|}\boldsymbol{A}^{*}$.

5. 矩阵的初等变换

矩阵的初等变换是指对矩阵的行(列)进行如下三种变换：

(1) 交换矩阵的任意两行(列)；

(2) 矩阵的某一行(列)乘以非零的常数 k；

(3) 矩阵的某一行(列)乘以常数 k 加到另一行(列)上.

用初等变换求逆矩阵：$(\boldsymbol{A},\boldsymbol{E})\xrightarrow{\text{行初等变换}}(\boldsymbol{E},\boldsymbol{A}^{-1})$.

用初等变换求矩阵方程：$(\boldsymbol{A},\boldsymbol{B})\xrightarrow{\text{行初等变换}}(\boldsymbol{E},\boldsymbol{A}^{-1}\boldsymbol{B})$.

6. 矩阵的秩

矩阵 $\boldsymbol{A}$ 中不为零的子式的最高阶数 r，称为矩阵 $\boldsymbol{A}$ 的秩，记作 $r(\boldsymbol{A})=r$.

初等变换不改变矩阵的秩，即 $\boldsymbol{A}\xrightarrow{\text{初等变换}}\boldsymbol{B}$，$r(\boldsymbol{A})=r(\boldsymbol{B})$.

阶梯形矩阵的秩等于它非零行的行数.

7. 分块矩阵的概念

用一些水平线和垂直线将一个大矩阵 $\boldsymbol{A}$ 分割成若干块，每一块均可看成一个小矩阵并称之为 $\boldsymbol{A}$ 的子块或子矩阵，这种以子矩阵为元素的矩阵称为分块矩阵.

8. 分块矩阵的运算

(1) 分块矩阵的加法和减法；

(2) 数与分块矩阵的乘法；

(3) 分块矩阵的乘法；

(4) 分块矩阵的转置；

(5) 分块上(下)三角形矩阵，分块对角阵.

复习题二

1.填空题.

(1) 若行列式 $\boldsymbol{A}$ 是四阶行列式，则 $|2\boldsymbol{A}|=$ ______.

(2) 若矩阵 $\begin{pmatrix}1 & 1 & 1\\ 1 & 2 & 1\\ 2 & 3 & \lambda-1\end{pmatrix}$ 的秩为 2，则 $\lambda=$ ______.

(3) 若 $\boldsymbol{A}=\begin{pmatrix}2 & 1\\ 3 & 4\end{pmatrix}$，则 $\boldsymbol{A}^{-1}=$ ______.

(4)【22 重庆】若 $\boldsymbol{A}$ 为三阶方阵，且 $\boldsymbol{A}^*$ 为 $\boldsymbol{A}$ 的伴随矩阵，且 $|\boldsymbol{A}|=2$，则 $|\boldsymbol{A}^*|=$ ______.

(5) 若 $\boldsymbol{A}$ 为三阶矩阵，且 $|\boldsymbol{A}|=-2$，则 $\left|\left(\dfrac{1}{12}\boldsymbol{A}\right)^{-1}+3\boldsymbol{A}^*\right|=$ ______.

(6) 若 $\boldsymbol{A}=\begin{pmatrix}\cos\alpha & \sin\alpha\\ -\sin\alpha & \cos\alpha\end{pmatrix}$，则 $r(\boldsymbol{A})=$ ______.

(7) 若 $\boldsymbol{A}^2-2\boldsymbol{A}+\boldsymbol{E}=\boldsymbol{O}$，则 $(\boldsymbol{A}-2\boldsymbol{E})^{-1}=$ ______.

(8) 若 $\boldsymbol{A}^3=2\boldsymbol{E}$，则 $\boldsymbol{A}^{-1}=$ ______.

(9) 若 $\boldsymbol{A},\boldsymbol{B}$ 均为 n 阶矩阵，且 $|\boldsymbol{A}|=2$，$|\boldsymbol{B}|=-3$，则 $|2\boldsymbol{A}^*\boldsymbol{B}^{-1}|=$ ______.

(10) 若 $\boldsymbol{A}$ 是 4×3 矩阵，且 $r(\boldsymbol{A})=2$，而 $\boldsymbol{B}=\begin{pmatrix}1 & 0 & 2\\ 0 & 2 & 0\\ -1 & 0 & 3\end{pmatrix}$，则 $r(\boldsymbol{AB})=$ ______.

2. 判断题.

(1) 若 $\boldsymbol{A}$、$\boldsymbol{B}$ 是同阶方阵，则 $(\boldsymbol{A}+\boldsymbol{B})^2=\boldsymbol{A}^2+2\boldsymbol{AB}+\boldsymbol{B}^2$.　(　　)

(2) 若矩阵 $\boldsymbol{A}$、$\boldsymbol{B}$、$\boldsymbol{C}$ 是同阶方阵，且 $\boldsymbol{ABC}=\boldsymbol{I}$，则 $\boldsymbol{BCA}=\boldsymbol{I}$.　(　　)

(3) 方阵 $\boldsymbol{A}$ 可逆的充要条件是 $\boldsymbol{A}\neq\boldsymbol{O}$.　(　　)

(4) 若 $\boldsymbol{A}$、$\boldsymbol{B}$ 是可逆方阵，则 $(\boldsymbol{AB})^{-1}=\boldsymbol{B}^{-1}\boldsymbol{A}^{-1}$.　(　　)

3. 选择题.

(1)【21 重庆】若 $\boldsymbol{A}$、$\boldsymbol{B}$ 为 m 阶方阵，且 $\boldsymbol{AB}=\boldsymbol{O}$，则下列说法正确的是(　　).

A. $\boldsymbol{A}=\boldsymbol{O}$ 或 $\boldsymbol{B}=\boldsymbol{O}$　　B. $r(\boldsymbol{A})+r(\boldsymbol{B})=0$

C. $|\boldsymbol{A}|=0$ 或 $|\boldsymbol{B}|=0$　　D. $r(\boldsymbol{A})+r(\boldsymbol{B})=m$

(2)【24 重庆】下列矩阵可逆的是(　　).

A. $\boldsymbol{A}=\begin{pmatrix}1&2&3\\0&1&2\\0&0&0\end{pmatrix}$　　B. $\boldsymbol{A}=\begin{pmatrix}1&2&3\\2&3&1\\4&6&2\end{pmatrix}$

C. $\boldsymbol{A}=\begin{pmatrix}1&0&0\\1&1&0\\1&1&1\end{pmatrix}$　　D. $\boldsymbol{A}=\begin{pmatrix}1&1&0\\0&1&1\\1&0&-1\end{pmatrix}$

(3)【23 重庆】设 $\boldsymbol{A}$、$\boldsymbol{B}$、$\boldsymbol{C}$ 为 n 阶方阵，且 $\boldsymbol{A}$ 为可逆矩阵，那么(　　).

A. 若 $\boldsymbol{AC}=\boldsymbol{AB}$，则 $\boldsymbol{A}=\boldsymbol{B}$　　B. 若 $\boldsymbol{AB}=\boldsymbol{O}$，则 $\boldsymbol{B}=\boldsymbol{O}$

C. 若 $\boldsymbol{AB}=\boldsymbol{CA}$，则 $\boldsymbol{B}=\boldsymbol{C}$　　D. 若 $\boldsymbol{BA}=\boldsymbol{CB}$，则 $\boldsymbol{A}=\boldsymbol{C}$

(4)【22 安徽】设有矩阵 $\boldsymbol{A}_{2\times 3}$ 和矩阵 $\boldsymbol{B}_{3\times 2}$，则下列计算中有意义的是(　　).

A. $\boldsymbol{A}+\boldsymbol{B}$　　B. $\boldsymbol{AB}$　　C. $\boldsymbol{A}^{\mathrm{T}}\boldsymbol{B}$　　D. $\boldsymbol{B}^{\mathrm{T}}\boldsymbol{A}$

(5)【22 安徽】若 $\boldsymbol{A}=\begin{pmatrix}0&1&1\\1&0&1\\1&1&0\end{pmatrix}$，则 $|2\boldsymbol{A}|=$(　　).

A. 16　　B. -16　　C. 4　　D. -4

(6) 若 $\boldsymbol{A}$，$\boldsymbol{B}$ 均为 n 阶方矩阵，则有(　　).

A. $|\boldsymbol{A}+\boldsymbol{B}|=|\boldsymbol{A}|+|\boldsymbol{B}|$　　B. $|\boldsymbol{A}-\boldsymbol{B}|=|\boldsymbol{A}|-|\boldsymbol{B}|$

C. $|\boldsymbol{AB}|=|\boldsymbol{BA}|$　　D. $\boldsymbol{AB}=\boldsymbol{BA}$

(7) 若 $\boldsymbol{A}$，$\boldsymbol{B}$ 均为 n 阶对称矩阵，则下面 4 个结论中不正确的是(　　).

A. $\boldsymbol{A}+\boldsymbol{B}$ 也是对称矩阵　　B. $\boldsymbol{AB}$ 也是对称矩阵

C. $\boldsymbol{A}^m+\boldsymbol{B}^m$ 也是对称矩阵　　D. $\boldsymbol{BA}^{\mathrm{T}}+\boldsymbol{AB}^{\mathrm{T}}$ 也是对称矩阵

(8) 若矩阵 $\boldsymbol{A}=\begin{pmatrix}a&b&b\\b&a&b\\b&b&a\end{pmatrix}$，且 $r(\boldsymbol{A}^*)=1$，则(　　).

A. $r(\boldsymbol{A})=1$　　B. $r(\boldsymbol{A})=3$

C. $a=b$ 或 $a+2b=0$　　　　D. $a+2b=0$，其中 $a\neq b$

(9) $\boldsymbol{A},\boldsymbol{B}$ 均为 n 阶矩阵，当(　　)时，有$(\boldsymbol{A}+\boldsymbol{B})(\boldsymbol{A}-\boldsymbol{B})=\boldsymbol{A}^2-\boldsymbol{B}^2$.

A. $\boldsymbol{A}=\boldsymbol{E}$　　B. $\boldsymbol{B}=\boldsymbol{O}$　　C. $\boldsymbol{A}=\boldsymbol{B}$　　D. $\boldsymbol{AB}=\boldsymbol{BA}$

(10) 已知 $\boldsymbol{A},\boldsymbol{B},\boldsymbol{C}$ 为同阶矩阵，若 $\boldsymbol{ABC}=\boldsymbol{E}$，则下列各式中总成立的有(　　).

A. $\boldsymbol{CAB}=\boldsymbol{E}$　　B. $\boldsymbol{BAC}=\boldsymbol{E}$　　C. $\boldsymbol{ACB}=\boldsymbol{E}$　　D. $\boldsymbol{CBA}=\boldsymbol{E}$

4. 已知 $\boldsymbol{A}=\begin{pmatrix}2&1\\3&4\end{pmatrix}$，$\boldsymbol{B}=\begin{pmatrix}1&2\\-1&1\end{pmatrix}$，求$(\boldsymbol{AB})^{\mathrm{T}}$，$\boldsymbol{B}^{\mathrm{T}}\boldsymbol{A}^{\mathrm{T}}$.

5. 求下列矩阵的逆矩阵.

(1) $\begin{pmatrix}3&8&3\\1&3&1\\5&3&4\end{pmatrix}$；　　(2) $\begin{pmatrix}0&2&1\\1&-1&1\\3&-1&2\end{pmatrix}$.

6. 已知 $\boldsymbol{A}=\begin{pmatrix}0&1&5\\2&1&0\end{pmatrix}$，$\boldsymbol{B}=\begin{pmatrix}6&-2&-2\\1&0&3\end{pmatrix}$.

(1) 若矩阵 $\boldsymbol{X}$ 满足 $3\boldsymbol{X}+\boldsymbol{B}=2\boldsymbol{A}$，求 $\boldsymbol{X}$；

(2) 求 $\boldsymbol{A}^{\mathrm{T}}\boldsymbol{B}$.

7. 已知 $\boldsymbol{A}=\begin{pmatrix}3&4&0&0\\4&-3&0&0\\0&0&2&0\\0&0&0&2\end{pmatrix}$，求 $\boldsymbol{A}^4$ 和 $|\boldsymbol{A}^4|$.

8. 已知 $\boldsymbol{A}=\begin{pmatrix}\frac{1}{2}&-\frac{\sqrt{3}}{2}\\\frac{\sqrt{3}}{2}&\frac{1}{2}\end{pmatrix}$，且 $\boldsymbol{A}^6=\boldsymbol{I}$，求 $\boldsymbol{A}^{11}$.

9.【21 重庆】已知 $\boldsymbol{AX}=\boldsymbol{B}$，其中 $\boldsymbol{A}=\begin{pmatrix}1&2&3\\2&2&1\\3&4&5\end{pmatrix}$，$\boldsymbol{B}=\begin{pmatrix}2&5\\3&1\\4&3\end{pmatrix}$，求矩阵 $\boldsymbol{X}$.

10.【22 重庆】已知 $\boldsymbol{AX}=\boldsymbol{A}+2\boldsymbol{X}$，且 $\boldsymbol{A}=\begin{pmatrix}4&0&0\\1&1&0\\-1&2&3\end{pmatrix}$，求矩阵 $\boldsymbol{X}$.

11. 已知 $\boldsymbol{X}\begin{pmatrix}2&1&-1\\2&1&0\\1&-1&1\end{pmatrix}=\begin{pmatrix}1&-1&3\\4&3&2\end{pmatrix}$，求矩阵 $\boldsymbol{X}$.

12. 已知$\begin{pmatrix}1&2\\1&3\end{pmatrix}\boldsymbol{X}\begin{pmatrix}1&0\\1&1\end{pmatrix}=\begin{pmatrix}3&1\\0&-1\end{pmatrix}$，求矩阵 $\boldsymbol{X}$.

13. 已知 $\boldsymbol{A}=\begin{pmatrix}1 & 0 & 1\\0 & 2 & 0\\1 & 0 & 1\end{pmatrix}$，且 $\boldsymbol{AB}+\boldsymbol{I}=\boldsymbol{A}^2+\boldsymbol{B}$，求 $\boldsymbol{B}$.

14. 已知三阶矩阵 $\boldsymbol{A}=\begin{pmatrix}x & 1 & 1\\1 & x & 1\\1 & 1 & x\end{pmatrix}$，试求矩阵 $\boldsymbol{A}$ 的秩.

15. 设方阵 $\boldsymbol{A}$ 满足方程 $\boldsymbol{A}^2-2\boldsymbol{A}+4\boldsymbol{E}=\boldsymbol{O}$，证明 $\boldsymbol{A}+\boldsymbol{E}$，$\boldsymbol{A}-3\boldsymbol{E}$ 都可逆，并求它们的逆矩阵.

16. 设 $\boldsymbol{A}=\begin{pmatrix}1 & -2 & 3k\\-1 & 2k & -3\\k & -2 & 3\end{pmatrix}$，问 k 分别为何值时，可使：(1) $r(\boldsymbol{A})=1$；(2) $r(\boldsymbol{A})=2$；(3) $r(\boldsymbol{A})=3$？

第三章 线性方程组

求解线性方程组是线性代数主要的任务之一，它在科学技术与经济管理等领域有着广泛的应用.第一章已经研究过线性方程组的一种特殊情形，即线性方程组所含方程的个数等于未知量的个数且方程组的系数行列式不等于零的情形.本章从更普遍的角度讨论方程组的一般理论，这就需要引入 n 维向量的概念，定义其线性运算，研究向量的线性相关性，进而给出向量组的秩的概念，讨论矩阵秩与向量组秩的关系，然后建立线性方程组解的结构理论.本章概念较多，内容较为抽象，需要仔细研读，认真领会.

本章思维导图

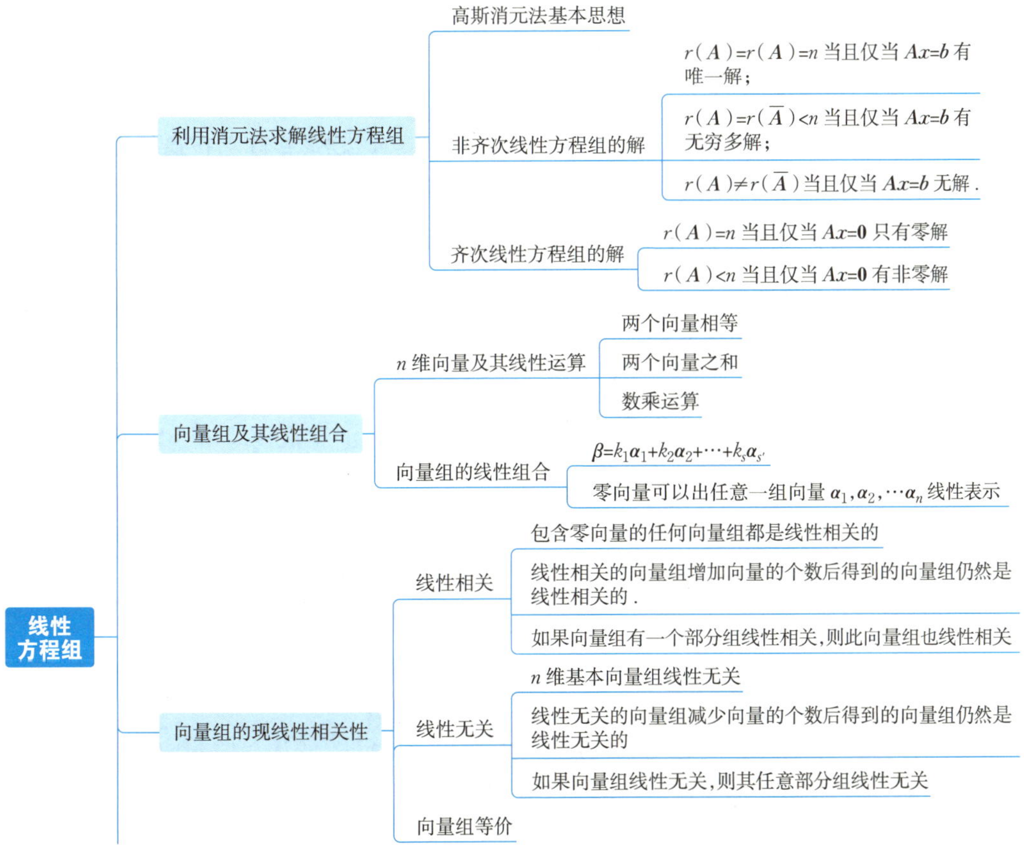

- 向量组的秩
  - 极大线性无关组
    - 不唯一,但向量组个数唯一
    - 初等行变换求极大线性无关组
  - 向量组的秩
    - 秩唯一
    - A行秩=A列秩=矩阵A的秩
    - 等价向量组秩相等
- 线性方程组解的结构
  - 齐次线性方程组解的结构
    - 若 ξ_1,ξ_2 是方程组 $A\boldsymbol{x}=\mathbf{0}$.的解,则 $\xi_1+\xi_2$ 也是该方程组的解,
    - 若 ξ_1 是方程组 $A\boldsymbol{x}=\mathbf{0}$.的解,$k$ 为任意实数,则 $k\xi_1$ 也是该方程组的解
    - 基础解系
  - 非齐次线性方程组解的结构
    - 设 η_1,η_2 是非齐次线性方程组 $A\boldsymbol{x}=\boldsymbol{b}$ 的解,则 $\eta_1-\eta_2$ 是对应的齐次线性方程组 $A\boldsymbol{x}=\mathbf{0}$ 的解
    - 设 η 是非齐次线性方程组 $A\boldsymbol{x}=\boldsymbol{b}$ 的解,ξ 为对应的导出组 $A\boldsymbol{x}=\mathbf{0}$ 的解,则 $\boldsymbol{x}=\xi+\eta$ 为非齐次线性方程组 $A\boldsymbol{x}=\boldsymbol{b}$ 的解
    - 求非齐次线性方程解的步骤

3.1 利用消元法求解线性方程组

内容和目标

- 掌握高斯消元法的基本思想;
- 了解线性方程组的系数矩阵、增广矩阵的概念;
- 理解线性方程组解的结构;
- 能通过初等行变换将增广矩阵化为行阶梯形矩阵和行最简形矩阵.

消元法的基本思路是通过消元变形把方程组化成容易求解的方程组.下面通过一个例子来说明消元法的具体做法.

例 1 用消元法求解线性方程组

$$\begin{cases}2x_1+2x_2-x_3=6,\\ x_1-2x_2+4x_3=3,\\ 5x_1+7x_2+x_3=28.\end{cases}$$

解 为了观察消元过程,将消元过程中每一个步骤的方程组及其对应的矩阵一起列出.

方程组的消元过程 增广矩阵的变化过程

$$\begin{cases}2x_1+2x_2-x_3=6, & ①\\ x_1-2x_2+4x_3=3, & ②\\ 5x_1+7x_2+x_3=28 & ③\end{cases} \qquad \begin{pmatrix}2 & 2 & -1 & 6\\ 1 & -2 & 4 & 3\\ 5 & 7 & 1 & 28\end{pmatrix} \quad (\text{I})$$

$$②-①\times\frac{1}{2};③-①\times\frac{5}{2} \qquad r_2-\frac{1}{2}r_1;r_3-\frac{5}{2}r_1$$

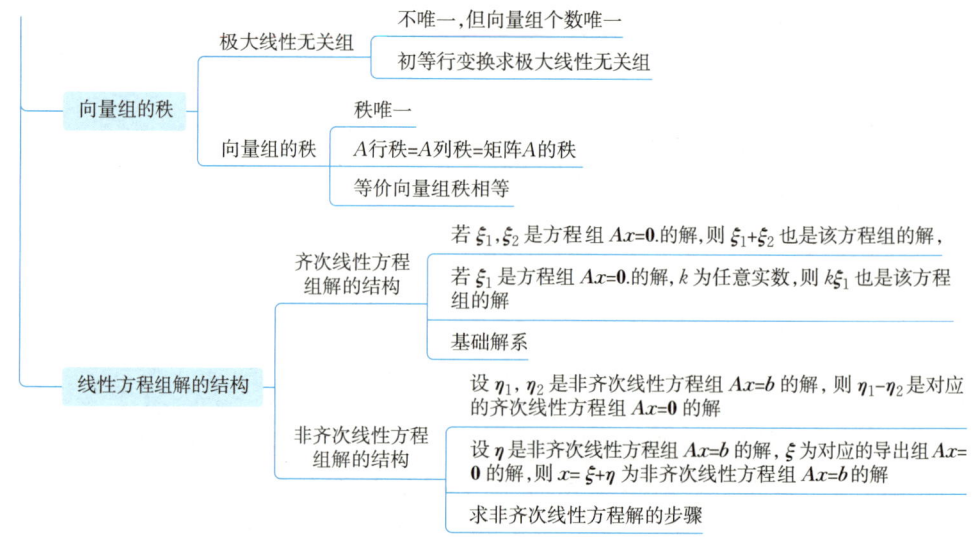

$$\begin{cases}2x_1+2x_2-x_3=6, & ①\\ -3x_2+\dfrac{9}{2}x_3=0, & ②\\ 2x_2+\dfrac{7}{2}x_3=13 & ③\end{cases} \qquad \begin{pmatrix}2 & 2 & -1 & 6\\ 0 & -3 & \dfrac{9}{2} & 0\\ 0 & 2 & \dfrac{7}{2} & 13\end{pmatrix} \quad (\mathrm{II})$$

$$③+②\times\frac{2}{3} \qquad r_3+\frac{2}{3}r_2$$

$$\begin{cases}2x_1+2x_2-x_3=6, & ①\\ -3x_2+\dfrac{9}{2}x_3=0, & ②\\ \dfrac{13}{2}x_3=13 & ③\end{cases} \qquad \begin{pmatrix}2 & 2 & -1 & 6\\ 0 & -3 & \dfrac{9}{2} & 0\\ 0 & 0 & \dfrac{13}{2} & 13\end{pmatrix} \quad (\mathrm{III})$$

$$③\times\frac{2}{13} \qquad \frac{2}{13}r_3$$

$$\begin{cases}2x_1+2x_2-x_3=6, & ①\\ -3x_2+\dfrac{9}{2}x_3=0, & ②\\ x_3=2. & ③\end{cases} \qquad \begin{pmatrix}2 & 2 & -1 & 6\\ 0 & -3 & \dfrac{9}{2} & 0\\ 0 & 0 & 1 & 2\end{pmatrix} \quad (\mathrm{IV})$$

由方程①得 $x_3=2$，将其代入方程②可得 $x_2=3$，再将 $x_3=2$ 及 $x_2=3$ 一起代入方程①得到 $x_1=1$.因此，所求方程组的解为 $x_1=1,x_2=3,x_3=2$.

把(Ⅰ)到(Ⅳ)的过程称为**消元的过程**，(Ⅳ)对应的矩阵为行阶梯形矩阵，与之对应的方程组称为**阶梯形方程组**.

从上述解题过程可以看出，用消元法求解方程组的具体过程就是对方程组反复实施以下三种变换：

(1) 交换某两个方程的位置；

(2) 用一个非零数乘方程的两边；

(3) 将一个方程的倍数加到另外一个方程上去.

以上这三种变换称为**线性方程组的初等变换**，而消元法的目的就是利用方程组的初等变换将原方程组化为阶梯形方程组.显然这个阶梯形方程组与原方程组同解.解这个阶梯形方程组即可得到原方程组的解.如果用矩阵表示其系数及其常数项，则将原方程组化为阶梯形方程组的过程就是将其对应的矩阵化为行阶梯形矩阵的过程.

将一个方程组化为阶梯形方程组的步骤并不是唯一的.所以，同一个方程组的阶梯形方程组也不是唯一的.特别地，还可以把一个阶梯形方程组化为**行最简形方程组**，从而能直接“读”出线性方程组的解.对例 1，还可以利用线性方程组的初等行变换继续化简线性方程组

$$\rightarrow\begin{cases}2x_1+2x_2=8,\\ -3x_2=-9,\\ x_3=2\end{cases} \qquad \rightarrow\begin{pmatrix}2 & 2 & 0 & 8\\ 0 & -3 & 0 & -9\\ 0 & 0 & 1 & 2\end{pmatrix} \quad (\mathrm{V})$$

$$\rightarrow\begin{cases}2x_1+2x_2=8,\\x_2=3,\\x_3=2\end{cases}\qquad\rightarrow\begin{pmatrix}2&2&0&8\\0&1&0&3\\0&0&1&2\end{pmatrix}\qquad(\text{VI})$$

$$\rightarrow\begin{cases}2x_1=2,\\x_2=3,\\x_3=2\end{cases}\qquad\rightarrow\begin{pmatrix}2&0&0&2\\0&1&0&3\\0&0&1&2\end{pmatrix}\qquad(\text{VII})$$

$$\rightarrow\begin{cases}x_1=1,\\x_2=3,\\x_3=2.\end{cases}\qquad\rightarrow\begin{pmatrix}1&0&0&1\\0&1&0&3\\0&0&1&2\end{pmatrix}\qquad(\text{VIII})$$

从(Ⅷ)可以一目了然地读出 $x_1=1,x_2=3,x_3=2$.

从例 1 中可得到如下启示：用消元法解三元线性方程组的过程，相当于对该方程组的系数与右端常数项按对应位置构成的矩阵作初等行变换.对一般的线性方程组是否有同样的结论？答案是肯定的.下面讨论一般线性方程组的求解.

3.1.1　非齐次线性方程组的解

形如

$$\begin{cases}a_{11}x_1+a_{12}x_2+\cdots+a_{1n}x_n=b_1,\\a_{21}x_1+a_{22}x_2+\cdots+a_{2n}x_n=b_2,\\\qquad\cdots\cdots\cdots\cdots\\a_{m1}x_1+a_{m2}x_2+\cdots+a_{mn}x_n=b_m\end{cases}\qquad(3.1)$$

的线性方程组是一个有 m 个方程、n 个未知量的线性方程组，其中 m 不一定等于 n，即方程组(3.1)的个数不一定等于未知量的个数.

方程组(3.1)的矩阵形式为

$$\boldsymbol{A}\boldsymbol{x}=\boldsymbol{b},$$

其中

$$\boldsymbol{A}=\begin{pmatrix}a_{11}&a_{12}&\cdots&a_{1n}\\a_{21}&a_{22}&\cdots&a_{2n}\\\vdots&\vdots&&\vdots\\a_{m1}&a_{m2}&\cdots&a_{mn}\end{pmatrix},\quad\boldsymbol{x}=\begin{pmatrix}x_1\\x_2\\\vdots\\x_n\end{pmatrix},\quad\boldsymbol{b}=\begin{pmatrix}b_1\\b_2\\\vdots\\b_m\end{pmatrix}.$$

$\boldsymbol{A}$ 称为线性方程组(3.1)的**系数矩阵**，定义 $\overline{\boldsymbol{A}}=(\boldsymbol{A},\boldsymbol{b})$ 为线性方程组(3.1)的**增广矩阵**.

当 $\boldsymbol{b}=\boldsymbol{O}$ 时，称方程组(3.1)为**齐次线性方程组**，否则，称为**非齐次线性方程组**.显然，齐次线性方程组的矩阵形式为

$$\boldsymbol{A}\boldsymbol{x}=\boldsymbol{O}.$$

利用系数矩阵 $\boldsymbol{A}$ 和增广矩阵 $\overline{\boldsymbol{A}}=(\boldsymbol{A},\boldsymbol{b})$ 的秩，可以很方便地讨论方程组是否有解以及是否有唯一解等问题.其结论如下

定理 3.1 设 $\boldsymbol{A}=(a_{ij})_{m\times n}$，$n$ 元非齐次线性方程组 $\boldsymbol{Ax}=\boldsymbol{b}$ 有解的充分必要条件是系数矩阵 $\boldsymbol{A}$ 的秩等于其增广矩阵 $\overline{\boldsymbol{A}}$ 的秩，即 $r(\boldsymbol{A})=r(\overline{\boldsymbol{A}})$.此时

(1) 当 $r(\boldsymbol{A})=r(\overline{\boldsymbol{A}})=n$ 时，方程组 $\boldsymbol{Ax}=\boldsymbol{b}$ 有唯一解；

(2) 当 $r(\boldsymbol{A})=r(\overline{\boldsymbol{A}})<n$ 时，方程组 $\boldsymbol{Ax}=\boldsymbol{b}$ 有无穷多解.

证 设 $r(\boldsymbol{A})=r$，对一个方程组进行初等变换，也相当于对它的增广矩阵进行初等行变换，对增广矩阵 $\overline{\boldsymbol{A}}$ 进行初等行变换总可化为阶梯形矩阵（必要时可以交换未知量的位置）

$$\begin{pmatrix} c_{11} & c_{12} & \cdots & c_{1r} & \cdots & c_{1n} & d_1 \\ 0 & c_{22} & \cdots & c_{2r} & \cdots & c_{2n} & d_2 \\ \vdots & \vdots & & \vdots & & \vdots & \vdots \\ 0 & 0 & \cdots & c_{rr} & \cdots & c_{rn} & d_r \\ 0 & 0 & \cdots & 0 & \cdots & 0 & d_{r+1} \\ \vdots & \vdots & & \vdots & & \vdots & \vdots \\ 0 & 0 & \cdots & 0 & \cdots & 0 & 0 \end{pmatrix}=\boldsymbol{B},$$

则方程组(3.1)与以阶梯形矩阵 $\boldsymbol{B}$ 为增广矩阵的方程组为同解方程组.

必要性 设方程组 $\boldsymbol{Ax}=\boldsymbol{b}$ 有解，如果 $r(\boldsymbol{A})<r(\overline{\boldsymbol{A}})=r(\boldsymbol{B})$，则 $d_{r+1}\neq 0$，因此，$\overline{\boldsymbol{A}}$ 的行阶梯形矩阵 $\boldsymbol{B}$ 中最后一个非零行对应的是矛盾方程.此时方程组 $\boldsymbol{Ax}=\boldsymbol{b}$ 无解.与题设矛盾，故 $r(\boldsymbol{A})=r(\overline{\boldsymbol{A}})$.

充分性 因为 $r(\boldsymbol{A})=r(\overline{\boldsymbol{A}})=r$，所以 $d_{r+1}=0$.因此 $\overline{\boldsymbol{A}}$ 的行阶梯形矩阵 $\boldsymbol{B}$ 中含有 r 个非零行.

(1) 若 $r=n$，则 $\overline{\boldsymbol{A}}$ 的行阶梯形矩阵

$$\boldsymbol{B}=\begin{pmatrix} c_{11} & c_{12} & \cdots & c_{1r} & \cdots & c_{1n} & d_1 \\ 0 & c_{22} & \cdots & c_{2r} & \cdots & c_{2n} & d_2 \\ \vdots & \vdots & & \vdots & & \vdots & \vdots \\ 0 & 0 & \cdots & 0 & \cdots & c_{nn} & d_n \\ 0 & 0 & \cdots & 0 & \cdots & 0 & 0 \\ \vdots & \vdots & & \vdots & & \vdots & \vdots \\ 0 & 0 & \cdots & 0 & \cdots & 0 & 0 \end{pmatrix}.$$

$\boldsymbol{B}$ 中含有 n 个非零行，其对应的系数矩阵为上三角形矩阵，且对角线上的元素均不为零，根据由克拉默法则可知，方程组(3.1)有唯一解.此时独立的方程的个数与未知量的个数相等.

(2) 若 $r<n$，此时独立的方程个数小于未知量的个数.对于任意一组 $x_{r+1},\cdots,x_n$，都能唯一地定出 $x_1,x_2,\cdots,x_r$ 的值，从而得到方程组(3.1)的一个解，显然方程组(3.1)有无穷多解.

一般地，可以把 $x_1,x_2,\cdots,x_r$ 通过 $x_{r+1},\cdots,x_n$ 表示出来，这样一组表达式称为方程组(3.1)的**一般解**或**通解**，而 $x_{r+1},\cdots,x_n$ 称为一组**自由未知量**，且自由未知量有 $n-r$ 个.

【注意】 定理 3.1 的证明过程实际上就是求解线性方程组(3.1)的过程.此外,上述定理可简要总结如下:

(1) 当且仅当 $r(\boldsymbol{A})=r(\overline{\boldsymbol{A}})=n$ 时,$\boldsymbol{Ax}=\boldsymbol{b}$ 有唯一解;

(2) 当且仅当 $r(\boldsymbol{A})=r(\overline{\boldsymbol{A}})<n$ 时,$\boldsymbol{Ax}=\boldsymbol{b}$ 有无穷多解;

(3) 当且仅当 $r(\boldsymbol{A})\neq r(\overline{\boldsymbol{A}})$ 时,$\boldsymbol{Ax}=\boldsymbol{b}$ 无解.

例 2　解线性方程组

$$\begin{cases}3x_1+2x_2+6x_3=6,\\3x_1+5x_2+9x_3=9,\\6x_1+4x_2+15x_3=6.\end{cases}$$

解　
$$\overline{\boldsymbol{A}}=\begin{pmatrix}3&2&6&6\\3&5&9&9\\6&4&15&6\end{pmatrix}\xrightarrow[r_3-2r_1]{r_2-r_1}\begin{pmatrix}3&2&6&6\\0&3&3&3\\0&0&3&-6\end{pmatrix}$$

$$\xrightarrow[\frac{1}{3}r_3]{\frac{1}{3}r_2}\begin{pmatrix}3&2&6&6\\0&1&1&1\\0&0&1&-2\end{pmatrix}\xrightarrow[r_2-r_3]{r_1-6r_3}\begin{pmatrix}3&2&0&18\\0&1&0&3\\0&0&1&-2\end{pmatrix}\xrightarrow{r_1-2r_2}\begin{pmatrix}3&0&0&12\\0&1&0&3\\0&0&1&-2\end{pmatrix}$$

$$\xrightarrow{\frac{1}{3}r_1}\begin{pmatrix}1&0&0&4\\0&1&0&3\\0&0&1&-2\end{pmatrix}=\boldsymbol{C}.$$

因此,原方程组对应的同解方程组为$\begin{cases}x_1=4,\\x_2=3,\\x_3=-2,\end{cases}$　其中 $r(\boldsymbol{A})=r(\overline{\boldsymbol{A}})=3$(未知量的个数),该方程组有唯一解.

例 3　解线性方程组

$$\begin{cases}2x_1-x_2+3x_3=1,\\4x_1-2x_2+5x_3=4,\\2x_1-x_2+4x_3=0.\end{cases}$$

解　
$$\overline{\boldsymbol{A}}=\begin{pmatrix}2&-1&3&1\\4&-2&5&4\\2&-1&4&0\end{pmatrix}\xrightarrow[r_3-r_1]{r_2-2r_1}\begin{pmatrix}2&-1&3&1\\0&0&-1&2\\0&0&1&-1\end{pmatrix}\xrightarrow{r_3+r_2}\begin{pmatrix}2&-1&3&1\\0&0&-1&2\\0&0&0&1\end{pmatrix}.$$

因此,原方程组对应的同解方程组为$\begin{cases}2x_1-x_2+3x_3=1,\\0x_1+0x_2-x_3=2,\\0x_1+0x_2+0x_3=1,\end{cases}$其中 $r(\boldsymbol{A})=2,r(\overline{\boldsymbol{A}})=3$,因

此无论 x_1,x_2,x_3 取什么值，都不能使方程组成立，所以该方程组无解.

例 4 解线性方程组

$$\begin{cases} x_1+2x_2-2x_3-x_4=7, \\ 2x_1+4x_2+x_3+8x_4=-1, \\ x_1+2x_2-x_3+x_4=4. \end{cases}$$

解 $\bar{\boldsymbol{A}}=\begin{pmatrix} 1 & 2 & -2 & -1 & 7 \\ 2 & 4 & 1 & 8 & -1 \\ 1 & 2 & -1 & 1 & 4 \end{pmatrix} \xrightarrow[r_3-r_1]{r_2-2r_1} \begin{pmatrix} 1 & 2 & -2 & -1 & 7 \\ 0 & 0 & 5 & 10 & -15 \\ 0 & 0 & 1 & 2 & -3 \end{pmatrix}$

$$\xrightarrow{\frac{1}{5}r_2} \begin{pmatrix} 1 & 2 & -2 & -1 & 7 \\ 0 & 0 & 1 & 2 & -3 \\ 0 & 0 & 1 & 2 & -3 \end{pmatrix} \xrightarrow{r_3-r_2} \begin{pmatrix} 1 & 2 & -2 & -1 & 7 \\ 0 & 0 & 1 & 2 & -3 \\ 0 & 0 & 0 & 0 & 0 \end{pmatrix}.$$

因此，原方程组对应的同解方程组为$\begin{cases} x_1+2x_2-2x_3-x_4=7, \\ x_3+2x_4=-3, \end{cases}$其中 $r(\boldsymbol{A})=r(\bar{\boldsymbol{A}})=2<4$（未知量的个数），所以方程组有无穷多解.得到同解方程组为

$$\begin{cases} x_1+2x_2+3x_4=1, \\ x_3+2x_4=-3, \end{cases}$$

即

$$\begin{cases} x_1=1-2x_2-3x_4, \\ x_3=-3-2x_4. \end{cases}$$

只要 x_2、x_4 取定一个值，就能得到方程组的一组解，像 x_2、x_4 这样的未知量称为自由未知量，令 $x_2=C_1$、$x_4=C_2$，C_1，C_2 为任意常数，方程组的一般解可以写成

$$\begin{cases} x_1=1-2C_1-3C_2, \\ x_2=C_1, \\ x_3=-3-2C_2, \\ x_4=C_2. \end{cases}$$

例 5 已知线性方程组

$$\begin{cases} (1+\lambda)x_1+x_2+x_3=0, \\ x_1+(1+\lambda)x_2+x_3=3, \\ x_1+x_2+(1+\lambda)x_3=\lambda, \end{cases}$$

求 λ 取何值时，此方程组

(1) 有唯一解；

(2) 无解；

(3) 有无穷多解，并求出其通解.

解 对方程组的增广矩阵 $\bar{\boldsymbol{A}}$ 作初等行变换化成行阶梯形矩阵：

$$\bar{A}=\begin{pmatrix}1+\lambda & 1 & 1 & 0\\ 1 & 1+\lambda & 1 & 3\\ 1 & 1 & 1+\lambda & \lambda\end{pmatrix}\to\begin{pmatrix}1 & 1 & 1+\lambda & \lambda\\ 1 & 1+\lambda & 1 & 3\\ 1+\lambda & 1 & 1 & 0\end{pmatrix}$$

$$\to\begin{pmatrix}1 & 1 & 1+\lambda & \lambda\\ 0 & \lambda & -\lambda & 3-\lambda\\ 0 & -\lambda & -\lambda(2+\lambda) & -\lambda(1+\lambda)\end{pmatrix}$$

$$\to\begin{pmatrix}1 & 1 & 1+\lambda & \lambda\\ 0 & \lambda & -\lambda & 3-\lambda\\ 0 & 0 & -\lambda(3+\lambda) & (1-\lambda)(3+\lambda)\end{pmatrix}.$$

(1) 当 $\lambda\neq 0$ 且 $\lambda\neq -3$ 时，$r(\boldsymbol{A})=r(\bar{\boldsymbol{A}})=3=n$，方程组有唯一解.

(2) 当 $\lambda=0$ 时，有

$$\bar{A}=\begin{pmatrix}1 & 1 & 1 & 0\\ 0 & 0 & 0 & 3\\ 0 & 0 & 0 & 3\end{pmatrix}\to\begin{pmatrix}1 & 1 & 1 & 0\\ 0 & 0 & 0 & 1\\ 0 & 0 & 0 & 0\end{pmatrix}.$$

$r(\boldsymbol{A})=r(\bar{\boldsymbol{A}})=r(\boldsymbol{A},\boldsymbol{b})=2$，所以 $r(\boldsymbol{A})\neq r(\bar{\boldsymbol{A}})$，故原方程组无解.

(3) 当 $\lambda=-3$ 时，有

$$\bar{A}=\begin{pmatrix}1 & 1 & -2 & -3\\ 0 & -3 & 3 & 6\\ 0 & 0 & 0 & 0\end{pmatrix}\to\begin{pmatrix}1 & 0 & -1 & -1\\ 0 & 1 & -1 & -2\\ 0 & 0 & 0 & 0\end{pmatrix}.$$

由此便得同解方程组 $\begin{cases}x_1=x_3-1,\\ x_2=x_3-2.\end{cases}$ 此时 x_3 为自由未知量，令 $x_3=C$，得

$$\begin{cases}x_1=C-1,\\ x_2=C-2,\\ x_3=C.\end{cases}$$

【课堂练习】

解下列线性方程组：

(1) $\begin{cases}x_1+x_2+2x_3=7,\\ 3x_1+5x_2+5x_3=20,\\ 2x_1+4x_2+4x_3=16,\\ x_1+x_2=1;\end{cases}$　　(2) $\begin{cases}2x_1+7x_2+3x_3+x_4=6,\\ 3x_1+5x_2+2x_3+2x_4=4,\\ 9x_1+4x_2+x_3+7x_4=2.\end{cases}$

3.1.2　齐次线性方程组的解

下面讨论齐次线性方程组解的情况.

当线性方程组中常数项均为零时，这样的线性方程组称为齐次线性方程组，其一般形式为

$$\begin{cases} a_{11}x_1+a_{12}x_2+\cdots+a_{1n}x_n=0, \\ a_{21}x_1+a_{22}x_2+\cdots+a_{2n}x_n=0, \\ \cdots\cdots\cdots\cdots \\ a_{m1}x_1+a_{m2}x_2+\cdots+a_{mn}x_n=0. \end{cases} \tag{3.2}$$

将方程组(3.2)写成矩阵形式便是

$$\boldsymbol{Ax}=\boldsymbol{O},$$

其中 $\boldsymbol{A}=\begin{pmatrix} a_{11} & a_{12} & \cdots & a_{1n} \\ a_{21} & a_{22} & \cdots & a_{2n} \\ \vdots & \vdots & & \vdots \\ a_{m1} & a_{m2} & \cdots & a_{mn} \end{pmatrix}$ 为系数矩阵，$\boldsymbol{O}=\begin{pmatrix} 0 \\ 0 \\ \vdots \\ 0 \end{pmatrix}$ 为常数项.

方程组(3.2)恒有解，因为它至少有零解，即 $x_i=0(i=1,2,\cdots,n)$.由定理 3.1 知，当 $r(\boldsymbol{A})=n$ 时，方程组(3.2)有唯一解——零解；当 $r(\boldsymbol{A})<n$ 时，方程组(3.2)有无穷多解，即除零解之外还有非零解.于是有下列定理.

定理 3.2 已知 $\boldsymbol{A}=(a_{ij})_{m\times n}$，$n$ 元齐次线性方程组 $\boldsymbol{Ax}=\boldsymbol{O}$ 有非零解的充分必要条件是系数矩阵 $\boldsymbol{A}$ 的秩 $r(\boldsymbol{A})<n$.

证 把齐次线性方程组 $\boldsymbol{Ax}=\boldsymbol{O}$ 看作是非齐次线性方程组的特例，即 $\boldsymbol{b}=\boldsymbol{O}$，此时一定有 $r(\boldsymbol{A})=r(\overline{\boldsymbol{A}})=r(\boldsymbol{A},\boldsymbol{O})$，从而由定理 3.1 知，齐次线性方程组 $\boldsymbol{Ax}=\boldsymbol{O}$ 一定有解.而当 $r(\boldsymbol{A})<n$ 时有无穷多解，自然有非零解.当 $r(\boldsymbol{A})=n$ 时，仅有唯一解——零解.

【注意】 定理 3.2 可以简述如下：

(1) 当且仅当 $r(\boldsymbol{A})=n$ 时，$\boldsymbol{Ax}=\boldsymbol{O}$ 只有零解；

(2) 当且仅当 $r(\boldsymbol{A})<n$ 时，$\boldsymbol{Ax}=\boldsymbol{O}$ 有非零解.

推论 当 $m<n$ 时，齐次线性方程组(3.2)有非零解.

例 6 解齐次线性方程组

$$\begin{cases} x_1+2x_2+2x_3+x_4=0, \\ 2x_1+x_2-2x_3-2x_4=0, \\ x_1-x_2-4x_3-3x_4=0. \end{cases}$$

解 对方程组的系数矩阵 $\boldsymbol{A}$ 作初等行变换化成行阶梯形矩阵：

$$\boldsymbol{A}=\begin{pmatrix} 1 & 2 & 2 & 1 \\ 2 & 1 & -2 & -2 \\ 1 & -1 & -4 & -3 \end{pmatrix}\to\begin{pmatrix} 1 & 2 & 2 & 1 \\ 0 & -3 & -6 & -4 \\ 0 & -3 & -6 & -4 \end{pmatrix}$$

$$\to\begin{pmatrix}1&2&2&1\\0&1&2&\frac{4}{3}\\0&0&0&0\end{pmatrix}\to\begin{pmatrix}1&0&-2&-\frac{5}{3}\\0&1&2&\frac{4}{3}\\0&0&0&0\end{pmatrix}.$$

由此可得与原方程组同解的方程组

$$\begin{cases}x_1=2x_3+\frac{5}{3}x_4,\\x_2=-2x_3-\frac{4}{3}x_4.\end{cases}$$

令 $x_3=C_1, x_4=C_2$，得原方程组的解为

$$\begin{cases}x_1=2C_1+\frac{5}{3}C_2,\\x_2=-2C_1-\frac{4}{3}C_2,\\x_3=C_1,\\x_4=C_2.\end{cases}$$

例 7　k 取何值时，齐次线性方程组 $\begin{cases}x_1+2x_2+kx_3=0,\\2x_1+5x_2-x_3=0,\\x_1+x_2+10x_3=0\end{cases}$ 有非零解，并求出它的一般解.

解　方法一：由克拉默法则知，齐次线性方程组有非零解，则它的系数行列式为零.即

$$|\boldsymbol{A}|=\begin{vmatrix}1&2&k\\2&5&-1\\1&1&10\end{vmatrix}=9-3k=0, k=3.$$

方法二：$\boldsymbol{A}=\begin{pmatrix}1&2&k\\2&5&-1\\1&1&10\end{pmatrix}\xrightarrow[r_3-r_1]{r_2-2r_1}\begin{pmatrix}1&2&k\\0&1&-1-2k\\0&-1&10-k\end{pmatrix}\xrightarrow{r_3+r_2}\begin{pmatrix}1&2&k\\0&1&-1-2k\\0&0&9-3k\end{pmatrix}.$

当 $9-3k=0$，即 $k=3$ 时，$r(\boldsymbol{A})=2<3$，方程组有非零解.此时

$$\boldsymbol{A}\to\begin{pmatrix}1&2&3\\0&1&-7\\0&0&0\end{pmatrix}\xrightarrow{r_1-2r_2}\begin{pmatrix}1&0&17\\0&1&-7\\0&0&0\end{pmatrix},$$

得到同解方程组为 $\begin{cases}x_1+17x_3=0,\\x_2-7x_3=0,\end{cases}$ 即 $\begin{cases}x_1=-17x_3,\\x_2=7x_3,\end{cases}$ 令 $x_3=C$（C 为任意常数），则方程组的一般解为

$$\begin{cases}x_1=-17C,\\x_2=7C.\end{cases}$$

【课堂练习】

k 取何值时，齐次线性方程组$\begin{cases}x_1+2x_2-2x_3=0,\\2x_1+5x_2+x_3=0,\\x_1+x_2+kx_3=0\end{cases}$有非零解？并求出它的一般解.

习题 3.1

1. 判断题.

(1) 求线性方程组的通解时，自由未知量的选取是唯一的. (　　)

(2) 解线性方程组 $\boldsymbol{Ax}=\boldsymbol{b}$ 时，对于增广矩阵$\overline{\boldsymbol{A}}=(\boldsymbol{A},\boldsymbol{b})$，既可施以三种初等行变换，也可施以三种初等列变换. (　　)

(3) 设 $\boldsymbol{A}$ 为 $m\times n$ 矩阵，若 $\boldsymbol{AX}=\boldsymbol{AY}$，且 $r(\boldsymbol{A})=n$，则 $\boldsymbol{X}=\boldsymbol{Y}$. (　　)

2. 用消元法解下列齐次线性方程组.

(1) $\begin{cases}x_1+2x_2-x_3=0,\\2x_1+4x_2+7x_3=0;\end{cases}$

(2) $\begin{cases}x_1+x_2+2x_3-x_4=0,\\2x_1+x_2+x_3-x_4=0,\\2x_1+2x_2+x_3+2x_4=0;\end{cases}$

(3) $\begin{cases}x_1-2x_2+3x_3-4x_4=0,\\x_2-x_3+x_4=0,\\x_1+3x_2-3x_4=0,\\-7x_2+3x_3+x_4=0.\end{cases}$

3. 用消元法求下列非齐次线性方程组.

(1) $\begin{cases}4x_1+2x_2-x_3=2,\\3x_1-x_2+2x_3=10,\\11x_1+3x_2=8;\end{cases}$

(2) $\begin{cases}2x_1+x_2-x_3+x_4=1,\\4x_1+2x_2-2x_3+x_4=2,\\2x_1+x_2-x_3-x_4=1;\end{cases}$

(3) $\begin{cases}x_1+5x_2-x_3-x_4=-1,\\x_1-2x_2+x_3+3x_4=3,\\3x_1+8x_2-x_3+x_4=1,\\x_1-9x_2+3x_3+7x_4=7;\end{cases}$

(4) $\begin{cases}3x_1-x_2-x_3+x_4=5,\\x_1+2x_2-x_3-2x_4=-9,\\-x_1+2x_2-x_3-3x_4=-14,\\2x_1+3x_2-x_3-x_4=-6.\end{cases}$

4. a 取何值时，齐次线性方程组$\begin{cases}ax_1+x_2+x_3=0,\\x_1+ax_2+x_3=0,\\x_1+x_2+ax_3=0\end{cases}$有非零解？并求相应的非零解.

5. 讨论 a,b 取何值时，非齐次线性方程组

$$\begin{cases}x_1+2x_2-2x_3+2x_4=2,\\x_2-x_3-x_4=1,\\x_1+x_2-x_3+3x_4=a,\\x_1-x_2+x_3+5x_4=b\end{cases}$$

有解？并求相应的解.

6. 当 λ 取何值时，非齐次线性方程组

$$\begin{cases}\lambda x_1+x_2+x_3=1,\\x_1+\lambda x_2+x_3=\lambda,\\x_1+x_2+\lambda x_3=\lambda^2\end{cases}$$

无解？有唯一解？有无穷多解？并在有无穷多解时求出其解.

7.【21 安徽】若线性方程组 $\begin{cases}x_1+x_2=1,\\x_2+x_3=a,\\x_1-x_3=b\end{cases}$ 有解，则 a,b 满足(　　).

A. $a+b=1$　　B. $a+b=-1$　　C. $a+b=0$　　D. $a+b=2$

3.2 向量组及其线性组合

内容和目标

- 了解 n 维向量、向量组及其线性组合的概念；
- 理解向量能由向量组线性表示的概念；
- 掌握向量能由向量组线性表示的判断方法.

中学就接触过二维、三维向量，二维、三维向量在坐标系确定后，分别可以用两个、三个数组成的有序数组来表示，在很多理论和实际问题中，经常会遇到由多个数组成的有序数组，本节将讨论它们的性质.

3.2.1 n 维向量及其线性运算

定义 3.1 n 个数 $a_1,a_2,\cdots,a_n$ 组成的有序数组 $(a_1,a_2,\cdots,a_n)$ 或 $(a_1,a_2,\cdots,a_n)^{\mathrm{T}}$ 称为 n 维**向量**，简称向量.这 n 个数称为该向量的 n 个分量，a_i 称为第 i 个分量.

分量都是实数的向量称为**实向量**，分量含复数的向量称为**复向量**.除非特别说明，本书讨论的都是实向量.

n 维向量可以写成一列

$$\boldsymbol{\alpha}=\begin{pmatrix}a_1\\a_2\\\vdots\\a_n\end{pmatrix},$$

称为 n 维列向量,也可以写成一行

$$\boldsymbol{\alpha}^{\mathrm{T}}=(a_1,a_2,\cdots,a_n),$$

称为 n 维行向量.

本书中,用小写黑体字母如 $\boldsymbol{\alpha},\boldsymbol{\beta},\boldsymbol{\gamma},\boldsymbol{a},\boldsymbol{b}$ 等来表示列向量,用 $\boldsymbol{\alpha}^{\mathrm{T}},\boldsymbol{\beta}^{\mathrm{T}},\boldsymbol{\gamma}^{\mathrm{T}},\boldsymbol{a}^{\mathrm{T}},\boldsymbol{b}^{\mathrm{T}}$等来表示行向量.在没有特别指明的情况下,都理解为列向量.

定义 3.2 设 $\boldsymbol{\alpha}=(a_1,a_2,\cdots,a_n)^{\mathrm{T}}$ 与 $\boldsymbol{\beta}=(b_1,b_2,\cdots,b_n)^{\mathrm{T}}$都是 n 维向量,则

(1) 如果 $\boldsymbol{\alpha}$ 和 $\boldsymbol{\beta}$ 对应的分量都相等,即 $a_i=b_i(i=1,2,\cdots,n)$,就称这两个向量相等,记作 $\boldsymbol{\alpha}=\boldsymbol{\beta}$;

(2) 向量 $\boldsymbol{\alpha}+\boldsymbol{\beta}=(a_1+b_1,a_2+b_2,\cdots,a_n+b_n)^{\mathrm{T}}$称为 $\boldsymbol{\alpha}$ 和 $\boldsymbol{\beta}$ 的和;

(3) 向量 $k\boldsymbol{\alpha}=(ka_1,ka_2,\cdots,ka_n)^{\mathrm{T}},k\in\mathbf{R}$,称为 $\boldsymbol{\alpha}$ 与 k 的数量乘积(简称为数乘).

若令 $k=-1$,则数乘$(-1)\boldsymbol{\alpha}=(-a_1,-a_2,\cdots,-a_n)^{\mathrm{T}}$称为 $\boldsymbol{\alpha}$ 的负向量,记为$-\boldsymbol{\alpha}$.

因此,向量的减法定义为

$$\boldsymbol{\alpha}-\boldsymbol{\beta}=\boldsymbol{\alpha}+(-\boldsymbol{\beta})=(a_1-b_1,a_2-b_2,\cdots,a_n-b_n)^{\mathrm{T}}.$$

分量全为零的向量$(0,0,\cdots,0)^{\mathrm{T}}$ 称为零向量,记为 $\mathbf{0}$.

向量的加法与数乘运算通称为**线性运算**.它们满足下列运算规律:

(1) $\boldsymbol{\alpha}+\boldsymbol{\beta}=\boldsymbol{\beta}+\boldsymbol{\alpha}$ (交换律);

(2) $(\boldsymbol{\alpha}+\boldsymbol{\beta})+\boldsymbol{\gamma}=\boldsymbol{\alpha}+(\boldsymbol{\beta}+\boldsymbol{\gamma})$ (结合律);

(3) $\boldsymbol{\alpha}+\mathbf{0}=\boldsymbol{\alpha}$;

(4) $\boldsymbol{\alpha}+(-\boldsymbol{\alpha})=\mathbf{0}$;

(5) $k(\boldsymbol{\alpha}+\boldsymbol{\beta})=k\boldsymbol{\alpha}+k\boldsymbol{\beta}$;

(6) $(k+l)\boldsymbol{\alpha}=k\boldsymbol{\alpha}+l\boldsymbol{\alpha}$;

(7) $k(l\boldsymbol{\alpha})=(kl)\boldsymbol{\alpha}$;

(8) $1\cdot\boldsymbol{\alpha}=\boldsymbol{\alpha}$.

例 1 已知 $\boldsymbol{\alpha}_1=(0,1,1)^{\mathrm{T}},\boldsymbol{\alpha}_2=(1,1,0)^{\mathrm{T}},\boldsymbol{\alpha}_3=(3,4,0)^{\mathrm{T}}$,求 $\boldsymbol{\alpha}_2-\boldsymbol{\alpha}_1,2\boldsymbol{\alpha}_1+3\boldsymbol{\alpha}_2-\boldsymbol{\alpha}_3$.

解 由已知条件可知

$$\boldsymbol{\alpha}_2-\boldsymbol{\alpha}_1=(1,1,0)^{\mathrm{T}}-(0,1,1)^{\mathrm{T}}=(1,0,-1)^{\mathrm{T}},$$

$$2\boldsymbol{\alpha}_1+3\boldsymbol{\alpha}_2-\boldsymbol{\alpha}_3=2\,(0,1,1)^{\mathrm{T}}+3\,(1,1,0)^{\mathrm{T}}-(3,4,0)^{\mathrm{T}}=(0,1,2)^{\mathrm{T}}.$$

例 2 已知 $\boldsymbol{\alpha}=(2,0,-1,3)^{\mathrm{T}},\boldsymbol{\beta}=(1,7,4,-2)^{\mathrm{T}},\boldsymbol{\gamma}=(0,1,0,1)^{\mathrm{T}}$.

(1) 求 $2\boldsymbol{\alpha}+\boldsymbol{\beta}-3\boldsymbol{\gamma}$.

(2) 若有 $\boldsymbol{x}$,满足 $3\boldsymbol{\alpha}-\boldsymbol{\beta}+5\boldsymbol{\gamma}+2\boldsymbol{x}=\mathbf{0}$,求 $\boldsymbol{x}$.

解 (1) $2\boldsymbol{\alpha}+\boldsymbol{\beta}-3\boldsymbol{\gamma}=2\,(2,0,-1,3)^{\mathrm{T}}+(1,7,4,-2)^{\mathrm{T}}-3\,(0,1,0,1)^{\mathrm{T}}=(5,4,2,1)^{\mathrm{T}}$.

(2) 由 $3\boldsymbol{\alpha}-\boldsymbol{\beta}+5\boldsymbol{\gamma}+2\boldsymbol{x}=\mathbf{0}$ 得

$$\begin{aligned}\boldsymbol{x}&=-\frac{1}{2}(3\boldsymbol{\alpha}-\boldsymbol{\beta}+5\boldsymbol{\gamma})\\&=\frac{1}{2}[-3(2,0,-1,3)^{\mathrm{T}}+(1,7,4,-2)^{\mathrm{T}}-5(0,1,0,1)^{\mathrm{T}}]\\&=\left(-\frac{5}{2},1,\frac{7}{2},-8\right)^{\mathrm{T}}.\end{aligned}$$

【课堂练习】

已知 $\boldsymbol{\alpha}=(2,1,-2,-5)^{\mathrm{T}}$，$\boldsymbol{\beta}=(-1,3,0,-4)^{\mathrm{T}}$，$\boldsymbol{\gamma}=(1,-2,0,5)^{\mathrm{T}}$，求 $\boldsymbol{\alpha}-\boldsymbol{\beta}+2\boldsymbol{\gamma}$，并求向量 $\boldsymbol{x}$，使 $\boldsymbol{\alpha}+2\boldsymbol{\beta}-3\boldsymbol{\gamma}-2\boldsymbol{x}=\mathbf{0}$ 成立.

3.2.2　向量组的线性组合

若干个维数相同的列向量(或行向量)所组成的集合称为向量组.

例如，一个 $m\times n$ 矩阵

$$\boldsymbol{A}=\begin{pmatrix}a_{11}&a_{12}&\cdots&a_{1n}\\a_{21}&a_{22}&\cdots&a_{2n}\\\vdots&\vdots&&\vdots\\a_{m1}&a_{m2}&\cdots&a_{mn}\end{pmatrix},$$

$\boldsymbol{A}$ 的每一列 $\boldsymbol{\alpha}=\begin{pmatrix}a_{1i}\\a_{2i}\\\vdots\\a_{mi}\end{pmatrix}$ 组成的向量组 $\boldsymbol{\alpha}_1,\boldsymbol{\alpha}_2,\cdots,\boldsymbol{\alpha}_n$ 称为矩阵 $\boldsymbol{A}$ 的列向量组；矩阵 $\boldsymbol{A}$ 的每一行 $\boldsymbol{\beta}_i^{\mathrm{T}}=(a_{i1},a_{i2},\cdots,a_{in})(i=1,2,\cdots,m)$ 组成的向量组 $\boldsymbol{\beta}_1^{\mathrm{T}},\boldsymbol{\beta}_2^{\mathrm{T}},\cdots,\boldsymbol{\beta}_m^{\mathrm{T}}$ 称为矩阵 $\boldsymbol{A}$ 的行向量组.

根据上述讨论，矩阵 $\boldsymbol{A}$ 可记为

$$\boldsymbol{A}=(\boldsymbol{\alpha}_1,\boldsymbol{\alpha}_2,\cdots,\boldsymbol{\alpha}_n)\quad 或\quad \boldsymbol{A}=\begin{pmatrix}\boldsymbol{\beta}_1^{\mathrm{T}}\\\boldsymbol{\beta}_2^{\mathrm{T}}\\\vdots\\\boldsymbol{\beta}_m^{\mathrm{T}}\end{pmatrix}.$$

这样，矩阵 $\boldsymbol{A}$ 就与其列向量组或行向量组之间建立了一一对应关系.

线性方程组(3.1)

$$\begin{cases}a_{11}x_1+a_{12}x_2+\cdots+a_{1n}x_n=b_1,\\a_{21}x_1+a_{22}x_2+\cdots+a_{2n}x_n=b_2,\\\cdots\cdots\cdots\cdots\\a_{m1}x_1+a_{m2}x_2+\cdots+a_{mn}x_n=b_m\end{cases}$$

的矩阵方程为

$$\begin{pmatrix} a_{11} & a_{12} & \cdots & a_{1n} \\ a_{21} & a_{22} & \cdots & a_{2n} \\ \vdots & \vdots & & \vdots \\ a_{m1} & a_{m2} & \cdots & a_{mn} \end{pmatrix}\begin{pmatrix} x_1 \\ x_2 \\ \vdots \\ x_n \end{pmatrix}=\begin{pmatrix} b_1 \\ b_2 \\ \vdots \\ b_n \end{pmatrix},$$

也可以写成

$$x_1\begin{pmatrix} a_{11} \\ a_{21} \\ \vdots \\ a_{m1} \end{pmatrix}+x_2\begin{pmatrix} a_{12} \\ a_{22} \\ \vdots \\ a_{m2} \end{pmatrix}+\cdots+x_n\begin{pmatrix} a_{1n} \\ a_{2n} \\ \vdots \\ a_{mn} \end{pmatrix}=\begin{pmatrix} b_1 \\ b_2 \\ \vdots \\ b_n \end{pmatrix}.$$

令
$$\boldsymbol{\alpha}_j=\begin{pmatrix} a_{1j} \\ a_{2j} \\ \vdots \\ a_{mj} \end{pmatrix}(j=1,2,\cdots,n),\quad \boldsymbol{\beta}=\begin{pmatrix} b_1 \\ b_2 \\ \vdots \\ b_m \end{pmatrix},$$

则线性方程组(3.1)可表示为如下向量形式：

$$x_1\boldsymbol{\alpha}_1+x_2\boldsymbol{\alpha}_2+\cdots+x_n\boldsymbol{\alpha}_n=\boldsymbol{\beta}.$$

于是，线性方程组求解问题转化为是否存在一组数 $x_1,x_2,\cdots,x_n$ 使得下列关系式成立：

$$\boldsymbol{\beta}=x_1\boldsymbol{\alpha}_1+x_2\boldsymbol{\alpha}_2+\cdots+x_n\boldsymbol{\alpha}_n.$$

定义 3.3 由向量组(Ⅰ)$\boldsymbol{\alpha}_1,\boldsymbol{\alpha},\cdots,\boldsymbol{\alpha}_s$ 和任意一组实数$k_1 k_2,\cdots,k_s$构成的表达式

$$k_1\boldsymbol{\alpha}_1+k_2\boldsymbol{\alpha}_2+\cdots+k_s\boldsymbol{\alpha}_s$$

称为向量组(Ⅰ)的一个**线性组合**，$k_1,k_2,\cdots,k_s$ 称为这个线性组合的系数.

定义 3.4 对于向量组(Ⅰ)$\boldsymbol{\alpha}_1,\boldsymbol{\alpha}_2,\cdots,\boldsymbol{\alpha}_s$ 和向量 $\boldsymbol{\beta}$.若存在一组数$k_1 k_2,\cdots,k_s$，使

$$\boldsymbol{\beta}=k_1\boldsymbol{\alpha}_1+k_2\boldsymbol{\alpha}_2+\cdots+k_s\boldsymbol{\alpha}_s,$$

则称向量 $\boldsymbol{\beta}$ 是向量组(Ⅰ)的**线性组合**，或称 $\boldsymbol{\beta}$ 可由向量组(Ⅰ)线性表示.

例如，零向量可以由任意一组向量 $\boldsymbol{\alpha}_1,\boldsymbol{\alpha}_2,\cdots,\boldsymbol{\alpha}_m$ 线性表示，因为

$$\mathbf{0}=0\boldsymbol{\alpha}_1+0\boldsymbol{\alpha}_2+\cdots+0\boldsymbol{\alpha}_m.$$

向量$\begin{pmatrix} 2 \\ 3 \end{pmatrix}$不可由向量$\begin{pmatrix} 1 \\ 0 \end{pmatrix}$和$\begin{pmatrix} -2 \\ 0 \end{pmatrix}$线性表示，因为对于任意的一组数$k_1,k_2$，有

$$k_1\begin{pmatrix} 1 \\ 0 \end{pmatrix}+k_2\begin{pmatrix} -2 \\ 0 \end{pmatrix}=\begin{pmatrix} k_1-2k_2 \\ 0 \end{pmatrix}\neq\begin{pmatrix} 2 \\ 3 \end{pmatrix}.$$

向量组 $\boldsymbol{\alpha}_1,\boldsymbol{\alpha}_2,\cdots,\boldsymbol{\alpha}_m$ 中的任一向量 $\boldsymbol{\alpha}_i(i=1,2,\cdots,m)$ 可以由向量组 $\boldsymbol{\alpha}_1,\boldsymbol{\alpha}_2,\cdots,\boldsymbol{\alpha}_m$ 线性表示，因为

$$\boldsymbol{\alpha}_i=0\boldsymbol{\alpha}_1+0\boldsymbol{\alpha}_2+\cdots+0\boldsymbol{\alpha}_{i-1}+1\boldsymbol{\alpha}_i+0\boldsymbol{\alpha}_{i+1}+\cdots+0\boldsymbol{\alpha}_m.$$

对于向量组 $\boldsymbol{\beta}=(3,2,-2,7)^{\mathrm{T}},\boldsymbol{\varepsilon}_1=(1,0,0,0)^{\mathrm{T}},\boldsymbol{\varepsilon}_2=(0,1,0,0)^{\mathrm{T}},\boldsymbol{\varepsilon}_3=(0,0,1,0)^{\mathrm{T}},\boldsymbol{\varepsilon}_4=$

$(0,0,0,1)^{\mathrm{T}}$，有 $\boldsymbol{\beta}=3\boldsymbol{\varepsilon}_1+2\boldsymbol{\varepsilon}_2-2\boldsymbol{\varepsilon}_3+7\boldsymbol{\varepsilon}_4$.类似地，若设 $\boldsymbol{\varepsilon}_1=(1,0,\cdots,0)^{\mathrm{T}}$，$\boldsymbol{\varepsilon}_2=(0,1,\cdots,0)^{\mathrm{T}}$，…，$\boldsymbol{\varepsilon}_n=(0,0,\cdots,1)^{\mathrm{T}}$，那么任意 n 维向量 $\boldsymbol{\beta}=(k_1,k_2,\cdots,k_n)^{\mathrm{T}}$都可以表示成

$$\boldsymbol{\beta}=k_1\boldsymbol{\varepsilon}_1+k_2\boldsymbol{\varepsilon}_2+\cdots+k_n\boldsymbol{\varepsilon}_n,$$

即任意 n 维向量都可由$\boldsymbol{\varepsilon}_1,\boldsymbol{\varepsilon}_2,\cdots,\boldsymbol{\varepsilon}_n$线性表示.向量组$\boldsymbol{\varepsilon}_1,\boldsymbol{\varepsilon}_2,\cdots,\boldsymbol{\varepsilon}_n$也称为 n 维单位向量组.

已知线性方程组(3.1)

$$\begin{cases}a_{11}x_1+a_{12}x_2+\cdots+a_{1n}x_n=b_1,\\ a_{21}x_1+a_{22}x_2+\cdots+a_{2n}x_n=b_2,\\ \cdots\cdots\cdots\cdots\\ a_{m1}x_1+a_{m2}x_2+\cdots+a_{mn}x_n=b_m.\end{cases}$$

若令

$$\boldsymbol{\alpha}_j=\begin{pmatrix}a_{1j}\\ a_{2j}\\ \vdots\\ a_{mj}\end{pmatrix}(j=1,2,\cdots,n),\quad \boldsymbol{\beta}=\begin{pmatrix}b_1\\ b_2\\ \vdots\\ b_m\end{pmatrix},$$

则由线性方程组(3.1)的向量形式 $x_1\boldsymbol{\alpha}_1+x_2\boldsymbol{\alpha}_2+\cdots+x_n\boldsymbol{\alpha}_n=\boldsymbol{\beta}$ 可知，向量 $\boldsymbol{\beta}$ 能否由向量组 $\boldsymbol{\alpha}_1\boldsymbol{\alpha}_2,\cdots,\boldsymbol{\alpha}_n$线性表示就等价于线性方程组 $x_1\boldsymbol{\alpha}_1+x_2\boldsymbol{\alpha}_2+\cdots+x_n\boldsymbol{\alpha}_n=\boldsymbol{\beta}$ 是否有解.

综上所述，向量组的线性组合、线性相关这些概念还可用于线性方程组解的讨论中.定理 3.1 还可表述为

(1) $\boldsymbol{\beta}$ 能由向量组$\boldsymbol{\alpha}_1,\boldsymbol{\alpha}_2,\cdots,\boldsymbol{\alpha}_n$唯一线性表示的充分必要条件是线性方程组 $\boldsymbol{\alpha}_1x_1+\boldsymbol{\alpha}_2x_2+\cdots+\boldsymbol{\alpha}_nx_n=\boldsymbol{\beta}$ 有唯一解，即 $r(\mathbf{A})=r(\overline{\mathbf{A}})=n$；

(2) $\boldsymbol{\beta}$ 能由向量组$\boldsymbol{\alpha}_1,\boldsymbol{\alpha}_2,\cdots,\boldsymbol{\alpha}_n$线性表示且表示不唯一的充分必要条件是线性方程组 $\boldsymbol{\alpha}_1x_1+\boldsymbol{\alpha}_2x_2+\cdots+\boldsymbol{\alpha}_nx_n=\boldsymbol{\beta}$ 有无穷多解，即 $r(\mathbf{A})=r(\overline{\mathbf{A}})<n$；

(3) $\boldsymbol{\beta}$ 不能由向量组 $\boldsymbol{\alpha}_1,\boldsymbol{\alpha}_2,\cdots,\boldsymbol{\alpha}_n$线性表示的充分必要条件是线性方程组 $\boldsymbol{\alpha}_1x_1+\boldsymbol{\alpha}_2x_2+\cdots+\boldsymbol{\alpha}_nx_n=\boldsymbol{\beta}$ 无解，即 $r(\mathbf{A})\neq r(\overline{\mathbf{A}})$.

故而有下列定理.

定理 3.3　设有向量组

$$\boldsymbol{\beta}=\begin{pmatrix}b_1\\ b_2\\ \vdots\\ b_m\end{pmatrix},\quad \boldsymbol{\alpha}_j=\begin{pmatrix}a_{1j}\\ a_{2j}\\ \vdots\\ a_{mj}\end{pmatrix}(j=1,2,\cdots,s),$$

则向量 $\boldsymbol{\beta}$ 能由向量组 $\boldsymbol{\alpha}_1,\boldsymbol{\alpha}_2,\cdots,\boldsymbol{\alpha}_n$线性表示的充分必要条件是：矩阵 $\mathbf{A}=(\boldsymbol{\alpha}_1,\boldsymbol{\alpha}_2,\cdots,\boldsymbol{\alpha}_n)$与矩阵$\overline{\mathbf{A}}-(\boldsymbol{\alpha}_1,\boldsymbol{\alpha}_2,\cdots,\boldsymbol{\alpha}_n,\boldsymbol{\beta})$的秩相等.

证明略.

例 3　判断向量 $\boldsymbol{\beta}_1=(4,3,-1,11)^{\mathrm{T}}$ 与 $\boldsymbol{\beta}_2=(4,3,0,11)^{\mathrm{T}}$ 是否都为向量组 $\boldsymbol{\alpha}_1=$

$(1,2,-1,5)^{\mathrm T}$，$\boldsymbol{\alpha}_2=(2,-1,1,1)^{\mathrm T}$的线性组合.

解　对矩阵$\boldsymbol{A}=(\boldsymbol{\alpha}_1,\boldsymbol{\alpha}_2,\boldsymbol{\beta}_1)$施以初等行变换：

$$\boldsymbol{A}=(\boldsymbol{\alpha}_1,\boldsymbol{\alpha}_2,\boldsymbol{\beta}_1)=\begin{pmatrix}1&2&4\\2&-1&3\\-1&1&-1\\5&1&11\end{pmatrix}\to\begin{pmatrix}1&2&4\\0&-5&-5\\0&3&3\\0&-9&-9\end{pmatrix}\to\begin{pmatrix}1&2&4\\0&-5&-5\\0&0&0\\0&0&0\end{pmatrix}.$$

所以，$r(\boldsymbol{\alpha}_1,\boldsymbol{\alpha}_2,\boldsymbol{\beta}_1)=r(\boldsymbol{\alpha}_1,\boldsymbol{\alpha}_2)=2$，故由定理3.3知，$\boldsymbol{\beta}_1$可由$\boldsymbol{\alpha}_1$，$\boldsymbol{\alpha}_2$线性表示.类似地，对矩阵$\boldsymbol{B}=(\boldsymbol{\alpha}_1,\boldsymbol{\alpha}_2,\boldsymbol{\beta}_2)$施以初等行变换：

$$\boldsymbol{B}=(\boldsymbol{\alpha}_1,\boldsymbol{\alpha}_2,\boldsymbol{\beta}_2)=\begin{pmatrix}1&2&4\\2&-1&3\\-1&1&0\\5&1&11\end{pmatrix}\to\begin{pmatrix}1&2&4\\0&-5&-5\\0&3&4\\0&-9&-9\end{pmatrix}\to\begin{pmatrix}1&2&4\\0&1&1\\0&0&1\\0&0&0\end{pmatrix}.$$

所以$r(\boldsymbol{\alpha}_1,\boldsymbol{\alpha}_2,\boldsymbol{\beta}_2)=3$，而$r(\boldsymbol{\alpha}_1,\boldsymbol{\alpha}_2)=2$，因此$\boldsymbol{\beta}_2$不能由$\boldsymbol{\alpha}_1$，$\boldsymbol{\alpha}_2$线性表示.

【课堂练习】

试证向量$\boldsymbol{\beta}=(1,1,3)^{\mathrm T}$可由向量组$\boldsymbol{\alpha}_1=(1,1,1)^{\mathrm T}$，$\boldsymbol{\alpha}_2=(1,2,4)^{\mathrm T}$，$\boldsymbol{\alpha}_3=(1,3,9)^{\mathrm T}$线性表示，并求出线性表示式.

习题 3.2

1. 若$\boldsymbol{\alpha}=\begin{pmatrix}3\\2\\-1\\0\end{pmatrix}$，$\boldsymbol{\beta}=\begin{pmatrix}-1\\5\\2\\0\end{pmatrix}$，且$2\boldsymbol{\alpha}+\boldsymbol{\gamma}=\boldsymbol{\beta}$，则$\boldsymbol{\gamma}=$________.

2. 分别判断$\boldsymbol{b}_1=\begin{pmatrix}1\\-2\\3\end{pmatrix}$，$\boldsymbol{b}_2=\begin{pmatrix}0\\2\\-\dfrac{1}{2}\end{pmatrix}$是否能由向量组$\boldsymbol{e}_1=\begin{pmatrix}1\\0\\0\end{pmatrix}$，$\boldsymbol{e}_2=\begin{pmatrix}0\\1\\0\end{pmatrix}$，$\boldsymbol{e}_3=\begin{pmatrix}0\\0\\1\end{pmatrix}$线性表示.

3. 已知$\boldsymbol{\alpha}_1=(1,1,0)^{\mathrm T}$，$\boldsymbol{\alpha}_2=(0,1,1)^{\mathrm T}$，$\boldsymbol{\alpha}_3=(3,4,0)^{\mathrm T}$，求$\boldsymbol{\alpha}_1-\boldsymbol{\alpha}_2$及$3\boldsymbol{\alpha}_1+2\boldsymbol{\alpha}_2-\boldsymbol{\alpha}_3$.

4. 试判断向量$\boldsymbol{b}=\begin{pmatrix}-1\\5\\3\end{pmatrix}$是否为$\boldsymbol{a}_1=\begin{pmatrix}0\\1\\3\end{pmatrix}$，$\boldsymbol{a}_2=\begin{pmatrix}1\\5\\1\end{pmatrix}$，$\boldsymbol{a}_3=\begin{pmatrix}2\\3\\0\end{pmatrix}$的线性组合.

5. 判断 $\boldsymbol{\beta}$ 是否可以由其他向量线性表示：

(1) $\boldsymbol{\beta}=(3,5,-6)$，$\boldsymbol{\alpha}_1=(1,0,1)$，$\boldsymbol{\alpha}_2=(1,1,1)$，$\boldsymbol{\alpha}_3=(0,-1,-1)$；

(2) $\boldsymbol{\beta}=(2,-1,5,1)$，$\boldsymbol{\alpha}_1=(1,0,0,0)$，$\boldsymbol{\alpha}_2=(1,1,0,0)$，$\boldsymbol{\alpha}_3=(1,1,1,0)$，$\boldsymbol{\alpha}_4=(1,1,1,1)$.

6. 设有向量

$$\boldsymbol{\alpha}_1=\begin{pmatrix}1\\4\\0\\2\end{pmatrix},\ \boldsymbol{\alpha}_2=\begin{pmatrix}2\\7\\1\\3\end{pmatrix},\ \boldsymbol{\alpha}_3=\begin{pmatrix}0\\1\\-1\\a\end{pmatrix},\ \boldsymbol{\beta}=\begin{pmatrix}3\\10\\b\\4\end{pmatrix}.$$

试求当 a,b 为何值时，

(1) $\boldsymbol{\beta}$ 不能由$\boldsymbol{\alpha}_1,\boldsymbol{\alpha}_2,\boldsymbol{\alpha}_3$线性表示；

(2) $\boldsymbol{\beta}$ 能由$\boldsymbol{\alpha}_1,\boldsymbol{\alpha}_2,\boldsymbol{\alpha}_3$线性表示且表示方法唯一；

(3) $\boldsymbol{\beta}$ 能由$\boldsymbol{\alpha}_1,\boldsymbol{\alpha}_2,\boldsymbol{\alpha}_3$线性表示且表示方法不唯一.

7. 设 $\boldsymbol{\beta}=\begin{pmatrix}-1\\1\\2\end{pmatrix}$，$\boldsymbol{\alpha}_1=\begin{pmatrix}1\\1\\1\end{pmatrix}$，$\boldsymbol{\alpha}_2=\begin{pmatrix}1\\1\\\lambda\end{pmatrix}$，$\boldsymbol{\alpha}_3=\begin{pmatrix}5\\5\\6\end{pmatrix}$，求参数 λ 的取值范围，使 $\boldsymbol{\beta}$ 可由 $\boldsymbol{\alpha}_1,\boldsymbol{\alpha}_2,\boldsymbol{\alpha}_3$ 线性表示，并求出线性表示式.

3.3 向量组的线性相关性

内容和目标

- 理解线性无关与线性相关以及向量组等价的概念；
- 会判定向量组的线性相关性；
- 掌握判定向量组线性相关与线性无关的相关定理.

3.3.1 向量组的线性相关与线性无关

如图 3-1 所示的三维空间中的向量，若 $\boldsymbol{\alpha}_4$ 可表示为$\boldsymbol{\alpha}_4=k_1\boldsymbol{\alpha}_1+k_2\boldsymbol{\alpha}_2$，则说明 $\boldsymbol{\alpha}_4,\boldsymbol{\alpha}_1,\boldsymbol{\alpha}_2$ 这 3 个向量共面.若 $\boldsymbol{\alpha}_1,\boldsymbol{\alpha}_2,\boldsymbol{\alpha}_3$这 3 个向量任何一个不能由其他 2 个向量线性表示，则说明它们是异面的.把上面这种向量之间最基本的关系予以推广，就是本节要讨论的向量组的线性相关性.

向量组的线性相关性是向量在线性运算下的一种性质.它不仅有重要的理论价值，而且对于讨论线性方程组解的存在性及解的结构也有十分重要的作用.

定义 3.5　对于给定向量组(Ⅰ)$\boldsymbol{\alpha}_1,\boldsymbol{\alpha}_2,\cdots,\boldsymbol{\alpha}_s$，如果存在一组不全为零的数$k_1,k_2,\cdots,k_s$使

$$k_1\boldsymbol{\alpha}_1+k_2\boldsymbol{\alpha}_2+\cdots+k_s\boldsymbol{\alpha}_s=\mathbf{0},$$

则称向量组(Ⅰ)**线性相关**;否则称为**线性无关**,即当且仅当$k_1=k_2=\cdots=k_s=0$时上式成立,则称向量组(Ⅰ)线性无关.

【注意】(1) 一个向量组要么线性相关,要么线性无关.

(2) 向量组的线性相关与否与向量的次序无关,与这个向量组是列向量组还是行向量组也无关.

(3) 2个向量线性相关的几何意义是这2个向量共线,3个向量线性相关的几何意义是这3个向量共面.

例1 试判断向量组$\boldsymbol{\alpha}_1=(1,0,0)^{\mathrm{T}},\boldsymbol{\alpha}_2=(2,0,0)^{\mathrm{T}},\boldsymbol{\alpha}_3=(0,1,0)^{\mathrm{T}}$的相关性.

解 由于

$$2\boldsymbol{\alpha}_1+(-1)\boldsymbol{\alpha}_2+0\boldsymbol{\alpha}_3=\mathbf{0},$$

故向量组$\boldsymbol{\alpha}_1,\boldsymbol{\alpha}_2,\boldsymbol{\alpha}_3$线性相关.

例2 试判断向量组$\boldsymbol{\beta}_1=(1,0,0)^{\mathrm{T}},\boldsymbol{\beta}_2=(0,1,0)^{\mathrm{T}},\boldsymbol{\beta}_3=(0,0,1)^{\mathrm{T}}$的相关性.

解 当且仅当$k_1=k_2=k_3=0$时,$k_1\boldsymbol{\beta}_1+k_2\boldsymbol{\beta}_2+k_3\boldsymbol{\beta}_3=\mathbf{0}$成立,故向量组$\boldsymbol{\beta}_1,\boldsymbol{\beta}_2,\boldsymbol{\beta}_3$线性无关.

例3 试证n维基本向量组$\boldsymbol{\varepsilon}_1=(1,0,\cdots,0)^{\mathrm{T}},\boldsymbol{\varepsilon}_2=(0,1,\cdots,0)^{\mathrm{T}},\boldsymbol{\varepsilon}_n=(0,0,\cdots,1)^{\mathrm{T}}$线性无关.

证 对于任意一组数$k_1,k_2,\cdots,k_n$,有

$$\begin{aligned}&k_1\boldsymbol{\varepsilon}_1+k_2\boldsymbol{\varepsilon}_2+\cdots+k_n\boldsymbol{\varepsilon}_n\\&=k_1(1,0,\cdots,0)^{\mathrm{T}}+k_2(0,1,\cdots,0)^{\mathrm{T}}+k_n(0,0,\cdots,1)^{\mathrm{T}}\\&=(k_1,k_2,\cdots,k_n)^{\mathrm{T}}.\end{aligned}$$

显然,当且仅当$k_1=k_2=\cdots=k_n=0$时,才有$k_1\boldsymbol{\varepsilon}_1+k_2\boldsymbol{\varepsilon}_2+\cdots+k_n\boldsymbol{\varepsilon}_n=\mathbf{0}$,故向量组$\boldsymbol{\varepsilon}_1,\boldsymbol{\varepsilon}_2,\cdots,\boldsymbol{\varepsilon}_n$线性无关.

例4 包含零向量的任何向量组都是线性相关的.

证 设向量组(Ⅰ):$\boldsymbol{\alpha}_1,\boldsymbol{\alpha}_2,\cdots,\boldsymbol{\alpha}_s,\mathbf{0}$是任一含有零向量的向量组,显然,对于任意非零常数$k$,有

$$0\boldsymbol{\alpha}_1+0\boldsymbol{\alpha}_2+\cdots+0\boldsymbol{\alpha}_s+k\mathbf{0}=\mathbf{0},$$

即该向量组线性相关.

例5 证明一个向量线性相关的充要条件是$\boldsymbol{\alpha}=\mathbf{0}$.

证 若$\boldsymbol{\alpha}=\mathbf{0}$,则可任取$k\neq0$,使$k\boldsymbol{\alpha}=\mathbf{0}$;反之,若$k\neq0$,$\boldsymbol{\alpha}\neq\mathbf{0}$,则$k\boldsymbol{\alpha}\neq\mathbf{0}$,因此,要存在$k_1\neq0$,使得$k\boldsymbol{\alpha}=\mathbf{0}$,则必有$\boldsymbol{\alpha}=\mathbf{0}$.

上述证明也可以说明,一个向量线性无关的充要条件是$\boldsymbol{\alpha}\neq\mathbf{0}$.

例6 证明两个向量$\boldsymbol{\alpha}_1,\boldsymbol{\alpha}_2$线性相关的充要条件是$\boldsymbol{\alpha}_1,\boldsymbol{\alpha}_2$对应分量成比例.

证 若$\boldsymbol{\alpha}_1,\boldsymbol{\alpha}_2$线性相关,则存在不全为零的数$k_1,k_2$,使$k_1\boldsymbol{\alpha}_1+k_2\boldsymbol{\alpha}_2=\mathbf{0}$.

若$k_1\neq 0$,可得 $\boldsymbol{\alpha}_1=-\frac{k_2}{k_1}\boldsymbol{\alpha}_2$,即 $\boldsymbol{\alpha}_1,\boldsymbol{\alpha}_2$对应分量成比例.

若$\boldsymbol{\alpha}_1,\boldsymbol{\alpha}_2$对应分量成比例,则 $\boldsymbol{\alpha}_1=k\boldsymbol{\alpha}_2$或 $\boldsymbol{\alpha}_2=l\boldsymbol{\alpha}_1$,即 $\boldsymbol{\alpha}_1-k\boldsymbol{\alpha}_2=\mathbf{0}$ 或 $\boldsymbol{\alpha}_2-l\boldsymbol{\alpha}_1=\mathbf{0}$,故向量组 $\boldsymbol{\alpha}_1,\boldsymbol{\alpha}_2$线性相关.

3.3.2　向量组线性相关性的判定

定理 3.4　线性相关的向量组增加向量的个数后得到的向量组仍然是线性相关的.相应地,线性无关的向量组减少向量的个数后得到的向量组仍然是线性无关的.

证　设$\boldsymbol{\alpha}_1,\boldsymbol{\alpha}_2,\cdots,\boldsymbol{\alpha}_s$线性相关,即存在不全为零的数$k_1,k_2,\cdots,k_s$,使$k_1\boldsymbol{\alpha}_1+k_2\boldsymbol{\alpha}_2+\cdots+k_s\boldsymbol{\alpha}_s=\mathbf{0}$ 成立.现增加一个向量 $\boldsymbol{\alpha}_{s+1}$,则有

$$k_1\boldsymbol{\alpha}_1+k_2\boldsymbol{\alpha}_2+\cdots+k_s\boldsymbol{\alpha}_s+0\boldsymbol{\alpha}_{s+1}=\mathbf{0}.$$

而系数$k_1,k_2,\cdots,k_s,0$ 仍然不全为零,故向量组$\boldsymbol{\alpha}_1,\boldsymbol{\alpha}_2,\cdots,\boldsymbol{\alpha}_s,\boldsymbol{\alpha}_{s+1}$仍然线性相关.

设$\boldsymbol{\alpha}_1,\boldsymbol{\alpha}_2,\cdots,\boldsymbol{\alpha}_{t-1},\boldsymbol{\alpha}_t$线性无关.假设$\boldsymbol{\alpha}_1,\boldsymbol{\alpha}_2,\cdots,\boldsymbol{\alpha}_{t-1}$线性相关,则由以上结论知$\boldsymbol{\alpha}_1,\boldsymbol{\alpha}_2,\cdots,\boldsymbol{\alpha}_{t-1},\boldsymbol{\alpha}_t$线性相关,与已知矛盾,故$\boldsymbol{\alpha}_1,\boldsymbol{\alpha}_2,\cdots,\boldsymbol{\alpha}_{t-1}$仍然线性无关.

【注意】(1) 线性相关的向量组减少向量的个数后可能线性相关,也可能线性无关.例如,$\boldsymbol{\alpha}_1=\begin{pmatrix}1\\0\\0\end{pmatrix},\boldsymbol{\alpha}_2=\begin{pmatrix}0\\1\\0\end{pmatrix},\boldsymbol{\alpha}_3=\begin{pmatrix}0\\0\\0\end{pmatrix}$,易知 $0\boldsymbol{\alpha}_1+0\boldsymbol{\alpha}_2+1\boldsymbol{\alpha}_3=\mathbf{0}$,故 $\boldsymbol{\alpha}_1,\boldsymbol{\alpha}_2,\boldsymbol{\alpha}_3$线性相关,但$\boldsymbol{\alpha}_1,\boldsymbol{\alpha}_2$线性无关,而$\boldsymbol{\alpha}_2,\boldsymbol{\alpha}_3$线性相关.

(2) 线性无关的向量组增加向量的个数之后可能线性相关,也可能线性无关.例如,$\boldsymbol{\beta}_1=\begin{pmatrix}1\\0\\0\end{pmatrix},\boldsymbol{\beta}_2=\begin{pmatrix}0\\1\\0\end{pmatrix}$,易知 $\boldsymbol{\beta}_1,\boldsymbol{\beta}_2$线性无关,现增加 $\boldsymbol{\beta}_3=\begin{pmatrix}1\\1\\1\end{pmatrix}$,由定义知 $\boldsymbol{\beta}_1,\boldsymbol{\beta}_2,\boldsymbol{\beta}_3$仍线性无关;若增加 $\boldsymbol{\beta}_4=\begin{pmatrix}2\\0\\0\end{pmatrix}$,则 $2\boldsymbol{\beta}_1+0\boldsymbol{\beta}_2-\boldsymbol{\beta}_4=\mathbf{0}$,故 $\boldsymbol{\beta}_1,\boldsymbol{\beta}_2,\boldsymbol{\beta}_4$线性相关.

利用定义判断向量组的线性相关性往往比较复杂.有时可以利用向量组的特点来判断它们的相关性.通常称一个向量组中的一部分向量构成的向量组为原来向量组的部分组.

定理 3.5　如果向量组有一个部分组线性相关,则此向量组也线性相关.

证　设向量组$\boldsymbol{\alpha}_1,\boldsymbol{\alpha}_2,\cdots,\boldsymbol{\alpha}_s$中有一个部分组线性相关,不妨设这个部分组为$\boldsymbol{\alpha}_1,\boldsymbol{\alpha}_2,\cdots,\boldsymbol{\alpha}_r$,则有一组不全为零的实数$k_1,k_2,\cdots,k_r$使

$$k_1\boldsymbol{\alpha}_1+k_2\boldsymbol{\alpha}_2+\cdots+k_r\boldsymbol{\alpha}_r=\mathbf{0},$$

从而

$$k_1\boldsymbol{\alpha}_1+k_2\boldsymbol{\alpha}_2+\cdots+k_r\boldsymbol{\alpha}_r+0\boldsymbol{\alpha}_{r+1}+\cdots+0\boldsymbol{\alpha}_s=\mathbf{0}.$$

因此，$\boldsymbol{\alpha}_1,\boldsymbol{\alpha}_2,\cdots,\boldsymbol{\alpha}_s$也线性相关.

推论　如果向量组线性无关，则其任意部分组线性无关.

设有列向量组$\boldsymbol{\alpha}_1,\boldsymbol{\alpha}_2,\cdots,\boldsymbol{\alpha}_s$及由该向量组构成的矩阵$\boldsymbol{A}=(\boldsymbol{\alpha}_1,\boldsymbol{\alpha}_2,\cdots,\boldsymbol{\alpha}_s)$，则向量组$\boldsymbol{\alpha}_1,\boldsymbol{\alpha}_2,\cdots,\boldsymbol{\alpha}_s$线性相关(线性无关)，当且仅当齐次线性方程组

$$x_1\boldsymbol{\alpha}_1+x_2\boldsymbol{\alpha}_2+\cdots+x_s\boldsymbol{\alpha}_s=\mathbf{0},$$

即$(\boldsymbol{A}\boldsymbol{x}=\mathbf{0})$有非零解(只有零解).因此，定理3.4可以表述为如下定理.

定理3.6　(1) 向量组$\boldsymbol{\alpha}_1,\boldsymbol{\alpha}_2,\cdots,\boldsymbol{\alpha}_s$线性相关的充分必要条件是由$\boldsymbol{\alpha}_1,\boldsymbol{\alpha}_2,\cdots,\boldsymbol{\alpha}_s$构成的矩阵$\boldsymbol{A}=(\boldsymbol{\alpha}_1,\boldsymbol{\alpha}_2,\cdots,\boldsymbol{\alpha}_s)$的秩$r(\boldsymbol{A})<s$.

(2) 向量组$\boldsymbol{\alpha}_1,\boldsymbol{\alpha}_2,\cdots,\boldsymbol{\alpha}_s$线性无关的充分必要条件是由$\boldsymbol{\alpha}_1,\boldsymbol{\alpha}_2,\cdots,\boldsymbol{\alpha}_s$构成的矩阵$\boldsymbol{A}=(\boldsymbol{\alpha}_1,\boldsymbol{\alpha}_2,\cdots,\boldsymbol{\alpha}_s)$的秩$r(\boldsymbol{A})=s$.

证明从略.

推论1　n个n维向量$\boldsymbol{\alpha}_1,\boldsymbol{\alpha}_2,\cdots,\boldsymbol{\alpha}_n$线性无关(线性相关)的充分必要条件是矩阵$\boldsymbol{A}=(\boldsymbol{\alpha}_1,\boldsymbol{\alpha}_2,\cdots,\boldsymbol{\alpha}_n)$是可逆(不可逆)矩阵，即$|\boldsymbol{A}|\neq 0$($|\boldsymbol{A}|=0$).

推论2　当向量组中所含向量的个数大于向量的维数时，此向量组必定线性相关.

例7　已知$\boldsymbol{\alpha}_1=\begin{pmatrix}1\\1\\1\end{pmatrix},\boldsymbol{\alpha}_2=\begin{pmatrix}0\\2\\5\end{pmatrix},\boldsymbol{\alpha}_3=\begin{pmatrix}2\\4\\7\end{pmatrix}$.讨论向量组$\boldsymbol{\alpha}_1,\boldsymbol{\alpha}_2,\boldsymbol{\alpha}_3$的线性相关性.

解　对矩阵$\boldsymbol{A}=(\boldsymbol{\alpha}_1,\boldsymbol{\alpha}_2,\boldsymbol{\alpha}_3)$施以初等行变换变成行阶梯形矩阵：

$$\boldsymbol{A}=(\boldsymbol{\alpha}_1,\boldsymbol{\alpha}_2,\boldsymbol{\alpha}_3)=\begin{pmatrix}1&0&2\\1&2&4\\1&5&7\end{pmatrix}\to\begin{pmatrix}1&0&2\\0&2&2\\0&5&5\end{pmatrix}\to\begin{pmatrix}1&0&2\\0&2&2\\0&0&0\end{pmatrix}.$$

从而，$r(\boldsymbol{A})=2<3$，由定理3.5知，$\boldsymbol{\alpha}_1,\boldsymbol{\alpha}_2,\boldsymbol{\alpha}_3$线性相关.

例8　已知向量组$\boldsymbol{\alpha}_1,\boldsymbol{\alpha}_2,\boldsymbol{\alpha}_3$线性无关，$\boldsymbol{\beta}_1=\boldsymbol{\alpha}_1+\boldsymbol{\alpha}_2,\boldsymbol{\beta}_2=\boldsymbol{\alpha}_2+\boldsymbol{\alpha}_3,\boldsymbol{\beta}_3=\boldsymbol{\alpha}_3+\boldsymbol{\alpha}_1$，试证向量组$\boldsymbol{\beta}_1,\boldsymbol{\beta}_2,\boldsymbol{\beta}_3$线性无关.

解　方法一：设$k_1\boldsymbol{\beta}_1+k_2\boldsymbol{\beta}_2+k_3\boldsymbol{\beta}_3=\mathbf{0}$，则$k_1(\boldsymbol{\alpha}_1+\boldsymbol{\alpha}_2)+k_2(\boldsymbol{\alpha}_2+\boldsymbol{\alpha}_3)+k_3(\boldsymbol{\alpha}_3+\boldsymbol{\alpha}_1)=\mathbf{0}$，即

$$(k_1+k_3)\boldsymbol{\alpha}_1+(k_1+k_2)\boldsymbol{\alpha}_2+(k_2+k_3)\boldsymbol{\alpha}_3=\mathbf{0}.$$

又由于$\boldsymbol{\alpha}_1,\boldsymbol{\alpha}_2,\boldsymbol{\alpha}_3$线性无关，所以

$$\begin{cases}k_1+k_3=0,\\k_1+k_2=0,\\k_2+k_3=0.\end{cases}$$

解得$k_1=k_2=k_3=0$.故$\boldsymbol{\beta}_1,\boldsymbol{\beta}_2,\boldsymbol{\beta}_3$线性无关.

方法二：把已知条件合写成

$$(\boldsymbol{\beta}_1,\boldsymbol{\beta}_2,\boldsymbol{\beta}_3)=(\boldsymbol{\alpha}_1,\boldsymbol{\alpha}_2,\boldsymbol{\alpha}_3)\begin{pmatrix}1&0&1\\1&1&0\\0&1&1\end{pmatrix}.$$

记

$$B=(\boldsymbol{\beta}_1,\boldsymbol{\beta}_2,\boldsymbol{\beta}_3),\quad A=(\boldsymbol{\alpha}_1,\boldsymbol{\alpha}_2,\boldsymbol{\alpha}_3),\quad K=\begin{pmatrix}1&0&1\\1&1&0\\0&1&1\end{pmatrix},$$

则 $B=AK$.因为 $|K|=2\neq0$,知 K 可逆,故 $r(B)=r(A)=3$.从而由定理 3.6(2)知,$\boldsymbol{\beta}_1,\boldsymbol{\beta}_2,\boldsymbol{\beta}_3$ 线性无关.

读者还可以利用解齐次方程组的结论来给出证明,这几种方法需要读者好好掌握.

例 9　设向量组 $\boldsymbol{\alpha}_1=(a_{11},a_{21})^{\mathrm T},\boldsymbol{\alpha}_2=(a_{12},a_{22})^{\mathrm T}$ 线性无关.试证明该向量组加长的向量组 $\boldsymbol{\beta}_1=(a_{11},a_{21},a_{31})^{\mathrm T},\boldsymbol{\beta}_2=(a_{12},a_{22},a_{32})^{\mathrm T}$ 一定线性无关.

证　构造矩阵 $A=\begin{pmatrix}a_{11}&a_{12}\\a_{21}&a_{22}\end{pmatrix}=(\boldsymbol{\alpha}_1,\boldsymbol{\alpha}_2)$.

由于向量组 $\boldsymbol{\alpha}_1,\boldsymbol{\alpha}_2$ 线性无关,故由定理 3.6 知,$r(A)=2$.因此,有

$$|A|=\begin{vmatrix}a_{11}&a_{12}\\a_{21}&a_{22}\end{vmatrix}\neq0.$$

再构造矩阵 B:

$$B=\begin{pmatrix}a_{11}&a_{12}\\a_{21}&a_{22}\\a_{31}&a_{32}\end{pmatrix}=(\boldsymbol{\beta}_1,\boldsymbol{\beta}_2).$$

显然,B 中存在二阶子式 $\begin{vmatrix}a_{11}&a_{12}\\a_{21}&a_{22}\end{vmatrix}\neq0$ 且 B 中不存在更高阶子式,因此,$r(B)=2$.从而 $\boldsymbol{\beta}_1,\boldsymbol{\beta}_2$ 线性无关.

【注意】(1) 这个结论可以推广到更一般的情况.增加线性无关向量组中各向量的维数(注意各向量增加的分量同维)后,所构成的新向量组仍然线性无关;而减少线性相关向量组中各向量的维数(注意各向量减少的分量同维)后,所构成的新向量组仍然线性相关.

(2) 相应地,减少线性无关向量组中向量的维数,则所得的新向量组可能线性相关也可能线性无关.如 $\boldsymbol{\alpha}_1=(1,0,0)^{\mathrm T},\boldsymbol{\alpha}_2=(0,1,0)^{\mathrm T}$,若都减少第三个分量,则得到的新向量组 $\boldsymbol{\beta}_1=(1,0)^{\mathrm T},\boldsymbol{\beta}_2=(0,1)^{\mathrm T}$ 线性无关;若都减少第一个分量,则得到的新向量组 $\boldsymbol{\gamma}_1=(0,0)^{\mathrm T},\boldsymbol{\gamma}_2=(1,0)^{\mathrm T}$ 线性相关.

(3) 相应地,增加线性相关向量组中向量的维数,则所得的新向量组可能线性相关也可能线性无关.如 $\boldsymbol{\alpha}_1=(1,1)^{\mathrm T},\boldsymbol{\alpha}_2=(2,2)^{\mathrm T}$,向量组 $\boldsymbol{\alpha}_1,\boldsymbol{\alpha}_2$ 线性相关.若增加第三个分量为 $\boldsymbol{\beta}_1=(1,1,1)^{\mathrm T},\boldsymbol{\beta}_2=(2,2,2)^{\mathrm T}$,则向量组 $\boldsymbol{\beta}_1,\boldsymbol{\beta}_2$ 线性相关;若增加第三个分量为 $\boldsymbol{\gamma}_1=(1,1,1)^{\mathrm T},\boldsymbol{\gamma}_2=(2,2,1)^{\mathrm T}$,则向量组 $\boldsymbol{\gamma}_1,\boldsymbol{\gamma}_2$ 线性无关.

定理 3.7　向量组 $\boldsymbol{\alpha}_1,\boldsymbol{\alpha}_2,\cdots,\boldsymbol{\alpha}_s\ (s\geqslant2)$ 线性相关的充分必要条件是向量组中至少有一个向量可由其余 $s-1$ 个向量线性表示.

证 必要性 设向量组$\boldsymbol{\alpha}_1,\boldsymbol{\alpha}_2,\cdots,\boldsymbol{\alpha}_s$线性相关，则存在 s 个不全为零的数$k_1,k_2,\cdots,k_s$，使得$k_1\boldsymbol{\alpha}_1+k_2\boldsymbol{\alpha}_2+\cdots+k_s\boldsymbol{\alpha}_s=\mathbf{0}$ 成立.不妨设$k_1\neq 0$，于是

$$\boldsymbol{\alpha}_1=-\frac{1}{k_1}(k_2\boldsymbol{\alpha}_2+\cdots+k_s\boldsymbol{\alpha}_s),$$

即 $\boldsymbol{\alpha}_1$ 可由其余 $s-1$ 个向量线性表示.

充分性 向量组$\boldsymbol{\alpha}_1,\boldsymbol{\alpha}_2,\cdots,\boldsymbol{\alpha}_s$中至少有一个向量可由其余 $s-1$ 个向量线性表示.不妨设 $\boldsymbol{\alpha}_1$ 可由其余 $s-1$ 个向量线性表示，即$\boldsymbol{\alpha}_1=k_2\boldsymbol{\alpha}_2+\cdots+k_s\boldsymbol{\alpha}_s$，则

$$(-1)\boldsymbol{\alpha}_1+k_2\boldsymbol{\alpha}_2+\cdots+k_s\boldsymbol{\alpha}_s=\mathbf{0}.$$

故 $\boldsymbol{\alpha}_1,\boldsymbol{\alpha}_2,\cdots,\boldsymbol{\alpha}_s$ 线性相关.

定理 3.8 设向量组$\boldsymbol{\alpha}_1,\boldsymbol{\alpha}_2,\cdots,\boldsymbol{\alpha}_s$线性无关，而向量组$\boldsymbol{\alpha}_1,\boldsymbol{\alpha}_2,\cdots,\boldsymbol{\alpha}_s,\boldsymbol{\beta}$ 线性相关，则 $\boldsymbol{\beta}$ 能由向量组$\boldsymbol{\alpha}_1,\boldsymbol{\alpha}_2,\cdots,\boldsymbol{\alpha}_s$线性表示，且表示法唯一.

证 由于向量组$\boldsymbol{\alpha}_1,\boldsymbol{\alpha}_2,\cdots,\boldsymbol{\alpha}_s,\boldsymbol{\beta}$ 线性相关，则存在一组不全为零的实数$k_1,k_2,\cdots,k_s,k$使$k_1\boldsymbol{\alpha}_1+k_2\boldsymbol{\alpha}_2+\cdots+k_s\boldsymbol{\alpha}_s+k\boldsymbol{\beta}=\mathbf{0}$.由$\boldsymbol{\alpha}_1,\boldsymbol{\alpha}_2,\cdots,\boldsymbol{\alpha}_s$线性无关可知，$k\neq 0$.因此

$$\boldsymbol{\beta}=-\frac{1}{k}(k_1\boldsymbol{\alpha}_1+k_2\boldsymbol{\alpha}_2+\cdots+k_s\boldsymbol{\alpha}_s),$$

即 $\boldsymbol{\beta}$ 可由$\boldsymbol{\alpha}_1,\boldsymbol{\alpha}_2,\cdots,\boldsymbol{\alpha}_s$线性表示.

接下来证明表示法唯一.不妨设 $\boldsymbol{\beta}=l_1\boldsymbol{\alpha}_1+l_2\boldsymbol{\alpha}_2+\cdots+l_s\boldsymbol{\alpha}_s$，且 $\boldsymbol{\beta}=t_1\boldsymbol{\alpha}_1+t_2\boldsymbol{\alpha}_2+\cdots+t_s\boldsymbol{\alpha}_s$.由于

$$\mathbf{0}=\boldsymbol{\beta}-\boldsymbol{\beta}=(l_1-t_1)\boldsymbol{\alpha}_1+(l_2-t_2)\boldsymbol{\alpha}_2+\cdots+(l_s-t_s)\boldsymbol{\alpha}_s,$$

且$\boldsymbol{\alpha}_1,\boldsymbol{\alpha}_2,\cdots,\boldsymbol{\alpha}_s$线性无关，可知$l_1=t_1,l_2=t_2,\cdots,l_s=t_s$.因此表示法唯一.

定理 3.9(定理 3.8 的逆否命题) 如果向量组$\boldsymbol{\alpha}_1,\boldsymbol{\alpha}_2,\cdots,\boldsymbol{\alpha}_s$线性无关，并且向量 $\boldsymbol{\beta}$ 不能由$\boldsymbol{\alpha}_1,\boldsymbol{\alpha}_2,\cdots,\boldsymbol{\alpha}_s$线性表示，则向量组$\boldsymbol{\alpha}_1,\boldsymbol{\alpha}_2,\cdots,\boldsymbol{\alpha}_s,\boldsymbol{\beta}$ 也线性无关.

定义 3.6 设有两个向量组：(Ⅰ)$\boldsymbol{\alpha}_1,\boldsymbol{\alpha}_2,\cdots,\boldsymbol{\alpha}_s$；(Ⅱ)$\boldsymbol{\beta}_1,\boldsymbol{\beta}_2,\cdots,\boldsymbol{\beta}_t$.若向量组(Ⅱ)中的每一个向量都可以由向量组(Ⅰ)线性表示，则称向量组(Ⅱ)能由向量组(Ⅰ)线性表示.若向量组(Ⅰ)与向量组(Ⅱ)能相互线性表示，则称这两个向量组等价.

定理 3.10 设有两个向量组：(Ⅰ)$\boldsymbol{\alpha}_1,\boldsymbol{\alpha}_2,\cdots,\boldsymbol{\alpha}_s$；(Ⅱ)$\boldsymbol{\beta}_1,\boldsymbol{\beta}_2,\cdots,\boldsymbol{\beta}_t$.若向量组(Ⅱ)能由向量组(Ⅰ)线性表示，且 $s<t$，则向量组(Ⅱ)线性相关.

证明从略.

推论 设向量组(Ⅱ)能由向量组(Ⅰ)线性表示.若向量组(Ⅱ)线性无关，则 $s\geqslant t$.

习题 3.3

1. 判断题.

(1) 向量组中任意向量可由该向量组线性表示. (　　)

(2) 对于一个给定的向量组，不是线性相关就是线性无关. (　　)

(3) 由单个向量 $\boldsymbol{\alpha}$ 组成的一个向量组$\{\boldsymbol{\alpha}\}$，线性无关的充分必要条件是 $\boldsymbol{\alpha}\neq\mathbf{0}$. (　　)

(4) 设 a,b,c 为任意常数，则向量组$(1,0,0,a)$，$(0,1,0,b)$，$(0,0,1,c)$必定线性相关. (　　)

(5) 若$\boldsymbol{\alpha}_1,\boldsymbol{\alpha}_2,\cdots,\boldsymbol{\alpha}_m$线性相关，$\boldsymbol{\beta}_1,\boldsymbol{\beta}_2,\cdots,\boldsymbol{\beta}_m$亦线性相关，则有不全为零的实数$k_1,k_2,\cdots,k_m$，使$k_1\boldsymbol{\alpha}_1+k_2\boldsymbol{\alpha}_2+\cdots+k_m\boldsymbol{\alpha}_m=\mathbf{0}$，$k_1\boldsymbol{\beta}_1+k_2\boldsymbol{\beta}_2+\cdots+k_m\boldsymbol{\beta}_m=\mathbf{0}$同时成立. (　　)

(6) 若向量组 $\boldsymbol{\alpha}_1,\boldsymbol{\alpha}_2,\boldsymbol{\alpha}_3,\boldsymbol{\alpha}_4$ 中任意三个向量都线性无关，则 $\boldsymbol{\alpha}_1,\boldsymbol{\alpha}_2,\boldsymbol{\alpha}_3,\boldsymbol{\alpha}_4$线性无关. (　　)

(7) 若$\boldsymbol{\alpha}_1,\boldsymbol{\alpha}_2,\cdots,\boldsymbol{\alpha}_m$线性无关，$\boldsymbol{\alpha}_{m+1}$不能由$\boldsymbol{\alpha}_1,\boldsymbol{\alpha}_2,\cdots,\boldsymbol{\alpha}_m$线性表示，则$\boldsymbol{\alpha}_1,\boldsymbol{\alpha}_2,\cdots,\boldsymbol{\alpha}_m,\boldsymbol{\alpha}_{m+1}$线性无关. (　　)

(8) 向量组$\boldsymbol{\alpha}_1,\boldsymbol{\alpha}_2,\boldsymbol{\alpha}_3$中任意两个向量均线性无关，则$\boldsymbol{\alpha}_1,\boldsymbol{\alpha}_2,\boldsymbol{\alpha}_3$线性无关. (　　)

(9) 存在一组全为零的实数$k_1,k_2,\cdots,k_s$，使得$k_1\boldsymbol{\alpha}_1+k_2\boldsymbol{\alpha}_2+\cdots+k_s\boldsymbol{\alpha}_s=\mathbf{0}$成立，则向量组$\boldsymbol{\alpha}_1,\boldsymbol{\alpha}_2,\cdots,\boldsymbol{\alpha}_s$线性无关. (　　)

(10) 若向量组$\boldsymbol{\alpha}_1,\boldsymbol{\alpha}_2,\boldsymbol{\alpha}_3$线性相关，则 $\boldsymbol{\alpha}_3$可由$\boldsymbol{\alpha}_1,\boldsymbol{\alpha}_2$线性表示. (　　)

2. 判断下列向量组的线性相关性.

(1) $\boldsymbol{\alpha}_1=(1,1,1)$，　$\boldsymbol{\alpha}_2=(1,2,3)$，　$\boldsymbol{\alpha}_3=(1,3,6)$；

(2) $\boldsymbol{\alpha}_1=(1,2,-5,4)$，　$\boldsymbol{\alpha}_2=(2,1,-3,-5)$，　$\boldsymbol{\alpha}_3=(3,5,-13,11)$；

(3) $\boldsymbol{\alpha}_1=(1,-1,2,4)$，　$\boldsymbol{\alpha}_2=(0,3,0,2)$，　$\boldsymbol{\alpha}_3=(2,1,1,2)$，　$\boldsymbol{\alpha}_4=(3,2,1,2)$.

3. 已知$\boldsymbol{\alpha}_1,\boldsymbol{\alpha}_2$线性无关，$\boldsymbol{\alpha}_1+\boldsymbol{\beta},\boldsymbol{\alpha}_2+\boldsymbol{\beta}$ 线性相关，试把 $\boldsymbol{\beta}$ 写成$\boldsymbol{\alpha}_1,\boldsymbol{\alpha}_2$的线性组合的形式.

4. 求 a 为何值时，下列向量组线性相关：

$$\boldsymbol{\alpha}_1=\begin{pmatrix}a\\1\\1\end{pmatrix},\quad \boldsymbol{\alpha}_2=\begin{pmatrix}1\\a\\-1\end{pmatrix},\quad \boldsymbol{\alpha}_1=\begin{pmatrix}1\\-1\\a\end{pmatrix}.$$

5. 已知$\boldsymbol{\beta}_1=\boldsymbol{\alpha}_1,\boldsymbol{\beta}_2=\boldsymbol{\alpha}_1+\boldsymbol{\alpha}_2,\cdots,\boldsymbol{\beta}_r=\boldsymbol{\alpha}_1+\boldsymbol{\alpha}_2+\cdots+\boldsymbol{\alpha}_r$，且向量组$\boldsymbol{\alpha}_1,\boldsymbol{\alpha}_2,\cdots,\boldsymbol{\alpha}_r$线性无关，证明向量组$\boldsymbol{\beta}_1,\boldsymbol{\beta}_2,\cdots,\boldsymbol{\beta}_r$线性无关.

6. 已知$\boldsymbol{\alpha}_1,\boldsymbol{\alpha}_2,\boldsymbol{\alpha}_3$线性无关，$\boldsymbol{\alpha}_4$可由$\boldsymbol{\alpha}_1,\boldsymbol{\alpha}_2,\boldsymbol{\alpha}_3$线性表示且表示系数全不为零，证明$\boldsymbol{\alpha}_1,\boldsymbol{\alpha}_2,\boldsymbol{\alpha}_3,\boldsymbol{\alpha}_4$中任意三个向量均线性无关.

7.【23 安徽】已知$\boldsymbol{\alpha}_1=\begin{pmatrix}1\\3\\1\end{pmatrix}$，$\boldsymbol{\alpha}_2=\begin{pmatrix}1\\2\\2\end{pmatrix}$，$\boldsymbol{\alpha}_3=\begin{pmatrix}1\\1\\3\end{pmatrix}$，$\boldsymbol{\alpha}_4=\begin{pmatrix}1\\4\\3\end{pmatrix}$，则下列选项线性相关的是(　　).

A. $\boldsymbol{\alpha}_1,\boldsymbol{\alpha}_2,\boldsymbol{\alpha}_3$　　B. $\boldsymbol{\alpha}_1,\boldsymbol{\alpha}_2,\boldsymbol{\alpha}_4$　　C. $\boldsymbol{\alpha}_1,\boldsymbol{\alpha}_3,\boldsymbol{\alpha}_4$　　D. $\boldsymbol{\alpha}_2,\boldsymbol{\alpha}_3,\boldsymbol{\alpha}_4$

3.4 向量组的秩

内容和目标

- 了解向量组极大线性无关组及其向量组的秩的概念；
- 理解向量组的秩与矩阵的秩之间的关系；
- 掌握极大线性无关组以及向量组秩的求法.

前面两节在讨论向量组的线性组合以及线性相关性时，矩阵的秩起到了重要的作用.为了使讨论更加深入，可引入向量组秩的概念.

对于一个向量组如何把握向量之间的线性关系？如何在一个向量组中找到个数最少的一个部分向量组，其余向量都可由这些向量线性表示？这些问题都涉及向量组的极大线性无关组和向量组的秩.

3.4.1 向量组的极大线性无关组与向量组的秩

定义 3.7 设有向量组$\boldsymbol{\alpha}_1,\boldsymbol{\alpha}_2,\cdots,\boldsymbol{\alpha}_s$，如果存在 $r(r\leqslant s)$个向量 $\boldsymbol{\alpha}_{i_1},\boldsymbol{\alpha}_{i_2},\cdots,\boldsymbol{\alpha}_{i_r}$满足：

(1) $\boldsymbol{\alpha}_{i_1},\boldsymbol{\alpha}_{i_2},\cdots,\boldsymbol{\alpha}_{i_r}$线性无关，

(2) 任意 $r+1$ 个向量(如果存在的话)均线性相关，即向量组$\boldsymbol{\alpha}_1,\boldsymbol{\alpha}_2,\cdots,\boldsymbol{\alpha}_s$中的每一个向量都可由$\boldsymbol{\alpha}_{i_1},\boldsymbol{\alpha}_{i_2},\cdots,\boldsymbol{\alpha}_{i_r}$线性表示，则称 $\boldsymbol{\alpha}_{i_1},\boldsymbol{\alpha}_{i_2},\cdots,\boldsymbol{\alpha}_{i_r}$是向量组 $\boldsymbol{\alpha}_1,\boldsymbol{\alpha}_2,\cdots,\boldsymbol{\alpha}_s$ 的一个极大线性无关组，简称为**极大无关组**.数 r 称为向量组 $\boldsymbol{\alpha}_1,\boldsymbol{\alpha}_2,\cdots,\boldsymbol{\alpha}_s$ 的**秩**，记作

$$r(\boldsymbol{\alpha}_1,\boldsymbol{\alpha}_2,\cdots,\boldsymbol{\alpha}_s)=r.$$

【注意】(1) 只含零向量的向量组没有极大无关组，规定它的秩为零，即 $r(\mathbf{0})=0$；

(2) 向量组的极大无关组不唯一，但极大无关组中向量的个数(即向量组的秩)是唯一的；

(3) 向量组与其极大无关组可相互线性表示，即向量组与其极大无关组等价.

例如，对于向量组$\boldsymbol{\alpha}_1=(2,-1,3,1)^{\mathrm{T}},\boldsymbol{\alpha}_2=(4,-2,5,4)^{\mathrm{T}},\boldsymbol{\alpha}_3=(2,-1,4,-1)^{\mathrm{T}}$，由于$\boldsymbol{\alpha}_1$与$\boldsymbol{\alpha}_2$的分量不成比例，所以$\boldsymbol{\alpha}_1,\boldsymbol{\alpha}_2$线性无关，又$\boldsymbol{\alpha}_3=3\boldsymbol{\alpha}_1-\boldsymbol{\alpha}_2$，因此由定义知$\boldsymbol{\alpha}_1,\boldsymbol{\alpha}_2$是该向量组的一个极大无关组；同理可以证明$\boldsymbol{\alpha}_2,\boldsymbol{\alpha}_3$也是该向量组的一个极大无关组，但两个极大无关组所含向量的个数都是 2.

事实上，n 维单位向量组

$$\boldsymbol{\varepsilon}_1=(1,0,\cdots,0)^{\mathrm{T}},\quad \boldsymbol{\varepsilon}_2=(0,1,0,\cdots,0)^{\mathrm{T}},\cdots,\quad \boldsymbol{\varepsilon}_n=(0,\cdots,0,1)^{\mathrm{T}}$$

是全体 n 维向量的集合$\mathbf{R}^n$ 的一个最简单的极大无关组，全体 n 维向量构成的向量组$\mathbf{R}^n$ 的秩为 n.

定理 3.11 一个向量组的秩是唯一的.

证 设 $\boldsymbol{\alpha}_{i_1},\boldsymbol{\alpha}_{i_2},\cdots,\boldsymbol{\alpha}_{i_r}$ 和 $\boldsymbol{\alpha}_{j_1},\boldsymbol{\alpha}_{j_2},\cdots,\boldsymbol{\alpha}_{j_t}$ 是向量组(Ⅰ)$\boldsymbol{\alpha}_1,\boldsymbol{\alpha}_2,\cdots,\boldsymbol{\alpha}_s$ 的两个极大无关组.

因为 $\boldsymbol{\alpha}_{i_1},\boldsymbol{\alpha}_{i_2},\cdots,\boldsymbol{\alpha}_{i_r}$ 是向量组的极大无关组,则添加 $\boldsymbol{\alpha}_{j_1},\boldsymbol{\alpha}_{j_2},\cdots,\boldsymbol{\alpha}_{j_t}$ 中任意一个向量 $\boldsymbol{\alpha}_{j_k}$ 后,$\boldsymbol{\alpha}_{i_1},\boldsymbol{\alpha}_{i_2},\cdots,\boldsymbol{\alpha}_{i_r},\boldsymbol{\alpha}_{j_k}$ 必线性相关.因此,$\boldsymbol{\alpha}_{j_k}$ 可由 $\boldsymbol{\alpha}_{i_1},\boldsymbol{\alpha}_{i_2},\cdots,\boldsymbol{\alpha}_{i_r}$ 线性表示.从而向量组 $\boldsymbol{\alpha}_{j_1},\boldsymbol{\alpha}_{j_2},\cdots,\boldsymbol{\alpha}_{j_t}$ 可以由向量组 $\boldsymbol{\alpha}_{i_1},\boldsymbol{\alpha}_{i_2},\cdots,\boldsymbol{\alpha}_{i_r}$ 线性表示.由定理 3.10 的推论知,$t\leqslant r$.类似可证明 $r\leqslant t$.故 $r=t$.

推论 向量组 $\boldsymbol{\alpha}_1,\boldsymbol{\alpha}_2,\cdots,\boldsymbol{\alpha}_s$ 线性无关的充分必要条件是

$$r(\boldsymbol{\alpha}_1,\boldsymbol{\alpha}_2,\cdots,\boldsymbol{\alpha}_s)=s.$$

定理 3.12 如果 $\boldsymbol{\alpha}_{j_1},\boldsymbol{\alpha}_{j_2},\cdots,\boldsymbol{\alpha}_{j_r}$ 是 $\boldsymbol{\alpha}_1,\boldsymbol{\alpha}_2,\cdots,\boldsymbol{\alpha}_s$ 的线性无关部分组,则它是极大无关组的充分必要条件是 $\boldsymbol{\alpha}_1,\boldsymbol{\alpha}_2,\cdots,\boldsymbol{\alpha}_s$ 中的任一向量均可由 $\boldsymbol{\alpha}_{j_1},\boldsymbol{\alpha}_{j_2},\cdots,\boldsymbol{\alpha}_{j_r}$ 线性表示.

证 必要性 若 $\boldsymbol{\alpha}_{j_1},\boldsymbol{\alpha}_{j_2},\cdots,\boldsymbol{\alpha}_{j_r}$ 是 $\boldsymbol{\alpha}_1,\boldsymbol{\alpha}_2,\cdots,\boldsymbol{\alpha}_s$ 的一个极大无关组,则当 j 是 $j_1,j_2,\cdots,j_r$ 中的数时,显然,$\boldsymbol{\alpha}_j$ 可由 $\boldsymbol{\alpha}_{j_1},\boldsymbol{\alpha}_{j_2},\cdots,\boldsymbol{\alpha}_{j_r}$ 线性表示;而当 j 不是 $j_1,j_2,\cdots,j_r$ 中的数时,$\boldsymbol{\alpha}_{j_1},\boldsymbol{\alpha}_{j_2},\cdots,\boldsymbol{\alpha}_{j_r},\boldsymbol{\alpha}_j$ 线性相关.又因为 $\boldsymbol{\alpha}_{j_1},\boldsymbol{\alpha}_{j_2},\cdots,\boldsymbol{\alpha}_{j_r}$ 线性无关,所以由定理 3.7 知,$\boldsymbol{\alpha}_j$ 可由 $\boldsymbol{\alpha}_{j_1},\boldsymbol{\alpha}_{j_2},\cdots,\boldsymbol{\alpha}_{j_r}$ 线性表示.

充分性 如果 $\boldsymbol{\alpha}_1,\boldsymbol{\alpha}_2,\cdots,\boldsymbol{\alpha}_s$ 中的任一向量均可由 $\boldsymbol{\alpha}_{j_1},\boldsymbol{\alpha}_{j_2},\cdots,\boldsymbol{\alpha}_{j_r}$ 线性表示,则 $\boldsymbol{\alpha}_1,\boldsymbol{\alpha}_2,\cdots,\boldsymbol{\alpha}_s$ 中任何 $r+1(s>r)$ 个向量都线性相关.又因为 $\boldsymbol{\alpha}_{j_1},\boldsymbol{\alpha}_{j_2},\cdots,\boldsymbol{\alpha}_{j_r}$ 线性无关,所以由定义 3.7 知,$\boldsymbol{\alpha}_{j_1},\boldsymbol{\alpha}_{j_2},\cdots,\boldsymbol{\alpha}_{j_r}$ 是极大无关组.

3.4.2 向量组的秩与矩阵秩的关系

一个 $m\times n$ 矩阵 $\boldsymbol{A}$ 可以看成是由它的 m 个 n 维行向量构成的,也可以看成是由它的 n 个 m 维列向量构成的.

定义 3.8 矩阵 $\boldsymbol{A}$ 行向量组的秩称为 $\boldsymbol{A}$ 的**行秩**;矩阵 $\boldsymbol{A}$ 列向量组的秩称为 $\boldsymbol{A}$ 的**列秩**.

那么,矩阵的秩与它的行秩和列秩有什么关系呢?

定理 3.13 对任意矩阵 $\boldsymbol{A}$,有 $r(\boldsymbol{A})=\boldsymbol{A}$ 的行秩$=\boldsymbol{A}$ 的列秩.

证 若 $\boldsymbol{A}=\boldsymbol{O}$,结论成立.

当 $\boldsymbol{A}\neq\boldsymbol{O}$ 时,若能证明 $r(\boldsymbol{A})=\boldsymbol{A}$ 的列秩,则有 $r(\boldsymbol{A})=r(\boldsymbol{A}^{\mathrm{T}})=\boldsymbol{A}^{\mathrm{T}}$ 的列秩$=\boldsymbol{A}$ 的行秩.故只需证明 $r(\boldsymbol{A})=\boldsymbol{A}$ 的列秩即可.

设 $\boldsymbol{A}=(\boldsymbol{\alpha}_1,\boldsymbol{\alpha}_2,\cdots,\boldsymbol{\alpha}_s)$,$r(\boldsymbol{A})=r$,则存在 $\boldsymbol{A}$ 的 r 阶子式 $D_r\neq0$,因此 D_r 所在的 r 个列向量线性无关.又因为 $\boldsymbol{A}$ 中的所有 $r+1$ 阶子式 $D_{r+1}=0$,所以 $\boldsymbol{A}$ 中任意 $r+1$ 个列向量都线性相关,因此 D_r 所在的 r 个列向量是 $\boldsymbol{A}$ 中的列向量组的一个极大无关组,所以 $\boldsymbol{A}$ 中的列向量组的秩为 r.同理,矩阵 $\boldsymbol{A}$ 的行秩也等于 s.定理得证.

【注意】(1) 矩阵的秩与其行秩和列秩三者相等,通常称为三秩相等,这是线性代数中非常重要的结论,它反映了矩阵内在的重要性质.

(2) 由定理的证明可知,若 D_r 是矩阵 $\boldsymbol{A}$ 的一个最高阶非零子式,则 D 所在的 r 列就是 $\boldsymbol{A}$ 的列向量组的一个极大无关组;D_r 所在的 r 行即是 $\boldsymbol{A}$ 的行向量组的一个极大无关组.

【课堂练习】

求二维向量组$\boldsymbol{\alpha}_1=(1,0)^{\mathrm{T}}$，$\boldsymbol{\alpha}_2=(0,1)^{\mathrm{T}}$，$\boldsymbol{\alpha}_3=(1,1)^{\mathrm{T}}$的极大无关组.

3.4.3 如何求向量组的秩及极大无关组

定理 3.14 对矩阵 $\boldsymbol{A}$ 作初等行变换化为矩阵 $\boldsymbol{B}$，则 $\boldsymbol{A}$ 与 $\boldsymbol{B}$ 的任何对应的列向量组具有相同的线性关系，即若

$$\boldsymbol{A}=(\boldsymbol{\alpha}_1,\boldsymbol{\alpha}_2,\cdots,\boldsymbol{\alpha}_s)\xrightarrow{\text{初等行变换}}(\boldsymbol{\beta}_1,\boldsymbol{\beta}_2,\cdots,\boldsymbol{\beta}_s)=\boldsymbol{B},$$

则列向量组 $\boldsymbol{\alpha}_{i_1},\boldsymbol{\alpha}_{i_2},\cdots,\boldsymbol{\alpha}_{i_r}$ 与 $\boldsymbol{\beta}_{i_1},\boldsymbol{\beta}_{i_2},\cdots,\boldsymbol{\beta}_{i_r}$ $(1\leqslant i_1<i_2<\cdots<i_r\leqslant s)$具有相同的线性关系.

这里所谓有相同的线性关系是指 $\boldsymbol{\alpha}_{i_1},\boldsymbol{\alpha}_{i_2},\cdots,\boldsymbol{\alpha}_{i_r}$ 与 $\boldsymbol{\beta}_{i_1},\boldsymbol{\beta}_{i_2},\cdots,\boldsymbol{\beta}_{i_r}$ 具有相同的线性相关性与线性表示性，即若 $\boldsymbol{\alpha}_{i_1},\boldsymbol{\alpha}_{i_2},\cdots,\boldsymbol{\alpha}_{i_r}$ 线性相关，则 $\boldsymbol{\beta}_{i_1},\boldsymbol{\beta}_{i_2},\cdots,\boldsymbol{\beta}_{i_r}$ 也线性相关且线性表示时组合系数也相同；若 $\boldsymbol{\alpha}_{i_1},\boldsymbol{\alpha}_{i_2},\cdots,\boldsymbol{\alpha}_{i_r}$ 线性无关，则 $\boldsymbol{\beta}_{i_1},\boldsymbol{\beta}_{i_2},\cdots,\boldsymbol{\beta}_{i_r}$ 也线性无关.

【注意】矩阵行的初等变换保持了列向量间的线性无关性和线性相关性，它提供了求极大无关组的方法.即以向量组中各向量为列向量组成矩阵后，只作初等行变换将该矩阵化为行阶梯形矩阵，则可直接写出所求向量组的极大无关组.同理，也可以向量组中各向量为行向量组成矩阵，通过作初等列变换来求向量组的极大无关组.

例 1 设向量$\boldsymbol{\beta}_1=(4,3,-1,11)^{\mathrm{T}}$，向量组 $\boldsymbol{\alpha}_1=(1,2,-1,5)^{\mathrm{T}}$，$\boldsymbol{\alpha}_2=(2,-1,1,1)^{\mathrm{T}}$，试将 $\boldsymbol{\beta}_1$表示成 $\boldsymbol{\alpha}_1,\boldsymbol{\alpha}_2$的线性组合.

解
$$\boldsymbol{A}=(\boldsymbol{\alpha}_1,\boldsymbol{\alpha}_2,\boldsymbol{\beta}_1)=\begin{pmatrix}1&2&4\\2&-1&3\\-1&1&-1\\5&1&11\end{pmatrix}\to\begin{pmatrix}1&2&4\\0&-5&-5\\0&0&0\\0&0&0\end{pmatrix}\to\begin{pmatrix}1&0&2\\0&1&1\\0&0&0\\0&0&0\end{pmatrix}.$$

由 $\boldsymbol{A}$ 的行最简形矩阵知，$\boldsymbol{\beta}_1=2\boldsymbol{\alpha}_1+\boldsymbol{\alpha}_2$.

例 2 设矩阵 $\boldsymbol{A}=\begin{pmatrix}1&1&2&3\\2&3&4&4\\3&3&4&5\end{pmatrix}$，求矩阵 $\boldsymbol{A}$ 的秩，并求其列向量组的一个极大无关组，把其他列向量用此极大无关组线性表示.

解 对矩阵 $\boldsymbol{A}$ 进行初等行变换：

$$\boldsymbol{A}=\begin{pmatrix}1&1&2&3\\2&3&4&4\\3&3&4&5\end{pmatrix}\to\begin{pmatrix}1&1&2&3\\0&1&0&-2\\0&0&-2&-4\end{pmatrix}.$$

容易看出，$r(\boldsymbol{A})=3$，前三个列向量构成的向量组 $\boldsymbol{\alpha}_1,\boldsymbol{\alpha}_2,\boldsymbol{\alpha}_3$ 为列向量组的一个极大无关组.

将矩阵继续进行初等行变换：

$$\begin{pmatrix}1&1&2&3\\0&1&0&-2\\0&0&-2&-4\end{pmatrix}\to\begin{pmatrix}1&1&2&3\\0&1&0&-2\\0&0&1&2\end{pmatrix}\to\begin{pmatrix}1&1&0&-1\\0&1&0&-2\\0&0&1&2\end{pmatrix}\to\begin{pmatrix}1&0&0&1\\0&1&0&-2\\0&0&1&2\end{pmatrix}.$$

容易看出，第 4 个列向量 $\boldsymbol{\alpha}_4=\boldsymbol{\alpha}_1-2\boldsymbol{\alpha}_2+2\boldsymbol{\alpha}_3$.

例 3　求向量组 $\boldsymbol{\alpha}_1=(1,2,-1,1)^{\mathrm{T}},\boldsymbol{\alpha}_2=(2,0,t,0)^{\mathrm{T}},\boldsymbol{\alpha}_3=(0,-4,5,-2)^{\mathrm{T}},\boldsymbol{\alpha}_4=(3,-2,t+4,-1)^{\mathrm{T}}$的秩和极大无关组.

解　向量的分量中含有参数 t，向量组的秩和极大无关组与 t 的取值有关.对矩阵$(\boldsymbol{\alpha}_1,\boldsymbol{\alpha}_2,\boldsymbol{\alpha}_3,\boldsymbol{\alpha}_4)$作初等行变换：

$$(\boldsymbol{\alpha}_1,\boldsymbol{\alpha}_2,\boldsymbol{\alpha}_3,\boldsymbol{\alpha}_4)=\begin{pmatrix}1&2&0&3\\2&0&-4&-2\\-1&t&5&t+4\\1&0&-2&-1\end{pmatrix}\to\begin{pmatrix}1&2&0&3\\0&-4&-4&-8\\0&t+2&5&t+7\\0&-2&-2&-4\end{pmatrix}$$

$$\to\begin{pmatrix}1&2&0&3\\0&1&1&2\\0&0&3-t&3-t\\0&0&0&0\end{pmatrix}.$$

显然，$\boldsymbol{\alpha}_1,\boldsymbol{\alpha}_2$线性无关，且

(1) 当 $t=3$ 时，$r(\boldsymbol{\alpha}_1,\boldsymbol{\alpha}_2,\boldsymbol{\alpha}_3,\boldsymbol{\alpha}_4)=2$，且 $\boldsymbol{\alpha}_1,\boldsymbol{\alpha}_2$是极大无关组；

(2) 当 $t\neq3$ 时，$r(\boldsymbol{\alpha}_1,\boldsymbol{\alpha}_2,\boldsymbol{\alpha}_3,\boldsymbol{\alpha}_4)=3$，且 $\boldsymbol{\alpha}_1,\boldsymbol{\alpha}_2,\boldsymbol{\alpha}_3$是极大无关组.

例 4　设 $\boldsymbol{A}_{m\times n}$及 $\boldsymbol{B}_{n\times s}$为两个矩阵，证明：$r(\boldsymbol{AB})\leqslant\min\{r(\boldsymbol{A}),r(\boldsymbol{B})\}$.

证　$\boldsymbol{A}=(a_{ij})_{m\times n}=(\boldsymbol{\alpha}_1,\boldsymbol{\alpha}_2,\cdots,\boldsymbol{\alpha}_n)$，$\boldsymbol{B}=(b_{ij})_{n\times s}$，则

$$\boldsymbol{AB}=\boldsymbol{C}=(c_{ij})_{m\times s}=(\boldsymbol{\gamma}_1,\boldsymbol{\gamma}_2,\cdots,\boldsymbol{\gamma}_s),$$

$$(\boldsymbol{\gamma}_1,\boldsymbol{\gamma}_2,\cdots,\boldsymbol{\gamma}_s)=(\boldsymbol{\alpha}_1,\boldsymbol{\alpha}_2,\cdots,\boldsymbol{\alpha}_n)\begin{pmatrix}b_{11}&b_{12}&\cdots&b_{1s}\\b_{21}&b_{22}&\cdots&b_{2s}\\\vdots&\vdots&&\vdots\\b_{n1}&b_{n2}&\cdots&b_{ns}\end{pmatrix}.$$

因此，有

$$\boldsymbol{\gamma}_j=b_{1j}\boldsymbol{\alpha}_1+b_{2j}\boldsymbol{\alpha}_2+\cdots+b_{nj}\boldsymbol{\alpha}_n\ (j=1,2,\cdots,s),$$

即 $\boldsymbol{AB}$ 的列向量组 $\boldsymbol{\gamma}_1,\boldsymbol{\gamma}_2,\cdots,\boldsymbol{\gamma}_s$可由 $\boldsymbol{A}$ 的列向量组 $\boldsymbol{\alpha}_1,\boldsymbol{\alpha}_2,\cdots,\boldsymbol{\alpha}_n$线性表示，故$\boldsymbol{\gamma}_1,\boldsymbol{\gamma}_2,\cdots,\boldsymbol{\gamma}_s$的极大无关组可由 $\boldsymbol{\alpha}_1,\boldsymbol{\alpha}_2,\cdots,\boldsymbol{\alpha}_n$的极大无关组线性表示.由向量组间的线性关系知 $r(\boldsymbol{AB})\leqslant r(\boldsymbol{A})$.

类似地可以设

$\boldsymbol{B}=(b_{ij})_{n\times s}=\begin{pmatrix}\boldsymbol{\beta}_1\\ \boldsymbol{\beta}_2\\ \vdots\\ \boldsymbol{\beta}_n\end{pmatrix}$，$\boldsymbol{AB}=\boldsymbol{C}=(c_{ij})_{m\times s}=(\boldsymbol{\gamma}_1,\boldsymbol{\gamma}_2,\cdots,\boldsymbol{\gamma}_s)$，则

$$(\boldsymbol{\gamma}_1,\boldsymbol{\gamma}_2,\cdots,\boldsymbol{\gamma}_s)=\begin{pmatrix}a_{11} & a_{12} & \cdots & a_{1n}\\ a_{21} & a_{22} & \cdots & a_{2n}\\ \vdots & \vdots & & \vdots\\ a_{m1} & a_{m2} & \cdots & a_{mn}\end{pmatrix}\begin{pmatrix}\boldsymbol{\beta}_1\\ \boldsymbol{\beta}_2\\ \vdots\\ \boldsymbol{\beta}_n\end{pmatrix}.$$

可以证明，$r(\boldsymbol{AB})\leqslant r(\boldsymbol{B})$，因此，$r(\boldsymbol{AB})\leqslant\min\{r(\boldsymbol{A}),r(\boldsymbol{B})\}$.

由例 4 的证明可以推出以下结论：

定理 3.15 若向量组 $\boldsymbol{B}$ 可由向量组 $\boldsymbol{A}$ 线性表示，则 $r(\boldsymbol{B})\leqslant r(\boldsymbol{A})$.

推论 1 等价的向量组的秩相等.

推论 2 设向量组 $\boldsymbol{B}$ 是向量组 $\boldsymbol{A}$ 的部分组，若向量组 $\boldsymbol{B}$ 线性无关，且向量组 $\boldsymbol{A}$ 能由向量组 $\boldsymbol{B}$ 线性表示，则向量组 $\boldsymbol{B}$ 是向量组 $\boldsymbol{A}$ 的一个极大无关组.

例 5 设 $\boldsymbol{A}$ 和 $\boldsymbol{B}$ 行数和列数均相等(同型矩阵)，证明 $r(\boldsymbol{A}+\boldsymbol{B})\leqslant r(\boldsymbol{A})+r(\boldsymbol{B})$.

证 设 $\boldsymbol{A}=(\boldsymbol{\alpha}_1,\boldsymbol{\alpha}_2,\cdots,\boldsymbol{\alpha}_n)$，$\boldsymbol{B}=(\boldsymbol{\beta}_1,\boldsymbol{\beta}_2,\cdots,\boldsymbol{\beta}_n)$，于是

$$\boldsymbol{A}+\boldsymbol{B}=(\boldsymbol{\alpha}_1+\boldsymbol{\beta}_1,\boldsymbol{\alpha}_2+\boldsymbol{\beta}_2,\cdots,\boldsymbol{\alpha}_n+\boldsymbol{\beta}_n)=(\boldsymbol{\gamma}_1,\boldsymbol{\gamma}_2,\cdots,\boldsymbol{\gamma}_n).$$

设 $\boldsymbol{\alpha}_{i1},\boldsymbol{\alpha}_{i2},\cdots,\boldsymbol{\alpha}_{ir_1}$ 和 $\boldsymbol{\beta}_{j1},\boldsymbol{\beta}_{j2},\cdots,\boldsymbol{\beta}_{jr_2}$ 分别是 $\boldsymbol{\alpha}_1,\boldsymbol{\alpha}_2,\cdots,\boldsymbol{\alpha}_n$ 和 $\boldsymbol{\beta}_1,\boldsymbol{\beta}_2,\cdots,\boldsymbol{\beta}_n$ 的极大无关组，显然 $\boldsymbol{\gamma}_1,\boldsymbol{\gamma}_2,\cdots,\boldsymbol{\gamma}_n$ 可由向量组 $\boldsymbol{\alpha}_{i1},\boldsymbol{\alpha}_{i2},\cdots,\boldsymbol{\alpha}_{ir_1},\boldsymbol{\beta}_{j1},\boldsymbol{\beta}_{j2},\cdots,\boldsymbol{\beta}_{jr_2}$ 线性表示，故

$$r(\boldsymbol{\gamma}_1,\boldsymbol{\gamma}_2,\cdots,\boldsymbol{\gamma}_n)\leqslant r(\boldsymbol{\alpha}_{i1},\boldsymbol{\alpha}_{i2},\cdots,\boldsymbol{\alpha}_{ir_1},\boldsymbol{\beta}_{j1},\boldsymbol{\beta}_{j2},\cdots,\boldsymbol{\beta}_{jr_2})\leqslant r_1+r_2,$$

即

$$r(\boldsymbol{A}+\boldsymbol{B})\leqslant r(\boldsymbol{A})+r(\boldsymbol{B}).$$

【课堂练习】

求向量组 $\boldsymbol{\alpha}_1=(1,-1,2,1)^{\mathrm{T}}$，$\boldsymbol{\alpha}_2=(-1,0,1,-3)^{\mathrm{T}}$，$\boldsymbol{\alpha}_3=(1,-4,\mathrm{t}+7,-5)^{\mathrm{T}}$，$\boldsymbol{\alpha}_4=(2,-2,t,2)^{\mathrm{T}}$ 的秩和一个极大无关组.

习题 3.4

1. 判断题.

(1) 含有非零向量的向量组的极大无关组是唯一的. (　　)

(2) 设 $r(\boldsymbol{A})=r$，且矩阵 $\boldsymbol{A}$ 经过初等变换化为行阶梯形矩阵 $\boldsymbol{B}$，则 $\boldsymbol{B}$ 中主元所在的 r 列对应 $\boldsymbol{A}$ 中的列向量是 $\boldsymbol{A}$ 的列向量组的一个极大无关组. (　　)

(3) 设 $\boldsymbol{A}$ 为 n 阶矩阵，$r(\boldsymbol{A})=r<n$，则矩阵 $\boldsymbol{A}$ 的任意 r 个列向量线性无关. (　　)

(4) 设 $\boldsymbol{A}$ 为 $m\times n$ 矩阵，如果矩阵 $\boldsymbol{A}$ 的 n 个列向量线性无关，那么 $r(\boldsymbol{A})=n$.　（　　）

(5) 如果向量组 $\boldsymbol{\alpha}_1,\boldsymbol{\alpha}_2,\cdots,\boldsymbol{\alpha}_s$ 的秩为 s，则向量组 $\boldsymbol{\alpha}_1,\boldsymbol{\alpha}_2,\cdots,\boldsymbol{\alpha}_s$ 中任一部分向量组都线性无关.　（　　）

2. 设矩阵 $\boldsymbol{A}=\begin{pmatrix}1&2&3&-1\\2&5&7&-2\\3&7&10&-3\end{pmatrix}$，求矩阵 $\boldsymbol{A}$ 的秩，并求其列向量组的一个极大无关组，把其他列向量用此极大无关组线性表示.

3. 求下列向量组的一个极大无关组，并把其余向量用此极大无关组表示出来.

(1) $\boldsymbol{\alpha}_1=(1,-1,0,2)^{\mathrm T},\boldsymbol{\alpha}_2=(0,2,1,-1)^{\mathrm T},\boldsymbol{\alpha}_3=(2,4,3,1)^{\mathrm T}$；

(2) $\boldsymbol{\alpha}_1=(1,1,1)^{\mathrm T},\boldsymbol{\alpha}_2=(1,1,0)^{\mathrm T},\boldsymbol{\alpha}_3=(1,0,0)^{\mathrm T},\boldsymbol{\alpha}_4=(1,2,-3)^{\mathrm T}$；

(3) $\boldsymbol{\alpha}_1=(1,1,3,1)^{\mathrm T},\boldsymbol{\alpha}_2=(-1,1,-1,3)^{\mathrm T},\boldsymbol{\alpha}_3=(5,-2,8,-9)^{\mathrm T},\boldsymbol{\alpha}_4=(-1,3,1,7)^{\mathrm T}$.

4. 求下列矩阵列向量组的秩.

(1) $\boldsymbol{A}=\begin{pmatrix}1&1&0\\2&0&4\\2&3&-2\end{pmatrix}$；　(2) $\boldsymbol{A}=\begin{pmatrix}1&1&2&2&1\\0&2&1&5&-1\\2&0&3&-1&3\\1&1&0&4&-1\end{pmatrix}$.

5. 已知向量组 $\boldsymbol{\alpha}_1=\begin{pmatrix}a\\3\\1\end{pmatrix},\boldsymbol{\alpha}_2=\begin{pmatrix}2\\b\\3\end{pmatrix},\boldsymbol{\alpha}_3=\begin{pmatrix}1\\2\\1\end{pmatrix},\boldsymbol{\alpha}_4=\begin{pmatrix}2\\3\\1\end{pmatrix}$ 的秩为 2，求 a,b.

3.5 线性方程组解的结构

内容和目标

- 掌握线性方程组解的结构；
- 理解基础解系的概念；
- 掌握用矩阵初等变换和基础解系法求解线性方程组.

3.1 节利用消元法求出了线性方程组的一般解，本节将利用向量的一般概念和结论，来讨论线性方程组解的结构问题.如果在方程组已知仅有唯一解或无解的情况下，结果清楚，无需研究.仅在方程组有无穷多解的情况下，需要研究不同解之间的关系，即所谓解的结构问题.

3.5.1 齐次线性方程组解的结构

设有齐次线性方程组(3.2)

$$\begin{cases}a_{11}x_1+a_{12}x_2+\cdots+a_{1n}x_n=0,\\ a_{21}x_1+a_{22}x_2+\cdots+a_{2n}x_n=0,\\ \cdots\cdots\cdots\cdots\\ a_{m1}x_1+a_{m2}x_2+\cdots+a_{mn}x_n=0.\end{cases}$$

若记

$$\boldsymbol{A}=\begin{pmatrix}a_{11}&a_{12}&\cdots&a_{1n}\\ a_{21}&a_{22}&\cdots&a_{2n}\\ \vdots&\vdots&&\vdots\\ a_{m1}&a_{m2}&\cdots&a_{mn}\end{pmatrix},\quad \boldsymbol{x}=\begin{pmatrix}x_1\\ x_2\\ \vdots\\ x_n\end{pmatrix},$$

则方程组(3.2)可用矩阵和向量改写成

$$\boldsymbol{Ax}=\boldsymbol{0},$$

此时称方程组的解 $\boldsymbol{x}=\begin{pmatrix}x_1\\ x_2\\ \vdots\\ x_n\end{pmatrix}$为方程组(3.2)的**解向量**.

当且仅当 $r(\boldsymbol{A})=n$ 时,方程组 $\boldsymbol{Ax}=\boldsymbol{0}$ 仅有零解,解唯一;当且仅当 $r(\boldsymbol{A})<n$ 时,方程组 $\boldsymbol{Ax}=\boldsymbol{0}$ 有非零解,有无穷多解.

为了研究方程组解的结构,需先讨论齐次方程组(3.2)的解的性质.

性质 1 若 $\boldsymbol{\xi}_1,\boldsymbol{\xi}_2$是方程组 $\boldsymbol{Ax}=\boldsymbol{0}$ 的解,则 $\boldsymbol{\xi}_1+\boldsymbol{\xi}_2$也是该方程组的解.

证 因为 $\boldsymbol{\xi}_1,\boldsymbol{\xi}_2$是方程组 $\boldsymbol{Ax}=\boldsymbol{0}$ 的解,所以 $\boldsymbol{A\xi}_1=\boldsymbol{0},\boldsymbol{A\xi}_2=\boldsymbol{0}$.于是

$$\boldsymbol{A}(\boldsymbol{\xi}_1+\boldsymbol{\xi}_2)=\boldsymbol{A\xi}_1+\boldsymbol{A\xi}_2=\boldsymbol{0}.$$

故 $\boldsymbol{\xi}_1+\boldsymbol{\xi}_2$是该方程组的解.

性质 2 若 $\boldsymbol{\xi}_1$是方程组 $\boldsymbol{Ax}=\boldsymbol{0}$ 的解,k 为任意实数,则 $k\boldsymbol{\xi}_1$也是该方程组的解.

证 若 $\boldsymbol{\xi}_1$是方程组 $\boldsymbol{Ax}=\boldsymbol{0}$ 的解,则有 $\boldsymbol{A\xi}_1=\boldsymbol{0}$.从而

$$\boldsymbol{A}(k\boldsymbol{\xi}_1)=k\boldsymbol{A\xi}_1=\boldsymbol{0}.$$

故 $k\boldsymbol{\xi}_1$是该方程组的解.

根据上述性质,容易得到以下推论.

推论 若 $\boldsymbol{\xi}_1,\boldsymbol{\xi}_2,\cdots,\boldsymbol{\xi}_s$是方程 $\boldsymbol{Ax}=\boldsymbol{0}$ 的解,其中$k_1,k_2,\cdots,k_s$为任意实数,则线性组合$k_1\boldsymbol{\xi}_1+k_2\boldsymbol{\xi}_2+\cdots+k_s\boldsymbol{\xi}_s$也是方程 $\boldsymbol{Ax}=\boldsymbol{0}$ 的解.

【注意】 由性质 1 和性质 2 可知,方程组 $\boldsymbol{Ax}=\boldsymbol{0}$ 的解的集合 $S=\{\boldsymbol{x}\,|\,\boldsymbol{Ax}=\boldsymbol{0}\}$ 对于向量加法及数乘运算封闭,即

(1) 若 $\boldsymbol{\xi}\in S$，则 $k\boldsymbol{\xi}\in S$(其中 k 为任意实数)；

(2) 若 $\boldsymbol{\xi},\boldsymbol{\eta}\in S$，则 $\boldsymbol{\xi}+\boldsymbol{\eta}\in S$.

故方程组 $\boldsymbol{Ax}=\boldsymbol{0}$ 的全体解向量构成了一个向量空间，称其为齐次线性方程组 $\boldsymbol{Ax}=\boldsymbol{0}$ 的解空间.

定义 3.9　若齐次线性方程组 $\boldsymbol{Ax}=\boldsymbol{0}$ 的有限个解 $\boldsymbol{\xi}_1,\boldsymbol{\xi}_2,\cdots,\boldsymbol{\xi}_s$ 满足：

(1) $\boldsymbol{\xi}_1,\boldsymbol{\xi}_2,\cdots,\boldsymbol{\xi}_s$ 线性无关，

(2) $\boldsymbol{Ax}=\boldsymbol{0}$ 的任意一个解均可由 $\boldsymbol{\xi}_1,\boldsymbol{\xi}_2,\cdots,\boldsymbol{\xi}_s$ 线性表示，则称 $\boldsymbol{\xi}_1,\boldsymbol{\xi}_2,\cdots,\boldsymbol{\xi}_s$ 是齐次线性方程组 $\boldsymbol{Ax}=\boldsymbol{0}$ 的一个**基础解系**.

【注意】(1) 由定义 3.9 可知，方程组的基础解系是它的解向量组的一个极大无关组，由于向量组的极大无关组不是唯一的，所以 $\boldsymbol{Ax}=\boldsymbol{0}$ 的基础解系也不是唯一的，但每一个基础解系所含向量的个数是相同的.

(2) 按定义 3.9 所述，若 $\boldsymbol{\xi}_1,\boldsymbol{\xi}_2,\cdots,\boldsymbol{\xi}_s$ 是齐次线性方程组 $\boldsymbol{Ax}=\boldsymbol{0}$ 的一个基础解系，则 $\boldsymbol{Ax}=\boldsymbol{0}$ 的全部解可表示为

$$\boldsymbol{x}=k_1\boldsymbol{\xi}_1+k_2\boldsymbol{\xi}_2+\cdots+k_s\boldsymbol{\xi}_s,$$

其中 $k_1,k_2,\cdots,k_s$ 为任意常数，而上式亦称为方程组 $\boldsymbol{Ax}=\boldsymbol{0}$ 的通解.

(3) 方程组 $\boldsymbol{Ax}=\boldsymbol{0}$ 的基础解系 $\boldsymbol{\xi}_1,\boldsymbol{\xi}_2,\cdots,\boldsymbol{\xi}_s$ 就是其解空间的一个基.

对于方程组 $\boldsymbol{Ax}=\boldsymbol{0}$，当 $r(\boldsymbol{A})=n$ 时，方程组 $\boldsymbol{Ax}=\boldsymbol{0}$ 只有零解，该方程组没有基础解系；当 $r(\boldsymbol{A})<n$ 时，方程组 $\boldsymbol{Ax}=\boldsymbol{0}$ 有非零解，是否一定会有基础解系呢？如果存在基础解系，怎样去求它的基础解系？下面的定理回答了这些问题.

定理 3.16　对于齐次线性方程组 $\boldsymbol{Ax}=\boldsymbol{0}$，若 $r(\boldsymbol{A})=r<n$，则该方程组的基础解系一定存在，且每个基础解系中所含解向量的个数均为 $n-r$，其中 n 是方程组所含未知量的个数.

证　因为 $r(\boldsymbol{A})=r<n$，故对矩阵 $\boldsymbol{A}$ 施行初等行变换(必要时可以交换未知量的次序)，可化为如下形式：

$$\boldsymbol{B}=\begin{pmatrix} 1 & 0 & \cdots & 0 & b_{11} & b_{12} & \cdots & b_{1,n-r} \\ 0 & 1 & \cdots & 0 & b_{21} & b_{22} & \cdots & b_{2,n-r} \\ \vdots & \vdots & & \vdots & \vdots & \vdots & & \vdots \\ 0 & 0 & \cdots & 1 & b_{r1} & b_{r2} & \cdots & b_{r,n-r} \\ 0 & 0 & \cdots & 0 & 0 & 0 & \cdots & 0 \\ \vdots & \vdots & & \vdots & \vdots & \vdots & & \vdots \\ 0 & 0 & \cdots & 0 & 0 & 0 & \cdots & 0 \end{pmatrix}. \tag{3.3}$$

于是齐次线性方程组 $\boldsymbol{Ax}=\boldsymbol{0}$ 与下面的方程组

$$\begin{cases} x_1=-b_{11}x_{r+1}-b_{12}x_{r+2}-\cdots-b_{1,n-r}x_n, \\ x_2=-b_{21}x_{r+1}-b_{22}x_{r+2}-\cdots-b_{2,n-r}x_n, \\ \cdots\cdots\cdots\cdots \\ x_r=-b_{r1}x_{r+1}-b_{r2}x_{r+2}-\cdots-b_{r,n-r}x_n \end{cases}$$

同解.其中 $x_{r+1},x_{r+2},\cdots,x_n$ 是自由未知量,分别取

$$\begin{pmatrix} x_{r+1} \\ x_{r+2} \\ \vdots \\ x_n \end{pmatrix}=\begin{pmatrix} 1 \\ 0 \\ \vdots \\ 0 \end{pmatrix},\begin{pmatrix} 0 \\ 1 \\ \vdots \\ 0 \end{pmatrix},\cdots,\begin{pmatrix} 0 \\ 0 \\ \vdots \\ 1 \end{pmatrix},$$

代入方程组(3.3),即可得到方程组 $\boldsymbol{Ax}=\boldsymbol{0}$ 的 $n-r$ 个解

$$\boldsymbol{\xi}_1=\begin{pmatrix} -b_{11} \\ \vdots \\ -b_{r1} \\ 1 \\ 0 \\ \vdots \\ 0 \end{pmatrix},\boldsymbol{\xi}_2=\begin{pmatrix} -b_{12} \\ \vdots \\ -b_{r2} \\ 0 \\ 1 \\ \vdots \\ 0 \end{pmatrix},\cdots,\boldsymbol{\xi}_{n-r}=\begin{pmatrix} -b_{1,n-r} \\ \vdots \\ -b_{r,n-r} \\ 0 \\ 0 \\ \vdots \\ 1 \end{pmatrix}.$$

接下来证明,$\boldsymbol{\xi}_1,\boldsymbol{\xi}_2,\cdots,\boldsymbol{\xi}_{n-r}$ 就是线性方程组 $\boldsymbol{Ax}=\boldsymbol{0}$ 的一个基础解系.

(1) 证明 $\boldsymbol{\xi}_1,\boldsymbol{\xi}_2,\cdots,\boldsymbol{\xi}_{n-r}$ 线性无关

事实上,因为 $n-r$ 个 $n-r$ 维向量

$$\begin{pmatrix} 1 \\ 0 \\ \vdots \\ 0 \end{pmatrix},\begin{pmatrix} 0 \\ 1 \\ \vdots \\ 0 \end{pmatrix},\cdots,\begin{pmatrix} 0 \\ 0 \\ \vdots \\ 1 \end{pmatrix}$$

线性无关,所以 $n-r$ 个 n 维向量 $\boldsymbol{\xi}_1,\boldsymbol{\xi}_2,\cdots,\boldsymbol{\xi}_{n-r}$ 亦线性无关.

(2) 证明方程组 $\boldsymbol{Ax}=\boldsymbol{0}$ 的任一解都可表示为 $\boldsymbol{\xi}_1,\boldsymbol{\xi}_2,\cdots,\boldsymbol{\xi}_{n-r}$ 的线性组合

事实上,根据方程组(3.3)可知

$$\boldsymbol{x}=\begin{pmatrix} x_1 \\ x_2 \\ \vdots \\ x_r \\ x_{r+1} \\ x_{r+2} \\ \vdots \\ x_n \end{pmatrix}=\begin{pmatrix} -b_{11}x_{r+1}-b_{12}x_{r+2}-\cdots-b_{1,n-r}x_n \\ -b_{21}x_{r+1}-b_{22}x_{r+2}-\cdots-b_{2,n-r}x_n \\ \vdots \\ -b_{r1}x_{r+1}-b_{r2}x_{r+2}-\cdots-b_{r,n-r}x_n \\ x_{r+1} \\ x_{r+2} \\ \vdots \\ x_n \end{pmatrix}$$

$$=x_{r+1}\begin{pmatrix}-b_{11}\\-b_{21}\\\vdots\\-b_{r1}\\1\\0\\\vdots\\0\end{pmatrix}+x_{r+2}\begin{pmatrix}-b_{12}\\-b_{22}\\\vdots\\-b_{r2}\\0\\1\\\vdots\\0\end{pmatrix}+\cdots+x_n\begin{pmatrix}-b_{1,n-r}\\-b_{2,n-r}\\\vdots\\-b_{r,n-r}\\0\\0\\\vdots\\1\end{pmatrix}$$

$$=x_{r+1}\boldsymbol{\xi}_1+x_{r+2}\boldsymbol{\xi}_2+\cdots+x_n\boldsymbol{\xi}_{n-r},$$

即解 $\boldsymbol{x}$ 都可由 $\boldsymbol{\xi}_1,\boldsymbol{\xi}_2,\cdots,\boldsymbol{\xi}_{n-r}$ 线性表示.

综合(1),(2)可知,$\boldsymbol{\xi}_1,\boldsymbol{\xi}_2,\cdots,\boldsymbol{\xi}_{n-r}$ 是方程组 $\boldsymbol{Ax}=\boldsymbol{0}$ 的一个基础解系.

【注意】(1) 定理 3.16 的证明过程实际上已经给出了求齐次线性方程组的基础解系的方法:

若已知 $\boldsymbol{\xi}_1,\boldsymbol{\xi}_2,\cdots,\boldsymbol{\xi}_{n-r}$ 是线性方程组 $\boldsymbol{Ax}=\boldsymbol{0}$ 的一个基础解系,则 $\boldsymbol{Ax}=\boldsymbol{0}$ 的全部解可表示为

$$k_1\boldsymbol{\xi}_1+k_2\boldsymbol{\xi}_2+\cdots+k_{n-r}\boldsymbol{\xi}_{n-r},$$

其中 $k_1,k_2,\cdots,k_{n-r}$ 为任意实数.上式称为线性方程组 $\boldsymbol{Ax}=\boldsymbol{0}$ 的通解.由于 $\boldsymbol{Ax}=\boldsymbol{0}$ 的基础解系并不是唯一的,它的通解形式也不是唯一的.

(2) 定理 3.16 也回答了在第一章中克拉默法则的推论中留下的问题,在那里曾指出 $\boldsymbol{Ax}=\boldsymbol{0}$($\boldsymbol{A}$ 为 n 阶方阵)有非零解的必要条件是 $|\boldsymbol{A}|=0$,现在知道 $|\boldsymbol{A}|=0$,即 $r(\boldsymbol{A})<n$ 时,$\boldsymbol{Ax}=\boldsymbol{0}$ 必有非零解.于是得到结论:

$$\boldsymbol{Ax}=\boldsymbol{0}\text{ 有非零解等价于 }|\boldsymbol{A}|=0.$$

(3) 定理 3.16 给出齐次线性方程组解的结构的一个重要特征:系数矩阵的秩+基础解系所含未知量的个数=未知量的个数.

例 1　求齐次方程组

$$\begin{cases}x_1-3x_2-2x_3=0,\\-x_1+x_2+x_3=0\end{cases}$$

的基础解系和通解.

解　对系数矩阵作初等行变换:

$$\begin{pmatrix}1&-3&-2\\-1&1&1\end{pmatrix}\to\begin{pmatrix}1&-3&-2\\0&-2&-1\end{pmatrix}\to\begin{pmatrix}1&-3&-2\\0&1&\dfrac{1}{2}\end{pmatrix}\to\begin{pmatrix}1&0&-\dfrac{1}{2}\\0&1&\dfrac{1}{2}\end{pmatrix},$$

由此可得同解的线性方程组为

$$\begin{cases} x_1-\dfrac{1}{2}x_3=0, \\ x_2+\dfrac{1}{2}x_3=0 \end{cases}$$（其中 x_3 为自由未知量）.

令 $x_3=1$，由于 $n=3,r=2,n-r=1$，故方程组的基础解系含一个向量 $\boldsymbol{\xi}=\begin{pmatrix} \dfrac{1}{2} \\ -\dfrac{1}{2} \\ 1 \end{pmatrix}$，当然也可取基础解系为 $\begin{pmatrix} 1 \\ -1 \\ 2 \end{pmatrix}$，方程组的通解为 $\boldsymbol{x}=k\begin{pmatrix} 1 \\ -1 \\ 2 \end{pmatrix}$，$k\in\mathbf{R}$.

例 2 求齐次线性方程组

$$\begin{cases} x_1+x_2-x_3-x_4=0, \\ 2x_1-5x_2+3x_3+2x_4=0, \\ 7x_1-7x_2+3x_3+x_4=0 \end{cases}$$

的基础解系与通解.

解 对系数矩阵 $\boldsymbol{A}$ 作初等行变换，化为行最简形矩阵：

$$\boldsymbol{A}=\begin{pmatrix} 1 & 1 & -1 & -1 \\ 2 & -5 & 3 & 2 \\ 7 & -7 & 3 & 1 \end{pmatrix}\to\begin{pmatrix} 1 & 1 & -1 & -1 \\ 0 & -7 & 5 & 4 \\ 0 & -14 & 10 & 8 \end{pmatrix}$$

$$\to\begin{pmatrix} 1 & 1 & -1 & -1 \\ 0 & 1 & -\dfrac{5}{7} & -\dfrac{4}{7} \\ 0 & 0 & 0 & 0 \end{pmatrix}\to\begin{pmatrix} 1 & 0 & -\dfrac{2}{7} & -\dfrac{3}{7} \\ 0 & 1 & -\dfrac{5}{7} & -\dfrac{4}{7} \\ 0 & 0 & 0 & 0 \end{pmatrix}.$$

由此可得同解的线性方程组为

$$\begin{cases} x_1-\dfrac{2}{7}x_3-\dfrac{3}{7}x_4=0, \\ x_2-\dfrac{5}{7}x_3-\dfrac{4}{7}x_4=0 \end{cases}$$（其中 x_3,x_4 为自由未知量），

即

$$\begin{cases} x_1=\dfrac{2}{7}x_3+\dfrac{3}{7}x_4, \\ x_2=\dfrac{5}{7}x_3+\dfrac{4}{7}x_4. \end{cases}$$

分别令$\begin{pmatrix}x_3\\x_4\end{pmatrix}=\begin{pmatrix}1\\0\end{pmatrix}$或$\begin{pmatrix}0\\1\end{pmatrix}$，则对应有$\begin{pmatrix}x_1\\x_2\end{pmatrix}=\begin{pmatrix}\frac{2}{7}\\\frac{5}{7}\end{pmatrix}$或$\begin{pmatrix}\frac{3}{7}\\\frac{4}{7}\end{pmatrix}$，即得基础解系为

$$\boldsymbol{\xi}_1=\begin{pmatrix}\frac{2}{7}\\\frac{5}{7}\\1\\0\end{pmatrix},\quad \boldsymbol{\xi}_2=\begin{pmatrix}\frac{3}{7}\\\frac{4}{7}\\0\\1\end{pmatrix}.$$

并得出通解 $\boldsymbol{x}=k_1\boldsymbol{\xi}_1+k_2\boldsymbol{\xi}_2$，即

$$\begin{pmatrix}x_1\\x_2\\x_3\\x_4\end{pmatrix}=k_1\begin{pmatrix}\frac{2}{7}\\\frac{5}{7}\\1\\0\end{pmatrix}+k_2\begin{pmatrix}\frac{3}{7}\\\frac{4}{7}\\0\\1\end{pmatrix}\ (k_1,k_2\in\mathbf{R}).$$

例 3　求齐次线性方程组

$$\begin{cases}x_1+x_2-3x_4-x_5=0,\\x_1-x_2+2x_3-x_4+x_5=0,\\4x_1-2x_2+6x_3-5x_4+x_5=0,\\2x_1+4x_2-2x_3+4x_4-16x_5=0\end{cases}$$

的一个基础解系，并用基础解系表示方程组的通解.

解　对方程组的系数矩阵 $\boldsymbol{A}$ 作初等行变换，化为行最简形矩阵：

$$\boldsymbol{A}=\begin{pmatrix}1&1&0&-3&-1\\1&-1&2&-1&1\\4&-2&6&-5&1\\2&4&-2&4&-16\end{pmatrix}\to\begin{pmatrix}1&1&0&-3&-1\\0&-2&2&2&2\\0&-6&6&7&5\\0&2&-2&10&-14\end{pmatrix}$$

$$\to\begin{pmatrix}1&1&0&-3&-1\\0&-2&2&2&2\\0&0&0&1&-1\\0&0&0&12&-12\end{pmatrix}\to\begin{pmatrix}1&0&1&-2&0\\0&1&-1&-1&-1\\0&0&0&1&-1\\0&0&0&0&0\end{pmatrix}$$

$$\to\begin{pmatrix}1&0&1&-2&0\\0&1&-1&0&-2\\0&0&0&1&-1\\0&0&0&0&0\end{pmatrix}.$$

由此可得同解的线性方程组为

$$\begin{cases} x_1+x_3-2x_5=0, \\ x_2-x_3-2x_5=0, \\ x_4-x_5=0, \end{cases}$$

即
$$\begin{cases} x_1=-x_3+2x_5, \\ x_2=x_3+2x_5, \quad (\text{其中 } x_3, x_5 \text{为自由未知量}). \\ x_4=x_5 \end{cases}$$

令 $\begin{pmatrix} x_3 \\ x_5 \end{pmatrix}=\begin{pmatrix} 1 \\ 0 \end{pmatrix}$ 或 $\begin{pmatrix} 0 \\ 1 \end{pmatrix}$，则对应有 $\begin{pmatrix} x_1 \\ x_2 \\ x_4 \end{pmatrix}=\begin{pmatrix} -1 \\ 1 \\ 0 \end{pmatrix}$ 或 $\begin{pmatrix} 2 \\ 2 \\ 1 \end{pmatrix}$，即得基础解系为

$$\boldsymbol{\xi}_1=\begin{pmatrix} -1 \\ 1 \\ 1 \\ 0 \\ 0 \end{pmatrix}, \quad \boldsymbol{\xi}_2=\begin{pmatrix} 2 \\ 2 \\ 0 \\ 1 \\ 1 \end{pmatrix}.$$

由此可得通解为 $\boldsymbol{x}=k_1\boldsymbol{\xi}_1+k_2\boldsymbol{\xi}_2$，即

$$\begin{pmatrix} x_1 \\ x_2 \\ x_3 \\ x_4 \\ x_5 \end{pmatrix}=k_1\begin{pmatrix} -1 \\ 1 \\ 1 \\ 0 \\ 0 \end{pmatrix}+k_2\begin{pmatrix} 2 \\ 2 \\ 0 \\ 1 \\ 1 \end{pmatrix} \quad (k_1, k_2 \in \mathbf{R}).$$

例 4 试写出一个齐次线性方程组，使它的基础解系由下列向量组成：

$$\boldsymbol{\xi}_1=\begin{pmatrix} 1 \\ -1 \\ 0 \\ 2 \end{pmatrix}, \quad \boldsymbol{\xi}_2=\begin{pmatrix} 2 \\ 0 \\ 1 \\ -3 \end{pmatrix}.$$

解 设所求齐次线性方程组为 $\boldsymbol{Ax}=\boldsymbol{0}$，系数矩阵 $\boldsymbol{A}$ 的某行向量形如 $\boldsymbol{\alpha}=(a_1, a_2, a_3, a_4)$，由于方程组有基础解系为 $\boldsymbol{\xi}_1, \boldsymbol{\xi}_2$，故 $\boldsymbol{\alpha\xi}_1=\boldsymbol{0}, \boldsymbol{\alpha\xi}_2=\boldsymbol{0}$，即

$$\begin{cases} a_1-a_2+2a_4=0, \\ 2a_1+a_3-3a_4=0. \end{cases}$$

为解此方程组，对其系数矩阵进行初等行变换：

$$\begin{pmatrix} 1 & -1 & 0 & 2 \\ 2 & 0 & 1 & -3 \end{pmatrix} \to \begin{pmatrix} 1 & -1 & 0 & 2 \\ 0 & 2 & 1 & -7 \end{pmatrix}$$

$$\rightarrow\begin{pmatrix}1 & -1 & 0 & 2\\ 0 & 1 & \frac{1}{2} & -\frac{7}{2}\end{pmatrix}\rightarrow\begin{pmatrix}1 & 0 & \frac{1}{2} & -\frac{3}{2}\\ 0 & 1 & \frac{1}{2} & -\frac{7}{2}\end{pmatrix}.$$

其基础解系为

$$\begin{pmatrix}-1\\-1\\2\\0\end{pmatrix},\quad\begin{pmatrix}3\\7\\0\\2\end{pmatrix}.$$

故矩阵 $\boldsymbol{A}$ 的行向量可取 $\boldsymbol{\alpha}_1=(-1,-1,2,0)$，$\boldsymbol{\alpha}_2=(3,7,0,2)$，那么所求方程组即可写为

$$\begin{cases}-x_1-x_2+2x_3=0,\\3x_1+7x_2+2x_4=0.\end{cases}$$

【课堂练习】

求齐次方程组

$$\begin{cases}x_1-x_2+3x_3+3x_4+10x_5-4x_6=0,\\-x_1+2x_2-4x_3-4x_4-13x_5+7x_6=0,\\x_1-3x_2+5x_3+6x_4+18x_5-11x_6=0,\\x_2-x_3+x_4+x_5+x_6=0\end{cases}$$

的基础解系和通解.

3.5.2　非齐次线性方程组解的结构

设有非齐次线性方程组

$$\begin{cases}a_{11}x_1+a_{12}x_2+\cdots+a_{1n}x_n=b_1,\\a_{21}x_1+a_{22}x_2+\cdots+a_{2n}x_n=b_2,\\\cdots\cdots\cdots\cdots\\a_{m1}x_1+a_{m2}x_2+\cdots+a_{mn}x_n=b_m.\end{cases}\tag{3.1}$$

它也可以写为矩阵方程

$$\boldsymbol{Ax}=\boldsymbol{b}.$$

在方程组(3.1)中令 $\boldsymbol{b}=\boldsymbol{0}$，得到的齐次线性方程组 $\boldsymbol{Ax}=\boldsymbol{0}$ 称为 $\boldsymbol{Ax}=\boldsymbol{b}$ 对应的**齐次线性方程组**(也称为**导出组**).

下面讨论非齐次线性方程组的解的性质.

性质 1　设 $\boldsymbol{\eta}_1,\boldsymbol{\eta}_2$ 是非齐次线性方程组 $\boldsymbol{Ax}=\boldsymbol{b}$ 的解，则 $\boldsymbol{\eta}_1-\boldsymbol{\eta}_2$ 是对应的齐次线性方程组 $\boldsymbol{Ax}=\boldsymbol{0}$ 的解.

证 由 $\boldsymbol{\eta}_1,\boldsymbol{\eta}_2$是 $\boldsymbol{Ax}=\boldsymbol{b}$ 的解可知，$\boldsymbol{A\eta}_1=\boldsymbol{b},\boldsymbol{A\eta}_2=\boldsymbol{b}$，于是

$$\boldsymbol{A}(\boldsymbol{\eta}_1-\boldsymbol{\eta}_2)=\boldsymbol{A\eta}_1-\boldsymbol{A\eta}_2=\boldsymbol{b}-\boldsymbol{b}=\boldsymbol{0},$$

即 $\boldsymbol{\eta}_1-\boldsymbol{\eta}_2$是对应的齐次线性方程组 $\boldsymbol{Ax}=\boldsymbol{0}$ 的解.

性质 2 设 $\boldsymbol{\eta}$ 是非齐次线性方程组 $\boldsymbol{Ax}=\boldsymbol{b}$ 的解，$\boldsymbol{\xi}$ 为对应的导出组 $\boldsymbol{Ax}=\boldsymbol{0}$ 的解，则 $\boldsymbol{x}=\boldsymbol{\xi}+\boldsymbol{\eta}$ 为非齐次线性方程组 $\boldsymbol{Ax}=\boldsymbol{b}$ 的解.

证 由 $\boldsymbol{\eta}$ 是非齐次线性方程组 $\boldsymbol{Ax}=\boldsymbol{b}$ 的解，$\boldsymbol{\xi}$ 为对应的导出组的解知，$\boldsymbol{A\xi}=\boldsymbol{0},\boldsymbol{A\eta}=\boldsymbol{b}$.于是

$$\boldsymbol{Ax}=\boldsymbol{A}(\boldsymbol{\xi}+\boldsymbol{\eta})=\boldsymbol{A\xi}+\boldsymbol{A\eta}=\boldsymbol{b},$$

所以 $\boldsymbol{\xi}+\boldsymbol{\eta}$ 是非齐次线性方程组 $\boldsymbol{Ax}=\boldsymbol{b}$ 的解.

定理 3.17 设 $\boldsymbol{\eta}^*$ 是非齐次线性方程组 $\boldsymbol{Ax}=\boldsymbol{b}$ 的一个解（称为特解），$\boldsymbol{\xi}$ 是对应齐次方程组 $\boldsymbol{Ax}=\boldsymbol{0}$ 的通解，则 $\boldsymbol{x}=\boldsymbol{\xi}+\boldsymbol{\eta}^*$ 为非齐次线性方程组 $\boldsymbol{Ax}=\boldsymbol{b}$ 的通解.

证 根据性质 2 知，$\boldsymbol{x}=\boldsymbol{\xi}+\boldsymbol{\eta}^*$ 是方程组 $\boldsymbol{Ax}=\boldsymbol{b}$ 的解，为证明是方程组的通解，只需证明非齐次线性方程组的任一解 $\boldsymbol{\eta}$ 一定能表示为 $\boldsymbol{\eta}^*$ 与 $\boldsymbol{Ax}=\boldsymbol{0}$ 的某一个解 $\boldsymbol{\xi}_1$的和.为此取 $\boldsymbol{\xi}_1=\boldsymbol{\eta}-\boldsymbol{\eta}^*$，由此可知，$\boldsymbol{\xi}_1$是 $\boldsymbol{Ax}=\boldsymbol{0}$ 的解.故

$$\boldsymbol{\eta}=\boldsymbol{\xi}_1+\boldsymbol{\eta}^*,$$

即方程组 $\boldsymbol{Ax}=\boldsymbol{b}$ 的任一解 $\boldsymbol{\eta}$ 都能表示为该方程组 $\boldsymbol{Ax}=\boldsymbol{0}$ 的某一个解 $\boldsymbol{\xi}_1$与 $\boldsymbol{\eta}^*$ 的和，故 $\boldsymbol{x}=\boldsymbol{\xi}+\boldsymbol{\eta}^*$ 是非齐次线性方程组 $\boldsymbol{Ax}=\boldsymbol{b}$ 的通解.

【注意】 若 $\boldsymbol{\xi}_1,\boldsymbol{\xi}_2,\cdots,\boldsymbol{\xi}_{n-r}$ 是 $\boldsymbol{Ax}=\boldsymbol{0}$ 的基础解系，$\boldsymbol{\eta}^*$ 是 $\boldsymbol{Ax}=\boldsymbol{b}$ 的一个特解，则根据定理 3.17，非齐次线性方程组 $\boldsymbol{Ax}=\boldsymbol{b}$ 的通解可表示为

$$\boldsymbol{x}=k_1\boldsymbol{\xi}_1+k_2\boldsymbol{\xi}_2+\cdots+k_{n-r}\boldsymbol{\xi}_{n-r}+\boldsymbol{\eta}^*,$$

其中$k_1,k,\cdots,k_{n-r}\in\mathbf{R}$.

这就是非齐次线性方程组解的结构理论：$\boldsymbol{Ax}=\boldsymbol{b}$ 的通解为其导出组 $\boldsymbol{Ax}=\boldsymbol{0}$ 的通解与 $\boldsymbol{Ax}=\boldsymbol{b}$ 的一个特解相加后的线性组合.

综合前面的讨论，设有非齐次线性方程组 $\boldsymbol{Ax}=\boldsymbol{b}$，而 $\boldsymbol{\alpha}_1,\boldsymbol{\alpha}_2,\cdots,\boldsymbol{\alpha}_n$是系数矩阵 $\boldsymbol{A}$ 的列向量组，则下列命题是等价的：

(1) 非齐次线性方程组 $\boldsymbol{Ax}=\boldsymbol{b}$ 有解；

(2) 向量 $\boldsymbol{b}$ 能由向量组 $\boldsymbol{\alpha}_1,\boldsymbol{\alpha}_2,\cdots,\boldsymbol{\alpha}_n$线性表示；

(3) 向量组 $\boldsymbol{\alpha}_1,\boldsymbol{\alpha}_2,\cdots,\boldsymbol{\alpha}_n$与向量组 $\boldsymbol{\alpha}_1,\boldsymbol{\alpha}_2,\cdots,\boldsymbol{\alpha}_n,\boldsymbol{b}$ 等价；

(4) $r(\boldsymbol{A})=r(\boldsymbol{A},\boldsymbol{b})$.

根据前面的讨论，可以把求解非齐次线性方程组全部解的步骤归纳如下：

(1) 对方程组 $\boldsymbol{Ax}=\boldsymbol{b}$ 的增广矩阵$\overline{\boldsymbol{A}}=(\boldsymbol{A},\boldsymbol{b})$作初等行变换，化为阶梯形矩阵，然后写出相应的阶梯形方程组（与原方程组同解）；

(2) 通过阶梯形方程组确定自由未知量，将含自由未知量的项移至方程右边；

(3) 求非齐次方程组的一个特解，在第(2)步的方程组中将自由未知量任意取值（特别

地，取零值最简便）可求出其他未知量之值，这样就得到了一个特解；

（4）求出导出组的一个基础解系，这时须令第（2）步中方程组的常数项为零；

（5）非齐次方程组的全部解（或通解）就是特解加上导出组的基础解系的线性组合（即原方程组的特解加上导出组的通解）．

例 5　求下列方程组的通解：

$$\begin{cases}x_1-x_2-x_3+x_4=0,\\x_1-x_2+x_3-3x_4=1,\\x_1-x_2-2x_3+3x_4=-\dfrac{1}{2}.\end{cases}$$

解　对增广矩阵$\overline{\boldsymbol{A}}$作初等行变换，化为行最简形矩阵：

$$\overline{\boldsymbol{A}}=\begin{pmatrix}1&-1&-1&1&0\\1&-1&1&-3&1\\1&-1&-2&3&-\dfrac{1}{2}\end{pmatrix}\to\begin{pmatrix}1&-1&-1&1&0\\0&0&2&-4&1\\0&0&-1&2&-\dfrac{1}{2}\end{pmatrix}$$

$$\to\begin{pmatrix}1&-1&0&-1&\dfrac{1}{2}\\0&0&1&-2&\dfrac{1}{2}\\0&0&0&0&0\end{pmatrix}.$$

因此$r(\boldsymbol{A})=r(\overline{\boldsymbol{A}})=2<4$，故原方程组有无穷多解，同解的线性方程组为

$$\begin{cases}x_1-x_2-x_4=\dfrac{1}{2},\\x_3-2x_4=\dfrac{1}{2}.\end{cases}$$

将其改写为

$$\begin{cases}x_1=x_2+x_4+\dfrac{1}{2},\\x_3=2x_4+\dfrac{1}{2}.\end{cases}$$

取$x_2=x_4=0$，则$x_1=x_3=\dfrac{1}{2}$，即得原方程组的一个解

$$\boldsymbol{\eta}^*=\begin{pmatrix}\dfrac{1}{2}\\0\\\dfrac{1}{2}\\0\end{pmatrix}.$$

原方程组的导出组与方程组$\begin{cases}x_1=x_2+x_4,\\x_3=2x_4\end{cases}$同解,其中 x_2,x_4 为自由未知量.分别令

$\begin{pmatrix}x_2\\x_4\end{pmatrix}=\begin{pmatrix}1\\0\end{pmatrix}$或$\begin{pmatrix}0\\1\end{pmatrix}$,则对应有$\begin{pmatrix}x_1\\x_3\end{pmatrix}=\begin{pmatrix}1\\0\end{pmatrix}$或$\begin{pmatrix}1\\2\end{pmatrix}$,即得基础解系为

$$\boldsymbol{\xi}_1=\begin{pmatrix}1\\1\\0\\0\end{pmatrix},\quad \boldsymbol{\xi}_2=\begin{pmatrix}1\\0\\2\\1\end{pmatrix}.$$

于是,所求的通解为

$$\boldsymbol{x}=k_1\boldsymbol{\xi}_1+k_2\boldsymbol{\xi}_2+\boldsymbol{\eta}^*=k_1\begin{pmatrix}1\\1\\0\\0\end{pmatrix}+k_2\begin{pmatrix}1\\0\\2\\1\end{pmatrix}+\begin{pmatrix}\frac{1}{2}\\0\\\frac{1}{2}\\0\end{pmatrix}(k_1,k_2\in\mathbf{R}).$$

例 6 设线性方程组$\begin{cases}ax_1+x_2+x_3=1,\\x_1+ax_2+x_3=1,\\x_1+x_2+ax_3=-2\end{cases}$无解,求常数 a 的值.

解 由于非齐次线性方程组无解,系数矩阵 $\mathbf{A}$ 为三阶方阵,所以其行列式为零,即

$$|\mathbf{A}|=\begin{vmatrix}a&1&1\\1&a&1\\1&1&a\end{vmatrix}=(a+2)(a-1)^2=0.$$

于是 $a=-2$ 或 $a=0$.当 $a=-2$ 时,$r(\mathbf{A})=2$,$r(\overline{\mathbf{A}})=2$,方程组有无穷多解;当 $a=1$ 时,$r(\mathbf{A})=1$,$r(\overline{\mathbf{A}})=2$,方程组无解.因此,$a=1$.

例 7 设四元非齐次线性方程组 $\mathbf{A}\boldsymbol{x}=\boldsymbol{b}$ 的系数矩阵 $\mathbf{A}$ 的秩为 3,已知它的三个解向量为 $\boldsymbol{\eta}_1,\boldsymbol{\eta}_2,\boldsymbol{\eta}_3$,其中

$$\boldsymbol{\eta}_1=\begin{pmatrix}3\\-4\\1\\2\end{pmatrix},\quad \boldsymbol{\eta}_2+\boldsymbol{\eta}_3=\begin{pmatrix}4\\6\\8\\0\end{pmatrix},$$

求方程组的通解.

解 根据题意,方程组 $\mathbf{A}\boldsymbol{x}=\boldsymbol{b}$ 的导出组的基础解系含 $4-3=1$ 个向量,于是导出组的任一非零解都可作为基础解系.显然

$$\boldsymbol{\xi}=\boldsymbol{\eta}_1-\frac{1}{2}(\boldsymbol{\eta}_2+\boldsymbol{\eta}_3)=\begin{pmatrix}1\\-7\\-3\\2\end{pmatrix}\neq 0$$

是导出组的非零解,可作为基础解系.于是方程组 $\boldsymbol{Ax}=\boldsymbol{b}$ 的通解为

$$\boldsymbol{x}=\boldsymbol{\eta}_1+k\boldsymbol{\xi}=\begin{pmatrix}3\\-4\\1\\2\end{pmatrix}+k\begin{pmatrix}1\\-7\\-3\\2\end{pmatrix}(k\in\mathbf{R}).$$

例 8　已知 $\boldsymbol{\xi}_1=\begin{pmatrix}1\\2\\3\\4\end{pmatrix},\boldsymbol{\xi}_2=\begin{pmatrix}1\\1\\1\\1\end{pmatrix},\boldsymbol{\xi}_3=\begin{pmatrix}-1\\0\\1\\3\end{pmatrix}$ 是四元非齐次方程组 $\boldsymbol{Ax}=\boldsymbol{b}$ 的 3 个解,且 $r(\boldsymbol{A})=2$,求该方程组的通解.

解　由于 $\boldsymbol{\xi}_1=\begin{pmatrix}1\\2\\3\\4\end{pmatrix},\boldsymbol{\xi}_2=\begin{pmatrix}1\\1\\1\\1\end{pmatrix},\boldsymbol{\xi}_3=\begin{pmatrix}-1\\0\\1\\3\end{pmatrix}$ 是方程组 $\boldsymbol{Ax}=\boldsymbol{b}$ 的 3 个解,故

$$\boldsymbol{\xi}_2-\boldsymbol{\xi}_1=\begin{pmatrix}0\\-1\\-2\\-3\end{pmatrix},\quad \boldsymbol{\xi}_3-\boldsymbol{\xi}_1=\begin{pmatrix}-2\\-2\\-2\\-1\end{pmatrix}$$

是对应齐次方程组 $\boldsymbol{Ax}=\mathbf{0}$ 解,易见 $\boldsymbol{\xi}_2-\boldsymbol{\xi}_1$ 与 $\boldsymbol{\xi}_3-\boldsymbol{\xi}_1$ 线性无关.

再由 $n=4,r(\boldsymbol{A})=2$ 知,方程组 $\boldsymbol{Ax}=\mathbf{0}$ 的基础解系应该含有两个线性无关向量,故 $\boldsymbol{\xi}_2-\boldsymbol{\xi}_1$ 与 $\boldsymbol{\xi}_3-\boldsymbol{\xi}_1$ 可作为方程组 $\boldsymbol{Ax}=\mathbf{0}$ 的基础解系.进一步,可以写出方程组 $\boldsymbol{Ax}=\boldsymbol{b}$ 的通解为

$$\begin{aligned}\boldsymbol{x}&=k_1(\boldsymbol{\xi}_2-\boldsymbol{\xi}_1)+k_2(\boldsymbol{\xi}_3-\boldsymbol{\xi}_1)+\boldsymbol{\xi}_1\\&=k_1\begin{pmatrix}0\\-1\\-2\\-3\end{pmatrix}+k_2\begin{pmatrix}-2\\-2\\-2\\-1\end{pmatrix}+\begin{pmatrix}1\\2\\3\\4\end{pmatrix},\quad k_1,k_2\in\mathbf{R}.\end{aligned}$$

【课堂练习】

求非齐次方程组

$$\begin{cases}x_1+2x_2-x_3-x_4=0,\\2x_1-x_2+x_3+2x_4=5,\\-x_1+x_2-2x_3-3x_4=-5\end{cases}$$

的通解.

习题 3.5

1. 判断题.

(1) 有非零解的齐次线性方程组的基础解系是唯一的. (　　)

(2) 有无穷多解的非齐次线性方程组的通解的形式不唯一. (　　)

(3) 若非齐次线性方程组 $\boldsymbol{Ax}=\boldsymbol{b}$ 的导出组 $\boldsymbol{Ax}=\boldsymbol{0}$ 只有零解,则 $\boldsymbol{Ax}=\boldsymbol{b}$ 有唯一解. (　　)

(4) 若非齐次线性方程组 $\boldsymbol{Ax}=\boldsymbol{b}$ 有解,则它有唯一解的充分必要条件是它的导出组 $\boldsymbol{Ax}=\boldsymbol{0}$ 只有零解. (　　)

(5) 若非齐次线性方程组有解,则它要么有唯一解,要么有无穷多解. (　　)

2. 求下列齐次线性方程组的基础解系.

(1) $\begin{cases}x_1-8x_2+10x_3+2x_4=0,\\2x_1+4x_2+5x_3-x_4=0,\\3x_1+8x_2+6x_3-2x_4=0;\end{cases}$　　(2) $\begin{cases}2x_1-3x_2-2x_3+x_4=0,\\3x_1+5x_2+4x_3-2x_4=0,\\8x_1+7x_2+6x_3-3x_4=0.\end{cases}$

3. 求下列齐次线性方程组的基础解系和通解.

(1) $\begin{cases}x_1+x_2-x_3-x_4=0,\\2x_1-5x_2+3x_3+2x_4=0,\\7x_1-7x_2+3x_3+x_4=0;\end{cases}$　　(2) $\begin{cases}x_1-x_2+2x_4+x_5=0,\\3x_1-3x_2+7x_4=0,\\x_1-x_2+2x_3+3x_4+2x_5=0,\\2x_1-2x_2+2x_3+7x_4-3x_5=0;\end{cases}$

(3) $\begin{cases}x_1+x_2+x_3-x_4=0,\\x_1-x_2+x_3-3x_4=0,\\x_1+3x_2+x_3+x_4=0;\end{cases}$　　(4) $\begin{cases}2x_1-3x_2-2x_3+x_4=0,\\3x_1+5x_2+4x_3-2x_4=0,\\8x_1+7x_2+6x_3-3x_4=0.\end{cases}$

4. 求下列非齐次线性方程组的通解.

(1) $\begin{cases}x_1+x_2-2x_3-x_4=1,\\3x_1-x_2+x_3+4x_4=4,\\x_1+5x_2-9x_3-8x_4=0;\end{cases}$　　(2) $\begin{cases}x_1+x_2+x_3+x_4+x_5=7,\\3x_1+x_2+2x_3+x_4-3x_5=-2,\\2x_2+x_3+2x_4+6x_5=23;\end{cases}$

(3) $\begin{cases} x_1+x_2=5, \\ 2x_1+x_2+x_3+2x_4=1, \\ 5x_1+3x_2+2x_3+2x_4=3; \end{cases}$　　(4) $\begin{cases} x_1+x_2=5, \\ 2x_1+x_2+x_3+2x_4=1, \\ 5x_1+3x_2+2x_3+2x_4=3; \end{cases}$

(5) $\begin{cases} 2x_1+x_2-x_3+x_4=1, \\ x_1+2x_2+x_3-x_4=2, \\ x_1+x_2+2x_3+x_4=3. \end{cases}$　　(6) $\begin{cases} x_1+3x_3+x_4=2, \\ x_1-3x_2+x_4=-1, \\ 2x_1+x_2+7x_3+2x_4=5, \\ 4x_1+2x_2+14x_3=6; \end{cases}$

5. 设 $\boldsymbol{\alpha}_1,\boldsymbol{\alpha}_2$ 是某个齐次线性方程组的基础解系，证明 $\boldsymbol{\alpha}_1+\boldsymbol{\alpha}_2, 2\boldsymbol{\alpha}_1-\boldsymbol{\alpha}_2$ 是该线性方程组的基础解系.

6. 设四元非齐次线性方程组 $\boldsymbol{Ax}=\boldsymbol{b}$ 的系数矩阵 $\boldsymbol{A}$ 的秩为 2，已知它的 3 个解向量为 $\boldsymbol{\eta}_1,\boldsymbol{\eta}_2,\boldsymbol{\eta}_3$，其中

$$\boldsymbol{\eta}_1=\begin{pmatrix}4\\3\\2\\1\end{pmatrix},\quad \boldsymbol{\eta}_2=\begin{pmatrix}1\\3\\5\\1\end{pmatrix},\quad \boldsymbol{\eta}_3=\begin{pmatrix}-2\\6\\3\\2\end{pmatrix},$$

求该方程组的通解.

7. 设 $\boldsymbol{\eta}^*$ 是非齐次线性方程组 $\boldsymbol{Ax}=\boldsymbol{b}$ 的一个解，$\boldsymbol{\xi}_1,\boldsymbol{\xi}_2,\cdots,\boldsymbol{\xi}_{n-r}$ 是对应的齐次线性方程组的一个基础解系.证明：

(1) $\boldsymbol{\eta}^*,\boldsymbol{\xi}_1,\boldsymbol{\xi}_2,\cdots,\boldsymbol{\xi}_{n-r}$ 线性无关；

(2) $\boldsymbol{\eta}^*,\boldsymbol{\eta}^*+\boldsymbol{\xi}_1,\boldsymbol{\eta}^*+\boldsymbol{\xi}_2,\cdots,\boldsymbol{\eta}^*+\boldsymbol{\xi}_{n-r}$ 线性无关.

8.【22 安徽】求齐次线性方程组

$$\begin{cases} x_1+x_2+x_3+x_4=0, \\ 3x_1+2x_2+x_3+x_4=0, \\ x_2+2x_3+2x_4=0, \\ 6x_1+5x_2+4x_3+4x_4=0 \end{cases}$$

的通解.

9.【23 重庆】齐次线性方程 $\boldsymbol{Ax}=\boldsymbol{0}$，且 $\boldsymbol{A}$ 为 n 阶方阵，若 $r(\boldsymbol{A})<n$ 有非零解，则其基础解系中解向量的个数为________.

10.【23 重庆】求线性方程组 $\begin{cases} x_1+x_2+2x_3=1, \\ x_1+x_3=2, \\ 5x_1+3x_2+(a+6)x_3-b+5 \end{cases}$ 的通解.

实践与实验

1. 线性方程组在经济学、社会学、统计学等方面的应用

应用案例——任务分派问题

例 1 一家服装厂共有 3 个加工车间，第 1 个车间用 1 匹布能生产 4 件衬衫、15 条长裤和 3 件外衣，第 2 个车间用 1 匹布能生产 4 件衬衫、5 条长裤和 9 件外衣，第 3 个车间用 1 匹布能生产 8 件衬衫、10 条长裤和 3 件外衣．现该厂接到一个订单，要求供应 2 000 件衬衫、3 500条长裤和 2 400 件外衣，问该厂如何向 3 个车间安排加工任务以完成该订单？

解 将 3 个车间生产的衬衫、长裤、外衣和总加工量分别用向量表示为

$$\boldsymbol{\alpha}_1=\begin{pmatrix}4\\15\\3\end{pmatrix},\quad \boldsymbol{\alpha}_2=\begin{pmatrix}4\\5\\9\end{pmatrix},\quad \boldsymbol{\alpha}_3=\begin{pmatrix}8\\10\\3\end{pmatrix},\quad \boldsymbol{\beta}=\begin{pmatrix}2\ 000\\3\ 500\\2\ 400\end{pmatrix}.$$

显然 $\boldsymbol{\alpha}_1,\boldsymbol{\alpha}_2,\boldsymbol{\alpha}_3$ 线性无关，故 $\boldsymbol{\beta}$ 可由向量组 $\boldsymbol{\alpha}_1,\boldsymbol{\alpha}_2,\boldsymbol{\alpha}_3$ 线性表示，有

$$\begin{cases}4x_1+4x_2+8x_3=2\ 000,\\15x_1+5x_2+10x_3=3\ 500,\\3x_1+9x_2+3x_3=2\ 400.\end{cases}$$

解该线性方程组，可得 $\begin{cases}x_1=100,\\x_2=200,\\x_3=100,\end{cases}$ 即 $\boldsymbol{\beta}=100\boldsymbol{\alpha}_1+200\boldsymbol{\alpha}_2+100\boldsymbol{\alpha}_3$.

故分别分配 3 个车间 100、200、100 匹布即可圆满完成任务．

2. 利用 MATLAB 软件辅助求解

熟悉用 MATLAB 软件处理和解决问题的方法：

(1) 判定向量组的线性相关性；

(2) 求向量组的秩、极大无关组，进而将其余向量表示成极大无关组的线性组合；

(3) 求解非齐次线性方程组．

例 2 判定向量组 $\boldsymbol{\alpha}_1=(3,1,2,-4)^{\mathrm{T}}$，$\boldsymbol{\alpha}_2=(1,0,5,2)^{\mathrm{T}}$，$\boldsymbol{\alpha}_3=(-1,2,0,3)^{\mathrm{T}}$的线性相关性．

解 在 MATLAB 软件命令窗口中输入如下命令：

```
clear all
A = [3,1,2,-4;1,0,5,2;-1,2,0,3];
r = rank(A);               % 计算矩阵的秩
```

```
if r<size(A,2)              %根据秩判断线性相关性
  disp('向量组线性相关');
else
  disp('向量组线性无关');
end
```

运行结果如下：

```
向量组线性无关
```

从而矩阵 $\boldsymbol{A}$ 的秩为 3，所以，该向量组线性无关.

例 3 已知 $\boldsymbol{\alpha}_1=\begin{pmatrix}1\\0\\2\\1\end{pmatrix},\boldsymbol{\alpha}_2=\begin{pmatrix}1\\2\\0\\1\end{pmatrix},\boldsymbol{\alpha}_3=\begin{pmatrix}2\\1\\3\\0\end{pmatrix},\boldsymbol{\alpha}_4=\begin{pmatrix}2\\5\\-1\\4\end{pmatrix}$，求出该向量组的秩与一个极大无关组，并将其余向量表示成极大无关组的线性组合.

解 在 MATLAB 软件命令窗口中输入如下命令：

```
A = [1,1,2,2;
  0,2,1,5;
  2,0,3,-1;
  1,1,0,4];                 %定义向量组成的矩阵(每列为一个向量)
r = rank(A);                %计算矩阵的秩
R = rref(A);                %求行最简形矩阵
%输出结果
disp('矩阵的秩为');
disp(r);
disp('行简化阶梯形矩阵为');
disp(R);
%根据 R 提取极大无关组和线性组合系数
%R 中主元列为 1,2,3,对应原矩阵的 α1,α2,α3
%第四列的系数为 R(1:3,4),即 α4 = 1 * α1 + 3 * α2 - 1 * α3
```

运行结果如下：

```
矩阵的秩为
     3
```

```
行最简形矩阵为
     1     0     0     1
     0     1     0     3
     0     0     1    -1
     0     0     0     0
```

例 4 求非齐次线性方程组$\begin{cases}x_1-2x_2=3,\\2x_1+x_2=2,\\x_1+3x_2=5\end{cases}$的解.

解 在 MATLAB 软件命令窗口中输入如下命令：

```
A=[1,-2;
 2,1;
 1,3];
b=[3;2;5];                                    %定义系数矩阵 A 和常数项向量 b
augmented_matrix=[A,b];                       %构造增广矩阵
rank_A=rank(A);                               %计算系数矩阵的秩
rank_augmented=rank(augmented_matrix);        %计算增广矩阵的秩
if rank_A~=rank_augmented                     %判断解的情况
   disp('方程组无解');
else
   if rank_A==size(A,2)
      %唯一解:使用矩阵除法求解
      x=A\b;
      disp('唯一解为');
      disp(x);
   else
      %无穷多解:求特解和齐次解
      disp('方程组有无穷多解');
      rref_augmented=rref(augmented_matrix);
      disp('行简化阶梯形矩阵为');
      disp(rref_augmented);
   end
end
%附加:直接显示行最简形矩阵(验证无解)
```

```
disp('增广矩阵的行最简形矩阵为');
disp(rref(augmented_matrix));
```

运行结果如下：

```
方程组无解
增广矩阵的行最简形矩阵为
    1    0    0
    0    1    0
    0    0    1
```

【注意】以上程序均可用 DeepSeek 等 AI 工具生成.

本章小结

1. 线性方程组的初等变换

(1) 交换某两个方程的位置；

(2) 用一个非零数乘方程的两边；

(3) 将一个方程的倍数加到另一个方程上去.

2. 非齐次线性方程组的解

$$\begin{cases} a_{11}x_1+a_{12}x_2+\cdots+a_{1n}x_n=b_1, \\ a_{21}x_1+a_{22}x_2+\cdots+a_{2n}x_n=b_2, \\ \cdots\cdots\cdots\cdots \\ a_{m1}x_1+a_{m2}x_2+\cdots+a_{mn}x_n=b_m \end{cases}$$

的矩阵形式为

$$\boldsymbol{Ax}=\boldsymbol{b}.$$

求解线性方程组 $\boldsymbol{Ax}=\boldsymbol{b}$ 的方法如下：

(1) 当且仅当 $r(\boldsymbol{A})=r(\overline{\boldsymbol{A}})=n$ 时，$\boldsymbol{Ax}=\boldsymbol{b}$ 有唯一解；

(2) 当且仅当 $r(\boldsymbol{A})=r(\overline{\boldsymbol{A}})<n$ 时，$\boldsymbol{Ax}=\boldsymbol{b}$ 有无穷多解；

(3) 当且仅当 $r(\boldsymbol{A})\neq r(\overline{\boldsymbol{A}})$时，$\boldsymbol{Ax}=\boldsymbol{b}$ 无解.

3. 齐次线性方程组的解

$$\begin{cases} a_{11}x_1+a_{12}x_2+\cdots+a_{1n}x_n=0, \\ a_{21}x_1+a_{22}x_2+\cdots+a_{2n}x_n=0, \\ \cdots\cdots\cdots\cdots \\ a_{m1}x_1+a_{m2}x_2+\cdots+a_{mn}x_n=0 \end{cases}$$

的矩阵形式为

$$\boldsymbol{Ax}=\boldsymbol{0}.$$

判断齐次线性方程组的解可以简述如下：

(1) 当且仅当 $r(\boldsymbol{A})=n$ 时，$\boldsymbol{Ax}=\boldsymbol{0}$ 只有零解；

(2) 当且仅当 $r(\boldsymbol{A})<n$ 时，$\boldsymbol{Ax}=\boldsymbol{0}$ 有非零解.

4. n 维向量及其线性运算

n 维列向量

$$\boldsymbol{\alpha}=\begin{pmatrix} a_1 \\ a_2 \\ \vdots \\ a_n \end{pmatrix}.$$

n 维行向量

$$\boldsymbol{\alpha}^{\mathrm{T}}=(a_1,a_2,\cdots,a_n).$$

n 维向量的线性运算

(1) $\boldsymbol{\alpha}+\boldsymbol{\beta}=\boldsymbol{\beta}+\boldsymbol{\alpha}$ （交换律）；

(2) $(\boldsymbol{\alpha}+\boldsymbol{\beta})+\boldsymbol{\gamma}=\boldsymbol{\alpha}+(\boldsymbol{\beta}+\boldsymbol{\gamma})$ （结合律）；

(3) $\boldsymbol{\alpha}+\boldsymbol{0}=\boldsymbol{\alpha}$；

(4) $\boldsymbol{\alpha}+(-\boldsymbol{\alpha})=\boldsymbol{0}$；

(5) $k(\boldsymbol{\alpha}+\boldsymbol{\beta})=k\boldsymbol{\alpha}+k\boldsymbol{\beta}$；

(6) $(k+l)\boldsymbol{\alpha}=k\boldsymbol{\alpha}+l\boldsymbol{\alpha}$；

(7) $k(l\boldsymbol{\alpha})=(kl)\boldsymbol{\alpha}$；

(8) $1\cdot\boldsymbol{\alpha}=\boldsymbol{\alpha}$.

n 维向量的线性组合

给定向量组(Ⅰ) $\boldsymbol{\alpha}_1,\boldsymbol{\alpha},\cdots,\boldsymbol{\alpha}_s$，对于任何一组实数 $k_1,k_2,\cdots,k_s$，表达式

$$k_1\boldsymbol{\alpha}_1+k_2\boldsymbol{\alpha}_2+\cdots+k_s\boldsymbol{\alpha}_s$$

称为向量组(Ⅰ)的一个线性组合，$k_1,k_2,\cdots,k_s$ 称为这个线性组合的系数.

(1) $\boldsymbol{\beta}$ 能由向量组 $\boldsymbol{\alpha}_1,\boldsymbol{\alpha}_2,\cdots,\boldsymbol{\alpha}_s$ 唯一线性表示的充分必要条件是线性方程组 $\boldsymbol{\alpha}_1x_1+\boldsymbol{\alpha}_2x_2+\cdots+\boldsymbol{\alpha}_sx_s=\boldsymbol{\beta}$ 有唯一解，即 $r(\boldsymbol{A})=r(\overline{\boldsymbol{A}})=s$.

(2) $\boldsymbol{\beta}$ 能由向量组 $\boldsymbol{\alpha}_1,\boldsymbol{\alpha}_2,\cdots,\boldsymbol{\alpha}_s$ 线性表示且表示不唯一的充分必要条件是线性方程组

$\boldsymbol{\alpha}_1x_1+\boldsymbol{\alpha}_2x_2+\cdots+\boldsymbol{\alpha}_sx_s=\boldsymbol{\beta}$ 有无穷多解，即 $r(\boldsymbol{A})=r(\overline{\boldsymbol{A}})<s$.

(3) $\boldsymbol{\beta}$ 不能由向量组 $\boldsymbol{\alpha}_1,\boldsymbol{\alpha}_2,\cdots,\boldsymbol{\alpha}_s$ 线性表示的充分必要条件是线性方程组 $\boldsymbol{\alpha}_1x_1+\boldsymbol{\alpha}_2x_2+\cdots+\boldsymbol{\alpha}_sx_s=\boldsymbol{\beta}$ 无解，即 $r(\boldsymbol{A})\neq r(\overline{\boldsymbol{A}})$.

(4) 向量 $\boldsymbol{\beta}$ 能由向量组 $\boldsymbol{\alpha}_1,\boldsymbol{\alpha}_2,\cdots,\boldsymbol{\alpha}_s$ 线性表示的充分必要条件是矩阵 $\boldsymbol{A}=(\boldsymbol{\alpha}_1,\boldsymbol{\alpha}_2,\cdots,\boldsymbol{\alpha}_s)$ 与增广矩阵 $\overline{\boldsymbol{A}}=(\boldsymbol{\alpha}_1,\boldsymbol{\alpha}_2,\cdots,\boldsymbol{\alpha}_s,\boldsymbol{\beta})$ 的秩相等.

5. 向量组线性相关与线性无关

给定向量组(Ⅰ) $\boldsymbol{\alpha}_1,\boldsymbol{\alpha}_2,\cdots,\boldsymbol{\alpha}_s$，如果存在一组不全为零的数 $k_1,k_2,\cdots,k_s$ 使

$$k_1\boldsymbol{\alpha}_1+k_2\boldsymbol{\alpha}_2+\cdots+k_s\boldsymbol{\alpha}_s=\mathbf{0},$$

则称向量组(Ⅰ)线性相关；否则称为线性无关，即当且仅当 $k_1=k_2=\cdots=k_s=0$ 时上式成立，则称向量组线性无关.

向量组线性相关性的判定

(1) 线性相关的向量组增加向量的个数后得到的向量组仍然是线性相关的.相应地，线性无关的向量组减少向量的个数后得到的向量组仍然是线性无关的.

(2) 如果向量组有一个部分组线性相关，则此向量组也线性相关.

(3) 如果向量组线性无关，则其任意部分组线性无关.

(4) 向量组 $\boldsymbol{\alpha}_1,\boldsymbol{\alpha}_2,\cdots,\boldsymbol{\alpha}_s$ 线性相关的充分必要条件是由 $\boldsymbol{\alpha}_1,\boldsymbol{\alpha}_2,\cdots,\boldsymbol{\alpha}_s$ 构成的矩阵 $\boldsymbol{A}=(\boldsymbol{\alpha}_1,\boldsymbol{\alpha}_2,\cdots,\boldsymbol{\alpha}_s)$ 的秩 $r(\boldsymbol{A})<s$.

(5) 向量组 $\boldsymbol{\alpha}_1,\boldsymbol{\alpha}_2,\cdots,\boldsymbol{\alpha}_s$ 线性无关的充分必要条件是由 $\boldsymbol{\alpha}_1,\boldsymbol{\alpha}_2,\cdots,\boldsymbol{\alpha}_s$ 构成的矩阵 $\boldsymbol{A}=(\boldsymbol{\alpha}_1,\boldsymbol{\alpha}_2,\cdots,\boldsymbol{\alpha}_s)$ 的秩 $r(\boldsymbol{A})=s$.

(6) 向量组 $\boldsymbol{\alpha}_1,\boldsymbol{\alpha}_2,\cdots,\boldsymbol{\alpha}_s(s\geqslant 2)$ 线性相关的充分必要条件是向量组中至少有一个向量可由其余 $s-1$ 个向量线性表示.

(7) 设向量组 $\boldsymbol{\alpha}_1,\boldsymbol{\alpha}_2,\cdots,\boldsymbol{\alpha}_s$ 线性无关，而向量组 $\boldsymbol{\alpha}_1,\boldsymbol{\alpha}_2,\cdots,\boldsymbol{\alpha}_s,\boldsymbol{\beta}$ 线性相关，则 $\boldsymbol{\beta}$ 能由向量组 $\boldsymbol{\alpha}_1,\boldsymbol{\alpha}_2,\cdots,\boldsymbol{\alpha}_s$ 线性表示，且表示法唯一.

6. 向量组的等价

设有两个向量组：(Ⅰ) $\boldsymbol{\alpha}_1,\boldsymbol{\alpha}_2,\cdots,\boldsymbol{\alpha}_s$；(Ⅱ) $\boldsymbol{\beta}_1,\boldsymbol{\beta}_2,\cdots,\boldsymbol{\beta}_t$.若向量组(Ⅱ)中的每一个向量都可以由向量组(Ⅰ)线性表示，则称向量组(Ⅱ)能由向量组(Ⅰ)线性表示.若向量组(Ⅰ)与向量组(Ⅱ)能相互线性表示，则称这两个向量组等价.

7. 极大无关组

设有向量组 $\boldsymbol{\alpha}_1,\boldsymbol{\alpha}_2,\cdots,\boldsymbol{\alpha}_s$，如果存在 $r(r\leqslant s)$ 个向量 $\boldsymbol{\alpha}_{i_1},\boldsymbol{\alpha}_{i_2},\cdots,\boldsymbol{\alpha}_{i_r}$ 满足：

① $\boldsymbol{\alpha}_{i_1},\boldsymbol{\alpha}_{i_2},\cdots,\boldsymbol{\alpha}_{i_r}$ 线性无关，

② 任意 $r+1$ 个向量(如果存在的话)均线性相关，即向量组 $\boldsymbol{\alpha}_1,\boldsymbol{\alpha}_2,\cdots,\boldsymbol{\alpha}_s$ 中的每一个向量都可由 $\boldsymbol{\alpha}_{i_1},\boldsymbol{\alpha}_{i_2},\cdots,\boldsymbol{\alpha}_{i_r}$ 线性表示，

则称 $\boldsymbol{\alpha}_{i_1},\boldsymbol{\alpha}_{i_2},\cdots,\boldsymbol{\alpha}_{i_r}$ 是向量组 $\boldsymbol{\alpha}_1,\boldsymbol{\alpha}_2,\cdots,\boldsymbol{\alpha}_s$ 的一个极大线性无关组，简称为极大无关组.

数 r 称为向量组 $\boldsymbol{\alpha}_1,\boldsymbol{\alpha}_2,\cdots,\boldsymbol{\alpha}_s$ 的秩，记为 $r(\boldsymbol{\alpha}_1,\boldsymbol{\alpha}_2,\cdots,\boldsymbol{\alpha}_s)=r$.

(1) 只含零向量的向量组没有极大无关组,规定它的秩为零,即 $r(\mathbf{0})=0$.

(2) 向量组的极大无关组不唯一,但极大无关组中向量的个数(即向量组的秩)是唯一的.

(3) 向量组与其极大无关组可相互线性表示,即向量组与其极大无关组等价.

(4) n 维单位向量组

$$\boldsymbol{\varepsilon}_1=(1,0,\cdots,0)^{\mathrm{T}},\quad \boldsymbol{\varepsilon}_2=(0,1,0,\cdots,0)^{\mathrm{T}},\ \cdots,\quad \boldsymbol{\varepsilon}_n=(0,\cdots,0,1)^{\mathrm{T}}$$

是全体 n 维向量的集合 $\mathbf{R}^n$ 的一个最简单的极大无关组,全体 n 维向量构成的向量组 $\mathbf{R}^n$ 的秩为 n.

(5) 一个向量组的秩是唯一的.

(6) 向量组 $\boldsymbol{\alpha}_1,\boldsymbol{\alpha}_2,\cdots,\boldsymbol{\alpha}_s$ 线性无关的充分必要条件是

$$r(\boldsymbol{\alpha}_1,\boldsymbol{\alpha}_2,\cdots,\boldsymbol{\alpha}_s)=s.$$

(7) 如果 $\boldsymbol{\alpha}_{j_1},\boldsymbol{\alpha}_{j_2},\cdots,\boldsymbol{\alpha}_{j_r}$ 是 $\boldsymbol{\alpha}_1,\boldsymbol{\alpha}_2,\cdots,\boldsymbol{\alpha}_s$ 的线性无关部分组,则它是极大无关组的充分必要条件是 $\boldsymbol{\alpha}_1,\boldsymbol{\alpha}_2,\cdots,\boldsymbol{\alpha}_s$ 中的任一向量可由 $\boldsymbol{\alpha}_{j_1},\boldsymbol{\alpha}_{j_2},\cdots,\boldsymbol{\alpha}_{j_r}$ 线性表出.

8. 向量组的秩与矩阵的秩的关系

(1) 矩阵 $\boldsymbol{A}$ 行向量组的秩称为 $\boldsymbol{A}$ 的行秩;矩阵 $\boldsymbol{A}$ 列向量组的秩称为 $\boldsymbol{A}$ 的列秩.

(2) 对任意矩阵 $\boldsymbol{A}$,有 $r(\boldsymbol{A})=\boldsymbol{A}$ 的行秩 $=\boldsymbol{A}$ 的列秩.

(3) 对矩阵 $\boldsymbol{A}$ 作初等行变换化为矩阵 $\boldsymbol{B}$,则 $\boldsymbol{A}$ 与 $\boldsymbol{B}$ 的任意对应的列向量组具有相同的线性关系,即若

$$\boldsymbol{A}=(\boldsymbol{\alpha}_1,\boldsymbol{\alpha}_2,\cdots,\boldsymbol{\alpha}_s)\xrightarrow{\text{初等行变换}}(\boldsymbol{\beta}_1,\boldsymbol{\beta}_2,\cdots,\boldsymbol{\beta}_s)=\boldsymbol{B},$$

则列向量组 $\boldsymbol{\alpha}_{i_1},\boldsymbol{\alpha}_{i_2},\cdots,\boldsymbol{\alpha}_{i_r}$ 与 $\boldsymbol{\beta}_{i_1},\boldsymbol{\beta}_{i_2},\cdots,\boldsymbol{\beta}_{i_r}$ $(1\leqslant i_1<i_2<\cdots<i_r\leqslant s)$ 具有相同的线性关系.

9. 齐次线性方程组解的结构

性质 1 若 $\boldsymbol{\xi}_1,\boldsymbol{\xi}_2$ 是方程组 $\boldsymbol{Ax}=\mathbf{0}$ 的解,则 $\boldsymbol{\xi}_1+\boldsymbol{\xi}_2$ 也是该方程组的解.

性质 2 若 $\boldsymbol{\xi}_1$ 是方程组 $\boldsymbol{Ax}=\mathbf{0}$ 的解,k 为任意实数,则 $k\boldsymbol{\xi}_1$ 也是该方程组的解.

若齐次线性方程组 $\boldsymbol{Ax}=\mathbf{0}$ 的有限个解 $\boldsymbol{\xi}_1,\boldsymbol{\xi}_2,\cdots,\boldsymbol{\xi}_s$ 满足:

(1) $\boldsymbol{\xi}_1,\boldsymbol{\xi}_2,\cdots,\boldsymbol{\xi}_s$ 线性无关,

(2) $\boldsymbol{Ax}=\mathbf{0}$ 的任意一个解均可由 $\boldsymbol{\xi}_1,\boldsymbol{\xi}_2,\cdots,\boldsymbol{\xi}_s$ 线性表示,

则称 $\boldsymbol{\xi}_1,\boldsymbol{\xi}_2,\cdots,\boldsymbol{\xi}_s$ 是齐次线性方程组 $\boldsymbol{Ax}=\mathbf{0}$ 的一个**基础解系**.

对于齐次线性方程组 $\boldsymbol{Ax}=\mathbf{0}$,若 $r(\boldsymbol{A})=r<n$,则该方程组的基础解系一定存在,且每个基础解系中所含解向量的个数均为 $n-r$,其中 n 是方程组所含未知量的个数.

10. 非齐次线性方程组解的结构

性质 1 设 $\boldsymbol{\eta}_1,\boldsymbol{\eta}_2$ 是非齐次线性方程组 $\boldsymbol{Ax}=\boldsymbol{b}$ 的解,则 $\boldsymbol{\eta}_1-\boldsymbol{\eta}_2$ 是对应的齐次线性方程组 $\boldsymbol{Ax}-\mathbf{0}$ 的解.

性质 2 设 $\boldsymbol{\eta}$ 是非齐次线性方程组 $\boldsymbol{Ax}=\boldsymbol{b}$ 的解,$\boldsymbol{\xi}$ 为对应的导出组 $\boldsymbol{Ax}=\mathbf{0}$ 的解,则 $\boldsymbol{x}=\boldsymbol{\xi}+\boldsymbol{\eta}$ 为非齐次线性方程组 $\boldsymbol{Ax}=\boldsymbol{b}$ 的解.

设 $\boldsymbol{\eta}^*$ 是非齐次线性方程组 $\boldsymbol{Ax}=\boldsymbol{b}$ 的一个解(称为特解),$\boldsymbol{\xi}$ 是对应齐次方程组 $\boldsymbol{Ax}=\mathbf{0}$

的通解，则 $\boldsymbol{x}=\boldsymbol{\xi}+\boldsymbol{\eta}^*$ 是非齐次线性方程组 $\boldsymbol{A}\boldsymbol{x}=\boldsymbol{b}$ 的通解.

求解非齐次线性方程组全部解的步骤归纳如下：

(1) 对方程组 $\boldsymbol{A}\boldsymbol{x}=\boldsymbol{b}$ 的增广矩阵 $\overline{\boldsymbol{A}}=(\boldsymbol{A},\boldsymbol{b})$ 作初等行变换，化为阶梯形矩阵，然后写出相应的阶梯形方程组（与原方程组同解）；

(2) 通过阶梯形方程组确定自由未知量，将含自由未知量的项移至方程右边；

(3) 求非齐次方程组的一个特解，在第(2)步的方程组中将自由未知量任意取值（特别地，取零值最简便）可求出其他未知量之值，这样就得到了一个特解；

(4) 求出导出组的一个基础解系，这时须令第(2)步中方程组的常数项为零；

(5) 非齐次方程组的全部解（或通解）就是特解加上导出组的基础解系的线性组合（即原方程组的特解加上导出组的通解）.

复习题三

1. 填空题.

(1) 若向量 $\boldsymbol{\alpha}_1=(1,a,2)^{\mathrm{T}}$ 与 $\boldsymbol{\alpha}_2=(2,4,b)^{\mathrm{T}}$ 线性相关，则 $a=$________，$b=$________.

(2) 若 $\boldsymbol{\alpha}_1=(3,1,-1,1)^{\mathrm{T}}$，$\boldsymbol{\alpha}_2=(1,1,1,1)^{\mathrm{T}}$，$\boldsymbol{\alpha}_3=(2,0,-2,1)^{\mathrm{T}}$，则 $2\boldsymbol{\alpha}_1+\boldsymbol{\alpha}_2-\boldsymbol{\alpha}_3=$________.

(3) 设三阶矩阵 $\boldsymbol{A}=\begin{pmatrix}1&-2&2\\2&1&2\\3&0&4\end{pmatrix}$，向量 $\boldsymbol{\alpha}=\begin{pmatrix}k\\1\\1\end{pmatrix}$，若 $\boldsymbol{A}\boldsymbol{\alpha}$ 与 $\boldsymbol{\alpha}$ 线性相关，则 $k=$________.

(4) 两个等价的________向量组所含的向量个数相同.

(5) 若向量组 $\boldsymbol{A}:\boldsymbol{\alpha}_1,\boldsymbol{\alpha}_2,\cdots,\boldsymbol{\alpha}_s$ 与向量组 $\boldsymbol{B}:\boldsymbol{\beta}_1,\boldsymbol{\beta}_2,\cdots,\boldsymbol{\beta}_t$ 等价，且 $s<t$，则向量组 $\boldsymbol{B}$ 线性________.

(6) 向量组

$$\boldsymbol{\alpha}_1=(1,-1,2,4),\quad \boldsymbol{\alpha}_2=(0,3,1,2),\quad \boldsymbol{\alpha}_3=(3,0,7,14),$$
$$\boldsymbol{\alpha}_4=(2,1,5,6),\quad \boldsymbol{\alpha}_5=(1,-1,2,0)$$

包含 $\boldsymbol{\alpha}_1,\boldsymbol{\alpha}_4$ 的极大无关组是____________.

(7) 使向量组

$$\boldsymbol{\alpha}_1=(a,0,1)^{\mathrm{T}},\quad \boldsymbol{\alpha}_2=(0,a,2)^{\mathrm{T}},\quad \boldsymbol{\alpha}_3=(10,3,a)^{\mathrm{T}}$$

线性无关的 a 的值是____________.

(8) 设向量组 $\boldsymbol{\alpha}_1=(a,0,c)$，$\boldsymbol{\alpha}_2=(b,c,0)$，$\boldsymbol{\alpha}_3=(0,a,b)$ 线性无关，则 a,b,c 必满足关系式________.

(9) 线性方程组 $\boldsymbol{A}\boldsymbol{x}=\boldsymbol{b}$ 有解的充分必要条件是________.

(10) 如果 $\boldsymbol{\eta}$ 是 $\boldsymbol{A}\boldsymbol{x}=\boldsymbol{b}$ 的一个解(特解),若 $r(\boldsymbol{A})=r<n$,且 $\boldsymbol{\xi}_1,\boldsymbol{\xi}_2,\cdots,\boldsymbol{\xi}_{n-r}$ 是 $\boldsymbol{A}\boldsymbol{x}=\boldsymbol{0}$ 的基础解系,则 $\boldsymbol{A}\boldsymbol{x}=\boldsymbol{b}$ 的通解为________.

(11) 设 $\boldsymbol{A}$ 为 4×3 矩阵,若 $\boldsymbol{A}\boldsymbol{x}=\boldsymbol{0}$,以 $\boldsymbol{\xi}_1=(1,0,2)^{\mathrm{T}},\boldsymbol{\xi}_2=(0,1,-1)^{\mathrm{T}}$ 为基础解系,则 $r(\boldsymbol{A})=$__________.

(12) 设 $\boldsymbol{A}$ 为五阶矩阵,若 $r(\boldsymbol{A})=5$,则 $r(\boldsymbol{A}^*)=$______;若 $r(\boldsymbol{A})=3$,则 $r(\boldsymbol{A}^*)=$______.

(13) 设有线性方程组 $\begin{cases}kx_1+x_2+x_3=1,\\x_1+kx_2+x_3=k,\\x_1+x_2+kx_3=k^2,\end{cases}$ 若该线性方程组有唯一解,则 $k=$______;若线性方程组有无穷多解,则 $k=$______;若线性方程组无解,则 $k=$______.

(14) 设 $\boldsymbol{A}$ 为三阶方阵,$r(\boldsymbol{A})=2$,且非齐次线性方程组 $\boldsymbol{A}\boldsymbol{x}=\boldsymbol{b}$ 有解,则 $\boldsymbol{A}\boldsymbol{x}=\boldsymbol{b}$ 有________(用“唯一”,“无穷多”)解,解向量组的秩为________.

(15) 齐次线性方程组 $\begin{cases}\lambda x_1+x_2+x_3=0,\\x_1+\lambda x_2+x_3=0,\\x_1+x_2+x_3=0\end{cases}$ 只有零解,则 λ 应满足的条件是______.

(16) 若线性方程组 $\begin{cases}x_1+x_2=-a_1,\\x_2+x_3=a_2,\\x_3+x_4=-a_3,\\x_4+x_1=a_4\end{cases}$ 有解,则常数 a_1,a_2,a_3,a_4 应满足条件______.

2. 选择题.

(1) 已知向量组 $\boldsymbol{\alpha}_1,\boldsymbol{\alpha}_2,\boldsymbol{\alpha}_3$ 线性相关,则一定有(　　).

A. $\boldsymbol{\alpha}_1$ 可由 $\boldsymbol{\alpha}_2,\boldsymbol{\alpha}_3$ 线性表示　　B. $\boldsymbol{\alpha}_2$ 可由 $\boldsymbol{\alpha}_1,\boldsymbol{\alpha}_3$ 线性表示

C. $\boldsymbol{\alpha}_3$ 可由 $\boldsymbol{\alpha}_1,\boldsymbol{\alpha}_2$ 线性表示　　D. 以上说法均不正确

(2) n 维向量组 $\boldsymbol{A}:\boldsymbol{\alpha}_1,\boldsymbol{\alpha}_2,\cdots,\boldsymbol{\alpha}_n$ 线性无关的充分必要条件是(　　).

A. 向量组 $\boldsymbol{A}$ 中不含有零向量

B. 向量组 $\boldsymbol{A}$ 的秩等于它所含向量的个数

C. 向量组 $\boldsymbol{A}$ 中任意 $s-1$ 个向量线性无关

D. 向量组 $\boldsymbol{A}$ 中存在一个向量,它不能由其余向量线性表示

(3) 设向量组 $\boldsymbol{A}_1:\boldsymbol{\alpha}_1,\boldsymbol{\alpha}_2,\cdots,\boldsymbol{\alpha}_s$ 的秩为 r,其中 $s>1,r>0$,则(　　).

A. 必有 $r<s$

B. 向量组 $\boldsymbol{A}$ 中任意个数小于 r 的部分向量组必线性相关

C. 向量组 $\boldsymbol{A}$ 中任意 r 个向量必线性无关

D. 向量组 $\boldsymbol{A}$ 中任意 $r+1$ 个向量必线性相关

(4) 设向量组(Ⅰ) $\boldsymbol{\alpha}_1,\boldsymbol{\alpha}_2,\cdots,\boldsymbol{\alpha}_r$ 可由向量组(Ⅱ) $\boldsymbol{\beta}_1,\boldsymbol{\beta}_2,\cdots,\boldsymbol{\beta}_s$ 线性表示,则(　　).

A. 当 $r<s$ 时,向量组(Ⅱ)必线性相关

B. 当 $r>s$ 时,向量组(Ⅱ)必线性相关

C. 当 $r<s$ 时,向量组(Ⅰ)必线性相关

D. 当 $r>s$ 时,向量组(Ⅰ)必线性相关

(5) 设 $\boldsymbol{A}$ 为 $m\times n$ 矩阵,且 $r(\boldsymbol{A})=m$,则(　　).

A. $\boldsymbol{A}$ 的行向量组与列向量组都线性无关

B. $\boldsymbol{A}$ 的行向量组线性无关,列向量组线性相关

C. 当 $m\neq n$ 时,$\boldsymbol{A}$ 的行向量组线性无关,列向量组线性相关

D. 当 $m\neq n$ 时,$\boldsymbol{A}$ 的行向量组与列向量组都线性无关

(6) 设向量组 $\boldsymbol{\alpha}_1,\boldsymbol{\alpha}_2,\boldsymbol{\alpha}_3,\boldsymbol{\alpha}_4,\boldsymbol{\alpha}_5$ 线性无关,且 $\boldsymbol{\beta}_1=\boldsymbol{\alpha}_1+\boldsymbol{\alpha}_2,\boldsymbol{\beta}_2=\boldsymbol{\alpha}_2+\boldsymbol{\alpha}_3,\boldsymbol{\beta}_3=\boldsymbol{\alpha}_3+\boldsymbol{\alpha}_4$, $\boldsymbol{\beta}_4=\boldsymbol{\alpha}_4+\boldsymbol{\alpha}_5,\boldsymbol{\beta}_5=\boldsymbol{\alpha}_5+\boldsymbol{\alpha}_1$,则 $\boldsymbol{\beta}_1,\boldsymbol{\beta}_2,\boldsymbol{\beta}_3,\boldsymbol{\beta}_4,\boldsymbol{\beta}_5$(　　).

A. 不一定线性相关　　B. 一定线性相关

C. 一定线性无关　　D. 以上均不正确

(7) 设 $\boldsymbol{\alpha}_0$ 是非齐次线性方程组 $\boldsymbol{Ax}=\boldsymbol{b}$ 的一个解,$\boldsymbol{\alpha}_1,\boldsymbol{\alpha}_2,\cdots,\boldsymbol{\alpha}_r$ 是其导出组 $\boldsymbol{Ax}=\boldsymbol{0}$ 的基础解系,则下列结论成立的是(　　).

A. $\boldsymbol{\alpha}_0,\boldsymbol{\alpha}_1,\boldsymbol{\alpha}_2,\cdots,\boldsymbol{\alpha}_r$ 线性无关

B. $\boldsymbol{\alpha}_0,\boldsymbol{\alpha}_1,\boldsymbol{\alpha}_2,\cdots,\boldsymbol{\alpha}_r$ 线性相关

C. $\boldsymbol{\alpha}_0,\boldsymbol{\alpha}_1,\boldsymbol{\alpha}_2,\cdots,\boldsymbol{\alpha}_r$ 的任意线性组合都是 $\boldsymbol{Ax}=\boldsymbol{b}$ 的解

D. $\boldsymbol{\alpha}_0,\boldsymbol{\alpha}_1,\boldsymbol{\alpha}_2,\cdots,\boldsymbol{\alpha}_r$ 的任意线性组合都是 $\boldsymbol{Ax}=\boldsymbol{0}$ 的解

(8) 设向量组 $\boldsymbol{\alpha},\boldsymbol{\beta},\boldsymbol{\gamma}$ 线性无关,向量组 $\boldsymbol{\alpha},\boldsymbol{\beta},\boldsymbol{\delta}$ 线性相关,则(　　).

A. $\boldsymbol{\alpha}$ 必可由 $\boldsymbol{\beta},\boldsymbol{\gamma},\boldsymbol{\delta}$ 线性表示　　B. $\boldsymbol{\beta}$ 必不可由 $\boldsymbol{\alpha},\boldsymbol{\gamma},\boldsymbol{\delta}$ 线性表示

C. $\boldsymbol{\delta}$ 必可由 $\boldsymbol{\alpha},\boldsymbol{\beta},\boldsymbol{\gamma}$ 线性表示　　D. $\boldsymbol{\delta}$ 必不可由 $\boldsymbol{\alpha},\boldsymbol{\beta},\boldsymbol{\gamma}$ 线性表示

(9) 以下结论正确的是(　　).

A. 方程个数小于未知数个数的方程组有解

B. 方程个数等于未知数个数的方程组有解

C. 方程个数大于未知数个数的方程组有解

D. 方程个数与未知数个数的关系与方程是否有解无关

(10) 齐次线性方程组

$$\begin{cases}x_1+kx_2+x_3=0,\\2x_1+x_2+x_3=0,\\kx_2+3x_3=0\end{cases}$$

只有零解,则(　　).

A. $k=\dfrac{3}{5}$　　B. $k=\dfrac{4}{5}$　　C. $k\neq\dfrac{3}{5}$　　D. $k\neq\dfrac{4}{5}$

(11) 设 $\boldsymbol{A},\boldsymbol{B}$ 为满足 $\boldsymbol{AB}=\boldsymbol{0}$ 的任意两个非零矩阵，则必有(　　).

A. $\boldsymbol{A}$ 的列向量组线性相关，$\boldsymbol{B}$ 的行向量组线性相关

B. $\boldsymbol{A}$ 的列向量组线性相关，$\boldsymbol{B}$ 的列向量组线性相关

C. $\boldsymbol{A}$ 的行向量组线性相关，$\boldsymbol{B}$ 的行向量组线性相关

D. $\boldsymbol{A}$ 的行向量组线性相关，$\boldsymbol{B}$ 的列向量组线性相关

(12) 设 $\boldsymbol{A},\boldsymbol{B},\boldsymbol{C}$ 均为 n 阶矩阵，若 $\boldsymbol{AB}=\boldsymbol{C}$，且 $\boldsymbol{B}$ 可逆，则(　　).

A. 矩阵 $\boldsymbol{C}$ 的行向量组与矩阵 $\boldsymbol{A}$ 的行向量组等价

B. 矩阵 $\boldsymbol{C}$ 的列向量组与矩阵 $\boldsymbol{A}$ 的列向量组等价

C. 矩阵 $\boldsymbol{C}$ 的行向量组与矩阵 $\boldsymbol{A}$ 的列向量组等价

D. 矩阵 $\boldsymbol{C}$ 的列向量组与矩阵 $\boldsymbol{A}$ 的行向量组等价

(13)【21 安徽】设非齐次线性方程组 $\begin{cases}x_1-2x_3=1,\\-x_1+x_2+x_3=0,\\2x_1-x_2+ax_3=b\end{cases}$ 有无穷多解，则(　　).

A. $a\neq-3,b=1$　　B. $a\neq-3,b\neq1$

C. $a=-3,b=1$　　D. $a=-3,b\neq1$

3. 判定向量组 $\boldsymbol{\alpha}_1=\begin{pmatrix}1\\1\\0\\2\\2\end{pmatrix},\boldsymbol{\alpha}_2=\begin{pmatrix}3\\4\\0\\8\\3\end{pmatrix},\boldsymbol{\alpha}_3=\begin{pmatrix}2\\3\\0\\0\\1\end{pmatrix},\boldsymbol{\alpha}_4=\begin{pmatrix}9\\3\\2\\1\\2\end{pmatrix}$ 的线性相关性.

4. 求向量组 $\boldsymbol{\alpha}_1=\begin{pmatrix}-1\\-1\\0\\0\end{pmatrix},\boldsymbol{\alpha}_2=\begin{pmatrix}1\\2\\1\\-1\end{pmatrix},\boldsymbol{\alpha}_3=\begin{pmatrix}0\\1\\1\\-1\end{pmatrix},\boldsymbol{\alpha}_4=\begin{pmatrix}1\\3\\2\\1\end{pmatrix},\boldsymbol{\alpha}_5=\begin{pmatrix}2\\6\\4\\-1\end{pmatrix}$ 的秩和一个极大无关组，并把其余向量用此极大无关组进行线性表示.

5. 已知向量组

$$\boldsymbol{\alpha}_1=(1,0,1,2),\quad \boldsymbol{\alpha}_2=(0,1,1,2),\quad \boldsymbol{\alpha}_3=(1,1,0,a),$$
$$\boldsymbol{\alpha}_4=(1,2,a,6),\quad \boldsymbol{\alpha}_5=(1,1,2,4),$$

问当 a 取何值时，向量组的秩为 3？并求其极大线性无关组，用它表示其余向量.

6. 确定 a,b 的值，使线性方程组

$$\begin{cases}x_1+2x_2-2x_3+2x_4=2,\\x_2-x_3-x_4=1,\\x_1+x_2-x_3+3x_4=a,\\x_1-x_2+x_3+5x_4=b\end{cases}$$

有解，并求其解.

7. 求下列齐次线性方程组的基础解系和通解.

(1) $\begin{cases} x_1+3x_2+2x_3=0, \\ x_1+5x_2+x_3=0, \\ 3x_1+5x_2+8x_3=0; \end{cases}$　　(2) $\begin{cases} x_1+2x_2-2x_3+2x_4-x_5=0, \\ x_1+2x_2-x_3+3x_4-2x_5=0, \\ 2x_1+4x_2-7x_3+x_4+x_5=0; \end{cases}$

(3) $\begin{cases} x_1-x_2+3x_3-x_4=0, \\ -x_1+2x_2-4x_3-4x_4=0, \\ 2x_1+x_2+x_4=0; \end{cases}$　　(4) $\begin{cases} x_1+x_2-x_3-x_4=0, \\ -x_1+2x_2-2x_3-5x_4=0, \\ 2x_1+5x_2-5x_3-8x_4=0. \end{cases}$

8. 已知线性方程组

$$\begin{cases} x_1+2x_2+\lambda x_3=0, \\ -x_1+(\lambda-1)x_2+x_3=0, \\ \lambda x_1+(3\lambda+1)x_2+(2\lambda+3)x_3=0. \end{cases}$$

求 λ 的值，使方程组

(1) 只有零解；

(2) 有非零解，并在有非零解时，求其通解.

9. 求下列非齐次线性方程组的解.

(1) $\begin{cases} 2x_1+3x_2+x_3=3, \\ x_1+2x_2+x_3=1, \\ x_1-x_2-2x_3=0; \end{cases}$　　(2) $\begin{cases} x_1+7x_3=3, \\ x_1+2x_2+x_3=1, \\ x_2-3x_3=-1; \end{cases}$

(3) $\begin{cases} x_1-x_2-2x_3-x_4=-5, \\ 2x_1-x_2+x_3+2x_4=-7, \\ x_1+3x_3+3x_4=-2; \end{cases}$　　(4) $\begin{cases} x_1-x_2-2x_3=-1, \\ -2x_1+x_2+x_3=4, \\ x_1+3x_2-2x_3=3; \end{cases}$

(5) $\begin{cases} 2x_1-x_2+3x_3+4x_4=5, \\ 4x_1-2x_2+5x_3+6x_4=7, \\ 6x_1-3x_2+7x_3+8x_4=9, \\ 8x_1-4x_2+9x_3+10x_4=11. \end{cases}$

10. 求 k 的值，使线性方程组

$$\begin{cases} x_1+(k^2+1)x_2+2x_3=k, \\ kx_1+kx_2+(2k+1)x_3=0, \\ x_1+(2k+1)x_2+2x_3=2 \end{cases}$$

(1) 有唯一解；

(2) 无解；

(3) 有无穷多解,并求出其通解.

11. 求一个齐次线性方程组,使它的基础解系为

$$\boldsymbol{\xi}_1=\begin{pmatrix}2\\2\\1\\0\end{pmatrix},\quad \boldsymbol{\xi}_2=\begin{pmatrix}0\\1\\2\\1\end{pmatrix}.$$

12. 三元非齐次线性方程组的系数矩阵的秩为 1,已知($\boldsymbol{\xi}_1,\boldsymbol{\xi}_2,\boldsymbol{\xi}_3$)是它的三个解向量,且

$$\boldsymbol{\xi}_1+\boldsymbol{\xi}_2=\begin{pmatrix}1\\2\\3\end{pmatrix},\quad \boldsymbol{\xi}_2+\boldsymbol{\xi}_3=\begin{pmatrix}0\\-1\\1\end{pmatrix},\quad \boldsymbol{\xi}_3+\boldsymbol{\xi}_1=\begin{pmatrix}1\\0\\-1\end{pmatrix},$$

求该非齐次线性方程组的通解.

13. 设有四元非齐次方程组 $\boldsymbol{Ax}=\boldsymbol{b}$,$r(\boldsymbol{A})=3$,已知它的三个解为 $\boldsymbol{\xi}_1,\boldsymbol{\xi}_2,\boldsymbol{\xi}_3$,其中

$$\boldsymbol{\xi}_1=\begin{pmatrix}4\\2\\3\\1\end{pmatrix},\quad \boldsymbol{\xi}_2+\boldsymbol{\xi}_3=\begin{pmatrix}2\\-2\\0\\4\end{pmatrix}.$$

14.【23 安徽】当 λ 为何值时,非齐次线性方程组

$$\begin{cases}x_1+3x_2+2x_3+2x_4=4,\\2x_1+5x_2+x_3+3x_4=2,\\x_1+4x_2+5x_3+3x_4=10,\\5x_1+13x_2+4x_3+8x_4=\lambda\end{cases}$$

有无穷多解? 并求其通解.

15.【21 重庆】求非齐次线性方程组 $\begin{cases}2x_1+x_2-2x_3+3x_4=-1,\\3x_1+2x_2-x_3+2x_4=0,\\x_1+x_2+x_3-x_4=1\end{cases}$ 的通解.

16.【22 重庆】求线性方程组 $\begin{cases}2x_1+x_2+x_3=2,\\x_1+3x_2+x_3=5,\\x_1+x_2+5x_3=-7,\\2x_1+3x_2-3x_3=14\end{cases}$ 的通解.

17.【24 重庆】求非齐次线性方程组 $\begin{cases}x_1+2x_2-x_3-x_4=0,\\x_1+2x_2+x_4=4,\\-x_1-2x_2+2x_3+4x_4=5\end{cases}$ 的通解.

第四章 矩阵的特征值与特征向量

特征值与特征向量是线性代数中的一个核心主题，不仅是理论研究的核心工具，还在许多实际问题中发挥着不可或缺的作用.例如，在数据分析中，特征值分解用于主成分分析，可从高维数据中提取主要特征，简化数据处理.在物理学中，特征值问题用于量子力学中的能级计算.在工程中，它们有助于分析结构的振动模式和稳定性.

相似矩阵这一工具能够将复杂矩阵问题转化为更简单的形式，进而简化计算过程.特别是在工程和计算科学中，相似矩阵的应用可以极大地提高效率和精度.

实对称矩阵的对角化在处理对称矩阵时具有特别重要的实际意义.实对称矩阵的对角化不仅在理论上简化了矩阵运算，且在实际应用中，如信号处理和优化问题中，提供了有效的解决方案.

本章思维导图

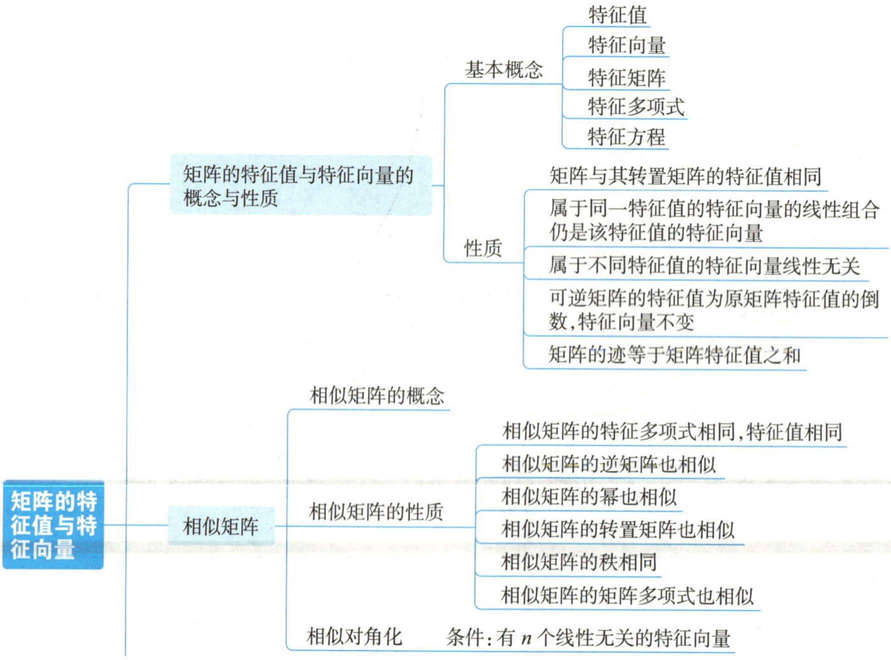

- 实对称矩阵的对角化
  - 向量的内积与长度
    - 内积的概念
    - 向量的长度
    - 向量的夹角
  - 正交向量组
    - 概念
    - 标准正交向量组的构造：正交化、单位化
  - 正交矩阵的概念与性质
    - 概念
    - 性质
      - 正交矩阵的逆就是其转置
      - 正交矩阵的行列式等于 1 或 -1
      - 正交矩阵的转置仍是正交矩阵
      - 正交矩阵的乘积仍是正交矩阵
  - 实对称矩阵的对角化的步骤
    - 1. 求出 $\boldsymbol{A}$ 的全部特征值
    - 2. 计算线性无关的特征向量
    - 3. 将特征向量正交化、单位化得到标准正交向量组
    - 4. 标准正交向量组构成正交矩阵

4.1 矩阵的特征值与特征向量的概念与性质

内容和目标

- 掌握特征值、特征向量的定义；
- 会求矩阵的特征值与特征向量；
- 了解特征值、特征向量的性质及应用.

4.1.1 矩阵的特征值与特征向量的概念与基本性质

定义 4.1 设 $\boldsymbol{A}$ 是 n 阶矩阵，如果数 λ 和 n 维非零向量 $\boldsymbol{x}$，满足

$$\boldsymbol{A}\boldsymbol{x}=\lambda\boldsymbol{x}, \tag{4.1}$$

那么数 λ 称为 $\boldsymbol{A}$ 的**特征值**，$\boldsymbol{x}$ 称为 $\boldsymbol{A}$ 对应于特征值 λ 的**特征向量**.

如：$\boldsymbol{A}=\begin{pmatrix}3 & -4\\ 2 & -3\end{pmatrix}$，因为 $\boldsymbol{A}\begin{pmatrix}2\\1\end{pmatrix}=1\cdot\begin{pmatrix}2\\1\end{pmatrix}$，所以 $\lambda=1$ 是 $\boldsymbol{A}$ 的特征值，$\begin{pmatrix}2\\1\end{pmatrix}$ 是 $\boldsymbol{A}$ 对应于 $\lambda=1$ 的特征向量.

【注意】 (1) 特征值 λ 可为 0，但特征向量不能为 $\boldsymbol{0}$.

(2) 特征值与特征向量密切相关.一个特征向量只属于一个特征值，但一个特征值对应不止一个特征向量.

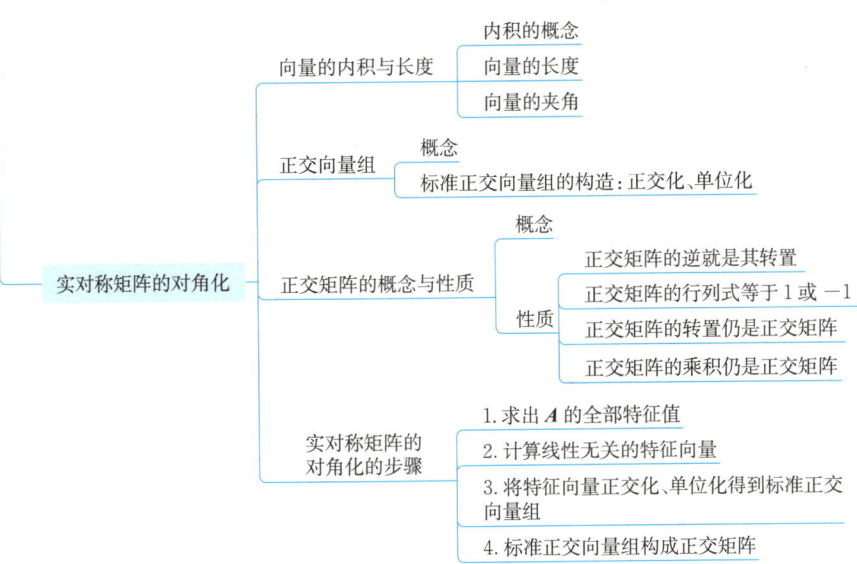

基本性质：

1. 如果 λ 是 $\boldsymbol{A}$ 的特征值，$\boldsymbol{\xi}$ 是 $\boldsymbol{A}$ 的对应于特征值 λ 的一个特征向量，则对于任何实数 $k\neq 0$，$k\boldsymbol{\xi}$ 也是 $\boldsymbol{A}$ 的对应于特征值 λ 的一个特征向量.

说明：因为 $\boldsymbol{A\xi}=\lambda\boldsymbol{\xi}$，所以 $\boldsymbol{A}(k\boldsymbol{\xi})=k(\boldsymbol{A\xi})=k(\lambda\boldsymbol{\xi})=\lambda(k\boldsymbol{\xi})$.

2. 如果 λ 是 $\boldsymbol{A}$ 的特征值，$\boldsymbol{\xi}_1,\boldsymbol{\xi}_2$ 都是 $\boldsymbol{A}$ 的对应于特征值 λ 的特征向量，则当 $\boldsymbol{\xi}_1+\boldsymbol{\xi}_2\neq\boldsymbol{0}$ 时，$\boldsymbol{\xi}_1+\boldsymbol{\xi}_2$ 也是 $\boldsymbol{A}$ 的对应于特征值 λ 的一个特征向量.

说明：因为 $\boldsymbol{A\xi}_1=\lambda\boldsymbol{\xi}_1,\boldsymbol{A\xi}_2=\lambda\boldsymbol{\xi}_2$，所以

$$\boldsymbol{A}(\boldsymbol{\xi}_1+\boldsymbol{\xi}_2)=\boldsymbol{A\xi}_1+\boldsymbol{A\xi}_2=\lambda\boldsymbol{\xi}_1+\lambda\boldsymbol{\xi}_2=\lambda(\boldsymbol{\xi}_1+\boldsymbol{\xi}_2).$$

综合并推广以上两个基本性质，有：

如果 λ 是 $\boldsymbol{A}$ 的特征值，$\boldsymbol{\xi}_1,\boldsymbol{\xi}_2,\cdots,\boldsymbol{\xi}_t$ 都是 $\boldsymbol{A}$ 的对应于特征值 λ 的特征向量，那么任意非零线性组合 $k_1\boldsymbol{\xi}_1+k_2\boldsymbol{\xi}_2+\cdots+k_t\boldsymbol{\xi}_t$ 也是 $\boldsymbol{A}$ 的对应于特征值 λ 的一个特征向量.

同时式(4.1)可写成

$$(\boldsymbol{A}-\lambda\boldsymbol{E})\boldsymbol{x}=\boldsymbol{0},\tag{4.2}$$

这是一个含有 n 个未知量、n 个方程的齐次线性方程组，它有非零解的充分必要条件是系数行列式

$$|\boldsymbol{A}-\lambda\boldsymbol{E}|=0.\tag{4.3}$$

定义 4.2　设 $\boldsymbol{A}$ 是 n 阶矩阵，λ 是一个未知量，矩阵 $\boldsymbol{A}-\lambda\boldsymbol{E}$ 称为矩阵 $\boldsymbol{A}$ 的**特征矩阵**；行列式 $|\boldsymbol{A}-\lambda\boldsymbol{E}|$ 称为矩阵 $\boldsymbol{A}$ 的**特征多项式**；方程 $|\boldsymbol{A}-\lambda\boldsymbol{E}|=0$ 称为矩阵 $\boldsymbol{A}$ 的**特征方程**；它的根称为矩阵 $\boldsymbol{A}$ 的**特征根**，即为矩阵 $\boldsymbol{A}$ 的特征值.

这样，求 $\boldsymbol{A}$ 的特征值就可以转化为求 $\boldsymbol{A}$ 的特征方程的根.

例 1　求 $\boldsymbol{A}=\begin{pmatrix}3 & -1\\ -1 & 3\end{pmatrix}$ 的特征值和特征向量.

解　$\boldsymbol{A}$ 的特征多项式为

$$|\boldsymbol{A}-\lambda\boldsymbol{E}|=\begin{vmatrix}3-\lambda & -1\\ -1 & 3-\lambda\end{vmatrix}=(3-\lambda)^2-1=\lambda^2-6\lambda+8=(\lambda-2)(\lambda-4),$$

所以 $\boldsymbol{A}$ 的特征值为 $\lambda_1=2,\lambda_2=4$. 当 $\lambda_1=2$ 时，对应的特征向量应满足

$$\begin{pmatrix}3-2 & -1\\ -1 & 3-2\end{pmatrix}\begin{pmatrix}x_1\\ x_2\end{pmatrix}=\begin{pmatrix}0\\ 0\end{pmatrix},$$

即

$$\begin{pmatrix}1 & -1\\ -1 & 1\end{pmatrix}\begin{pmatrix}x_1\\ x_2\end{pmatrix}=\begin{pmatrix}0\\ 0\end{pmatrix}.$$

解得 $x_1=x_2$. 求得基础解系 $\boldsymbol{\xi}_1=\begin{pmatrix}1\\ 1\end{pmatrix}$，所以 $\boldsymbol{\xi}_1$ 是 $\boldsymbol{A}$ 的属于特征值 $\lambda_1=2$ 的一个特征向量，而 $k_1\boldsymbol{\xi}_1(k_1\neq 0)$ 是 $\boldsymbol{A}$ 的属于特征值 $\lambda_1=2$ 的全部特征向量.

当 $\lambda_2=4$ 时，对应的特征向量应满足

$$\begin{pmatrix} 3-4 & -1 \\ -1 & 3-4 \end{pmatrix}\begin{pmatrix} x_1 \\ x_2 \end{pmatrix}=\begin{pmatrix} 0 \\ 0 \end{pmatrix},$$

即

$$\begin{pmatrix} -1 & -1 \\ -1 & -1 \end{pmatrix}\begin{pmatrix} x_1 \\ x_2 \end{pmatrix}=\begin{pmatrix} 0 \\ 0 \end{pmatrix}.$$

解得 $x_1=-x_2$.求得基础解系 $\boldsymbol{\xi}_2=\begin{pmatrix} -1 \\ 1 \end{pmatrix}$,所以 $\boldsymbol{\xi}_2$ 是 $\boldsymbol{A}$ 的属于特征值 $\lambda_2=4$ 的一个特征向量,而 $k_2\boldsymbol{\xi}_2(k_2\neq 0)$是 $\boldsymbol{A}$ 的属于特征值 $\lambda_2=4$ 的全部特征向量.

例 2 求 $\boldsymbol{A}=\begin{pmatrix} -1 & 1 & 0 \\ -4 & 3 & 0 \\ 1 & 0 & 2 \end{pmatrix}$的特征值和特征向量.

解 $\boldsymbol{A}$ 的特征多项式为

$$|\boldsymbol{A}-\lambda\boldsymbol{E}|=\begin{vmatrix} -1-\lambda & 1 & 0 \\ -4 & 3-\lambda & 0 \\ 1 & 0 & 2-\lambda \end{vmatrix}=(2-\lambda)(1-\lambda)^2,$$

所以 $\boldsymbol{A}$ 的特征值为 $\lambda_1=2,\lambda_2=\lambda_3=1$.当 $\lambda_1=2$ 时,解方程$(\boldsymbol{A}-2\boldsymbol{E})\boldsymbol{x}=\boldsymbol{0}$,由

$$(\boldsymbol{A}-2\boldsymbol{E})=\begin{pmatrix} -3 & 1 & 0 \\ -4 & 1 & 0 \\ 1 & 0 & 0 \end{pmatrix}\to\begin{pmatrix} 1 & 0 & 0 \\ 0 & 1 & 0 \\ 0 & 0 & 0 \end{pmatrix},$$

得基础解系 $\boldsymbol{\xi}_1=\begin{pmatrix} 0 \\ 0 \\ 1 \end{pmatrix}$,所以 $k_1\boldsymbol{\xi}_1(k_1\neq 0)$是 $\boldsymbol{A}$ 的属于特征值 $\lambda_1=2$ 的全部特征向量.

当 $\lambda_2=\lambda_3=1$ 时,解方程$(\boldsymbol{A}-\boldsymbol{E})\boldsymbol{x}=\boldsymbol{0}$,由

$$(\boldsymbol{A}-\boldsymbol{E})=\begin{pmatrix} -2 & 1 & 0 \\ -4 & 2 & 0 \\ 1 & 0 & 1 \end{pmatrix}\to\begin{pmatrix} 1 & 0 & 1 \\ 0 & 1 & 2 \\ 0 & 0 & 0 \end{pmatrix},$$

得基础解系 $\boldsymbol{\xi}_2=\begin{pmatrix} -1 \\ -2 \\ 1 \end{pmatrix}$,所以 $k_2\boldsymbol{\xi}_2(k_2\neq 0)$是 $\boldsymbol{A}$ 的属于特征值 $\lambda_2=\lambda_3=1$ 的全部特征向量.

由上述例子可以归纳出求解 $\boldsymbol{A}$ 的特征值与特征向量的具体步骤:

第一步:计算 $\boldsymbol{A}$ 的特征多项式$|\boldsymbol{A}-\lambda\boldsymbol{E}|$;

第二步:求出$|\boldsymbol{A}-\lambda\boldsymbol{E}|=0$ 的全部特征根,它们就是 $\boldsymbol{A}$ 的全部特征值;

第三步:对于 $\boldsymbol{A}$ 的每一个特征值 λ_i,求相应的齐次线性方程组$(\boldsymbol{A}-\lambda_i\boldsymbol{E})\boldsymbol{x}=\boldsymbol{0}$ 的一个基础解系 $\boldsymbol{\xi}_1,\boldsymbol{\xi}_2,\cdots,\boldsymbol{\xi}_t$,则对于不全为零的任意常数 $k_1,k_2,\cdots,k_t$,

$$k_1\boldsymbol{\xi}_1+k_2\boldsymbol{\xi}_2+\cdots+k_t\boldsymbol{\xi}_t$$

即为对应于 λ_i 的全部特征向量.

【课堂练习】

求 $\boldsymbol{A}=\begin{pmatrix}-2 & 1 & 1\\ 0 & 2 & 0\\ -4 & 1 & 3\end{pmatrix}$ 的特征值和特征向量.

4.1.2　特征值与特征向量的性质

性质 1　n 阶矩阵 $\boldsymbol{A}$ 与它的转置矩阵 $\boldsymbol{A}^{\mathrm{T}}$ 有相同的特征值.

证　因为 $|\boldsymbol{A}^{\mathrm{T}}-\lambda\boldsymbol{E}|=|\boldsymbol{A}^{\mathrm{T}}-\lambda\boldsymbol{E}^{\mathrm{T}}|=|(\boldsymbol{A}-\lambda\boldsymbol{E})^{\mathrm{T}}|=|\boldsymbol{A}-\lambda\boldsymbol{E}|$，所以 $\boldsymbol{A}^{\mathrm{T}}$ 与 $\boldsymbol{A}$ 有相同的特征多项式，故它们的特征值相同.

性质 2　设 n 阶矩阵 $\boldsymbol{A}=(a_{ij})$ 的特征值为 $\lambda_1,\lambda_2,\cdots,\lambda_n$，则有

(1) $\lambda_1+\lambda_2+\cdots+\lambda_n=a_{11}+a_{22}+\cdots+a_{nn}$.

说明：特征值之和等于主对角线元素之和.矩阵 $\boldsymbol{A}$ 的主对角线上的元素之和 $a_{11}+a_{22}+\cdots+a_{nn}$ 称为矩阵 $\boldsymbol{A}$ 的**迹**，记为 $\mathrm{tr}(\boldsymbol{A})$.

(2) $\lambda_1\lambda_2\cdots\lambda_n=|\boldsymbol{A}|$.

说明：特征根之积等于行列式的值.由此可得到以下推论：

推论　n 阶矩阵 $\boldsymbol{A}$ 可逆的充要条件是 $\boldsymbol{A}$ 的任一特征值不为 0.

例 3　证明：若 λ 是矩阵 $\boldsymbol{A}$ 的特征值，$\boldsymbol{x}$ 是 $\boldsymbol{A}$ 的属于 λ 的特征向量，则

(1) 对于任意的常数 k，$k\lambda$ 是 $k\boldsymbol{A}$ 的特征值；

(2) 对于正整数 m，λ^m 是 $\boldsymbol{A}^m$ 的特征值；

(3) 当 $\boldsymbol{A}$ 可逆时，λ^{-1} 是 $\boldsymbol{A}^{-1}$ 的特征值.

证　(1) 由于 $\boldsymbol{A}\boldsymbol{x}=\lambda\boldsymbol{x}$，等式两边同乘常数 k，可得 $k\boldsymbol{A}\boldsymbol{x}=k\lambda\boldsymbol{x}$，即 $(k\boldsymbol{A})\boldsymbol{x}=(k\lambda)\boldsymbol{x}$，所以 $k\lambda$ 是 $k\boldsymbol{A}$ 的特征值.

(2) 由于 $\boldsymbol{A}\boldsymbol{x}=\lambda\boldsymbol{x}$，等式两边左乘矩阵 $\boldsymbol{A}$ 得

$$\boldsymbol{A}(\boldsymbol{A}\boldsymbol{x})=\boldsymbol{A}(\lambda\boldsymbol{x})=\lambda(\boldsymbol{A}\boldsymbol{x})=\lambda(\lambda\boldsymbol{x})=\lambda^2\boldsymbol{x}.$$

即 $\boldsymbol{A}^2\boldsymbol{x}=\lambda^2\boldsymbol{x}$.同理可得，$\boldsymbol{A}^m\boldsymbol{x}=\lambda^m\boldsymbol{x}$.所以 λ^m 是 $\boldsymbol{A}^m$ 的特征值.

(3) 当 $\boldsymbol{A}$ 可逆时，由性质 2 的推论可得 $\lambda\neq0$.又由 $\boldsymbol{A}\boldsymbol{x}=\lambda\boldsymbol{x}$ 可知 $\boldsymbol{x}=\lambda\boldsymbol{A}^{-1}\boldsymbol{x}$，故 $\boldsymbol{A}^{-1}\boldsymbol{x}=\lambda^{-1}\boldsymbol{x}$，所以 λ^{-1} 是 $\boldsymbol{A}^{-1}$ 的特征值且 $\boldsymbol{x}$ 仍是矩阵 $\boldsymbol{A}^{-1}$ 的对应于 λ^{-1} 的特征向量.

推论　若 $\boldsymbol{x}$ 是 $\boldsymbol{A}$ 的属于 λ 的特征向量，且

$$\varphi(\lambda)=a_0+a_1\lambda+\cdots+a_m\lambda^m,$$

$$\varphi(\boldsymbol{A})=a_0\boldsymbol{E}+a_1\boldsymbol{A}+\cdots+a_m\boldsymbol{A}^m,$$

其中 m 为正整数，$a_i(i=1,2,\cdots,m)$ 是常数，则 $\varphi(\lambda)$ 是 $\varphi(\boldsymbol{A})$ 的特征值，且 $\boldsymbol{x}$ 是 $\varphi(\boldsymbol{A})$ 的对应于特征值 $\varphi(\lambda)$ 的特征向量.

例 4 设三阶矩阵 $\boldsymbol{A}$ 的特征值为 1,2,3.求 $|\boldsymbol{A}^3-5\boldsymbol{A}^2+7\boldsymbol{A}|$.

解 设 $\varphi(\boldsymbol{A})=\boldsymbol{A}^3-5\boldsymbol{A}^2+7\boldsymbol{A}$,则 $\varphi(\lambda)=\lambda^3-5\lambda^2+7\lambda$ 是 $\varphi(\boldsymbol{A})$ 的特征值,且

$$\varphi(1)=1^3-5\times1^2+7\times1=3,$$

$$\varphi(2)=2^3-5\times2^2+7\times2=2,$$

$$\varphi(3)=3^3-5\times3^2+7\times3=3.$$

故 $\varphi(\boldsymbol{A})$ 的特征值是 3,2,3,从而

$$|\boldsymbol{A}^3-5\boldsymbol{A}^2+7\boldsymbol{A}|=3\times2\times3=18.$$

定理 4.1 若 $\boldsymbol{\xi}_1,\boldsymbol{\xi}_2,\cdots,\boldsymbol{\xi}_m$ 是 $\boldsymbol{A}$ 的属于互不相同的特征值 $\lambda_1,\lambda_2,\cdots,\lambda_m$ 的特征向量,则 $\boldsymbol{\xi}_1,\boldsymbol{\xi}_2,\cdots,\boldsymbol{\xi}_m$ 线性无关.

证 设有常数 $k_1,k_2,\cdots,k_m$,使

$$k_1\boldsymbol{\xi}_1+k_2\boldsymbol{\xi}_2+\cdots+k_m\boldsymbol{\xi}_m=\boldsymbol{0},$$

则

$$\boldsymbol{A}(k_1\boldsymbol{\xi}_1+k_2\boldsymbol{\xi}_2+\cdots+k_m\boldsymbol{\xi}_m)=\boldsymbol{0},$$

即

$$\lambda_1k_1\boldsymbol{\xi}_1+\lambda_2k_2\boldsymbol{\xi}_2+\cdots+\lambda_mk_m\boldsymbol{\xi}_m=\boldsymbol{0},$$

类推有

$$\lambda_1^tk_1\boldsymbol{\xi}_1+\lambda_2^tk_2\boldsymbol{\xi}_2+\cdots+\lambda_m^tk_m\boldsymbol{\xi}_m=\boldsymbol{0}\quad(t=1,2,\cdots,m-1),$$

把以上各式写成矩阵形式,即

$$(k_1\boldsymbol{\xi}_1,k_2\boldsymbol{\xi}_2,\cdots,k_m\boldsymbol{\xi}_m)\begin{pmatrix}1&\lambda_1&\cdots&\lambda_1^{t-1}\\1&\lambda_2&\cdots&\lambda_2^{t-1}\\\vdots&\vdots&&\vdots\\1&\lambda_m&\cdots&\lambda_m^{t-1}\end{pmatrix}=\boldsymbol{0}.$$

上式第二个矩阵的行列式是范德蒙德行列式,因此当 $\lambda_1,\lambda_2,\cdots,\lambda_m$ 各不相同时,该矩阵可逆,于是有

$$(k_1\boldsymbol{\xi}_1,k_2\boldsymbol{\xi}_2,\cdots,k_m\boldsymbol{\xi}_m)=\boldsymbol{0},$$

即 $k_i\boldsymbol{\xi}_i=\boldsymbol{0}$,但 $\boldsymbol{\xi}_i\neq\boldsymbol{0}$,故 $k_i=0,i=1,2,\cdots,m$,所以 $\boldsymbol{\xi}_1,\boldsymbol{\xi}_2,\cdots,\boldsymbol{\xi}_m$ 线性无关.证毕.

推论 设 $\lambda_1,\lambda_2,\cdots,\lambda_m$ 是 $\boldsymbol{A}$ 的 m 个互不相同的特征值,而 $\boldsymbol{\xi}_{i1},\boldsymbol{\xi}_{i2},\cdots,\boldsymbol{\xi}_{ik_i}$ 是 $\boldsymbol{A}$ 的属于特征值 $\lambda_i(i=1,2,\cdots,m)$ 的线性无关的特征向量,则向量组 $\boldsymbol{\xi}_{11},\boldsymbol{\xi}_{12},\cdots,\boldsymbol{\xi}_{1k_1},\boldsymbol{\xi}_{21},\boldsymbol{\xi}_{22},\cdots,\boldsymbol{\xi}_{2k_2},\cdots,\boldsymbol{\xi}_{m1},\boldsymbol{\xi}_{m2},\cdots,\boldsymbol{\xi}_{mk_m}$ 也线性无关.

【课堂练习】

(1) 若 λ 是可逆矩阵 $\boldsymbol{A}$ 的特征值,证明 $\dfrac{1}{\lambda}|\boldsymbol{A}|$ 是 $\boldsymbol{A}^*$ 的特征值.

(2) 设三阶矩阵 $\boldsymbol{A}$ 的特征值为 $1,-1,2$,求 $|\boldsymbol{A}^2-2\boldsymbol{E}|$.

习题 4.1

1. 判断题.

(1) 设 λ_0 是方阵 $\boldsymbol{A}$ 的特征值，$\boldsymbol{A}$ 的对应于特征值 λ_0 的特征向量不一定存在.　（　　）

(2) 设向量 $\boldsymbol{\xi}$ 是方阵 $\boldsymbol{A}$ 的对应于其特征值 λ 的特征向量，则 $k\boldsymbol{\xi}$（k 为任意常数）也是 $\boldsymbol{A}$ 的对应于特征值 λ 的特征向量.　（　　）

(3) 设 λ 是方阵 $\boldsymbol{A}$ 的特征值，k 为任意常数，则 $k\lambda$ 也是方阵 $\boldsymbol{A}$ 的特征值.　（　　）

(4) 设 $\boldsymbol{A}=k\boldsymbol{E}$，$k$ 为任意常数，$\boldsymbol{E}$ 为单位矩阵，则任何 n 维非零向量都是 $\boldsymbol{A}$ 的特征向量.　（　　）

(5) n 阶方阵 $\boldsymbol{A}$ 与 $\boldsymbol{A}^{\mathrm{T}}$ 的特征值相同.　（　　）

2. 与可逆矩阵 $\boldsymbol{A}$ 必有相同特征值的矩阵是（　　）.

A. $\boldsymbol{A}^{-1}$　　B. $\boldsymbol{A}^{2}$　　C. $\boldsymbol{A}^{\mathrm{T}}$　　D. $\boldsymbol{A}^{*}$

3. 求下列矩阵的特征值和特征向量.

(1) $\begin{pmatrix} 2 & -3 \\ -3 & 1 \end{pmatrix}$；　(2) $\begin{pmatrix} 6 & 2 & 4 \\ 2 & 3 & 2 \\ 4 & 2 & 6 \end{pmatrix}$；

(3) $\begin{pmatrix} 2 & 2 & -2 \\ 2 & 5 & -4 \\ -2 & -4 & 5 \end{pmatrix}$；　(4) $\begin{pmatrix} 2 & -2 & 0 \\ -2 & 1 & -2 \\ 0 & -2 & 0 \end{pmatrix}$；

(5) $\begin{pmatrix} 2 & 3 & -1 & -4 \\ 0 & -1 & -2 & 1 \\ 0 & 1 & 2 & -2 \\ 0 & 1 & 1 & 2 \end{pmatrix}$.

4. 已知三阶方阵 $\boldsymbol{A}$ 的特征值为 $\lambda_1=1,\lambda_2=0,\lambda_3=-1$，对应的特征向量依次为

$$\boldsymbol{x}_1=\begin{pmatrix} 1 \\ 2 \\ 2 \end{pmatrix},\quad \boldsymbol{x}_2=\begin{pmatrix} 2 \\ -2 \\ 1 \end{pmatrix},\quad \boldsymbol{x}_3=\begin{pmatrix} -2 \\ -1 \\ 2 \end{pmatrix},$$

求矩阵 $\boldsymbol{A}$.

5. 设方阵 $\boldsymbol{A}$ 满足 $\boldsymbol{A}^2=\boldsymbol{A}$，用特征值的定义证明：

(1) $\boldsymbol{A}$ 的特征值只能是 0 或 1；

(2) $\boldsymbol{A}+\boldsymbol{E}$ 可逆.

4.2 相似矩阵

内容和目标

- 理解相似矩阵与相似变换的定义;
- 掌握相似矩阵的性质;
- 掌握相似矩阵对角化的方法.

4.2.1 相似矩阵的概念

定义 4.3 设 $\boldsymbol{A}$ 与 $\boldsymbol{B}$ 都是 n 阶矩阵,若存在可逆矩阵 $\boldsymbol{P}$,使

$$\boldsymbol{P}^{-1}\boldsymbol{A}\boldsymbol{P}=\boldsymbol{B}.$$

则称 $\boldsymbol{B}$ 是 $\boldsymbol{A}$ 的相似矩阵(或称 $\boldsymbol{A}$ 与 $\boldsymbol{B}$ 相似),记作 $\boldsymbol{A}\sim\boldsymbol{B}$.对 $\boldsymbol{A}$ 进行运算 $\boldsymbol{P}^{-1}\boldsymbol{A}\boldsymbol{P}$ 称为对 $\boldsymbol{A}$ 进行相似变换,可逆矩阵 $\boldsymbol{P}$ 称为把 $\boldsymbol{A}$ 变成 $\boldsymbol{B}$ 的相似变换矩阵.

矩阵的相似关系是一种等价关系,即满足

(1) 反身性　对任意 n 阶矩阵,都有 $\boldsymbol{A}$ 与 $\boldsymbol{A}$ 相似,即 $\boldsymbol{A}\sim\boldsymbol{A}$.

(2) 对称性　若 $\boldsymbol{A}$ 与 $\boldsymbol{B}$ 相似,则 $\boldsymbol{B}$ 与 $\boldsymbol{A}$ 相似,即若 $\boldsymbol{A}\sim\boldsymbol{B}$,则 $\boldsymbol{B}\sim\boldsymbol{A}$.

(3) 传递性　若 $\boldsymbol{A}$ 与 $\boldsymbol{B}$ 相似,$\boldsymbol{B}$ 与 $\boldsymbol{C}$ 相似,则 $\boldsymbol{A}$ 与 $\boldsymbol{C}$ 相似,即若 $\boldsymbol{A}\sim\boldsymbol{B}$,$\boldsymbol{B}\sim\boldsymbol{C}$,则 $\boldsymbol{A}\sim\boldsymbol{C}$.

4.2.2 相似矩阵的性质

相似矩阵具有如下性质:

性质 1 若 $\boldsymbol{A}\sim\boldsymbol{B}$,则 $\boldsymbol{A}$ 与 $\boldsymbol{B}$ 的特征多项式相同,从而 $\boldsymbol{A}$ 与 $\boldsymbol{B}$ 的特征值也相同.

证 因为 $\boldsymbol{A}\sim\boldsymbol{B}$,故存在可逆矩阵 $\boldsymbol{P}$,使 $\boldsymbol{P}^{-1}\boldsymbol{A}\boldsymbol{P}=\boldsymbol{B}$,于是

$$\begin{aligned}|\boldsymbol{B}-\lambda\boldsymbol{E}|&=|\boldsymbol{P}^{-1}\boldsymbol{A}\boldsymbol{P}-\lambda\boldsymbol{E}|=|\boldsymbol{P}^{-1}\boldsymbol{A}\boldsymbol{P}-\boldsymbol{P}^{-1}\lambda\boldsymbol{E}\boldsymbol{P}|=|\boldsymbol{P}^{-1}(\boldsymbol{A}-\lambda\boldsymbol{E})\boldsymbol{P}|\\&=|\boldsymbol{P}^{-1}||\boldsymbol{A}-\lambda\boldsymbol{E}||\boldsymbol{P}|=|\boldsymbol{A}-\lambda\boldsymbol{E}|,\end{aligned}$$

即 $\boldsymbol{A}$ 与 $\boldsymbol{B}$ 有相同的特征多项式,从而有相同的特征值.

【注意】反过来不成立,即特征值相同的两个 n 阶矩阵,不一定相似.如 $\boldsymbol{E}=\begin{pmatrix}1&0\\0&1\end{pmatrix}$,$\boldsymbol{A}=\begin{pmatrix}1&1\\0&1\end{pmatrix}$,不难求出它们的特征值都为 1,但对于任何可逆矩阵 $\boldsymbol{P}$,都有 $\boldsymbol{P}^{-1}\boldsymbol{E}\boldsymbol{P}=\boldsymbol{E}\neq\boldsymbol{A}$,从而 $\boldsymbol{A}$ 与 $\boldsymbol{E}$ 不相似.

性质 2　若 $\boldsymbol{A}\sim\boldsymbol{B}$，且 $\boldsymbol{A}$ 可逆，则 $\boldsymbol{B}$ 可逆，且 $\boldsymbol{A}^{-1}\sim\boldsymbol{B}^{-1}$.

证　因为 $\boldsymbol{A}\sim\boldsymbol{B}$，则存在可逆矩阵 $\boldsymbol{P}$，使 $\boldsymbol{P}^{-1}\boldsymbol{A}\boldsymbol{P}=\boldsymbol{B}$，于是 $|\boldsymbol{P}^{-1}\boldsymbol{A}\boldsymbol{P}|=|\boldsymbol{B}|$，即 $|\boldsymbol{P}^{-1}||\boldsymbol{A}||\boldsymbol{P}|=|\boldsymbol{B}|$，从而 $|\boldsymbol{A}|=|\boldsymbol{B}|$.

当 $\boldsymbol{A}$ 可逆时，$|\boldsymbol{A}|=|\boldsymbol{B}|\neq0$，因此 $\boldsymbol{B}$ 也可逆，且 $(\boldsymbol{P}^{-1}\boldsymbol{A}\boldsymbol{P})^{-1}=\boldsymbol{B}^{-1}$，于是

$$\boldsymbol{B}^{-1}=\boldsymbol{P}^{-1}\boldsymbol{A}^{-1}(\boldsymbol{P}^{-1})^{-1}=\boldsymbol{P}^{-1}\boldsymbol{A}^{-1}\boldsymbol{P}.$$

即

$$\boldsymbol{A}^{-1}\sim\boldsymbol{B}^{-1}.$$

性质 3　若 $\boldsymbol{A}\sim\boldsymbol{B}$，则 $\boldsymbol{A}^{m}\sim\boldsymbol{B}^{m}$，其中 m 为非负整数.

证　因为 $\boldsymbol{A}\sim\boldsymbol{B}$，则存在可逆矩阵 $\boldsymbol{P}$，使 $\boldsymbol{P}^{-1}\boldsymbol{A}\boldsymbol{P}=\boldsymbol{B}$，所以

$$\underbrace{\underbrace{\boldsymbol{P}^{-1}\boldsymbol{A}\boldsymbol{P}}\underbrace{\boldsymbol{P}^{-1}\boldsymbol{A}\boldsymbol{P}}\cdots\underbrace{\boldsymbol{P}^{-1}\boldsymbol{A}\boldsymbol{P}}}_{m\text{个}\boldsymbol{P}'\boldsymbol{A}\boldsymbol{P}}=\boldsymbol{B}^{m},$$

即 $\boldsymbol{P}^{-1}\boldsymbol{A}^{m}\boldsymbol{P}=\boldsymbol{B}^{m}$. 因此，相似矩阵的幂也相似.

性质 4　若 $\boldsymbol{A}\sim\boldsymbol{B}$，则 $\boldsymbol{A}^{\mathrm{T}}\sim\boldsymbol{B}^{\mathrm{T}}$.

证　因为 $\boldsymbol{A}\sim\boldsymbol{B}$，则存在可逆矩阵 $\boldsymbol{P}$，使 $\boldsymbol{P}^{-1}\boldsymbol{A}\boldsymbol{P}=\boldsymbol{B}$，于是 $(\boldsymbol{P}^{-1}\boldsymbol{A}\boldsymbol{P})^{\mathrm{T}}=\boldsymbol{B}^{\mathrm{T}}$，即 $\boldsymbol{B}^{\mathrm{T}}=\boldsymbol{P}^{\mathrm{T}}\boldsymbol{A}^{\mathrm{T}}(\boldsymbol{P}^{-1})^{\mathrm{T}}=\boldsymbol{P}^{\mathrm{T}}\boldsymbol{A}^{\mathrm{T}}(\boldsymbol{P}^{\mathrm{T}})^{-1}$，因此 $\boldsymbol{A}^{\mathrm{T}}\sim\boldsymbol{B}^{\mathrm{T}}$，即相似矩阵的转置矩阵也相似.

性质 5　相似矩阵的秩相同.

说明：相似是一种等价关系，是一种特殊的初等变换，初等变换不改变矩阵的秩.

性质 6　若 n 阶矩阵 $\boldsymbol{A}$ 与对角矩阵

$$\boldsymbol{\Lambda}=\begin{pmatrix}\lambda_1 & & & \\ & \lambda_2 & & \\ & & \ddots & \\ & & & \lambda_n\end{pmatrix}$$

相似，则 $\lambda_1,\lambda_2,\cdots,\lambda_n$ 即为矩阵 $\boldsymbol{A}$ 的 n 个特征值.

说明：易知 $\lambda_1,\lambda_2,\cdots,\lambda_n$ 是 $\boldsymbol{\Lambda}$ 的 n 个特征值，由相似矩阵的性质 1 可知 $\lambda_1,\lambda_2,\cdots,\lambda_n$ 也就是矩阵 $\boldsymbol{A}$ 的特征值.

性质 7　若 $\boldsymbol{A}\sim\boldsymbol{B}$，则矩阵多项式 $\varphi(\boldsymbol{A})\sim\varphi(\boldsymbol{B})$，其中

$$\varphi(\boldsymbol{X})=a_n\boldsymbol{X}^{n}+a_{n-1}\boldsymbol{X}^{n-1}+\cdots+a_1\boldsymbol{X}+a_0\boldsymbol{E}.$$

证　因为 $\boldsymbol{A}\sim\boldsymbol{B}$，则存在可逆矩阵 $\boldsymbol{P}$，使 $\boldsymbol{P}^{-1}\boldsymbol{A}\boldsymbol{P}=\boldsymbol{B}$，$\boldsymbol{P}^{-1}\boldsymbol{A}^{m}\boldsymbol{P}=\boldsymbol{B}^{m}$. 由于

$$\varphi(\boldsymbol{A})=a_n\boldsymbol{A}^{n}+a_{n-1}\boldsymbol{A}^{n-1}+\cdots+a_1\boldsymbol{A}+a_0\boldsymbol{E},$$

$$\varphi(\boldsymbol{B})=a_n\boldsymbol{B}^{n}+a_{n-1}\boldsymbol{B}^{n-1}+\cdots+a_1\boldsymbol{B}+a_0\boldsymbol{E},$$

于是有

$$\begin{aligned}\boldsymbol{P}^{-1}\varphi(\boldsymbol{A})\boldsymbol{P}&=a_n\boldsymbol{P}^{-1}\boldsymbol{A}^{n}\boldsymbol{P}+a_{n-1}\boldsymbol{P}^{-1}\boldsymbol{A}^{n-1}\boldsymbol{P}+\cdots+a_1\boldsymbol{P}^{-1}\boldsymbol{A}\boldsymbol{P}+a_0\boldsymbol{E}\\&=a_n\boldsymbol{B}^{n}+a_{n-1}\boldsymbol{B}^{n-1}+\cdots+a_1\boldsymbol{B}+a_0\boldsymbol{E}=\varphi(\boldsymbol{B}).\end{aligned}$$

例 1　确定 x,y 的值，使 $\boldsymbol{A}=\begin{pmatrix}-2 & 0 & 0\\ 2 & x & 2\\ 3 & 1 & 1\end{pmatrix}$ 与 $\boldsymbol{B}=\begin{pmatrix}-1 & 0 & 0\\ 0 & 2 & 0\\ 0 & 0 & y\end{pmatrix}$ 相似.

解 因 $\boldsymbol{B}$ 是对角矩阵，根据性质 6 可知 $\boldsymbol{A}$ 有特征值 $-1,2,y$，而 $\boldsymbol{A}$ 的特征方程为

$$|\boldsymbol{A}-\lambda\boldsymbol{E}|=-(\lambda+2)[\lambda^2-(x+1)\lambda+(x-2)]=0.$$

将特征值 $\lambda=-1$ 代入，计算可得 $x=0$.从而 $|\boldsymbol{A}-\lambda\boldsymbol{E}|=-(\lambda+2)(\lambda+1)(\lambda-2)=0$，所以 $\boldsymbol{A}$ 的特征值为 $-1,2,-2$，即 $y=-2$.

4.2.3 矩阵与对角矩阵相似的条件

在与 $\boldsymbol{A}$ 相似的矩阵中，最简单的形式是对角矩阵.

如果 n 阶矩阵 $\boldsymbol{A}$ 能相似于对角矩阵，则称 $\boldsymbol{A}$ 能对角化.于是，关于相似矩阵，最关心的两个问题是：

(1) 什么样的矩阵能相似于对角矩阵？

(2) 如果 $\boldsymbol{A}\sim\boldsymbol{\Lambda}$，如何寻找可逆矩阵 $\boldsymbol{P}$，使得 $\boldsymbol{P}^{-1}\boldsymbol{A}\boldsymbol{P}=\boldsymbol{\Lambda}$？

下面来探究以上两个问题.

不妨假设已找到可逆矩阵 $\boldsymbol{P}$，使得 $\boldsymbol{P}^{-1}\boldsymbol{A}\boldsymbol{P}=\boldsymbol{\Lambda}=\mathrm{diag}(\lambda_1,\lambda_2,\cdots,\lambda_n)$.把 $\boldsymbol{P}$ 用其列向量表示为

$$\boldsymbol{P}=(\boldsymbol{p}_1,\boldsymbol{p}_2,\cdots,\boldsymbol{p}_n),$$

由 $\boldsymbol{P}^{-1}\boldsymbol{A}\boldsymbol{P}=\boldsymbol{\Lambda}$，得 $\boldsymbol{A}\boldsymbol{P}=\boldsymbol{P}\boldsymbol{\Lambda}$，即

$$\boldsymbol{A}(\boldsymbol{p}_1,\boldsymbol{p}_2,\cdots,\boldsymbol{p}_n)=(\boldsymbol{p}_1,\boldsymbol{p}_2,\cdots,\boldsymbol{p}_n)\begin{pmatrix}\lambda_1 & & & \\ & \lambda_2 & & \\ & & \ddots & \\ & & & \lambda_n\end{pmatrix}=(\lambda_1\boldsymbol{p}_1,\lambda_2\boldsymbol{p}_2,\cdots,\lambda_n\boldsymbol{p}_n).$$

于是有

$$\boldsymbol{A}\boldsymbol{p}_i=\lambda_i\boldsymbol{p}_i\quad(i=1,2,\cdots,n).$$

由此可知，$\boldsymbol{P}$ 的列向量 $\boldsymbol{p}_i$ 就是 $\boldsymbol{A}$ 的对应于特征值 λ_i 的特征向量.又因 $\boldsymbol{P}$ 为可逆矩阵，所以 $\boldsymbol{p}_1,\boldsymbol{p}_2,\cdots,\boldsymbol{p}_n$ 线性无关.由于上述推导过程可以反推回去，因此，关于矩阵 $\boldsymbol{A}$ 的对角化有以下结论：

定理 4.2 n 阶矩阵 $\boldsymbol{A}$ 与对角矩阵

$$\boldsymbol{\Lambda}=\begin{pmatrix}\lambda_1 & & & \\ & \lambda_2 & & \\ & & \ddots & \\ & & & \lambda_n\end{pmatrix}$$

相似(即 $\boldsymbol{A}$ 能对角化)的充分必要条件是矩阵 $\boldsymbol{A}$ 有 n 个线性无关的特征向量.

推论 若 n 阶矩阵 $\boldsymbol{A}$ 有 n 个互不相同的特征值 $\lambda_1,\lambda_2,\cdots,\lambda_n$，则 $\boldsymbol{A}$ 与对角矩阵

$$\boldsymbol{\Lambda}=\begin{pmatrix}\lambda_1 & & & \\ & \lambda_2 & & \\ & & \ddots & \\ & & & \lambda_n\end{pmatrix}$$

相似.

说明：由于 $\boldsymbol{A}$ 有 n 个互不相同的特征值，则由定理 4.1 可知，属于互不相同的特征值的特征向量必线性无关，因此 $\boldsymbol{A}\sim\boldsymbol{\Lambda}$.

若 $\boldsymbol{A}$ 有重根时，由上节例 2 可知，重根对应的线性无关的特征向量的个数 $\leqslant$ 重数 k，所以 $\boldsymbol{A}$ 不一定有 n 个线性无关的特征向量，也就不一定能对角化.由此可知，若 $\boldsymbol{A}$ 即使有重根，但重根所对应的线性无关的特征向量的个数等于重数，依旧可以对角化.

定理 4.3　n 阶矩阵 $\boldsymbol{A}$ 可对角化的充分必要条件是对应于 $\boldsymbol{A}$ 的每个特征值的线性无关的特征向量的个数恰好等于该特征值的重数.

例 2　已知矩阵

$$\boldsymbol{A}=\begin{pmatrix}4&6&0\\-3&-5&0\\-3&-6&1\end{pmatrix},$$

问 $\boldsymbol{A}$ 能否对角化？若能，则求可逆矩阵 $\boldsymbol{P}$ 和对角矩阵 $\boldsymbol{\Lambda}$，使 $\boldsymbol{P}^{-1}\boldsymbol{A}\boldsymbol{P}=\boldsymbol{\Lambda}$.

解　先求 $\boldsymbol{A}$ 的特征值.

$$|\boldsymbol{A}-\lambda\boldsymbol{E}|=\begin{vmatrix}4-\lambda&6&0\\-3&-5-\lambda&0\\-3&-6&1-\lambda\end{vmatrix}=(1-\lambda)\begin{vmatrix}4-\lambda&6\\-3&-5-\lambda\end{vmatrix}=-(1-\lambda)^2(\lambda+2),$$

所以 $\boldsymbol{A}$ 的特征值为 $\lambda_1=-2,\lambda_2=\lambda_3=1$.

再求 $\boldsymbol{A}$ 的特征向量.

当 $\lambda_1=-2$ 时，解方程 $(\boldsymbol{A}+2\boldsymbol{E})\boldsymbol{x}=\boldsymbol{0}$.由

$$\boldsymbol{A}+2\boldsymbol{E}=\begin{pmatrix}6&6&0\\-3&-3&0\\-3&-6&3\end{pmatrix}\to\begin{pmatrix}1&0&1\\0&1&-1\\0&0&0\end{pmatrix},$$

得到相应的特征向量

$$\boldsymbol{p}_1=\begin{pmatrix}-1\\1\\1\end{pmatrix};$$

当 $\lambda_2=\lambda_3=1$ 时，解方程 $(\boldsymbol{A}-\boldsymbol{E})\boldsymbol{x}=\boldsymbol{0}$.由

$$\boldsymbol{A}-\boldsymbol{E}=\begin{pmatrix}3&6&0\\-3&-6&0\\-3&-6&0\end{pmatrix}\to\begin{pmatrix}1&2&0\\0&0&0\\0&0&0\end{pmatrix},$$

得到相应的特征向量

$$\boldsymbol{p}_2=\begin{pmatrix}-2\\1\\0\end{pmatrix},\boldsymbol{p}_3=\begin{pmatrix}0\\0\\1\end{pmatrix}.$$

$\boldsymbol{p}_1,\boldsymbol{p}_2,\boldsymbol{p}_3$ 线性无关，由定理 4.2 可知 $\boldsymbol{A}$ 能对角化；并且若记

$$P=(p_1,p_2,p_3)=\begin{pmatrix}-1&-2&0\\1&1&0\\1&0&1\end{pmatrix},$$

则有

$$P^{-1}AP=\begin{pmatrix}-2&0&0\\0&1&0\\0&0&1\end{pmatrix}.$$

【注意】对角矩阵中特征值的排列次序与矩阵 $\boldsymbol{P}$ 中相应的特征向量的排列次序是一致的.

例 3 已知矩阵

$$A=\begin{pmatrix}0&0&1\\1&1&t\\1&0&0\end{pmatrix},$$

问 t 为何值时,矩阵 $\boldsymbol{A}$ 能对角化?

解 $$|A-\lambda E|=\begin{vmatrix}-\lambda&0&1\\1&1-\lambda&t\\1&0&-\lambda\end{vmatrix}=(1-\lambda)\begin{vmatrix}-\lambda&1\\1&-\lambda\end{vmatrix}=-(1+\lambda)(\lambda-1)^2,$$

所以 $\boldsymbol{A}$ 的特征值为 $\lambda_1=-1,\lambda_2=\lambda_3=1$.

当 $\lambda_1=-1$ 时,有

$$A+E=\begin{pmatrix}1&0&1\\1&2&t\\1&0&1\end{pmatrix}\to\begin{pmatrix}1&0&1\\0&2&t-1\\0&0&0\end{pmatrix},$$

可知 $r(A+E)=2$,因此有一个线性无关的特征向量.

当 $\lambda_2=\lambda_3=1$ 时,有

$$A-E=\begin{pmatrix}-1&0&1\\1&0&t\\1&0&-1\end{pmatrix}\to\begin{pmatrix}-1&0&1\\0&0&t+1\\0&0&0\end{pmatrix}.$$

若矩阵 $\boldsymbol{A}$ 能对角化,则 $\lambda_2=\lambda_3=1$ 对应的线性无关的特征向量应有 2 个,即方程 $(A-E)x=0$ 有两个线性无关的解,也就是 $r(A-E)=1$.所以当 $t+1=0$ 时,即 $t=-1$ 时,$\boldsymbol{A}$ 能对角化.

由以上两个例题,可以总结出若 $\boldsymbol{A}$ 能对角化,则可按以下步骤来实现:

第一步 求出 $\boldsymbol{A}$ 的全部特征值 $\lambda_1,\lambda_2,\cdots,\lambda_n$;

第二步 对每个特征值 λ_i,解对应的齐次线性方程组 $(A-\lambda_iE)x=0$,计算出线性无关的特征向量 $p_{i1},p_{i2},\cdots,p_{in}$;

第三步 将特征向量按列向量排成可逆矩阵 $\boldsymbol{P}$,则

$$P^{-1}AP=\Lambda=\begin{pmatrix}\lambda_1 & & & \\ & \lambda_2 & & \\ & & \ddots & \\ & & & \lambda_n\end{pmatrix}.$$

【课堂练习】

已知矩阵

$$A=\begin{pmatrix}1 & -2 & 2\\ -2 & -2 & 4\\ 2 & 4 & -2\end{pmatrix},$$

问 A 能否对角化？若能，求出可逆矩阵 P 和对角矩阵 Λ，使 $P^{-1}AP=\Lambda$.

例 4　已知矩阵

$$A=\begin{pmatrix}0 & 1 & -1\\ -2 & 0 & 2\\ -1 & 1 & 0\end{pmatrix},$$

求 A^{100}.

解　先求 A 的特征值.

$$|A-\lambda E|=\begin{vmatrix}-\lambda & 1 & -1\\ -2 & -\lambda & 2\\ -1 & 1 & -\lambda\end{vmatrix}=\lambda(1+\lambda)(1-\lambda),$$

所以 A 的特征值为 $\lambda_1=0,\lambda_2=1,\lambda_3=-1$.

再求 A 的特征向量.

当 $\lambda_1=0$ 时，解方程 $Ax=\mathbf{0}$.由

$$A=\begin{pmatrix}0 & 1 & -1\\ -2 & 0 & 2\\ -1 & 1 & 0\end{pmatrix}\to\begin{pmatrix}1 & 0 & -1\\ 0 & 1 & -1\\ 0 & 0 & 0\end{pmatrix},$$

得到相应的特征向量

$$p_1=\begin{pmatrix}1\\ 1\\ 1\end{pmatrix};$$

当 $\lambda_2=1$ 时，解方程 $(A-E)x=\mathbf{0}$.由

$$A-E=\begin{pmatrix}-1 & 1 & -1\\ -2 & -1 & 2\\ -1 & 1 & -1\end{pmatrix}\to\begin{pmatrix}1 & 0 & \frac{1}{3}\\ 0 & 1 & -\frac{4}{3}\\ 0 & 0 & 0\end{pmatrix},$$

得到相应的特征向量

$$\boldsymbol{p}_2=\begin{pmatrix}1\\4\\3\end{pmatrix};$$

当 $\lambda_3=-1$ 时，解方程 $(\boldsymbol{A}+\boldsymbol{E})\boldsymbol{x}=\boldsymbol{0}$.由

$$\boldsymbol{A}+\boldsymbol{E}=\begin{pmatrix}1&1&-1\\-2&1&2\\-1&1&1\end{pmatrix}\to\begin{pmatrix}1&0&-1\\0&1&0\\0&0&0\end{pmatrix},$$

得到相应的特征向量

$$\boldsymbol{p}_3=\begin{pmatrix}1\\0\\1\end{pmatrix}.$$

$\boldsymbol{p}_1,\boldsymbol{p}_2,\boldsymbol{p}_3$ 线性无关，记

$$\boldsymbol{P}=(\boldsymbol{p}_1,\boldsymbol{p}_2,\boldsymbol{p}_3)=\begin{pmatrix}1&1&1\\1&4&0\\1&3&1\end{pmatrix},$$

$$\boldsymbol{P}^{-1}\boldsymbol{A}\boldsymbol{P}=\begin{pmatrix}0&0&0\\0&1&0\\0&0&-1\end{pmatrix},$$

所以 $\boldsymbol{P}^{-1}\boldsymbol{A}^{100}\boldsymbol{P}=\begin{pmatrix}0&0&0\\0&1&0\\0&0&-1\end{pmatrix}^{100}=\begin{pmatrix}0&0&0\\0&1&0\\0&0&1\end{pmatrix}$，因此

$$\boldsymbol{A}^{100}=\boldsymbol{P}\begin{pmatrix}0&0&0\\0&1&0\\0&0&1\end{pmatrix}\boldsymbol{P}^{-1}=\begin{pmatrix}-1&-1&2\\-2&0&2\\-2&-1&3\end{pmatrix}.$$

习题 4.2

1. 判断题.

(1) 和任一 n 阶矩阵 $\boldsymbol{A}$ 相似的矩阵有无限多个. （ ）

(2) 若 $\boldsymbol{A}$ 与 $\boldsymbol{B}$ 相似，且 $\boldsymbol{A}$ 与 $\boldsymbol{B}$ 均可逆，则 $\boldsymbol{A}^{-1}$ 与 $\boldsymbol{B}^{-1}$ 也相似. （ ）

(3) 若 $\boldsymbol{A}$ 与 $\boldsymbol{B}$ 相似，则 $\boldsymbol{A}$ 与 $\boldsymbol{B}$ 的特征向量相同. （ ）

(4) 若 $\boldsymbol{A}$ 与 $\boldsymbol{B}$ 相似，则齐次线性方程组 $\boldsymbol{A}\boldsymbol{x}=\boldsymbol{0}$ 与 $\boldsymbol{B}\boldsymbol{x}=\boldsymbol{0}$ 同解. （ ）

(5) 若 $\boldsymbol{A}$ 与 $\boldsymbol{B}$ 有相同的特征值，则 $\boldsymbol{A}$ 与 $\boldsymbol{B}$ 相似. （ ）

(6) 若 $\boldsymbol{A}$ 与 $\boldsymbol{B}$ 相似，且 $\boldsymbol{P}^{-1}\boldsymbol{A}\boldsymbol{P}=\boldsymbol{B}$，则 $\boldsymbol{P}$ 是唯一的. （ ）

2. 已知 $\boldsymbol{A},\boldsymbol{B}$ 均为 n 阶矩阵，$\boldsymbol{A}$ 与 $\boldsymbol{B}$ 相似，则下列结论中不正确的是(　　).

A. $\boldsymbol{A}^{\mathrm{T}}$ 与 $\boldsymbol{B}^{\mathrm{T}}$ 相似

B. 若 $\boldsymbol{A}$ 可逆，则 $\boldsymbol{A}^{-1}$ 与 $\boldsymbol{B}^{-1}$ 相似

C. 若 $\boldsymbol{A}$ 可逆，则 $\boldsymbol{A}^{*}$ 与 $\boldsymbol{B}^{*}$ 相似

D. 若 $\boldsymbol{A}$ 可逆，则 $\boldsymbol{A}$ 与 $\boldsymbol{B}$ 均相似于单位矩阵 $\boldsymbol{E}$

3. 已知三阶矩阵 $\boldsymbol{A}$ 的特征值为 $\lambda_1=2,\lambda_2=-2,\lambda_3=1$，对应的特征向量依次为 $\boldsymbol{\xi}_1=(0,1,1)^{\mathrm{T}},\boldsymbol{\xi}_2=(1,1,1)^{\mathrm{T}},\boldsymbol{\xi}_3=(1,1,0)^{\mathrm{T}}$，求 $\boldsymbol{A}$.

4. 已知矩阵 $\boldsymbol{A}=\begin{pmatrix}2&0&1\\3&1&x\\4&0&5\end{pmatrix}$ 可相似对角化，求 x.

5. 已知方阵 $\boldsymbol{A}=\begin{pmatrix}1&-2&-4\\-2&x&-2\\-4&-2&1\end{pmatrix}$ 与 $\boldsymbol{\Lambda}=\begin{pmatrix}5&1&1\\-y&-1&1\end{pmatrix}$ 相似，求 x,y.

6. 已知矩阵 $\boldsymbol{A}=\begin{pmatrix}-2&0&0\\2&x&2\\2&1&1\end{pmatrix}$ 与 $\boldsymbol{B}=\begin{pmatrix}-1&0&0\\0&2&0\\0&0&y\end{pmatrix}$ 相似.求：

(1) x 与 y；

(2) 可逆矩阵 $\boldsymbol{P}$，使 $\boldsymbol{P}^{-1}\boldsymbol{AP}=\boldsymbol{B}$.

7. 参数 x 为何值时，矩阵 $\boldsymbol{A}=\begin{pmatrix}-2&0&0\\2&x&2\\3&1&1\end{pmatrix}$ 的特征值为 $-2,-1,2$？并求出可逆矩阵 $\boldsymbol{P}$，使 $\boldsymbol{P}^{-1}\boldsymbol{AP}$ 为对角阵.

8. 求出三阶方阵 $\boldsymbol{A}$，使其特征值为下列给定的 $\lambda_1,\lambda_2,\lambda_3$ 和对应的特征向量 $\boldsymbol{p}_1,\boldsymbol{p}_2,\boldsymbol{p}_3$.

(1) $\lambda_1=1,\lambda_2=0,\lambda_3=-1$；$\boldsymbol{p}_1=\begin{pmatrix}1\\2\\2\end{pmatrix},\boldsymbol{p}_2=\begin{pmatrix}2\\-2\\1\end{pmatrix},\boldsymbol{p}_3=\begin{pmatrix}-2\\-1\\2\end{pmatrix}$；

(2) $\lambda_1=1,\lambda_2=1,\lambda_3=2$；$\boldsymbol{p}_1=\begin{pmatrix}1\\2\\1\end{pmatrix},\boldsymbol{p}_2=\begin{pmatrix}1\\1\\0\end{pmatrix},\boldsymbol{p}_3=\begin{pmatrix}2\\0\\-1\end{pmatrix}$.

9. 利用矩阵的对角化，求 $\boldsymbol{A}=\begin{pmatrix}1&2\\2&4\end{pmatrix}$ 的 20 次幂.

10. 已知 $\boldsymbol{A}=\begin{pmatrix}1&1&-1\\0&0&1\\0&-2&3\end{pmatrix}$，求 $\boldsymbol{A}^{100}$.

4.3 实对称矩阵的对角化

内容和目标

- 理解向量的内积、长度、夹角的定义；
- 理解正交向量组的概念；
- 掌握向量组正交化、单位化的方法；
- 掌握实对称矩阵对角化的方法.

4.3.1 向量的内积与长度

定义 4.4 设有 n 维向量

$$\boldsymbol{\alpha}=\begin{pmatrix}a_1\\a_2\\\vdots\\a_n\end{pmatrix},\boldsymbol{\beta}=\begin{pmatrix}b_1\\b_2\\\vdots\\b_n\end{pmatrix},$$

令

$$(\boldsymbol{\alpha},\boldsymbol{\beta})=a_1b_1+a_2b_2+\cdots+a_nb_n,$$

$(\boldsymbol{\alpha},\boldsymbol{\beta})$称为向量 $\boldsymbol{\alpha}$ 与 $\boldsymbol{\beta}$ 的内积.

内积是两个向量之间的一种运算，用矩阵记号表示，当 $\boldsymbol{\alpha}$ 与 $\boldsymbol{\beta}$ 都是列向量时，有

$$(\boldsymbol{\alpha},\boldsymbol{\beta})=\boldsymbol{\alpha}^{\mathrm{T}}\boldsymbol{\beta}=(a_1\quad a_2\quad\cdots\quad a_n)\begin{pmatrix}b_1\\b_2\\\vdots\\b_n\end{pmatrix},$$

当 $\boldsymbol{\alpha},\boldsymbol{\beta}$ 都是行向量时，$\boldsymbol{\alpha}$ 与 $\boldsymbol{\beta}$ 的内积表示为$(\boldsymbol{\alpha},\boldsymbol{\beta})=\boldsymbol{\alpha}\boldsymbol{\beta}^{\mathrm{T}}$.

例 1 计算下列向量的内积.

(1) $\boldsymbol{\alpha}=(1,0,-3),\boldsymbol{\beta}=(-4,3,3)$；

(2) $\boldsymbol{\alpha}=(0,1,5,-2),\boldsymbol{\beta}=(3,-6,8,4)$.

解 (1) $(\boldsymbol{\alpha},\boldsymbol{\beta})=1\times(-4)+0\times3+(-3)\times3=-13$.

(2) $(\boldsymbol{\alpha},\boldsymbol{\beta})=0\times3+1\times(-6)+5\times8+(-2)\times4=26$.

若 $\boldsymbol{\alpha},\boldsymbol{\beta},\boldsymbol{\gamma}$ 为 n 维向量，k 为实数，则从内积的定义可推得以下性质：

(1) $(\boldsymbol{\alpha},\boldsymbol{\beta})=(\boldsymbol{\beta},\boldsymbol{\alpha})$；

(2) $(k\boldsymbol{\alpha},\boldsymbol{\beta})=k(\boldsymbol{\alpha},\boldsymbol{\beta})$；

(3) $(\boldsymbol{\alpha}+\boldsymbol{\beta},\gamma)=(\boldsymbol{\alpha},\gamma)+(\boldsymbol{\beta},\gamma)$；

(4) $(\boldsymbol{\alpha},\boldsymbol{\alpha})\geqslant 0$，当且仅当 $\boldsymbol{\alpha}=\mathbf{0}$ 时等号成立.

定义 4.5　定义

$$\|\boldsymbol{\alpha}\|=\sqrt{(\boldsymbol{\alpha},\boldsymbol{\alpha})}=\sqrt{a_1^2+a_2^2+\cdots+a_n^2}$$

为向量 $\boldsymbol{\alpha}=(a_1,a_2,\cdots,a_n)$ 的长度(或范数).

特别地，当 $\|\boldsymbol{\alpha}\|=\sqrt{(\boldsymbol{\alpha},\boldsymbol{\alpha})}=1$ 时，称 $\boldsymbol{\alpha}$ 为单位向量.若 $\boldsymbol{\alpha}\neq\mathbf{0}$，向量 $\dfrac{\boldsymbol{\alpha}}{\|\boldsymbol{\alpha}\|}$ 是一个单位向量，这就告诉我们用非零向量 $\boldsymbol{\alpha}$ 去除以向量 $\boldsymbol{\alpha}$ 的长度，就可得到一个单位向量，这一过程通常称为向量 $\boldsymbol{\alpha}$ 的单位化.

向量的长度具有以下基本性质：

(1) 非负性　当 $\boldsymbol{\alpha}\neq\mathbf{0}$ 时，$\|\boldsymbol{\alpha}\|>0$；当 $\boldsymbol{\alpha}=\mathbf{0}$ 时，$\|\boldsymbol{\alpha}\|=0$；

(2) 齐次性　$\|k\boldsymbol{\alpha}\|=|k|\,\|\boldsymbol{\alpha}\|$；

(3) 三角不等式性　$\|\boldsymbol{\alpha}+\boldsymbol{\beta}\|\leqslant\|\boldsymbol{\alpha}\|+\|\boldsymbol{\beta}\|$；

(4) 柯西-施瓦茨不等式　$|(\boldsymbol{\alpha},\boldsymbol{\beta})|\leqslant\|\boldsymbol{\alpha}\|\,\|\boldsymbol{\beta}\|$.

这里只证明(4)，性质(1)、(2)、(3)的证明留给读者自证.

证　当 $\boldsymbol{\beta}=\mathbf{0}$ 时，结论成立.设 $\boldsymbol{\beta}\neq\mathbf{0}$，作向量 $\boldsymbol{\alpha}+t\boldsymbol{\beta}(t\in\mathbf{R})$，由于内积 $(\boldsymbol{\alpha}+t\boldsymbol{\beta},\boldsymbol{\alpha}+t\boldsymbol{\beta})\geqslant 0$，由运算规律得

$$\begin{aligned}(\boldsymbol{\alpha}+t\boldsymbol{\beta},\boldsymbol{\alpha}+t\boldsymbol{\beta})&=(\boldsymbol{\alpha}+t\boldsymbol{\beta},\boldsymbol{\alpha})+(\boldsymbol{\alpha}+t\boldsymbol{\beta},t\boldsymbol{\beta})\\&=(\boldsymbol{\beta},\boldsymbol{\beta})t^2+2(\boldsymbol{\alpha},\boldsymbol{\beta})t+(\boldsymbol{\alpha},\boldsymbol{\alpha})\geqslant 0.\end{aligned}$$

上式左端是 t 的二次函数，且 t^2 的系数 $(\boldsymbol{\beta},\boldsymbol{\beta})>0$，因此

$$4(\boldsymbol{\alpha},\boldsymbol{\beta})^2-4(\boldsymbol{\alpha},\boldsymbol{\alpha})(\boldsymbol{\beta},\boldsymbol{\beta})\leqslant 0,$$

即

$$(\boldsymbol{\alpha},\boldsymbol{\beta})^2\leqslant(\boldsymbol{\alpha},\boldsymbol{\alpha})(\boldsymbol{\beta},\boldsymbol{\beta})=\|\boldsymbol{\alpha}\|^2\|\boldsymbol{\beta}\|^2,$$

故

$$|(\boldsymbol{\alpha},\boldsymbol{\beta})|\leqslant\|\boldsymbol{\alpha}\|\,\|\boldsymbol{\beta}\|.$$

由柯西-施瓦茨不等式可得

$$\left|\frac{(\boldsymbol{\alpha},\boldsymbol{\beta})}{\|\boldsymbol{\alpha}\|\,\|\boldsymbol{\beta}\|}\right|\leqslant 1\quad(\|\boldsymbol{\alpha}\|,\|\boldsymbol{\beta}\|\neq 0)$$

由此，可利用内积定义 n 维向量的夹角.

定义 4.6　对于两个非零向量 $\boldsymbol{\alpha},\boldsymbol{\beta}$，称

$$\begin{aligned}\theta&=\arccos\frac{(\boldsymbol{\alpha},\boldsymbol{\beta})}{\|\boldsymbol{\alpha}\|\,\|\boldsymbol{\beta}\|}\\&=\arccos\frac{a_1b_1+a_2b_2+\cdots+a_nb_n}{\sqrt{a_1^2+a_2^2+\cdots+a_n^2}\cdot\sqrt{b_1^2+b_2^2+\cdots+b_n^2}}\end{aligned}$$

为 $\boldsymbol{\alpha}$ 与 $\boldsymbol{\beta}$ 的夹角.

当 $(\boldsymbol{\alpha},\boldsymbol{\beta})=0$ 时，称 $\boldsymbol{\alpha}$ 与 $\boldsymbol{\beta}$ **正交**.显然零向量与任何向量都正交.

4.3.2 正交向量组

定义 4.7 设 n 维向量 $\boldsymbol{\alpha}_1,\boldsymbol{\alpha}_2,\cdots,\boldsymbol{\alpha}_s$ 是一个非零向量组，且向量组中任意两个向量正交，则称该向量组为**正交向量组**.若其中每个向量的长度都是 1，则称为**标准正交向量组**（或**规范正交向量组**）.

【注意】 (1) 这里要求每个向量必须为非零向量.

(2) 由单个非零向量组成的向量组也是正交向量组.

如果 $\boldsymbol{\alpha}_1,\boldsymbol{\alpha}_2,\cdots,\boldsymbol{\alpha}_s$ 是一个标准正交向量组，则有

$$(\boldsymbol{\alpha}_i,\boldsymbol{\alpha}_j)=\begin{cases}1, & i=j,\\ 0, & i\neq j\end{cases}\quad (i,j=1,2,\cdots,s).$$

定理 4.4 若 n 维向量 $\boldsymbol{\alpha}_1,\boldsymbol{\alpha}_2,\cdots,\boldsymbol{\alpha}_s$ 是一组正交向量组，则 $\boldsymbol{\alpha}_1,\boldsymbol{\alpha}_2,\cdots,\boldsymbol{\alpha}_s$ 线性无关.

证 设有 $k_1,k_2,\cdots,k_s$，使

$$k_1\boldsymbol{\alpha}_1+k_2\boldsymbol{\alpha}_2+\cdots+k_s\boldsymbol{\alpha}_s=\mathbf{0},$$

用 $\boldsymbol{\alpha}_1$ 与上式两端做内积，得

$$k_1(\boldsymbol{\alpha}_1,\boldsymbol{\alpha}_1)+k_2(\boldsymbol{\alpha}_2,\boldsymbol{\alpha}_1)+\cdots+k_s(\boldsymbol{\alpha}_s,\boldsymbol{\alpha}_1)=0,$$

由于正交向量组中向量两两正交，所以 $(\boldsymbol{\alpha}_i,\boldsymbol{\alpha}_1)=0,i\neq 1$，于是

$$k_1(\boldsymbol{\alpha}_1,\boldsymbol{\alpha}_1)=0,$$

而 $(\boldsymbol{\alpha}_1,\boldsymbol{\alpha}_1)>0$，故 $k_1=0$.

同理可得 $k_2=k_3=\cdots=k_s=0$.因此 $\boldsymbol{\alpha}_1,\boldsymbol{\alpha}_2,\cdots,\boldsymbol{\alpha}_s$ 线性无关.

【注意】 正交向量组一定是线性无关的，但线性无关的向量组不一定是正交向量组.如向量组 $\boldsymbol{\alpha}_1=(1,1)^{\mathrm{T}},\boldsymbol{\alpha}_2=(2,3)^{\mathrm{T}}$ 是线性无关的，但 $(\boldsymbol{\alpha}_1,\boldsymbol{\alpha}_2)=5\neq 0$ 不是正交的.

定理 4.5 设 $\boldsymbol{\alpha}_1,\boldsymbol{\alpha}_2,\cdots,\boldsymbol{\alpha}_s$ 是一个线性无关的向量组，则可以找到一个正交向量组 $\boldsymbol{\beta}_1,\boldsymbol{\beta}_2,\cdots,\boldsymbol{\beta}_s$，使得 $\boldsymbol{\alpha}_1,\boldsymbol{\alpha}_2,\cdots,\boldsymbol{\alpha}_i$ 与 $\boldsymbol{\beta}_1,\boldsymbol{\beta}_2,\cdots,\boldsymbol{\beta}_i\,(i=1,2,\cdots,s)$ 等价.

具体构造正交向量组 $\boldsymbol{\beta}_1,\boldsymbol{\beta}_2,\cdots,\boldsymbol{\beta}_s$ 的过程如下：

第一步 正交化，令

$$\boldsymbol{\beta}_1=\boldsymbol{\alpha}_1,$$

$$\boldsymbol{\beta}_2=\boldsymbol{\alpha}_2-\frac{(\boldsymbol{\alpha}_2,\boldsymbol{\beta}_1)}{(\boldsymbol{\beta}_1,\boldsymbol{\beta}_1)}\boldsymbol{\beta}_1,$$

$$\boldsymbol{\beta}_3=\boldsymbol{\alpha}_3-\frac{(\boldsymbol{\alpha}_3,\boldsymbol{\beta}_1)}{(\boldsymbol{\beta}_1,\boldsymbol{\beta}_1)}\boldsymbol{\beta}_1-\frac{(\boldsymbol{\alpha}_3,\boldsymbol{\beta}_2)}{(\boldsymbol{\beta}_2,\boldsymbol{\beta}_2)}\boldsymbol{\beta}_2,$$

$$\cdots\cdots\cdots\cdots$$

$$\boldsymbol{\beta}_s=\boldsymbol{\alpha}_s-\frac{(\boldsymbol{\alpha}_s,\boldsymbol{\beta}_1)}{(\boldsymbol{\beta}_1,\boldsymbol{\beta}_1)}\boldsymbol{\beta}_1-\frac{(\boldsymbol{\alpha}_s,\boldsymbol{\beta}_2)}{(\boldsymbol{\beta}_2,\boldsymbol{\beta}_2)}\boldsymbol{\beta}_2-\cdots-\frac{(\boldsymbol{\alpha}_s,\boldsymbol{\beta}_{s-1})}{(\boldsymbol{\beta}_{s-1},\boldsymbol{\beta}_{s-1})}\boldsymbol{\beta}_{s-1}.$$

可证得 $\boldsymbol{\beta}_1,\boldsymbol{\beta}_2,\cdots,\boldsymbol{\beta}_s$ 两两正交且 $\boldsymbol{\alpha}_1,\boldsymbol{\alpha}_2,\cdots,\boldsymbol{\alpha}_i$ 与 $\boldsymbol{\beta}_1,\boldsymbol{\beta}_2,\cdots,\boldsymbol{\beta}_i(i=1,2,\cdots,s)$ 等价(读者可自行验证).上述正交化的过程称为**施密特正交化方法**.

第二步　单位化,即令 $\boldsymbol{\gamma}_i=\dfrac{\boldsymbol{\beta}_i}{\|\boldsymbol{\beta}_i\|},i=1,2,\cdots,s$,得到一组与 $\boldsymbol{\alpha}_1,\boldsymbol{\alpha}_2,\cdots,\boldsymbol{\alpha}_s$ 等价的标准正交向量组 $\boldsymbol{\gamma}_1,\boldsymbol{\gamma}_2,\cdots,\boldsymbol{\gamma}_s$.

例 2　已知 $\boldsymbol{\alpha}_1=\begin{pmatrix}1\\2\\-1\end{pmatrix},\boldsymbol{\alpha}_2=\begin{pmatrix}-1\\3\\1\end{pmatrix},\boldsymbol{\alpha}_3=\begin{pmatrix}4\\-1\\0\end{pmatrix}$,试用施密特正交化得到一组标准正交向量组.

解　先正交化,取

$$\boldsymbol{\beta}_1=\boldsymbol{\alpha}_1,$$

$$\boldsymbol{\beta}_2=\boldsymbol{\alpha}_2-\frac{(\boldsymbol{\alpha}_2,\boldsymbol{\beta}_1)}{(\boldsymbol{\beta}_1,\boldsymbol{\beta}_1)}\boldsymbol{\beta}_1=\begin{pmatrix}-1\\3\\1\end{pmatrix}-\frac{2}{3}\begin{pmatrix}1\\2\\-1\end{pmatrix}=\frac{5}{3}\begin{pmatrix}-1\\1\\1\end{pmatrix},$$

$$\boldsymbol{\beta}_3=\boldsymbol{\alpha}_3-\frac{(\boldsymbol{\alpha}_3,\boldsymbol{\beta}_1)}{(\boldsymbol{\beta}_1,\boldsymbol{\beta}_1)}\boldsymbol{\beta}_1-\frac{(\boldsymbol{\alpha}_3,\boldsymbol{\beta}_2)}{(\boldsymbol{\beta}_2,\boldsymbol{\beta}_2)}\boldsymbol{\beta}_2=\begin{pmatrix}4\\-1\\0\end{pmatrix}-\frac{1}{3}\begin{pmatrix}1\\2\\-1\end{pmatrix}+\frac{5}{3}\begin{pmatrix}-1\\1\\1\end{pmatrix}=\begin{pmatrix}2\\0\\2\end{pmatrix}.$$

再单位化,取

$$\boldsymbol{\gamma}_1=\frac{\boldsymbol{\beta}_1}{\|\boldsymbol{\beta}_1\|}=\frac{1}{\sqrt{6}}\begin{pmatrix}1\\2\\-1\end{pmatrix},\boldsymbol{\gamma}_2=\frac{\boldsymbol{\beta}_2}{\|\boldsymbol{\beta}_2\|}=\frac{\sqrt{3}}{3}\begin{pmatrix}-1\\1\\1\end{pmatrix},\boldsymbol{\gamma}_3=\frac{\boldsymbol{\beta}_3}{\|\boldsymbol{\beta}_3\|}=\frac{\sqrt{2}}{2}\begin{pmatrix}1\\0\\1\end{pmatrix}.$$

$\boldsymbol{\gamma}_1,\boldsymbol{\gamma}_2,\boldsymbol{\gamma}_3$ 即为所求.

例 3　已知 $\boldsymbol{\alpha}_1=\begin{pmatrix}1\\1\\1\end{pmatrix}$,试求一组非零向量 $\boldsymbol{\alpha}_2,\boldsymbol{\alpha}_3$,使 $\boldsymbol{\alpha}_1,\boldsymbol{\alpha}_2,\boldsymbol{\alpha}_3$ 两两正交.

解　要使 $\boldsymbol{\alpha}_1,\boldsymbol{\alpha}_2,\boldsymbol{\alpha}_3$ 两两正交,即

$$(\boldsymbol{\alpha}_1,\boldsymbol{\alpha}_2)=\boldsymbol{\alpha}_1^{\mathrm{T}}\boldsymbol{\alpha}_2=0,(\boldsymbol{\alpha}_1,\boldsymbol{\alpha}_3)=\boldsymbol{\alpha}_1^{\mathrm{T}}\boldsymbol{\alpha}_3=0,$$

也就是 $\boldsymbol{\alpha}_2,\boldsymbol{\alpha}_3$ 应满足方程 $\boldsymbol{\alpha}_1^{\mathrm{T}}\boldsymbol{x}=0$,即 $\boldsymbol{\alpha}_1^{\mathrm{T}}\boldsymbol{x}=0$ 有非零解.

$$\boldsymbol{\alpha}_1^{\mathrm{T}}\boldsymbol{x}=0\Leftrightarrow x_1+x_2+x_3=0,$$

它的基础解系为

$$\boldsymbol{\xi}_1=\begin{pmatrix}-1\\1\\0\end{pmatrix},\boldsymbol{\xi}_2=\begin{pmatrix}-1\\0\\1\end{pmatrix},$$

把基础解系正交化,取

$$\boldsymbol{\alpha}_2=\boldsymbol{\xi}_1=\begin{pmatrix}-1\\1\\0\end{pmatrix},\boldsymbol{\alpha}_3=\boldsymbol{\xi}_2-\frac{(\boldsymbol{\xi}_2,\boldsymbol{\xi}_1)}{(\boldsymbol{\xi}_1,\boldsymbol{\xi}_1)}\boldsymbol{\xi}_1=\begin{pmatrix}-1\\0\\1\end{pmatrix}-\frac{1}{2}\begin{pmatrix}-1\\1\\1\end{pmatrix}=\frac{1}{2}\begin{pmatrix}-1\\-1\\2\end{pmatrix},$$

因 $\boldsymbol{\alpha}_2,\boldsymbol{\alpha}_3$ 是 $\boldsymbol{\xi}_1,\boldsymbol{\xi}_2$ 的线性组合，故它们仍与 $\boldsymbol{\alpha}_1$ 正交，于是 $\boldsymbol{\alpha}_2,\boldsymbol{\alpha}_3$ 即为所求.

【课堂练习】

已知 $\boldsymbol{\alpha}_1=\begin{pmatrix}1\\-1\\0\end{pmatrix},\boldsymbol{\alpha}_2=\begin{pmatrix}1\\0\\1\end{pmatrix},\boldsymbol{\alpha}_3=\begin{pmatrix}1\\-1\\1\end{pmatrix}$，试用施密特正交化得到一组标准正交向量组.

4.3.3 正交矩阵

定义 4.8 如果 n 阶矩阵 $\boldsymbol{A}$ 满足

$$\boldsymbol{A}^{\mathrm{T}}\boldsymbol{A}=\boldsymbol{A}\boldsymbol{A}^{\mathrm{T}}=\boldsymbol{E},$$

则称 $\boldsymbol{A}$ 为正交矩阵.

上式可用 $\boldsymbol{A}$ 的列向量表示，即

$$\boldsymbol{A}^{\mathrm{T}}\boldsymbol{A}=\begin{pmatrix}\boldsymbol{\alpha}_1^{\mathrm{T}}\\\boldsymbol{\alpha}_2^{\mathrm{T}}\\\vdots\\\boldsymbol{\alpha}_n^{\mathrm{T}}\end{pmatrix}(\boldsymbol{\alpha}_1,\quad\boldsymbol{\alpha}_2,\quad\cdots\quad,\boldsymbol{\alpha}_n)=\begin{pmatrix}\boldsymbol{\alpha}_1^{\mathrm{T}}\boldsymbol{\alpha}_1&\boldsymbol{\alpha}_1^{\mathrm{T}}\boldsymbol{\alpha}_2&\cdots&\boldsymbol{\alpha}_1^{\mathrm{T}}\boldsymbol{\alpha}_n\\\boldsymbol{\alpha}_2^{\mathrm{T}}\boldsymbol{\alpha}_1&\boldsymbol{\alpha}_2^{\mathrm{T}}\boldsymbol{\alpha}_2&\cdots&\boldsymbol{\alpha}_2^{\mathrm{T}}\boldsymbol{\alpha}_n\\\vdots&\vdots&&\vdots\\\boldsymbol{\alpha}_n^{\mathrm{T}}\boldsymbol{\alpha}_1&\boldsymbol{\alpha}_n^{\mathrm{T}}\boldsymbol{\alpha}_2&\cdots&\boldsymbol{\alpha}_n^{\mathrm{T}}\boldsymbol{\alpha}_n\end{pmatrix}=\boldsymbol{E}$$

因此有

$$\boldsymbol{\alpha}_i^{\mathrm{T}}\boldsymbol{\alpha}_j=(\boldsymbol{\alpha}_i,\boldsymbol{\alpha}_j)=\begin{cases}1, & i=j,\\0, & i\neq j\end{cases}\quad(i,j=1,2,\cdots,n).$$

定理 4.6 $\boldsymbol{A}$ 为正交矩阵的充分必要条件是 $\boldsymbol{A}$ 的列向量组是标准正交向量组.

同时，上述结论对 $\boldsymbol{A}$ 的行向量组亦成立.

正交矩阵 $\boldsymbol{A}$ 有以下性质：

(1) $\boldsymbol{A}^{\mathrm{T}}=\boldsymbol{A}^{-1}$；

(2) 若 $\boldsymbol{A}$ 是正交矩阵，则 $\boldsymbol{A}^{\mathrm{T}}$ 也是正交矩阵；

(3) 若 $\boldsymbol{A}$、$\boldsymbol{B}$ 是正交矩阵，则 $\boldsymbol{AB}$ 也是正交矩阵；

(4) 正交矩阵的行列式等于 1 或 −1.

4.3.4 实对称矩阵对角化

虽然并不是所有矩阵都相似于一个对角矩阵，但是实对称矩阵一定可以对角化，这里先介绍关于实对称矩阵的特征值和特征向量的性质.

性质 1 实对称矩阵的特征值都是实数.

由于实对称矩阵 $\boldsymbol{A}$ 的特征值都是实数，则齐次线性方程组

$$(\boldsymbol{A}-\lambda\boldsymbol{E})\boldsymbol{x}=\boldsymbol{0}$$

是实系数线性方程组，从而必有实的基础解系，即对应的特征向量一定为实向量.

性质 2　设 $\boldsymbol{A}$ 为 n 阶实对称矩阵，λ 是 $\boldsymbol{A}$ 的 k 重特征根，则恰有 k 个线性无关的特征向量与之对应.

说明：实对称矩阵的 k 重特征根的线性无关的特征向量为 k 个，因此实对称矩阵一定能对角化.

性质 3　设 λ_1,λ_2 是对称矩阵 $\boldsymbol{A}$ 的两个特征值，$\boldsymbol{p}_1,\boldsymbol{p}_2$ 是对应的特征向量.若 $\lambda_1\neq\lambda_2$，则 $\boldsymbol{p}_1,\boldsymbol{p}_2$ 正交.

证　由于 $\boldsymbol{A}\boldsymbol{p}_1=\lambda_1\boldsymbol{p}_1,\boldsymbol{A}\boldsymbol{p}_2=\lambda_2\boldsymbol{p}_2$，于是

$$(\boldsymbol{A}\boldsymbol{p}_1,\boldsymbol{p}_2)=(\lambda_1\boldsymbol{p}_1,\boldsymbol{p}_2)=\lambda_1(\boldsymbol{p}_1,\boldsymbol{p}_2),$$

又因为

$$\begin{aligned}(\boldsymbol{A}\boldsymbol{p}_1,\boldsymbol{p}_2)&=(\boldsymbol{A}\boldsymbol{p}_1)^{\mathrm{T}}\boldsymbol{p}_2=\boldsymbol{p}_1^{\mathrm{T}}\boldsymbol{A}^{\mathrm{T}}\boldsymbol{p}_2=\boldsymbol{p}_1^{\mathrm{T}}\boldsymbol{A}\boldsymbol{p}_2\\&=\boldsymbol{p}_1^{\mathrm{T}}\lambda_2\boldsymbol{p}_2=\lambda_2\boldsymbol{p}_1^{\mathrm{T}}\boldsymbol{p}_2,\end{aligned}$$

所以有

$$(\lambda_1-\lambda_2)\boldsymbol{p}_1^{\mathrm{T}}\boldsymbol{p}_2=0.$$

但 $\lambda_1\neq\lambda_2$，故 $\boldsymbol{p}_1^{\mathrm{T}}\boldsymbol{p}_2=0$，即 $\boldsymbol{p}_1,\boldsymbol{p}_2$ 正交.

定理 4.7　设 $\boldsymbol{A}$ 为 n 阶实对称矩阵，则必有正交矩阵 $\boldsymbol{P}$，使

$$\boldsymbol{P}^{-1}\boldsymbol{A}\boldsymbol{P}=\boldsymbol{\Lambda},$$

其中 $\boldsymbol{\Lambda}$ 是以 $\boldsymbol{A}$ 的 n 个特征值为主对角线上元素的对角矩阵.

证明从略.

根据上述结论，可以按以下步骤求出正交矩阵 $\boldsymbol{P}$，使 $\boldsymbol{P}^{-1}\boldsymbol{A}\boldsymbol{P}$ 称为对角矩阵.

第一步：求出 $\boldsymbol{A}$ 的全部特征值 $\lambda_1,\lambda_2,\cdots,\lambda_n$；

第二步：对每个特征值 λ_i，解对应的齐次线性方程组 $(\boldsymbol{A}-\lambda_i\boldsymbol{E})\boldsymbol{x}=\boldsymbol{0}$，计算出线性无关的特征向量 $\boldsymbol{p}_{i1},\boldsymbol{p}_{i2},\cdots,\boldsymbol{p}_{in_i}$；

第三步：将特征向量正交化、单位化，得到一个标准正交向量组 $\xi_{i1},\xi_{i2},\cdots,\xi_{in}$；

第四步：以 $\xi_{i1},\xi_{i2},\cdots,\xi_{in}$ 作为列向量构成一个正交矩阵 $\boldsymbol{P}$，则 $\boldsymbol{P}^{-1}\boldsymbol{A}\boldsymbol{P}=\boldsymbol{\Lambda}$.

【注意】(1) $\boldsymbol{P}$ 中的列向量的次序与对角矩阵 $\boldsymbol{\Lambda}$ 主对角线上的特征值的次序相对应.

(2) 特别地，当 n 阶实对称矩阵 $\boldsymbol{A}$ 有 n 个互不相同的特征值时，只需对相应的特征向量单位化，无需正交化.

例 4　已知 $\boldsymbol{A}=\begin{pmatrix}0&-1&1\\-1&0&1\\1&1&0\end{pmatrix}$，求正交矩阵 $\boldsymbol{P}$，使 $\boldsymbol{P}^{-1}\boldsymbol{A}\boldsymbol{P}=\boldsymbol{\Lambda}$ 为对角矩阵.

解　由

$$|\boldsymbol{A}-\lambda\boldsymbol{E}|=\begin{vmatrix}-\lambda&-1&1\\-1&-\lambda&1\\1&1&-\lambda\end{vmatrix}=\begin{vmatrix}1-\lambda&0&0\\1&1-\lambda&1\\1&2&-\lambda\end{vmatrix}=-(\lambda-1)^2(\lambda+2),$$

得 $\boldsymbol{A}$ 的特征值为 $\lambda_1=-2,\lambda_2=\lambda_3=1$.

当 $\lambda_1=-2$ 时，解方程 $(\boldsymbol{A}+2\boldsymbol{E})\boldsymbol{x}=\boldsymbol{0}$. 由

$$\boldsymbol{A}+2\boldsymbol{E}=\begin{pmatrix}2&-1&1\\-1&2&1\\1&1&2\end{pmatrix}\to\begin{pmatrix}1&0&1\\0&1&1\\0&0&0\end{pmatrix},$$

得到相应的特征向量 $\boldsymbol{p}_1=\begin{pmatrix}-1\\-1\\1\end{pmatrix}$. 将 $\boldsymbol{p}_1$ 单位化，得 $\boldsymbol{\xi}_1=\frac{\sqrt{3}}{3}\begin{pmatrix}-1\\-1\\1\end{pmatrix}$.

当 $\lambda_2=\lambda_3=1$ 时，解方程 $(\boldsymbol{A}-\boldsymbol{E})\boldsymbol{x}=\boldsymbol{0}$. 由

$$\boldsymbol{A}-\boldsymbol{E}=\begin{pmatrix}-1&-1&1\\-1&-1&1\\1&1&-1\end{pmatrix}\to\begin{pmatrix}1&1&-1\\0&0&0\\0&0&0\end{pmatrix},$$

得到相应的特征向量 $\boldsymbol{p}_2=\begin{pmatrix}-1\\1\\0\end{pmatrix}$，$\boldsymbol{p}_3=\begin{pmatrix}1\\0\\1\end{pmatrix}$.

将 $\boldsymbol{p}_2,\boldsymbol{p}_3$ 正交化：取

$$\boldsymbol{\eta}_2=\boldsymbol{p}_2,\boldsymbol{\eta}_3=\boldsymbol{p}_3-\frac{(\boldsymbol{\eta}_2,\boldsymbol{p}_3)}{(\boldsymbol{p}_3,\boldsymbol{p}_3)}\boldsymbol{p}_3=\begin{pmatrix}1\\0\\1\end{pmatrix}+\frac{1}{2}\begin{pmatrix}-1\\1\\0\end{pmatrix}=\frac{1}{2}\begin{pmatrix}1\\1\\2\end{pmatrix},$$

再将 $\boldsymbol{\eta}_2,\boldsymbol{\eta}_3$ 单位化，得

$$\boldsymbol{\xi}_2=\frac{\sqrt{2}}{2}\begin{pmatrix}-1\\1\\0\end{pmatrix},\boldsymbol{\xi}_3=\frac{\sqrt{6}}{6}\begin{pmatrix}1\\1\\2\end{pmatrix}.$$

将 $\boldsymbol{\xi}_1,\boldsymbol{\xi}_2,\boldsymbol{\xi}_3$ 构成正交矩阵

$$\boldsymbol{P}=(\boldsymbol{\xi}_1,\boldsymbol{\xi}_2,\boldsymbol{\xi}_3)=\begin{pmatrix}-\frac{\sqrt{3}}{3}&-\frac{\sqrt{2}}{2}&\frac{\sqrt{6}}{6}\\-\frac{\sqrt{3}}{3}&\frac{\sqrt{2}}{2}&\frac{\sqrt{6}}{6}\\\frac{\sqrt{3}}{3}&0&\frac{\sqrt{6}}{3}\end{pmatrix},$$

有

$$\boldsymbol{P}^{-1}\boldsymbol{A}\boldsymbol{P}=\boldsymbol{\Lambda}=\begin{pmatrix}-2&0&0\\0&1&0\\0&0&1\end{pmatrix}.$$

【课堂练习】

已知 $\boldsymbol{A}=\begin{pmatrix}1&2&2\\2&1&2\\2&2&1\end{pmatrix}$，求正交矩阵 $\boldsymbol{P}$，使 $\boldsymbol{P}^{-1}\boldsymbol{A}\boldsymbol{P}=\boldsymbol{\Lambda}$ 为对角矩阵.

习题 4.3

1. 设矩阵 $\boldsymbol{A}=\begin{pmatrix} \frac{1}{\sqrt{3}} & x & \frac{1}{\sqrt{3}} \\ 0 & -\frac{1}{\sqrt{2}} & \frac{1}{\sqrt{2}} \\ -\frac{2}{\sqrt{6}} & \frac{1}{\sqrt{6}} & \frac{1}{\sqrt{6}} \end{pmatrix}$为正交矩阵，则 $x=$________.

2. 设三阶矩阵 $\boldsymbol{A}$ 的特征值为 1，2，−2 且 $\boldsymbol{A}$ 与 $\boldsymbol{B}$ 是相似矩阵，则 $|\boldsymbol{B}|=$________.

3. 已知 $\boldsymbol{\alpha}=(1,1,-2,3)^{\mathrm{T}}$，$\boldsymbol{\beta}=(-1,1,0,2)^{\mathrm{T}}$，则 $\|\boldsymbol{\alpha}\|=$________；$(\boldsymbol{\alpha},\boldsymbol{\beta})=$________.

4. 已知矩阵 $\begin{pmatrix} 22 & 30 \\ -12 & x \end{pmatrix}$有一个特征向量 $\begin{pmatrix} -5 \\ 3 \end{pmatrix}$，则 $x=$(　　).

A. −18　　B. −16　　C. −14　　D. −12

5. 如果满足条件(　　)，则 n 阶方阵 $\boldsymbol{A}$ 与 $\boldsymbol{B}$ 相似.

A. $|\boldsymbol{A}|=|\boldsymbol{B}|$

B. $r(\boldsymbol{A})=r(\boldsymbol{B})$

C. $\boldsymbol{A}$ 与 $\boldsymbol{B}$ 有相同特征多项式

D. $\boldsymbol{A}$ 与 $\boldsymbol{B}$ 有相同的特征根且 n 个特征根各不相同

6. 设 $\boldsymbol{A}=\begin{pmatrix} 1 & 2 & 3 \\ -1 & x & 2 \\ 0 & 0 & 1 \end{pmatrix}$，且 $\boldsymbol{A}$ 的特征值为 2，1，3，则 $x=$(　　).

A. −2　　B. 3　　C. 4　　D. −1

7. 将下列向量组正交化、单位化.

(1) $\boldsymbol{\alpha}_1=(1,1,1)^{\mathrm{T}}$，$\boldsymbol{\alpha}_2=(0,1,0)^{\mathrm{T}}$，$\boldsymbol{\alpha}_3=(0,0,1)^{\mathrm{T}}$；

(2) $\boldsymbol{\alpha}_1=(1,1,0,0)^{\mathrm{T}}$，$\boldsymbol{\alpha}_2=(0,1,1,0)^{\mathrm{T}}$，$\boldsymbol{\alpha}_3=(1,0,1,1)^{\mathrm{T}}$.

8. 求下列矩阵的正交矩阵 $\boldsymbol{P}$，使 $\boldsymbol{P}^{-1}\boldsymbol{A}\boldsymbol{P}=\boldsymbol{\Lambda}$.

(1) $\boldsymbol{A}=\begin{pmatrix} 0 & -2 & 2 \\ -2 & -3 & 4 \\ 2 & 4 & -3 \end{pmatrix}$；　　(2) $\boldsymbol{A}=\begin{pmatrix} 1 & 2 & 4 \\ 2 & -2 & 2 \\ 4 & 2 & 1 \end{pmatrix}$；

(3) $\boldsymbol{A}=\begin{pmatrix} 4 & 1 & 0 & -1 \\ 1 & 4 & -1 & 0 \\ 0 & -1 & 4 & 1 \\ -1 & 0 & 1 & 4 \end{pmatrix}$；　　(4) $\boldsymbol{A}=\begin{pmatrix} 3 & -2 & 0 \\ -2 & 2 & -2 \\ 0 & -2 & 1 \end{pmatrix}$.

9. 已知矩阵 $\boldsymbol{A}$ 与 $\boldsymbol{B}$ 相似，且 $\boldsymbol{A}=\begin{pmatrix}1 & -1 & 1\\ 2 & 4 & -2\\ -3 & -3 & a\end{pmatrix}$，$\boldsymbol{B}=\begin{pmatrix}2 & 0 & 0\\ 0 & 2 & 0\\ 0 & 0 & b\end{pmatrix}$.

(1) 求 a,b 的值；

(2) 求可逆矩阵 $\boldsymbol{P}$，使 $\boldsymbol{P}^{-1}\boldsymbol{A}\boldsymbol{P}=\boldsymbol{B}$.

实践与实验

1. 用 MATLAB 软件求解矩阵的特征值与特征向量

在 MATLAB 软件中，可以使用内置函数 eig()来求解矩阵的特征值和特征向量.函数的基本语法是：

[V, D] = eig(A)

其中 A 是需要求解特征值和特征向量的矩阵，V 是特征向量组成的矩阵，D 是对角矩阵，对角线上的元素是特征值.

例 1 用 MATLAB 软件计算矩阵 $\boldsymbol{A}=\begin{pmatrix}2 & -3 & 0\\ -3 & 2 & -3\\ 0 & -3 & 2\end{pmatrix}$ 的特征值与特征向量.

解 在 MATLAB 软件命令窗口中输入如下命令：

```
A=[2 -3 0; -3 2 -3; 0 -3 2];           %定义一个矩阵 A
[V,D]=eig(A);                           %计算矩阵 A 的特征值和特征向量
disp('特征向量矩阵 V:');                 %输出结果
disp(V);
disp('对角矩阵 D:');
disp(D);
```

运行结果如下：

```
特征向量矩阵 V:
   -0.5000   -0.7071   -0.5000
   -0.7071    0.0000    0.7071
   -0.5000    0.7071   -0.5000
对角矩阵 D:
   -2.2426         0         0
```

```
          0      2.0000         0
          0           0    6.2426
```

即特征值为 $\lambda_1=-2.2426$，$\lambda_2=2$，$\lambda_3=6.2426$，对应的特征向量为 $\boldsymbol{\alpha}_1=(-0.5,-0.7071,-0.5)$，$\boldsymbol{\alpha}_2=(-0.7071,0,0.7071)$，$\boldsymbol{\alpha}_3=(-0.5,0.7071,-0.5)$.

2. 用 MATLAB 软件求解向量的内积.

在 MATLAB 软件中，可以使用“*”来计算两个向量的内积.

例 2　计算向量 $\boldsymbol{a}=(-1,0,3,-5)$，$\boldsymbol{b}=(4,-2,0,1)$的内积.

解　在 MATLAB 软件命令窗口中输入如下命令：

```
a = [-1, 0, 3, -5];      % 输入向量
b = [4, -2,0, 1];
adotb = a * b'           % 输入内积命令
```

运行结果如下：

```
adotb =
   -9
```

即内积为-9.

实验作业

1. 计算矩阵 $\boldsymbol{A}=\begin{pmatrix}3&2&4\\2&2&2\\4&2&1\end{pmatrix}$的特征值与特征向量.

2. 计算向量 $\boldsymbol{\alpha}=(3,5,2,7)$，$\boldsymbol{\beta}=(-4,6,8,1)$的内积.

本章小结

1. 矩阵的特征值与特征向量定义

设 $\boldsymbol{A}$ 是 n 阶矩阵，如果数 λ 和 n 维非零向量 $\boldsymbol{x}$，满足 $\boldsymbol{Ax}=\lambda\boldsymbol{x}$，那么数 λ 称为 $\boldsymbol{A}$ 的特征值，$\boldsymbol{x}$ 称为 $\boldsymbol{A}$ 对应于特征值 λ 的特征向量.

2. 特征值与特征向量的求法

第一步：计算 $\boldsymbol{A}$ 的特征多项式 $|\boldsymbol{A}-\lambda\boldsymbol{E}|$；

第二步:求出$|A-\lambda E|=0$的全部特征根,它们就是A的全部特征值;

第三步:对于A的每一个特征值λ_i,求相应的齐次线性方程组$(A-\lambda_i E)x=0$的一个基础解系$\xi_1,\xi_2,\cdots,\xi_t$,则对于不全为零的任意常数$k_1,k_2,\cdots,k_t$,

$$k_1\xi_1+k_2\xi_2+\cdots+k_t\xi_t$$

即为对应于λ_i的全部特征向量.

3. 相似矩阵的定义

设A与B都是n阶矩阵,若存在可逆矩阵P,使$P^{-1}AP=B$,则称B是A的相似矩阵(或称A与B相似),记作$A\sim B$.

4. 相似对角化的求法

第一步:求出A的全部特征值$\lambda_1,\lambda_2,\cdots,\lambda_n$;

第二步:对每个特征值λ_i,解对应的齐次线性方程组$(A-\lambda_i E)x=0$,计算出线性无关的特征向量$p_{i1},p_{i2},\cdots,p_{in_i}$;

第三步:将特征向量按列向量排成可逆矩阵P,则

$$P^{-1}AP=\Lambda=\begin{pmatrix}\lambda_1 & & & \\ & \lambda_2 & & \\ & & \ddots & \\ & & & \lambda_n\end{pmatrix}.$$

5. 正交矩阵的定义

若n阶矩阵A满足$A^{\mathrm{T}}A=AA^{\mathrm{T}}=E$,则称$A$为正交矩阵.

6. 实对称矩阵对角化

第一步:求出A的全部特征值$\lambda_1,\lambda_2,\cdots,\lambda_n$;

第二步:对每个特征值λ_i,解对应的齐次线性方程组$(A-\lambda_i E)x=0$,计算出线性无关的特征向量$p_{i1},p_{i2},\cdots,p_{in_i}$;

第三步:将特征向量正交化、单位化,得到一个标准正交向量组$\xi_{i1},\xi_{i2},\cdots,\xi_{in_i}$;

第四步:以$\xi_{i1},\xi_{i2},\cdots,\xi_{in_i}$作为列向量构成一个正交矩阵$P$,则$P^{-1}AP=\Lambda$.

复习题四

1. 已知三阶矩阵A的特征值是2,3,4,则$|A|=$________.

2. 已知二阶矩阵A的主对角线元素之和为3,且$|A|=2$,则A的特征值是________.

3. 已知三阶矩阵A的特征值为1,-1,2,设矩阵$B=A^3-5A^2$,试求B的特征值.

4. 设三阶矩阵A的特征值为$-2,-\frac{1}{2},2$,则下列矩阵中可逆的是(　　).

A. $\boldsymbol{A}-\boldsymbol{E}$　　B. $-2\boldsymbol{A}-\boldsymbol{E}$　　C. $\boldsymbol{A}+2\boldsymbol{E}$　　D. $\boldsymbol{A}-2\boldsymbol{E}$

5. 计算向量 $\boldsymbol{\alpha}$ 与 $\boldsymbol{\beta}$ 的内积.

(1) $\boldsymbol{\alpha}=(-1,0,3,-5)$, $\boldsymbol{\beta}=(4,-2,0,1)$;

(2) $\boldsymbol{\alpha}=\left(\frac{\sqrt{3}}{2},-\frac{1}{3},\frac{\sqrt{3}}{4},-1\right)$, $\boldsymbol{\beta}=\left(-\frac{\sqrt{3}}{2},-2,\sqrt{3},\frac{2}{3}\right)$.

6. 设 $\boldsymbol{a}=\begin{pmatrix}1\\0\\-2\end{pmatrix}$, $\boldsymbol{b}=\begin{pmatrix}1\\0\\-2\end{pmatrix}$, $\boldsymbol{c}$ 与 $\boldsymbol{a}$ 正交,且 $\boldsymbol{b}=\lambda\boldsymbol{\alpha}+\boldsymbol{b}$,求 λ 和 $\boldsymbol{c}$.

7. 求下列矩阵的特征值和特征向量.

(1) $\begin{pmatrix}2&-3\\-3&4\end{pmatrix}$;　　(2) $\begin{pmatrix}6&2&4\\2&3&2\\4&2&6\end{pmatrix}$;

(3) $\begin{pmatrix}1&2&4\\2&-2&2\\4&2&1\end{pmatrix}$;　　(4) $\begin{pmatrix}-5&2&2\\2&-6&0\\2&0&-4\end{pmatrix}$.

8. 设三阶实对称矩阵 $\boldsymbol{A}$ 的特征值为 $-1,1,1$,与特征值 -1 对应的特征向量为 $\boldsymbol{x}=(-1,1,1)^{\mathrm{T}}$,求 $\boldsymbol{A}$.

9. 试把下列向量组正交化,然后再单位化.

(1) $(\boldsymbol{\alpha}_1,\boldsymbol{\alpha}_2,\boldsymbol{\alpha}_3)=\begin{pmatrix}1&1&1\\1&2&4\\1&3&9\end{pmatrix}$;　　(2) $(\boldsymbol{\alpha}_1,\boldsymbol{\alpha}_2,\boldsymbol{\alpha}_3)=\begin{pmatrix}1&1&-1\\0&-1&1\\-1&0&1\\1&1&0\end{pmatrix}$.

10. 已知 $\boldsymbol{A}=\begin{pmatrix}2&3&2\\1&4&2\\1&-3&1\end{pmatrix}$,问 $\boldsymbol{A}$ 是否可以相似对角化?若不能,给出理由;若能,写出相应的可逆矩阵 $\boldsymbol{P}$,使 $\boldsymbol{P}^{-1}\boldsymbol{A}\boldsymbol{P}=\boldsymbol{\Lambda}$.

11. 若矩阵 $\boldsymbol{A}=\begin{pmatrix}2&2&0\\8&2&a\\0&0&6\end{pmatrix}$,试确定常数 a,并求可逆矩阵 $\boldsymbol{P}$,使 $\boldsymbol{P}^{-1}\boldsymbol{A}\boldsymbol{P}=\boldsymbol{\Lambda}$.

12. 已知 $\boldsymbol{\xi}=(0,0,1)^{\mathrm{T}}$ 是矩阵 $\boldsymbol{A}=\begin{pmatrix}-1&1&a\\-4&3&b\\1&0&2\end{pmatrix}$ 的一个特征向量.

(1) 试求参数 a,b 的值及特征向量 $\boldsymbol{\xi}$ 所对应的特征值;

(2) $\boldsymbol{A}$ 是否可以相似对角化?说明理由.

13. 将矩阵 $\boldsymbol{A}=\begin{pmatrix}-1 & 0 & 2\\ 0 & 1 & 2\\ 2 & 2 & 0\end{pmatrix}$ 用两种方法对角化：

(1) 求可逆矩阵 $\boldsymbol{P}$，使得 $\boldsymbol{P}^{-1}\boldsymbol{AP}=\boldsymbol{\Lambda}$；

(2) 求正交矩阵 $\boldsymbol{T}$，使得 $\boldsymbol{T}^{-1}\boldsymbol{AT}=\boldsymbol{\Lambda}$.

14. 已知 $\boldsymbol{A}=\begin{pmatrix}2 & 3 & 2\\ 1 & 4 & 2\\ 1 & -3 & 1\end{pmatrix}$，问 $\boldsymbol{A}$ 是否可以相似对角化？若不能，给出理由；若能，写出相应的可逆矩阵 $\boldsymbol{P}$ 和对角矩阵 $\boldsymbol{\Lambda}$，使 $\boldsymbol{P}^{-1}\boldsymbol{AP}=\boldsymbol{\Lambda}$.

15. 已知矩阵 $\boldsymbol{A}=\begin{pmatrix}1 & -2 & -4\\ -2 & x & -2\\ -4 & -2 & 1\end{pmatrix}$ 与 $\boldsymbol{\Lambda}=\begin{pmatrix}5 & & \\ & y & \\ & & -4\end{pmatrix}$ 相似，求 x，y.

第五章　随机事件与概率

随机事件是描述随机现象的基本工具，而概率则提供了量化这些随机现象的手段.随机事件及其运算是构建复杂概率模型的基础. 在实际应用中能帮助理解和分析各种随机现象，如天气预报中降雨概率的计算.而概率的非负性、规范性等性质更是为构建和应用概率模型提供了理论支持，概率模型广泛应用于统计推断、金融风险管理和数据分析等领域.

本章思维导图

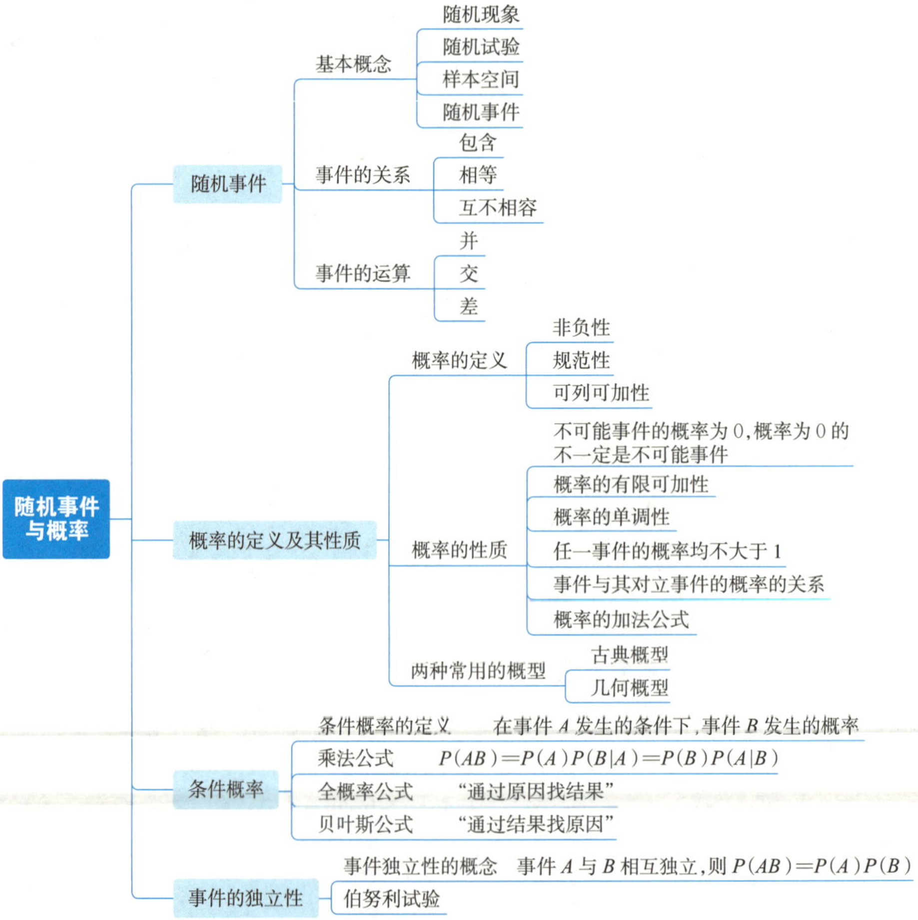

5.1 随机事件

内容和目标

- 理解随机试验、样本空间与随机事件的概念；
- 理解不可能事件与必然事件；
- 掌握随机事件的表示、事件之间的关系和运算.

5.1.1 随机现象

概率论与数理统计研究的对象是随机现象，概率论是研究随机现象的模型，数理统计是研究随机现象的数据收集与处理.

自然界中观察到的现象有两类，一类是确定性现象，另一类是随机现象.

在一定条件下，必然发生或者必然不发生的现象称为**确定性现象**，即结果只有一个的现象.其中必然会发生的现象称为**必然现象**，必然不会发生的现象称为**不可能现象**.如太阳从东边落下是不可能现象，水从高处流向低处是必然现象，它们都是确定性现象.

而在一定条件下，并不总出现相同的结果的现象称为**随机现象**，如抛一枚硬币，可能正面朝上，也可能反面朝上.

随机现象有两个特点：

① 结果不止一个；

② 哪一个结果出现，事先并不知道.

5.1.2 随机试验、样本空间与随机事件

概率论是研究随机现象规律性的一门学科，随机现象通过随机试验来研究.

对随机现象进行观测或实验称为试验，我们把具有可重复性、可观察性、随机性这三个特点的试验称为**随机试验**，一般用 E 来表示，具体如下：

(1) **可重复性**　试验可以在相同的条件下重复进行；

(2) **可观察性**　每次试验的可能结果不止一个，并且能事先明确试验的所有可能结果；

(3) **随机性**　进行一次试验之前不能确定哪一个结果会出现.

例如：

E_1：抛一枚硬币，观察正面 H 和反面 T 出现的情况.

E_2：掷两枚骰子，观察出现的点数.

E_3：在一批电脑中任意抽取一台，测试它的使用寿命.

E_4:城市某一交通路口,记录1 h内的汽车流量.

E_5:记录某一地区的昼夜最高温度和最低温度.

随机试验E的所有可能结果组成的集合称为**样本空间**,记为Ω. 随机试验E的每一个可能结果称为样本空间的元素,称为**样本点**,记为ω.

下面写出上述试验E_1—E_5的样本空间:

$$E_1:\Omega_1=\{\mathrm{H},\mathrm{T}\},\quad E_2:\Omega_2=\{(i,j)\mid i,j=1,2,\cdots,6\},$$

$$E_3:\Omega_3=\{t\mid t\geqslant 0\},\ E_4:\Omega_4=\{0,1,2,\cdots\},E_5:\Omega_5=\{(x,y)\mid T_0\leqslant x\leqslant y\leqslant T_1\}.$$

随机现象的某些样本点组成的集合称为**随机事件**,简称事件,常用大写字母$A,B,C,\cdots$表示.如在E_1中若用A表示"正面朝上"这一事件,则$A=\{\mathrm{H}\}$,它是相应的样本空间$\Omega_1=\{\mathrm{H},\mathrm{T}\}$的一个子集.

关于事件要注意以下几点:

(1) 任一事件A是相应样本空间的一个子集,在概率论中常用一个长方形表示样本空间Ω,用其中一个圆或其他集合图形表示事件A,这类图形称为维恩图(图5-1).

(2) 事件A发生当且仅当A中某个样本点出现了.

(3) 事件可用集合表示,也可用明白无误的语言描述.

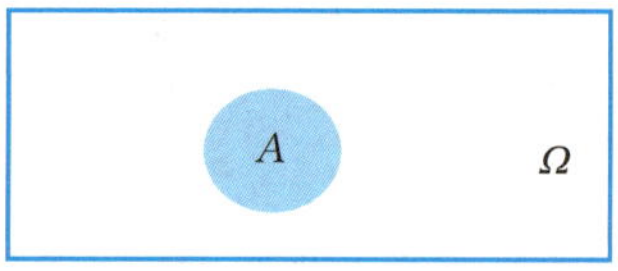

图5-1　事件A的维恩图

特别地,样本空间Ω的最大子集(即Ω本身)称为**必然事件**,仍然用Ω表示,必然事件是每次试验一定发生的事件.如掷一枚骰子时,"出现点数不超过6"就是一必然事件.

样本空间Ω的最小子集(即空集$\varnothing$)称为**不可能事件**,仍然用$\varnothing$表示,不可能事件是每次试验一定不会发生的事件.如掷一枚骰子时,"出现点数超过6"就是一不可能事件.

【注意】 必然事件与不可能事件原不是随机事件,但为讨论问题需要,人们将其看成是随机事件的两种极端形式,且其在概率论中起着重要的作用.

5.1.3　事件的关系及其运算

设试验E的样本空间是Ω,A,B,A_k是Ω的子集.

1. 事件间的关系

(1) 包含

事件A发生必然导致事件B发生,则称事件A包含于事件B(或事件B包含事件A),记为$A\subset B$(或$B\supset A$)(图5-2).

如掷一颗骰子,事件A="出现3点"的发生必然导致事件B="出现奇数点"的发生,故$A\subset B$.

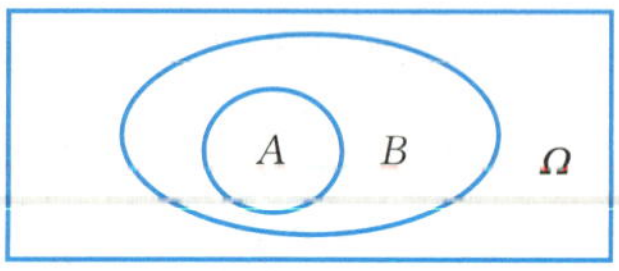

图5-2　A包含于B

【注意】 对任一事件A,必有$\varnothing\subset A\subset\Omega$.

(2) 相等

若事件 A 包含于事件 B，且事件 B 包含于事件 A，则称事件 A 与事件 B 相等，记作 $A=B$，即若 $A\subset B$，$B\subset A$，则 $A=B$.

如掷两颗骰子，事件 $A=$“两颗骰子的点数之和为奇数”，事件 $B=$“两颗骰子的点数为一奇一偶”，容易证明：A 发生必然导致 B 发生，且 B 发生也必然导致 A 发生，所以 $A=B$.

(3) 互不相容

若事件 A 与事件 B 不可能同时发生，则称事件 A 与事件 B 是互不相容的（互斥的）（图 5－3）.

如在电脑寿命试验中，事件 $A=$“寿命小于 1×10^4 h”与事件 $B=$“寿命大于 2×10^4 h”是不可能同时发生的，因此事件 A 与事件 B 是互不相容的.

2. 事件间的运算

(1) 并

“事件 A 与事件 B 中至少有一个发生”，这一事件称为事件 A 与事件 B 的并（和），记作 $A\cup B$（图 5－4）. 即

$$A\cup B=\{x\in A \text{ 或 } x\in B\}.$$

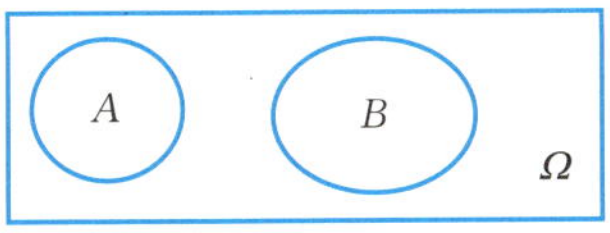

图 5－3 A 与 B 互不相容

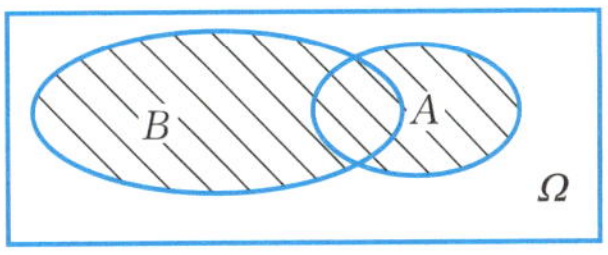

图 5－4 A 与 B 的并

如掷一颗骰子，记事件 $A=$“出现奇数点”$=\{1,3,5\}$，记事件 $B=$“出现的点数不超过 3”$=\{1,2,3\}$，则 A 与 B 的并 $A\cup B=\{1,2,3,5\}$.

事件的并运算可推广到有限个或可列个事件，如有一列事件 $A_1,A_2,\cdots$，则 $\bigcup_{k=1}^{n}A_k$ 称为 n 个事件 $A_1,A_2,\cdots,A_n$ 的有限并，$\bigcup_{k=1}^{\infty}A_k$ 称为 $A_1,A_2,\cdots$的可列并.

(2) 交

“事件 A 与事件 B 中同时发生”，这一事件称为事件 A 与事件 B 的交（积），记为 $A\cap B$（或 AB）（图 5－5）. 即

$$A\cap B=\{x\in A \text{ 且 } x\in B\}.$$

如掷一颗骰子，记事件 $A=$“出现奇数点”$=\{1,3,5\}$，记事件 $B=$“出现的点数不超过 3”$=\{1,2,3\}$，则 A 与 B 的交 $A\cap B=\{1,3\}$.

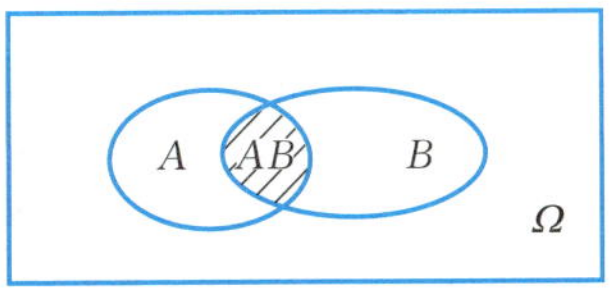

图 5－5 A 与 B 的交

若事件 A 与事件 B 为互不相容的，则其交必为不可能事件，即 $AB=\varnothing$，反之仍成立，因此 $AB=\varnothing$就意味着事件 A 与 B 为互不相容事件.

事件的交运算可推广到有限个或可列个事件，如有一列

事件 $A_1, A_2, \cdots$，则 $\bigcap\limits_{k=1}^{n} A_k$ 称为 n 个事件 $A_1, A_2, \cdots, A_n$ 的有限交，$\bigcap\limits_{k=1}^{\infty} A_k$ 称为 $A_1, A_2, \cdots$ 的可列交．

(3) 差

“事件 A 发生而事件 B 不发生”，这一事件称为事件 A 与事件 B 的差，记为 $A-B$（图 5－6）．即

$$A-B=\{x \in A \text{ 且 } x \notin B\}.$$

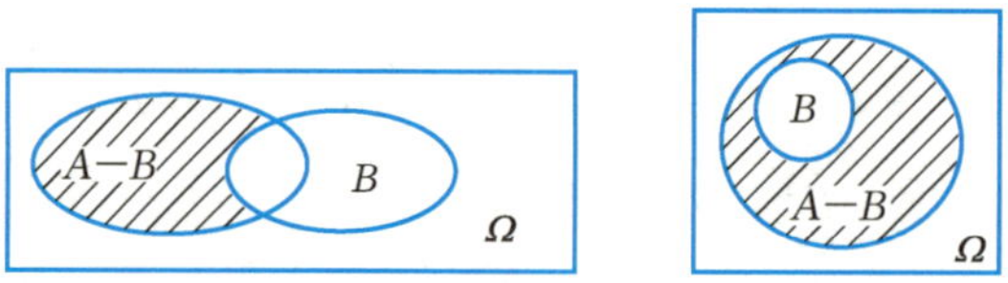

(a) $B \not\subset A$　　(b) $B \subset A$

图 5－6　A 与 B 的差

如掷一颗骰子，记事件 A＝“出现奇数点”＝$\{1,3,5\}$，记事件 B＝“出现的点数不超过 3”＝$\{1,2,3\}$，则 A 与 B 的差 $A-B=\{5\}$．

特别地，必然事件 Ω 对任一事件 A 的差 $\Omega-A$ 称为事件 A 的对立事件，记为 $\bar{A}$，即事件 A 不发生（图 5－7）．事件 A 与事件 B 互为对立事件的充要条件是

$$AB=\varnothing \text{ 且 } A \cup B=\Omega.$$

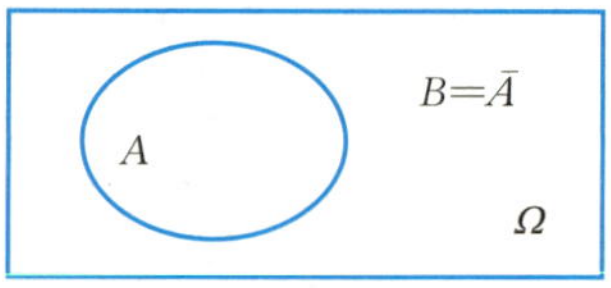

图 5－7　对立事件

如掷一颗骰子，事件 A＝“出现奇数点”＝$\{1,3,5\}$ 的对立事件 $\bar{A}=\{2,4,6\}$．

【注意】 ① $\bar{\bar{A}}=A$；② $A-B=A-AB=A \cap \bar{B}=A\bar{B}$.

需要注意的是对立事件一定是互不相容事件，但互不相容事件不一定是对立事件．

3. 事件的运算性质

(1) 交换律：$A \cup B=B \cup A, AB=BA$；

(2) 结合律：$(A \cup B) \cup C=A \cup (B \cup C), (AB)C=A(BC)$；

(3) 分配律：$(A \cup B) \cap C=AC \cup BC, (A \cap B) \cup C=(A \cup C) \cap (B \cup C)$；

(4) 德・摩根律：$\overline{A \cup B}=\bar{A} \cap \bar{B}, \overline{A \cap B}=\bar{A} \cup \bar{B}$.

推广：$\overline{A_1 \cup A_2 \cup \cdots \cup A_n}=\bar{A}_1 \cap \bar{A}_2 \cap \cdots \cap \bar{A}_n, \overline{A_1 \cap A_2 \cap \cdots \cap A_n}=\bar{A}_1 \cup \bar{A}_2 \cup \cdots \cup \bar{A}_n$.

例 1　设事件 A, B, C 是同一样本空间的三个事件，试表示出如下事件．

(1) 事件 A 发生而 B 与 C 都不发生；

(2) 事件 A, B 都发生而 C 不发生；

(3) A, B, C 至少有一个发生；

(4) A, B, C 恰好有一个事件发生；

(5) A, B, C 都不发生．

解 (1) $A\overline{B}\overline{C}=A-B-C=A-(B\cup C)$；

(2) $AB\overline{C}=AB-C$；

(3) $A\cup B\cup C$；

(4) $(A\overline{B}\overline{C})\cup(\overline{A}B\overline{C})\cup(\overline{A}\overline{B}C)$；

(5) $\overline{A\cup B\cup C}=\overline{A}\overline{B}\overline{C}$.

例 2 已知事件 A 表示甲种产品畅销，乙种产品滞销，求其对立事件．

解 设事件 $A_1=$“甲种产品畅销”，事件 $A_2=$“乙种产品滞销”，则 $A=A_1\cap A_2$.

事件 A 的对立事件 $\overline{A}=\overline{A_1\cap A_2}$，由德·摩根律可知

$$\overline{A}=\overline{A_1\cap A_2}=\overline{A}_1\cup\overline{A}_2,$$

其中 $\overline{A}_1=$“甲种产品滞销”，$\overline{A}_2=$“乙种产品畅销”. 因此事件 A 的对立事件表示甲种产品滞销与乙种产品畅销至少有一个发生．

【课堂练习】

一个工厂生产了 n 个零件，以 A_i 表示生产的第 $i(1\leqslant i\leqslant n)$ 个零件是合格品，用 A_i 表示下列事件：

(1) 没有一个零件是合格品；

(2) 至少有一个零件是不合格品；

(3) 仅有一个零件是不合格品；

(4) 至少有一个零件是合格品．

习题 5.1

1. 写出下列随机试验的样本空间及下列事件包含的样本点．

(1) 掷两颗骰子

$A=$“出现点数之和为奇数，且恰好其中有一颗骰子出现 3 点”；

$B=$“出现点数之和为偶数，但没有一颗骰子出现 3 点”.

(2) 将一枚硬币抛两次

$A=$“第一次出现正面”；

$B=$“至少有一次出现正面”；

$C=$“两次出现同一面”.

*2. 若 A,B 为两个随机试验，则下列等式正确的是(　　).

A. $(A\cup B)-B=A$　　　　B. $(A-B)\cup B=A$

C. $\overline{A\cup B}=\bar{A}\cup\bar{B}$　　　　D. $\bar{A}\cup\bar{B}=A\bar{B}\cup\bar{A}B$

3. 已知 $\Omega=\{x\mid 0\leqslant x\leqslant 3\}$，事件 $A=\{x\mid 1<x\leqslant 3\}$，事件 $B=\left\{x\,\middle|\,\frac{1}{2}<x\leqslant 1\right\}$，求 $A\cup B$，AB，$A-B$，$A\bar{B}$.

5.2 事件的概率

内容和目标

- 掌握概率的定义和基本性质；
- 掌握古典概型的定义及计算；
- 了解几何概型及其相应的概率运算．

5.2.1 频率与概率

对于一个事件来说，它在一次试验中可能发生，也可能不发生．因此希望找到一个合适的数来表征事件发生的可能性的大小．为此，首先引入频率，频率描述了事件发生的频繁程度；进而引出概率，它描述了事件发生的可能性大小．

定义 5.1　设在相同条件下，进行了 n 次试验，若事件 A 在这 n 次试验中发生了 k 次，则称 $\frac{k}{n}$ 为事件 A 发生的频率，记为 $f_n(A)$.

由定义，不难验证频率具有如下性质：

(1) $0\leqslant f_n(A)\leqslant 1$；

(2) $f_n(\Omega)=1$，$f_n(\varnothing)=0$；

(3) 若事件 A 与事件 B 是互不相容事件，则

$$f_n(A\cup B)=f_n(A)+f_n(B).$$

上式也可推广到有限个互不相容事件．若 $A_1,A_2,\cdots,A_k$ 是两两互不相容的事件，则

$$f_n(A_1\cup A_2\cup\cdots\cup A_k)=f_n(A_1)+f_n(A_2)+\cdots+f_n(A_k).$$

尽管每进行一连串试验，所得到的频率各不相同，但根据长期实践表明：随着试验重复次数 n 的增加，频率 $f_n(A)$ 会稳定在某一常数附近，则称这个常数为频率的稳定值．这个频率的稳定值就是事件 A 发生的概率．

在实际中，当概率不易求出时，人们常取试验次数很大时事件的频率作为概率的估计值，称此概率为统计概率．这种确定概率的方法称为频率方法，它的理论依据将在后面介绍．

定义 5.2　设 E 是随机试验，Ω 是它的样本空间，对于 E 的每一个事件 A 赋予一个实数，记为 $P(A)$，如果 $P(A)$ 满足下列条件：

(1) **非负性**　对于每一个事件 A，有 $P(A)\geqslant 0$；

(2) **规范性**　对于必然事件 Ω，有 $P(\Omega)=1$；

(3) **可列可加性**　若 $A_1,A_2,\cdots$ 是两两互不相容的事件，有

$$P\left(\bigcup_{n=1}^{\infty} A_n\right)=\sum_{n=1}^{\infty} P(A_n)\ ;$$

则称 $P(A)$ 为事件 A 的概率．

由概率的定义可以推得概率的一些重要性质．

性质 1　$P(\varnothing)=0$.

【注意】不可能事件的概率为 0，即 $P(\varnothing)=0$，反之不一定成立．

性质 2　（有限可加性）若 $A_1,A_2,\cdots,A_n$ 是两两互不相容的事件，则

$$P\left(\bigcup_{i=1}^{n} A_i\right)=\sum_{i=1}^{n} P(A_i)\ .$$

性质 3　设 A,B 为两事件，则

(1) $P(B-A)=P(B)-P(AB)$；

(2) 若 $A\subset B$，则 $P(B-A)=P(B)-P(A)$，且 $P(A)\leqslant P(B)$.

证　(1) 因 $B=(B-A)\cup AB$，且 $B-A$ 与 AB 是互不相容事件，由有限可加性可得

$$P(B)=P[(B-A)\cup AB]=P(B-A)+P(AB).$$

故

$$P(B-A)=P(B)-P(AB).$$

(2) 因 $A\subset B$，故 $AB=A$，可得

$$P(B-A)=P(B)-P(A).$$

由概率的非负性 $P(B-A)\geqslant 0$ 得，$P(B)\geqslant P(A)$. 得证．

性质 4　对任一事件 A，有 $P(A)\leqslant 1$.

证　因 $A\subset\Omega$，由性质 3(2)可知 $P(A)\leqslant P(\Omega)=1$.

性质 5　对任一事件 A，有 $P(\bar{A})=1-P(A)$.

证　因 A 与 $\bar{A}$ 互不相容，且 $\Omega=A\cup\bar{A}$，所以由概率的规范性和有限可加性得

$$P(\Omega)=P(A)+P(\bar{A})=1,$$

故

$$P(\bar{A})=1-P(A).$$

【注意】 有些事件直接考虑较为复杂，而考虑其对立事件则相对比较简单．

性质 6（加法公式） 对于任意两个事件 A,B，有

$$P(A\cup B)=P(A)+P(B)-P(AB).$$

加法公式的推广：若对于任意三个事件 A,B,C，有

$$P(A\cup B\cup C)=P(A)+P(B)+P(C)-P(AB)-P(AC)-P(BC)+P(ABC).$$

例 1 已知事件 $A,B,A\cup B$ 的概率分别为 0.4，0.3，0.6，求 $P(A\bar{B})$.

解 因 $A\bar{B}=A-B$，故 $P(A\bar{B})=P(A-B)=P(A)-P(AB)$. 又由于

$$P(A\cup B)=P(A)+P(B)-P(AB),$$

且 $P(A)=0.4,P(B)=0.3,P(A\cup B)=0.6$，得

$$P(AB)=0.1.$$

故

$$P(A\bar{B})=0.4-0.1=0.3.$$

例 2 已知 $P(A)=P(B)=P(C)=\frac{1}{4}$，且 $P(AB)=0,P(AC)=P(BC)=\frac{1}{16}$. 求：

(1) A,B,C 中至少发生一个的概率；

(2) A,B,C 都不发生的概率．

解 (1) 因

$$\begin{aligned}P(A\cup B\cup C)&=P(A)+P(B)+P(C)-P(AB)-P(AC)-P(BC)+P(ABC)\\&=\frac{1}{4}+\frac{1}{4}+\frac{1}{4}-\frac{1}{16}-\frac{1}{16}+P(ABC),\end{aligned}$$

又因 $ABC\subset AB$，所以

$$P(ABC)\leqslant P(AB)=0,$$

且由概率的非负性可知 $P(ABC)\geqslant 0$，故 $P(ABC)=0$，因此

$$P(A\cup B\cup C)=\frac{5}{8}.$$

(2) 由德·摩根律可知

$$\bar{A}\cap\bar{B}\cap\bar{C}=\overline{A\cup B\cup C}$$

故

$$\begin{aligned}P(\bar{A}\cap\bar{B}\cap\bar{C})&=P(\overline{A\cup B\cup C})\\&=1-P(A\cup B\cup C)=1-\frac{5}{8}=\frac{3}{8}.\end{aligned}$$

【课堂练习】

设 A,B 为两个事件，已知 $P(A)=0.6,P(B)=0.7,P(A\cup B)=0.8$，求 $P(AB)$，$P(A-B)$ 和 $P(B-A)$.

5.2.2 古典概型

若随机试验 E 具有如下特点：

(1) 试验的样本空间 Ω 只有有限个样本点，

(2) 试验中每个样本点发生的可能性是相等的，

则称此试验为古典概型试验．

定义 5.3 在古典概型试验中，若样本空间 Ω 中样本点的个数是 n，事件 A 包含样本点的个数是 k，则事件 A 的概率为

$$P(A)=\frac{k}{n}.$$

下面来看几个古典概率的例子．

例 3 将一枚硬币抛掷 3 次，求：

(1) 恰好一次出现正面的概率；

(2) 至少一次出现正面的概率．

解 (1) 设 A_1＝“恰好出现一次正面”，按照 5.1 中的表述(出现正面记为 H，出现反面记为 T)，考虑该试验的样本空间：

$$\Omega=\{\mathrm{HHH},\mathrm{HHT},\mathrm{HTH},\mathrm{THH},\mathrm{HTT},\mathrm{THT},\mathrm{TTH},\mathrm{TTT}\},$$

而 $A_1=\{\mathrm{HTT},\mathrm{THT},\mathrm{TTH}\}$，$\Omega$ 中包含有限个样本点，且每个样本点发生的可能性相同，故

$$P(A_1)=\frac{3}{8}.$$

(2) 设 A_2＝“至少一次出现正面”，由于 $\bar{A}_2=\{\mathrm{TTT}\}$，于是

$$P(A_2)=1-P(\bar{A}_2)=1-\frac{1}{8}=\frac{7}{8}.$$

例 4 一个口袋有 6 个球，其中 4 个白球，2 个红球，从袋中取球两次，每次随机地取一个．考虑两种取球方式：a. 第一次取一个球，观察其颜色后放回，搅匀后再取一球，这种取球方式称为放回抽样；b. 第一次取一球不放回，第二次从剩余的球中再取一球，这种取球方式称为不放回抽样．试分别就上面两种情况求：

(1) 取到的两个球都是白球的概率；

(2) 取到的两个球颜色相同的概率；

(3) 取到的两个球至少有一个是白球的概率．

解 以 A、B、C 分别表示事件“取到的两个球都是白球”“取到的两个球颜色相同”“取到的两个球至少有一个是白球”.

a. 放回抽样

(1) $P(A)=\frac{\mathrm{C}_4^1\mathrm{C}_4^1}{\mathrm{C}_6^1\mathrm{C}_6^1}=\frac{4}{9}.$

(2) $P(B)=\dfrac{C_4^1C_4^1+C_2^1C_2^1}{C_6^1C_6^1}=\dfrac{5}{9}$.

(3) 由于事件 $\overline{C}$＝“取到的两个球都不是白球”，则

$$P(C)=1-P(\overline{C})=1-\frac{C_2^1C_2^1}{C_6^1C_6^1}=\frac{8}{9}.$$

b. 不放回抽样

(1) $P(A)=\dfrac{C_4^1C_3^1}{C_6^1C_5^1}=\dfrac{2}{5}$.

(2) $P(B)=\dfrac{C_4^1C_3^1+C_2^1C_1^1}{C_6^1C_5^1}=\dfrac{7}{15}$.

(3) 由于事件 $\overline{C}$＝“取到的两个球都不是白球”，则

$$P(C)=1-P(\overline{C})=1-\frac{C_2^1C_1^1}{C_6^1C_5^1}=\frac{14}{15}.$$

例 5　箱中有 a 个白球，b 个黑球，k 个人在箱中分别任取一个球，求放回抽样和不放回抽样情况下第 $i(i=1,2,\cdots,k)$ 个人取到白球的概率($k\leqslant a+b$).

解　设 A＝“第 $i(i=1,2,\cdots,k)$ 人取到白球”.

(1) 放回抽样，显然有

$$P(A)=\frac{a}{a+b}.$$

(2) 不放回抽样，将 a 个白球，b 个黑球都看成是不同的，各人取一个球，共有 $(a+b)(a+b-1)\cdots(a+b-k+1)=A_{a+b}^k$ 种取法，记作 A_{a+b}^k. 当事件 A 发生时，第 i 人取到的应是白球，于是事件 A 中包含了 aA_{a+b-1}^{k-1} 种取法，故

$$P(A)=\frac{aA_{a+b-1}^{k-1}}{A_{a+b}^k}=\frac{a}{a+b}.$$

【注意】 在放回抽样与不放回抽样的情况下 $P(A)$ 是相同的．并且 $P(A)$ 与 i 无关，尽管取球的先后次序不同，但各人取到白球的概率是相同的，也就是大家的机会相同．

【课堂练习】

已知在 10 件产品中有 2 件次品，在其中取两次，每次任取一件，不放回抽取，求下列事件的概率：

(1) 两件都是正品；　　(2) 两件都是次品；

(3) 一件是正品，一件是次品；　　(4) 第二次取出的是次品．

5.2.3 几何概型

设试验具有如下特点：

(1) 样本空间 Ω 是一个几何区域，这个区域的大小可以度量(长度、面积、体积等)，并把 Ω 的度量记作 $m(\Omega)$；

(2) 向区域内任意投掷一个点，落在相同区域内是等可能的；

则称此试验是几何概型试验．

若事件 A 为落在区域 A 内的事件，则事件 A 的概率为

$$P(A)=\frac{m(A)}{m(\Omega)}.$$

【注意】 上述公式是几何概型的概率计算公式，其要点在于计算出事件 A 所对应的区域 $m(A)$．

例 6 在区间(0,1)内任取两个数，求这两个数的乘积小于 $\frac{1}{4}$ 的概率．

解 以 x, y 表示任取的两个数，且 $0<x<1$，$0<y<1$，即样本空间 Ω 是由点 (x,y) 构成的边长为 1 的正方形 Ω，其面积是 1. 设 A＝“两个数的乘积小于 $\frac{1}{4}$”，即

$$A=\left\{(x,y)\,\middle|\,0<xy<\frac{1}{4},0<x<1,0<y<1\right\},$$

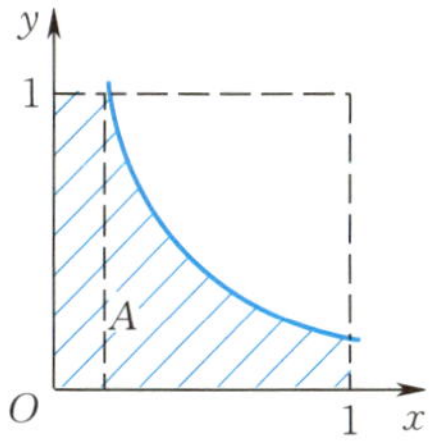

图 5-8 例 6 示意图

事件 A 对应的为图 5-8 中的阴影部分，因此

$$P(A)=\frac{m(A)}{m(\Omega)}=\frac{\frac{1}{4}+\int_{\frac{1}{4}}^{1}\frac{1}{4x}\mathrm{d}x}{1}=\frac{1}{4}+\frac{1}{2}\ln 2.$$

【课堂练习】

(会面问题)甲乙两人约定在某天下午 2 时至 3 时会面，先到者等候 20 min，过时则离去，如果每人在这指定的 1 h 内任意时刻到达的可能性是等可能的，求约定的两人能会面的概率．

习题 5.2

*1. 从 1～9 的整数中任意取 2 个数，求两数之和大于 10 的概率．

2. 从 5 双不同的鞋子中任取 4 只，求这 4 只鞋子中至少有两只鞋子能配成一双的概率．

3. 设 A,B 是两个事件,且 $P(A)=0.6$,$P(B)=0.7$,求:

(1) 在什么条件下 $P(AB)$取到最大值?

(2) 在什么条件下 $P(AB)$取到最小值?

4. 某公共汽车站从上午 7 时起,每隔 15 min 来一趟车．一乘客在 7∶00 到 7∶30 之间到达车站,求:

(1) 该乘客等候不到 5 min 乘上车的概率;

(2) 该乘客等候时间超过 10 min 才乘上车的概率．

5.3 条件概率

内容和目标

- 掌握条件概率的定义,会计算条件概率;
- 掌握乘法公式,会运用乘法公式进行概率计算;
- 掌握全概率公式和贝叶斯公式,会运用这两个公式解相应的概率问题．

5.3.1 条件概率与乘法公式

条件概率指的是在事件 B 已发生的条件下,事件 A 发生的概率．具体定义如下．

定义 5.4　设 A,B 是两个事件,且 $P(B)>0$,称

$$P(A|B)=\frac{P(AB)}{P(B)}$$

为在事件 B 发生的条件下事件 A 发生的条件概率．

例 1　10 件产品中有 7 件正品,3 件次品,从中不放回地抽取两件,已知第一次取到的是次品,求第二次又取到次品的概率．

解　设 B=“第一次取到次品”,A=“第二次取到次品”,则

$$P(B)=\frac{3}{10},$$

根据条件概率的定义可知,第二次又取到次品的概率

$$P(A|B)=\frac{P(AB)}{P(B)},$$

因第一、第二次都取到次品的概率 $P(AB)=\frac{3}{10}\times\frac{2}{9}=\frac{1}{15}$,故

$$P(A|B)=\frac{\frac{1}{15}}{\frac{3}{10}}=\frac{2}{9}.$$

事实上，概率也可以说是无条件概率，以 Ω 为样本空间，而条件概率是在事件 B 发生的条件下，也就是在以 B 为新的样本空间中计算 A 发生的概率．条件概率是概率的一种特殊情况．

因此，条件概率满足如下条件：

(1) **非负性** $P(A|B)\geqslant 0$；

(2) **规范性** $P(\Omega|B)=1$；

(3) **可列可加性** 设 $A_1,A_2,\cdots$是两两互不相容的事件，则有

$$P\left(\bigcup_{i=1}^{\infty}A_i|B\right)=\sum_{i=1}^{\infty}P(A_i|B).$$

既然条件概率满足上述三个条件，则概率的一些重要性质都适用于条件概率．例如，对于任意事件 A_1,A_2，给定事件 B，有

$$P(A_1\cup A_2|B)=P(A_1|B)+P(A_2|B)-P(A_1A_2|B),$$

以及 $P(A|B)+P(\bar{A}|B)=1$.

例 2 设 $P(A)=0.6$，$P(A\cup B)=0.84$ 且 $P(\Omega-B|A)=0.4$，求 $P(B)$.

解 因 $P(\Omega-B|A)=P(\bar{B}|A)=0.4$，故

$$P(B|A)=1-P(\bar{B}|A)=1-0.4=0.6.$$

由条件概率的定义可知 $P(B|A)=\dfrac{P(AB)}{P(A)}=0.6$，因此

$$P(AB)=0.6P(A),$$

由 $P(A\cup B)=P(A)+P(B)-P(AB)$可得

$$\begin{aligned}P(B)&=P(A\cup B)-P(A)+0.6P(A)\\&=0.84-0.6+0.6\times 0.6=0.6.\end{aligned}$$

【课堂练习】

某电子元件厂有职工 160 人，其中男职工 100 人，女职工 60 人．男女职工中非熟练工人分别有 20 人与 5 人，现从该厂中任选一名职工，则

(1) 该职工为非熟练工人的概率是多少？

(2) 若已被选出的是女职工，她是非熟练工人的概率又是多少？

根据条件概率的定义 $P(A|B)=\dfrac{P(AB)}{P(B)}$可得 $P(AB)=P(B)P(A|B)$；又由 $P(B|A)=\dfrac{P(AB)}{P(A)}$可得 $P(AB)=P(A)P(B|A)$，因此有如下定理．

定理 5.1(乘法公式) 对任意事件 A,B，有

$$P(AB)=P(A)P(B|A)=P(B)P(A|B),$$

其中第一个等式要求 $P(A)>0$，第二个等式要求 $P(B)>0$.

乘法公式还可以推广到 n 个事件：

$$P(A_1A_2\cdots A_n)=P(A_1)P(A_2|A_1)\cdots P(A_n|A_1A_2\cdots A_{n-1}),$$

其中 $P(A_1A_2\cdots A_n)>0$.

例 3　一批彩电共 100 台，其中有 10 台次品．采用不放回抽样的方式依次抽取 3 次，每次抽一台，求第 3 次才抽到合格品的概率．

解　设 $A_i(i=1,2,3)$＝“第 i 次抽到合格品”，$\overline{A}_i(i=1,2,3)$＝“第 i 次抽到次品”，则第 3 次才抽到合格品意味着

第一步：第 1 次取到次品；

第二步：在第 1 次取到次品的条件下，第 2 次也取到次品；

第三步：在第 1、第 2 次取到次品的条件下，第 3 次取到合格品．

因此第 3 次才抽到合格品的概率为

$$\begin{aligned}P(\overline{A}_1\overline{A}_2A_3)&=P(\overline{A}_1)P(\overline{A}_2|\overline{A}_1)P(A_3|\overline{A}_1\overline{A}_2)\\&=\frac{10}{100}\times\frac{9}{99}\times\frac{90}{98}\approx 0.008\ 3.\end{aligned}$$

例 4　袋中有 a 张彩票，只有一张有奖，k 个人依次在袋中任取一张．求第 $i(i=1,2,\cdots,k)$ 个人取到有奖彩票的概率$(k\leqslant a)$.

解　设 $A_i(i=1,2,\cdots,k)$＝“第 i 个人取到有奖彩票”，则 $\overline{A}_i(i=1,2,\cdots,k)$＝“第 i 个人取到无奖彩票”，可得

$$P(A_1)=\frac{1}{a},$$

$$P(A_2)=P(\overline{A}_1A_2)=P(\overline{A}_1)P(A_2|\overline{A}_1)=\frac{a-1}{a}\cdot\frac{1}{a-1}=\frac{1}{a},$$

$$P(A_3)=P(\overline{A}_1\overline{A}_2A_3)=P(\overline{A}_1)P(\overline{A}_2|\overline{A}_1)P(A_3|\overline{A}_1\overline{A}_2)=\frac{a-1}{a}\cdot\frac{a-2}{a-1}\cdot\frac{1}{a-2}=\frac{1}{a},$$

…………

因此第 i 个人取到有奖彩票的概率 $P(A_i)=\frac{1}{a}(i=1,2,\cdots,k)$.

【注意】从条件概率的角度也能说明，尽管取彩票的先后次序不同，各人取到有奖彩票的概率是一样的，也就是大家的机会相同．

【课堂练习】

设袋中装有 a 个白球，b 个红球，每次从袋中任取一个球，观察其颜色后放回，并再放入 c 个与所取出的那个球同色的球．若在袋中连续取球 3 次，求第一、第二次取到红球而第三次取到白球的概率．

5.3.2 全概率公式与贝叶斯公式

定义 5.5 设 Ω 为样本空间，$A_1,A_2,\cdots,A_n$ 为 Ω 的一组事件，满足

(1) $A_iA_j=\varnothing, i\neq j(i,j=1,2,\cdots,n)$,

(2) $\bigcup\limits_{i=1}^{n} A_i=\Omega$,

则称 $A_1,A_2,\cdots,A_n$ 是样本空间 Ω 的一个划分.

若 $A_1,A_2,\cdots,A_n$ 是样本空间 Ω 的一个划分，那么，对每次试验，事件 $A_1,A_2,\cdots,A_n$ 必有且仅有一个发生.

例如，设试验 E 为"掷一颗骰子观察其点数"，它的样本空间 $\Omega=\{1,2,3,4,5,6\}$. E 的一组事件 $A_1=\{1,2\},A_2=\{3,4,5\},A_3=\{6\}$是 Ω 的一个划分.

定理 5.2 (全概率公式)设 B 为样本空间 Ω 中任一事件，$A_1,A_2,\cdots,A_n$ 样本空间 Ω 的一个划分且 $P(A_i)>0$，则

$$P(B)=\sum_{i=1}^{n}P(A_i)P(B|A_i).$$

例 5 某工厂生产一批同型号的产品，已知由第 1 个车间生产的占 30%，第 2 个车间生产的占 50%，第 3 个车间生产的占 20%. 又知这三个车间产品次品率分别为 2%，1%，1%. 问从这批产品中任取一件恰好是次品的概率是什么？

解 设 B="恰好取到次品"，$A_i(i=1,2,3)$="恰好取到第 i 车间生产的产品"，于是

$$P(A_1)=30\%,\quad P(A_2)=50\%,\quad P(A_3)=20\%,$$
$$P(B|A_1)=2\%,\quad P(B|A_2)=1\%,\quad P(B|A_3)=1\%,$$

由全概率公式可得

$$\begin{aligned}P(B)&=P(A_1)P(B|A_1)+P(A_2)P(B|A_2)+P(A_3)P(B|A_3)\\&=30\%\times2\%+50\%\times1\%+20\%\times1\%=0.013.\end{aligned}$$

全概率公式是由"原因"推断"结果"的概率计算公式. 在实际应用中，常常需要由"结果"推断"原因". 例如，在医学中，往往需要通过检查结果来推断发病的原因. 下面给出著名的贝叶斯公式，能解决从"结果"推断"原因"的问题.

定理 5.3(贝叶斯公式) 设 $A_1,A_2,\cdots,A_n$ 是样本空间 Ω 的一个划分，B 为 Ω 中任一事件，且 $P(B)>0,P(A_i)>0$，则

$$P(A_i|B)=\frac{P(A_i)P(B|A_i)}{\sum\limits_{j=1}^{n}P(A_j)P(B|A_j)}.$$

证 由条件概率的定义可知

$$P(A_i|B)=\frac{P(A_iB)}{P(B)},$$

对上式的分子用乘法公式，分母用全概率公式，得

$$P(A_iB)=P(B)P(A_i|B),$$

$$P(B)=\sum_{j=1}^{n}P(A_j)P(B|A_j),$$

则有

$$P(A_i|B)=\frac{P(A_i)P(B|A_i)}{\sum_{j=1}^{n}P(A_j)P(B|A_j)}.$$

例 6　某工厂有 3 个车间生产同一种产品，第 1、第 2 和第 3 个车间产品依次占产量的 15%、80%、5%，且各车间的次品率分别为 2%、1%、3%，现从一批产品中随机地抽取一件，若取到的是次品，问该次品由哪个车间生产的可能性最大？

解　设 B 表示“取到的是一件次品”，$A_i(i=1,2,3)$ 表示“所取到的产品是由第 i 个车间生产的”，由题意可知，A_1,A_2,A_3 是样本空间 Ω 的一个划分，且有

$$P(A_1)=0.15,\quad P(A_2)=0.8,\quad P(A_3)=0.05,$$

$$P(B|A_1)=0.02,\quad P(B|A_2)=0.01,\quad P(B|A_3)=0.03,$$

由全概率公式可得

$$P(B)=P(A_1)P(B|A_1)+P(A_2)P(B|A_2)+P(A_3)P(B|A_3)=0.0125,$$

由贝叶斯公式计算可得

$$P(A_1|B)=\frac{P(A_1)P(B|A_1)}{P(B)}=\frac{0.02\times0.15}{0.0125}=0.24,$$

$$P(A_2|B)=\frac{P(A_2)P(B|A_2)}{P(B)}=\frac{0.8\times0.01}{0.0125}=0.64,$$

$$P(A_3|B)=\frac{P(A_3)P(B|A_3)}{P(B)}=\frac{0.05\times0.03}{0.0125}=0.12.$$

因此，这件次品来自第 2 个车间的可能性最大 .

【课堂练习】

资料显示，某地区患癌的概率约为 0.1%，在人群中有 20% 是吸烟者，他们患癌的概率约为 0.4%，求不吸烟者患癌的概率 .

习题 5.3

1. 若事件 A,B 互不相容，且 $P(A)=0.3,P(A|\bar{B})=0.6$，则 $P(B)=$________.

*2. 若 $P(A)=0.3,P(B)=0.4,P(A\cup B)=0.6$，则 $P(\bar{A}|B)=$______.

3. 在一个盒中装有 15 个乒乓球，其中有 10 个新球，在第一次比赛中任意取出 3 个球，比赛后放回原盒中；在第二次比赛中同样任意取出 3 个球，求此次取出的 3 个球均为新球的概率．

4. 有朋自远方来，其乘火车、轮船、汽车、飞机来的概率分别是 0.3，0.2，0.1，0.4. 如果他乘火车、轮船、汽车来的话，迟到的概率分别是 0.25，0.34，0.4，而乘飞机则不会迟到．结果他迟到了，试判断他选择哪种交通工具的可能性最大．

5.4 事件的独立性

内容和目标

- 了解事件独立性的概念；
- 会利用事件的独立性计算事件的概率；
- 了解伯努利试验的定义，会求解伯努利试验问题．

5.4.1　两个事件的独立性

例 1　某公司有工作人员 100 人，其中 35 岁以下的青年人有 40 名．该公司在所有工作人员中随机抽取一人为当天的值班员，而不论其是否在前一天刚好值过班，求：

(1) 第二天选出青年人的概率；

(2) 已知第一天选出的是青年人，第二天选出的仍是青年人的概率；

(3) 已知第一天选出的不是青年人，第二天选出的是青年人的概率．

解　设 A_1＝“第一天选出的是青年人”，A_2＝“第二天选出的是青年人”，则

(1) $P(A_2)=P(A_1A_2)+P(\bar{A}_1A_2)=0.4\times0.4+0.6\times0.4=0.4$；

(2) $P(A_2|A_1)=\dfrac{P(A_1A_2)}{P(A_1)}=\dfrac{0.16}{0.4}=0.4$；

(3) $P(A_2|\bar{A}_1)=\dfrac{P(\bar{A}_1A_2)}{P(\bar{A}_1)}=\dfrac{0.24}{0.6}=0.4$.

在这里看到 $P(A_2)=P(A_2|A_1)$，即 $P(A_1A_2)=P(A_1)P(A_2/A_1)=P(A_1)P(A_2)$. 事实上，由题意可知，显然第一天选出的是否是青年人与第二天选出的是否是青年人是互不影响的．也就是，一个事件的发生对另一个事件的发生没有影响，也可以说两个事件相互独立．

定义 5.6　设 A，B 是两个事件，如果满足

$$P(AB)=P(A)P(B),$$

则称事件 A 与 B 相互独立，简称独立．否则称事件 A 与 B 不独立或相依．

【注意】

(1) $P(A)=0$ 或 $P(B)=0$ 时，$P(AB)=P(A)P(B)$ 仍成立；

(2) 事件 A 与 B 独立时，$P(B|A)=P(B|\bar{A})=P(B)$；

(3) 若 $P(A)>0$，$P(B)>0$，则 A，B 相互独立与 A，B 互不相容不能同时成立．

定理 5.4　若事件 A 与 B 相互独立，则 $\bar{A}$ 与 B，A 与 $\bar{B}$，$\bar{A}$ 与 $\bar{B}$ 都相互独立．

证　下面只证明 $\bar{A}$ 与 B 相互独立，其余留给读者自行证明．

由于

$$
\begin{aligned}
P(\bar{A}B)&=P(B-A)=P(B-AB)\\
&=P(B)-P(AB)\\
&=P(B)-P(A)P(B)=P(B)(1-P(A))\\
&=P(B)P(\bar{A}).
\end{aligned}
$$

所以 $\bar{A}$ 与 B 相互独立．

例 2　甲、乙二人独立地同时向同一目标射击一次，他们的命中率分别为 0.6，0.5，求目标被击中的概率．

解　设 A＝“甲击中目标”，B＝“乙击中目标”，C＝“目标被击中”，则 $C=A\cup B$，且 $P(A)=0.6$，$P(B)=0.5$，事件 A 与 B 相互独立，因此

$$
\begin{aligned}
P(C)&=P(A\cup B)=P(A)+P(B)-P(AB)\\
&=P(A)+P(B)-P(A)P(B)\\
&=0.6+0.5-0.6\times0.5=0.8.
\end{aligned}
$$

5.4.2　多个事件的独立性

定义 5.7　设 A，B，C 是 3 个事件，如果满足

$$
\begin{cases}
P(AB)=P(A)P(B),\\
P(BC)=P(B)P(C),\\
P(AC)=P(A)P(C),
\end{cases}
$$

则称事件 A，B，C 两两独立．若还有

$$P(ABC)=P(A)P(B)P(C),$$

则称 A，B，C 相互独立．

【注意】相互独立的 3 个事件一定是两两独立的，但两两独立的 3 个事件不一定相互独立，如一个盒子装有 4 张卡片，分别写有数字 2，3，5，30，设事件 A＝“取到 2 的倍数”，事件 B＝“取到 3 的倍数”，事件 C＝“取到 5 的倍数”，显然事件 A，B，C 两两独立，但 $P(ABC)\neq P(A)P(B)P(C)$，A，B，C 不相互独立．

定义 5.8 设 $A_1,A_2,\cdots,A_n$ 是 n 个事件，对任意的 $1\leqslant i<j<k<\cdots\leqslant n$，如果满足

$$\begin{cases}P(A_iA_j)=P(A_i)P(A_j),\\P(A_iA_jA_k)=P(A_i)P(A_j)P(A_k),\\\qquad\cdots\cdots\cdots\cdots\\P(A_1A_2\cdots A_n)=P(A_1)P(A_2)P(A_n),\end{cases}$$

则称此 n 个事件 $A_1,A_2,\cdots,A_n$ 相互独立.

【注意】

(1) 若 n 个事件相互独立，则其中任意 k 个事件也相互独立；

(2) 若 n 个事件相互独立，则其中任意多个事件换成它们的对立事件，组成的新的 n 个事件仍相互独立.

例 3 设高射炮每次击中飞机的概率为 0.2，问：至少需要多少门这种高射炮同时独立发射(每门高射炮射一次)才能使击中飞机的概率达到 95%以上？

解 设需要 n 门高射炮，且设 A_i＝“第 i 门高射炮击中飞机”，A＝“飞机被击中”，则

$$\begin{aligned}P(A)&=P(A_1\cup A_2\cup\cdots\cup A_n)=1-P(\overline{A_1\cup A_2\cup\cdots\cup A_n})\\&=1-P(\bar{A}_1\cap\bar{A}_2\cap\cdots\cap\bar{A}_n)=1-(P(\bar{A}_1)\cdot P(\bar{A}_2)\cdots P(\bar{A}_n))\\&=1-(0.8)^n.\end{aligned}$$

要使 $P(A)\geqslant 0.95$，解得 $n\geqslant 14$. 故至少需要 14 门高射炮才能使击中飞机的概率达到 95%以上.

5.4.3 伯努利试验

定义 5.9 若试验满足下列条件：

(1) 试验的结果只有两种 A 或 $\bar{A}$，

(2) A 在每次试验中出现的概率 p 保持不变，

(3) n 次独立重复试验，

则称此试验为 n 重伯努利试验.

定理 5.5 在 n 重伯努利试验中，设每次试验中事件 A 发生的概率为 $p(0<p<1)$，则事件 A 恰好发生 k 次的概率为

$$P_n(k)=\mathrm{C}_n^kp^k(1-p)^{n-k}.$$

若记 $q=1-p$，则 $P_n(k)=\mathrm{C}_n^kp^kq^{n-k}$，而 $\mathrm{C}_n^kp^kq^{n-k}$ 恰好是 $(p+q)^n$ 展开式的第 $k+1$ 项，所以此公式也称为二项概率公式.

例 4 某人进行射击，设每次射击命中的概率为 0.3，现重复 10 次，求恰好命中 3

次的概率．

解　显然这是一个 3 重伯努利试验，设 $A=$“命中”，则 $p=0.3, k=3$，于是

$$P=C_{10}^{3}(0.3)^{3}(0.7)^{7}\approx 0.266\ 8.$$

【课堂练习】

设某个车间里共有 5 台车床，每台车床使用电力是间歇性的，平均每小时约有 6 min 使用电力．假设车工们工作是相互独立的，求在同一时刻：

(1) 恰有 2 台车床被使用的概率；

(2) 至少有 3 台车床被使用的概率；

(3) 至多有 3 台车床被使用的概率．

习题 5.4

1. 盒中有 12 个球，8 个白球，4 个黄球，不放回地取出两个球，则第一次为白球，第二次还为白球的概率为(　　)．

A. $\frac{14}{33}$　　B. $\frac{7}{11}$　　C. $\frac{2}{3}$　　D. $\frac{8}{11}$

2. 设 A,B 为相互独立的两随机事件，$P(A)=\frac{1}{2}$，$P(B)=\frac{1}{3}$，则 $P(\bar{A}B)=$______．

*3. 导弹发射系统可同时发射两枚导弹，每一枚导弹的目标命中率均为 0.6，则至少有一枚命中的概率为______．

4. 设两个相互独立的事件 A,B 都不发生的概率为 $\frac{1}{9}$，A 发生、B 不发生的概率与 B 发生、A 不发生的概率相等，求 $P(A)$．

实践与实验

1. 用 MATLAB 软件模拟掷硬币这一随机事件

掷硬币这一随机事件为古典概型，它的样本点是有限的且等可能性的．在 MATLAB 软件中，可以使用随机数生成函数来模拟掷硬币的过程．以下是详细的步骤说明：

第一步　生成随机数：利用 randi() 函数生成 0 和 1 的随机整数，分别代表硬币的反面(T)和正面(H)，调用格式为

randi([0, 1], 1, n)

表示生成包含 n 个 0 或 1 的行向量，模拟单次掷硬币结果；

第二步 结果转换：将生成的数字转换为易读的字符('H'或'T')；

第三步 统计分析：计算正反面出现的次数．

例 1 模拟掷硬币 10 次．

解 在 MATLAB 软件命令窗口中输入如下命令：

```
n = 10;
throws = randi([0, 1], 1, n);        % 生成 0 和 1 的随机数组
results = repmat('T', 1, n);         % 初始化结果为'T'
results(throws = = 1) = 'H';         % 将 1 替换为'H'
disp('掷硬币 10 次的结果:');          % 显示结果
disp(results);
heads = sum(throws);
tails = n - heads;
fprintf('正面次数：%d，反面次数：%d\n', heads, tails);
```

运行结果如下：

```
掷硬币 10 次的结果：
HHTHHTTHHH
正面次数:7,反面次数:3
```

2. MATLAB 软件在条件概率中的应用

例 2 假设掷一个公平的六面骰子，已知结果是偶数，求该数是 3 的倍数的概率．

解 设 A =“结果是 3 的倍数”，B =“结果是偶数”，则

$$P(A|B)=\frac{P(AB)}{P(B)}=\frac{1/6}{3/6}=\frac{1}{3}.$$

在 MATLAB 软件命令窗口中输入如下命令：

```
n = 100000;                                                 % 总试验次数
dice = randi([1,6], 1, n);
even_indices = (dice = = 2 | dice = = 4 | dice = = 6);      % 结果为偶数
even_numbers = dice(even_indices);
A_in_B = (even_numbers = = 6);
P_A_given_B = sum(A_in_B) / numel(even_numbers);            % 计算条件概率
fprintf('理论值 P(A|B) = 1/3 ≈ 0.3333\n');                  % 输出结果
fprintf('模拟值 P(A|B) = %.4f\n', P_A_given_B);
```

运行结果如下：

```
理论值 P(A|B) = 1/3 ≈ 0.3333
模拟值 P(A|B) = 0.3328
```

实验作业

1. 模拟掷骰子实验，编写代码生成 $n=5$ 次投掷结果.
2. 掷一枚骰子，已知结果大于 3，求该结果是偶数的概率.

本章小结

1. 随机事件的定义及事件间的关系和运算

随机现象的某些样本点组成的集合称为随机事件，简称事件，事件间的关系有包含、相等、互不相容关系，其运算有并、交、差运算.

2. 概率的公理化定义及性质

设 E 是随机试验，Ω 是它的样本空间，对于 E 的每一个事件 A 赋予一个实数，记为 $P(A)$，如果 $P(A)$满足非负性、规范性、可列可加性，则称 $P(A)$为事件 A 的概率. 概率具有以下性质：

性质 1　$P(\varnothing)=0$.

性质 2(有限可加性)　若 $A_1,A_2,\cdots,A_n$ 是两两互不相容的事件，则

$$P\left(\bigcup_{i=1}^{n} A_i\right)=\sum_{i=1}^{n} P(A_i).$$

性质 3　设 A,B 为两事件，则

(1) $P(B-A)=P(B)-P(AB)$;

(2) 若 $A\subset B$，则 $P(B-A)=P(B)-P(A)$，且 $P(A)\leqslant P(B)$.

性质 4　对任一事件 A，有 $P(A)\leqslant 1$.

性质 5　对任一事件 A，有 $P(\bar{A})=1-P(A)$.

性质 6(加法公式)　对于任意两个事件 A,B，有

$$P(A\cup B)=P(A)+P(B)-P(AB).$$

3. 条件概率的定义及计算方法

设 A,B 是两个事件，且 $P(B)>0$，称

$$P(A|B)=\frac{P(AB)}{P(B)}$$

为在事件 B 发生的条件下事件 A 发生的条件概率．

条件的概率有两种计算方法：

(1) 按照条件的概率的定义，直接计算．注意到，在求 $P(B|A)$ 时已知事件 B 已发生，样本空间中所有不属于 B 的样本点都被排除，原有样本空间缩减为 B，在缩减了的样本空间中计算事件 A 发生的概率就得到 $P(B|A)$.

(2) 先计算 $P(AB)$ 及 $P(B)$，再由公式计算条件概率 $P(B|A)$. 将条件概率的定义写成 $P(AB)=P(A)P(B|A)$ 就是乘法公式．

4. 事件的独立性

事件的独立性是概率论中一个重要的概念，设 A，B 是两个事件，如果满足

$$P(AB)=P(A)P(B),$$

则称事件 A 与 B 相互独立，简称独立．

复习题五

1. 说明下列事件的相互关系．

(1) $A\subset B$； (2) $A\cup B=A$； (3) $\bar{A}\bar{B}=\bar{A}$.

*2. 若 A，B 为两个相互独立事件，且 $P(A)=0.4$，$P(A\cup B)=0.7$，则 $P(B)=$______.

*3. 若 $P(A)=P(B)=\frac{1}{3}$，$P(AB)=\frac{1}{6}$，则 A，B 恰有一个发生的概率______.

4. 在整数 0～9 中任取 3 个数，能组成一个 3 位偶数的概率是多少？

5. 甲乙两人为某公司的设计师，各自独立地设计一个方案，他们的方案被认可的概率分别为 0.7，0.8，则公司的方案被接受的概率为________.

*6. 已知 A，B，C 为三个随机试验，则 A，B，C 都不发生的概率是(　　).

A. $\overline{ABC}$　　B. $A\cup B\cup C$

C. $\bar{A}\cup\bar{B}\cup\bar{C}$　　D. $\bar{A}\cup\bar{B}\cup C$

*7. 某样产品合格率为 90%，现有放回抽两次，则至少抽中一个合格产品的概率为______.

8. 设 A，B 为两个随机试验，且 A，B 互不相容，则(　　).

A. $P(\overline{AB})=0$　　B. $P(A\bar{B})=0$

C. $P(A\cup B)=1$　　D. $P(\overline{AB})=1$

9. 某校有 50 名篮球运动员，其中男队员 30 名，女队员 20 名，假设该校男队员定点投篮

的命中概率为 0.7,女队员为 0.6,现从这 50 名队员中随机抽取 1 名队员进行定点投篮测试,则该队员命中的概率为(　　).

A. 0.64　　B. 0.65　　C. 0.66　　D. 0.67

*10. 若 A,B 是任意两个相互独立的随机事件,且 $P(B)>0$,则下列各式正确的是(　　).

A. $P(\bar{A}B)=P(A)$　　B. $P(A|B)=P(A)$

C. $P(A\cup B)=P(A)+P(B)$　　D. $P(\bar{A}B)=P(B)-P(A)$

11. 若 A,B 是任意两个相互独立的随机事件,且 $P(B)>0$,$P(A\cup B)=P(A)$,则下列各式正确的是(　　).

A. $P(AB)=P(A)$　　B. $P(A|B)=1$

C. $P(AB)<P(A)$　　D. $P(B|A)=1$

12. 从 5 个数 1,2,3,4,5 中任取两个不同的数字,则取出的这两个数中不含 1 的概率为______.

13. 某地某天下雪的概率为 0.3,下雨的概率为 0.5,既下雪又下雨的概率为 0.1,求:

(1) 在下雨的条件下下雪的概率;

(2) 这天下雨或下雪的概率.

*14. 已知 A,B 是两个随机事件,若 $P(A)=0.6$,$P(\bar{A}\cup\bar{B})=0.7$,则 $P(A-B)=$______.

第六章 随机变量及其分布

概率分布和概率函数是概率论与数理统计中的核心概念，它们为描述随机现象提供了重要的数学工具，其中概率分布描述了随机变量取不同值的概率规律.

常见的概率分布有二项分布、泊松分布、指数分布、正态分布等.例如，某网站在 1 min 内收到的访问请求次数可以认为服从泊松分布；电子元件的寿命常常服从指数分布.

在实际应用中，概率分布和概率函数被广泛用于多个领域.在物理学中，概率分布与粒子的随机运动、热噪声等现象有关；在工程学中，概率分布可用于可靠性分析、质量控制等方面；在计算机科学中，概率分布在随机算法、模拟等领域发挥着重要作用.

总之，概率分布和概率函数的发展是概率论不断演进和拓展的结果，是现代科学和技术中不可或缺的数学工具.

本章思维导图

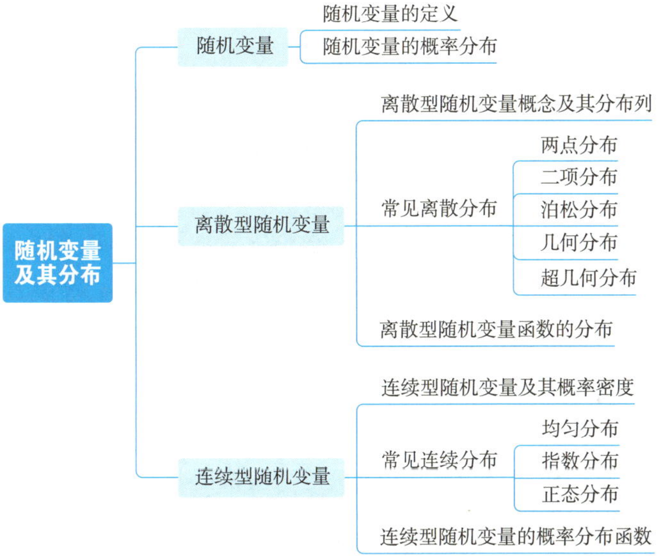

6.1 随机变量

内容和目标

- 掌握随机变量的概念,能辨析离散型随机变量与连续型随机变量;
- 了解随机变量分布函数的定义、会求随机变量的分布函数.

6.1.1 随机变量的定义

人们对随机现象的兴趣常常集中在其结果的某个数量方面.例如,彩票投注站的工作人员在销售彩票时关心的是中奖号码的个数.若记购买的某期彩票中奖号码的个数为 X,则这个 X 可能取 0,1,2,…,是彩票设定的中奖号码个数中的任意一个数,可见此 X 是变量.至于这个 X 取哪一个数要看开奖结果,事先不能确定,故此 X 的取值又带有随机性,这样的变量称为随机变量.这个随机变量 X 是彩票投注站工作人员的注意点.有了随机变量后,有关事件的表示也方便了.如"$X=1$"表示"购买的某期彩票中有 1 个中奖号码",又如"$X\leqslant 2$"表示"购买的某期彩票中有不多于 2 个中奖号码".

又如学校的老师很关心一次考试中学生的及格人数.若记某次考试中及格学生的人数为 Y,这个 Y 可能取 0,1,2,…,n.其中 n 为参加考试的学生总数.并且 Y 取什么数是随机的,因为老师在考试前并不知道会有多少学生及格,故 Y 是一个随机变量.若及格人数很少,即事件"$Y<\frac{n}{2}$"的概率很大,则老师就要改变教学方法,以提高学生的学习成绩.从上面 2 个例子可以看出,随机变量是研究随机现象的一个重要工具,也是概率论的一个基本概念.

定义 6.1 假如一个变量在数轴上的取值依赖于随机现象的基本结果,则称此变量为随机变量,常用大写字母 X,Y,Z 等表示,其取值用小写字母 x,y,z 等表示.假如一个随机变量仅可能取有限个或可列个值,则称此随机变量为离散型随机变量;假如一个随机变量的可能取值充满数轴上的区间(a,b),则称此随机变量为连续型随机变量,其中 a 可以是 $-\infty$,b 可以是 $+\infty$.

在生活中随机变量的例子是很多的,认识一个随机变量首先要从它的取值来区分它是离散型随机变量,还是连续型随机变量.

例 1 (1) 抛一枚硬币,正面出现次数 X 是仅可能取 0 与 1 两个值的随机变量."$X=0$"表示"出现反面","$X=1$"表示"出现正面".类似地,一场乒乓球比赛,比赛的结果 Y 也是一个仅能取 0 与 1 两个值的随机变量."$Y=0$"表示"胜利","$Y=1$"表示"输".因此,这里的随机变量 X,Y 是离散型随机变量.

(2) 手机电池的续航时间 Y(单位:h)是$(0,+\infty)$上取值的随机变量,"$Y>8$"表示"手机电池续航时间超过 8 h".类似地,汽车司机使用刹车时轮胎接触地面的点的位置 X 是在$[0,2\pi r]$上取值的随机变量,其中 r 是轮胎的半径.于是,这里的随机变量 X,Y 都是连续型随机变量.

【课堂练习】

判断下列随机变量是离散型随机变量,还是连续型随机变量.

(1) 设随机变量 X 表示某工厂一天生产的产品中次品的件数;

(2) 设随机变量 Y 为某公共汽车站每 10 min 内到来的乘客人数.

6.1.2 随机变量的概率分布

直观地讲,随机变量就是"随机取值的变量",或者说是"取值随机而定的变量".但要认识一个随机变量就不能仅停留在这种感觉上,还应认识如下两点:

(1) 随机变量 X 可能取哪些值,或取值范围是什么?

(2) 随机变量 X 取这些值的概率是多少?

关于随机变量 X 的取值在上一节已经讨论过.这里将着重讨论随机变量 X 取值的概率.在定义 6.1 中随机变量 X 的"取值依赖于基本结果"的说法意味着随机变量 X 是基本结果的函数,不妨设试验 E 的样本空间为Ω,用 ω 表示样本空间的基本事件即基本结果,也叫样本点,因此可把 X 记为定义在Ω 上的单值实值函数 $X(\omega)$,即

$$X=X(\omega),\omega\in\Omega.$$

在这个认识上,随机变量 X 的取值为 x,将满足等式 $X(\omega)=x$ 的一切 ω 组成的集合,用"$X=x$"表示,即

$$\text{“}X=x\text{”}=\{\omega:X(\omega)=x\}\subset\Omega.$$

类似地,"随机变量 X 的取值小于或等于 x",将满足不等式 $X(\omega)\leqslant x$ 的一切 ω 组成的集合,用"$X\leqslant x$"表示,即

$$\text{“}X\leqslant x\text{”}=\{\omega:X(\omega)\leqslant x\}\subset\Omega.$$

例如,要确定一个离散型随机变量 X 取值的概率,只要对其可能取值,确定形如"$X=x$"事件的概率即可.而对一般随机变量 X,要确定它取值的概率,就是对任意实数 x,确定形如"$X\leqslant x$"事件的概率即可,而这类事件的概率 $P(X\leqslant x)$是 x 的函数,它随 x 变化而变化,若把这个函数记为 $F(x)$,并能确定这个函数,则形如"$X\leqslant x$"的事件的概率也随之确定.这个函数 $F(x)$就是分布函数,是概率论中的一个重要概念,也是计算随机变量 X 概率的重要工具,它的一般定义如下.

定义 6.2　设 X 为一个随机变量，对任意实数 x，事件“$X\leqslant x$”的概率是 x 的函数，记为

$$F(x)=P(X\leqslant x),x\in(-\infty,+\infty).$$

这个函数称为随机变量 X 的**分布函数**.

在上述定义中并没有限定随机变量 X 是离散的或是连续的.不论离散型随机变量还是连续型随机变量都可分析其分布函数.

从分布函数的定义不难发现它的一些基本性质.

性质 1　$0\leqslant F(x)\leqslant 1(-\infty<x<+\infty)$.

性质 2　$F(-\infty)=\lim\limits_{x\to-\infty}F(x)=0$;

$F(+\infty)=\lim\limits_{x\to+\infty}F(x)=1$.

性质 3　$F(x)$是变量 x 的非减函数，即对任意 $x_1<x_2$，有 $F(x_1)\leqslant F(x_2)$.

性质 4　$F(x)$是右连续函数，即 $F(x)=F(x+0)$.

例 2　设一口袋中有一次标记$-1,2,2,2,3,3$数字的 6 个球.从中任取 1 个球，记随机变量 X 为取得的球上标有的数字，求 X 的分布函数.

解　X 的可能取值为$-1,2,3$，由古典概型的计算公式，可知 X 取这些值的概率依次为 $\frac{1}{6},\frac{1}{2},\frac{1}{3}$.

当 $x<-1$ 时，“$X\leqslant x$”是不可能事件，因此 $F(x)=0$;

当$-1\leqslant x<2$ 时，“$X\leqslant x$”等同于“$X=-1$”，因此 $F(x)=\frac{1}{6}$;

当 $2\leqslant x<3$ 时，“$X\leqslant x$”等同于“$X=-1$ 或 $X=2$”，因此 $F(x)=\frac{1}{6}+\frac{1}{2}=\frac{2}{3}$;

当 $x\geqslant 3$ 时，“$X\leqslant x$”是必然事件，因此 $F(x)=1$.

于是

$$F(x)=\begin{cases}0,x<-1,\\ \frac{1}{6},-1\leqslant x<2,\\ \frac{2}{3},2\leqslant x<3,\\ 1,x>3.\end{cases}$$

【课堂练习】

向半径为 r 的圆内随机抛一点，求该点到圆心的距离 X 的分布函数 $F(x)$.

习题 6.1

1. 设 T 表示某一批次灯泡的寿命(单位:h):

(1) 请判断随机变量 T 是连续型随机变量还是离散型随机变量，并说明理由；

(2) 若随机变量 X 表示在 10 个这种灯泡中，寿命超过 1 500 h 的灯泡个数.请判断随机变量 X 是连续型随机变量还是离散型随机变量，并说明理由.

2. 设随机变量 X 的分布函数为 $F(x)=A+B\arctan x(-\infty<x<+\infty)$，求：

(1) A,B 的值；　　(2) $P(-1<x\leqslant 1)$.

6.2 离散型随机变量

内容和目标

- 掌握离散型随机变量的概率分布；
- 掌握两点分布、二项分布、泊松分布；
- 掌握离散型随机变量函数分布列计算.

6.2.1 离散型随机变量概念及其分布列

定义 6.3 设 X 是离散型随机变量，它的所有可能取值是 $x_1,x_2,\cdots,x_n$，则称 X 取 x_i 的概率

$$P(X=x_i)=p(x_i),i=1,2,\cdots,n,$$

为 X 的**概率分布列**，简称**分布列**.

离散型随机变量 X 的分布列还可以用如下列表的方式表示，但要注意表示要上下位置对应，不要错位.

X	x_1	x_2	$\cdots$	x_n
P	$p(x_1)$	$p(x_2)$	$\cdots$	$p(x_n)$

此外，分布列还可以用概率直方图表示，如例 1 所示情形.

例 1 有三位顾客在选购电取暖器和煤气取暖器，他们共购买煤气取暖器台数 X 是离散型随机变量，获得 X 的分布列如下：

X	0	1	2	3
P	0.216	0.432	0.288	0.064

概率直方图以长方形面积表示分布列中各个取值的概率，各长方形面积之和为 1.无论垂线还是长方形，它们都置于 X 的相应取值之上，这个分布列所对应的概率直方图如图 6－1 所示.

分布列的基本性质：

(1) 非负性　$p(x_i)\geqslant 0, i=1,2,\cdots$.

(2) 正则性　$\sum_{i=1}^{\infty} p(x_i)=1$.

以上两条基本性质是分布列必须具有的性质，也是判断某个数列是否能成为分布列的充要条件.

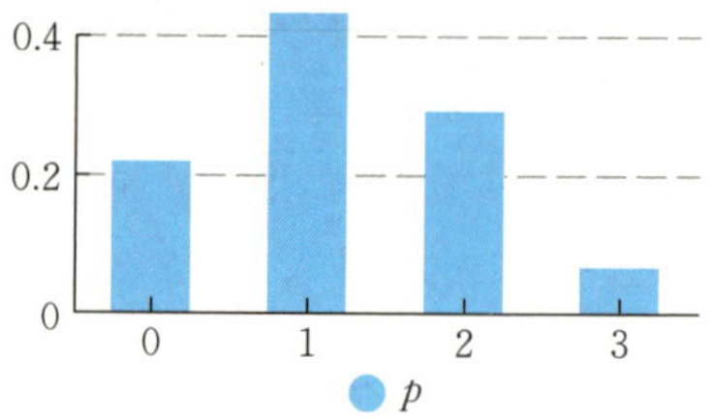

图 6-1　例 1 示意图

例 2　判断下列数列是否能作为一个随机变量的分布列：

(1) $p_1(x)=\dfrac{x-2}{2}, x=1,2,3,4$;

(2) $p_2(x)=\dfrac{x^2}{25}, x=0,1,2,3,4$;

(3) $p_3(x)=2^{-x}, x=1,2,\cdots,n$.

解　(1) 因为 $p_1(1)$ 为负，因此该数列不能组成一个分布列.

(2) 该数列也不能组成一个分布列，因为它的 5 个概率之和为 $\dfrac{6}{5}$，大于 1.

(3) 该数列可以组成一个分布列，因为其每个数都大于零，其和又恰好为 1.

若已知离散型随机变量 X 的分布列为 $\{p(x_i)\}$，容易写出随机变量 X 的分布函数

$$F(x)=P(X\leqslant x)=\sum_{x_i\leqslant x} p(x_i).$$

事实上，对于随机事件 $(a<X\leqslant b)$ 的概率：

$$P(a<X\leqslant b)=\sum_{a<x_i\leqslant b} p(x_i).$$

例 3　汽车行驶需要通过 3 个设有红绿信号灯的路口，每个信号的颜色与其他信号灯是相互独立的. 以 X 表示首次遇到红灯前已通过的路口的个数，求：

(1) X 的分布列；

(2) X 的分布函数；

(3) $P(X\leqslant 1.8)$, $P(1.5<X\leqslant 2.5)$.

解　(1) X 的可能取值为 0,1,2,3，则

$$P(X=0)=\frac{1}{2}, P(X=1)=\frac{1}{2}\times\frac{1}{2}=\frac{1}{4}, P(X=2)=\frac{1}{8}, P(X=3)=\frac{1}{8}.$$

于是 X 的分布列为

X	0	1	2	3
P	$\frac{1}{2}$	$\frac{1}{4}$	$\frac{1}{8}$	$\frac{1}{8}$

(2) 当 $x<0$ 时，$F(x)=P(X\leqslant x)=0$；

当 $0\leqslant x<1$ 时，$F(x)=P(X\leqslant x)=P(X=0)=\dfrac{1}{2}$；

当 $1\leqslant x<2$ 时，$F(x)=P(X\leqslant x)=P(X=0)+P(X=1)=\dfrac{3}{4}$；

当 $2\leqslant x<3$ 时，$F(x)=P(X\leqslant x)=P(X=0)+P(X=1)+P(X=2)=\dfrac{7}{8}$；

当 $x>3$ 时，$F(x)=P(X\leqslant x)=P(X=0)+P(X=1)+P(X=2)+P(X=3)=1$.

故 X 的分布函数为

$$F(x)=\begin{cases}0, & x<0,\\ \dfrac{1}{2}, & 0\leqslant x<1,\\ \dfrac{3}{4}, & 1\leqslant x<2,\\ \dfrac{7}{8}, & 2\leqslant x<3,\\ 1, & x\geqslant 3.\end{cases}$$

(3) $P(X\leqslant 1.8)=F(1.8)=\dfrac{3}{4}$；

$P(1.5<X\leqslant 2.5)=F(2.5)-F(1.5)=\dfrac{7}{8}-\dfrac{3}{4}=\dfrac{1}{8}$.

【课堂练习】

设随机变量 X 的分布函数为 $F(x)=\begin{cases}0, & x<0,\\ \dfrac{1}{4}, & 0\leqslant x<1,\\ \dfrac{1}{3}, & 1\leqslant x<3,\\ \dfrac{1}{2}, & 3\leqslant x<6,\\ 1, & x\geqslant 6.\end{cases}$ 求 X 的分布列.

6.2.2 常见离散分布

离散型随机变量的概率分布简称为离散分布.

1. 两点分布

如果随机变量 X 只能取 0,1 两个值，且它的概率分布为

$$P(X=0)=(1-p),P(X=0)=p(0<p<1),$$

则称 X 服从参数为 p 的两点分布，或称 0—1 分布.

2. 二项分布

在 n 重伯努利试验中，设 X 为 n 重伯努利试验中成功的次数，则 X 可能取的值为 $0,1,\cdots,n$，而取这些值的概率为

$$P(X=k)=C_n^k p^k(1-p)^{n-k},k=0,1,\cdots,n.$$

由二项式定理可知，上述 $n+1$ 个概率之和为 1，即

$$\sum_{k=0}^{n}P(X=k)=\sum_{k=0}^{n}C_n^k p^k(1-p)^{n-k}=[p+(1-p)]^n=1$$

这个概率分布称为**二项分布**，记为 $X\sim b(n,p)$，二项分布由 n（正整数）和 $p(0<p<1)$ 两个参数唯一确定.

显然，两点分布为 $n=1$ 时的二项分布.

例 4　某车间生产零件，已知次品率为 0.2.现随机抽取 10 个零件，记 X 为次品个数，求 $P(X\leqslant 2)$.

解　因为 $X\sim b(10,0.2)$，所以

$$\begin{aligned}P(X\leqslant 2)&=\sum_{k=0}^{2}C_{10}^k\,0.2^k\,0.8^{10-k}\\&=C_{10}^0 0.2^0\,0.8^{10}+C_{10}^1 0.2^1\,0.8^9+C_{10}^2 0.2^2\,0.8^8.\end{aligned}$$

通过计算可得 $P(X\leqslant 2)\approx 0.677\,8$.

例 5　某一大批产品的合格率为 98%.现随机地从这批产品中抽取 20 件产品，求抽取的 20 件产品中恰好有 $k(k=1,2,\cdots,20)$ 件合格品的概率.

解　记 X 为合格品的个数，则 $P(X=k)=C_{20}^k(0.98)^k(0.02)^{20-k},k=1,2,\cdots,n.$

【注意】在计算二项分布的概率时，发现当 n 很大，p 很小时，计算起来相当麻烦，因此，可以利用泊松分布来简化计算.

3. 泊松分布

如果随机变量 X 的分布列为

$$P(X=k)=\frac{\lambda^k}{k!}e^{-\lambda},k=0,1,\cdots,$$

则称随机变量 X 服从参数为 λ 的**泊松分布**，即 $X\sim P(\lambda)$，其中 $\lambda>0$ 是常数.

泊松分布属于常用的离散型分布之一，在现实世界里，存在众多随机变量能够直接通过泊松分布来进行描述，而它们的差异主要体现在不同的 λ 之上.以下是国内外文献所认可的服从或者近似服从泊松分布的随机变量的部分实例：

(1) 在一定时间内，电话总站接错电话的次数；

(2) 在一定时间内，在超级市场排队等候付款的顾客人数；

(3) 在一定时间内，来到车站等候公共汽车的人数；

(4) 在一定时间内,某操作系统发生故障的次数;

(5) 在一个稳定的团体内,活到 100 岁的人数;

(6) 一匹布上,疵点的个数;

(7) 100 页书上,错别字的个数;

(8) 一个面包上,葡萄干的个数.

从这些例子可以看出,泊松分布总与计数过程相关联,并且计数是在一定时间内、或一定区域内、或一特定单位内的前提下进行的.

例 6 某一城市每天发生火灾的次数 X 服从参数 $\lambda=0.8$ 的泊松分布,求该城市一天内发生 3 次或 3 次以上火灾的概率.

解 由概率的性质及泊松分布的定义,可知

$$P(X\geqslant 3)=1-P(X<3)=1-P(X=0)-P(X=1)-P(X=2)$$
$$=1-\mathrm{e}^{-0.8}\left(\frac{0.8^0}{0!}+\frac{0.8^1}{1!}+\frac{0.8^2}{2!}\right)\approx 0.047\,4.$$

说明:泊松分布的计算可以查表.如查表可得,当 $\lambda=0.8$ 时

$$P(X=0)=0.449\,3,P(X=1)=0.359\,5,P(X=2)=0.143\,8,$$

所以
$$P(X\geqslant 3)=0.047\,4.$$

在二项分布 $b(n,p)$ 中,若相对地说,$n(n\geqslant 30)$ 很大,$p(p\leqslant 0.1)$ 很小,而乘积 np 大小适中时,二项分布可以近似为 $\lambda=np$ 的泊松分布.即有二项分布的泊松近似公式

$$\mathrm{C}_n^k p^k(1-p)^{n-k}\approx\frac{(np)^k\mathrm{e}^{-np}}{k!}\quad(k=0,1,2,\cdots,n).$$

例 7 为保证设备正常工作,需要配一些维修工,若各台设备发生故障是相互独立的,且每台设备发生故障的概率都是 0.01.若有 500 台设备,发生故障的设备数记为 X,求至少 2 台设备发生故障的概率.

解 由题意可知,500 台设备中同时发生故障的台数 X 服从二项分布 $b(500,0.01)$,所求概率为

$$P(X\geqslant 2)=1-P(X<2)=1-P(X=0)-P(X=1).$$

利用近似公式,其中 $\lambda=np=500\times 0.01=5$,有

$$P(X=0)=\mathrm{C}_{500}^0(0.01)^0(0.99)^{500}\approx\frac{5^0\mathrm{e}^{-5}}{0!}=0.006\,7,$$

$$P(X=1)=\mathrm{C}_{500}^1(0.01)^1(0.99)^{499}\approx\frac{5^1\mathrm{e}^{-5}}{1!}=0.033\,7,$$

$$P(X=2)=\mathrm{C}_{500}^2(0.01)^2(0.99)^{498}\approx\frac{5^2\mathrm{e}^{-5}}{2!}=0.084\,2.$$

因此,$P(X\geqslant 2)=1-0.006\,7-0.033\,7-0.0842=0.875\,4$.

4. 几何分布

在伯努利试验中,每次试验成功的概率为 p,失败的概率为 $q=1-p$,设试验进行到第

X 次才出现成功，则 X 的概率分布为

$$P(X=k)=pq^{k-1},\quad k=1,2,\cdots.$$

称 X 服从**几何分布**，记为 $X\sim G(p)$.

5. 超几何分布

设有 N 件产品组成的总体，其中含有 M 件不合格品.若从中随机不放回地抽取 n 件，则其中含有不合格品的件数 X 是一个离散型随机变量.假如 $n\leqslant M$，则 X 可能取 $0,1,\cdots,n$；若 $n>M$，则 X 可能取 $0,1,\cdots,M$.由古典概型可知

$$P(X=x)=\frac{\dbinom{M}{x}\dbinom{N-M}{n-x}}{\dbinom{N}{n}},\quad x=0,1,\cdots,r,$$

其中 $r=\min(n,M)$.由组合等式

$$\sum_{x=0}^{r}\binom{M}{x}\binom{N-M}{n-x}=\binom{N}{n}$$

可以看出，上述概率之和为 1.即 $\sum\limits_{x=0}^{r}P(X=x)=1$，故上式表示的一组概率构成一个概率分布，这个分布称为超几何分布，它含有三个参数 N,M 和 n，记为 $h(n,N,M)$.

【课堂练习】

一批产品的不合格品率为 0.02，现从中任取 40 件进行检查，若发现 2 件或 2 件以上不合格品就拒收这批产品.分别用以下方法求拒收的概率：

(1) 用二项分布作精确计算；

(2) 用泊松分布作近似计算.

6.2.3 离散型随机变量函数的分布

在实际应用中，经常要讨论随机变量函数的分布.例如，需要测量零件的截面积时，往往只能测量到圆截面直径 X，然后由函数 $Y=\frac{\pi X^2}{4}$ 得到截面积的值.即在已知随机变量 X 的分布下，如何讨论随机变量函数 $Y=g(X)$ 的分布.

如果 X 是离散型随机变量，其函数 $Y=g(X)$ 也是离散型随机变量.若 X 的分布列为

X	x_1	x_2	$\cdots$	x_n
P	$p(x_1)$	$p(x_2)$	$\cdots$	$p(x_n)$

则 $Y=g(X)$ 的分布列为

$g(X)$	$g(x_1)$	$g(x_2)$	…	$g(x_n)$
P	$p(x_1)$	$p(x_2)$	…	$p(x_n)$

注：若有 $g(x_k)$ 值相同，则将相应的概率合并.

例 8 设随机变量 X 的分布列如下为

X	-2	-1	0	1
P	0.2	0.3	0.1	0.4

求 $Y=2X+1$ 的分布列.

解 由于 X 是离散型随机变量，则 Y 仍是离散型随机变量，它可取值为 $-3,-1,1,3$. 由于

$$P(Y=-3)=P(X=-2)=0.2, P(Y=-1)=P(X=-1)=0.3,$$
$$P(Y=1)=P(X=0)=0.1, P(Y=3)=P(X=1)=0.4,$$

于是 Y 的分布列如下：

Y	-3	-1	1	3
P	0.2	0.3	0.1	0.4

【课堂练习】

已知离散型随机变量 X 的分布列如下：

X	-2	-1	0	1
P	0.2	0.3	0.1	0.4

求 $Y=|X|+1$ 的分布列.

习题 6.2

1. 口袋中有 7 个白球、3 个黑球.

(1) 每次从中任取一个不放回，求首次取到白球时的取球次数 X 的概率分布列；

(2) 如果取出的是黑球则不放回，同时另外放入一个白球，求此时的概率分布列.

*2. 离散型随机变量 X 的分布列 $P(X=k)=\dfrac{a}{1+k}$，$k=1,2,3$，则 $a=$______.

3. 有 1 个盒子，盒子装有 3 个白球、2 个黑球.现从中任取 3 个球.以 X 表示所取到的白球数.

(1) X 的概率分布列；

(2) $Y=(X-1)^2$ 的分布列.

4. 设随机变量 X 的分布函数为 $F(x)=\begin{cases}0, & x<0,\\ \dfrac{1}{4}, & 0\leqslant x<1,\\ \dfrac{1}{3}, & 1\leqslant x<3,\\ \dfrac{1}{2}, & 3\leqslant x<6,\\ 1, & x\geqslant 6.\end{cases}$ 求 $P(X<3)$，$P(X\leqslant 3)$，$P(X>1)$ 和 $P(X\geqslant 1)$.

5. 设随机变量 X 服从二项分布 $b(2,p)$，随机变量 Y 服从二项分布 $b(4,p)$.若 $P(X\geqslant 1)=\dfrac{8}{9}$，求 $P(Y\geqslant 1)$.

6. 一条自动化生产线上产品的一级品率为 0.8，现随机抽查 5 件，求至少有 2 件一级品的概率.

7. 经验表明：预订餐厅座位而不来就餐的顾客比例为 20%.如今餐厅有 50 个座位，但预订给了 52 位顾客，问顾客来到餐厅而没有座位的概率是多少？

6.3　连续随机变量

内容和目标

- 掌握连续型随机变量的概率密度函数；
- 掌握均匀分布、指数分布、正态分布；
- 掌握连续型随机变量函数的分布.

6.3.1　连续型随机变量及其密度函数

连续型随机变量的一切可能的取值是充满某个区间 (a,b)，因此描述连续型随机变量的概率分布不能再用分布列形式表示，而要改用概率密度函数来表示.

定义 6.4　设 $p(x)$ 是定义在整个实数轴上的一个函数，假如它满足如下两个条件：

(1) $p(x)\geqslant 0$（非负）；

(2) $\int_{-\infty}^{\infty} p(x)\mathrm{d}x=1$，即 $p(x)$ 与 x 轴所夹面积为 1，

则称 $p(x)$为概率密度函数,简称密度函数.

假如密度函数 $p(x)$与连续型随机变量 X 有如下关系:

对任意两个实数 a 与 b,其中 $a<b$,且 a 可为 $-\infty$,b 可为 $+\infty$,X 在区间$[a,b]$上取值的概率为曲线 $p(x)$在该区间上曲边梯形的面积,即

$$P(a \leqslant X \leqslant b)=\int_a^b p(x)\mathrm{d}x,$$

则称密度函数 $p(x)$**为连续型随机变量** X **的概率分布,或称** $p(x)$**为** X **的密度函数.**

【注意】(1) 定义 6.4 也是判断一个函数是否为连续型随机变量的概率密度函数的充要条件;

(2) 连续型随机变量 X 仅取一点的概率为零,即 $P(X=c)=0$;

(3) 连续型随机变量 X 取值落在区间的概率与区间的开闭无关,即

$$P(a \leqslant X \leqslant b)=P(a<X \leqslant b)=P(a \leqslant X<b)=P(a<X<b).$$

由分布函数的定义可知,连续型随机变量的分布函数为

$$F(x)=P(X \leqslant x)=\int_{-\infty}^{x} p(x)\mathrm{d}x.$$

下面来讨论连续型随机变量分布函数的一些性质:

性质 1 连续型随机变量 X 的分布函数 $F(x)$是连续函数.

证 对直线上任一点 x 及其一个增量 Δx,分布函数 $F(x)$的增量为

$$\Delta F=F(x+\Delta x)-F(x)=\int_{x}^{x+\Delta x} p(x)\mathrm{d}x$$

当 $\Delta x \to 0$ 时,上式右端的积分趋向于零,从而 $\Delta F \to 0$.这表明 $F(x)$在点 x 处连续.

性质 2 设 $F(x)$和 $p(x)$分别是连续型随机变量 X 的分布函数和密度函数,则有

$$F'(x)=p(x).$$

因此有

$$P(a \leqslant X \leqslant b)=\int_a^b p(x)\mathrm{d}x=F(b)-F(a).$$

例 1 设随机变量 X 的概率密度函数 $f(x)$为

$$f(x)=\begin{cases} cx^2, & 0 \leqslant x \leqslant 1, \\ 0, & \text{其他}. \end{cases}$$

求:(1) 常数 c;

(2) 分布函数;

(3) $P\left(-2<X<\dfrac{1}{2}\right)$.

解 (1) 由定义 6.4 可知,$\int_{-\infty}^{+\infty} cx^2\mathrm{d}x=1$,即$\int_0^1 cx^2\mathrm{d}x=1$,故 $c=3$.

(2) 当 $x<0$ 时，$F(x)=0$；

当 $0\leqslant x<1$ 时，$F(x)=\int_{-\infty}^{x} f(t)\mathrm{d}t=\int_{0}^{x} 3t^2\mathrm{d}t=x^3$；

当 $x\geqslant 1$ 时，$F(x)=1$.

(3) $P\left(-2<X<\frac{1}{2}\right)=\int_{-2}^{\frac{1}{2}} f(x)\mathrm{d}x=\int_{-2}^{0} 0\mathrm{d}x+\int_{0}^{\frac{1}{2}} 3x^2\mathrm{d}x=\frac{1}{8}$.

【课堂练习】

设随机变量 X 的概率密度函数为

$$f(x)=\frac{c}{1+x^2}\quad(-\infty<x<+\infty),$$

求：(1) 常数 c；

(2) $P(0<X<1)$.

6.3.2　常见连续分布

1. 均匀分布

某工作人员处理一份护照申请书所需的时间为 X（单位：min）是一个连续随机变量.假设 X 的密度函数为如下形式：

$$p(x)=\begin{cases}c, & 4\leqslant x\leqslant 6,\\ 0, & \text{其他}.\end{cases}$$

这表明：该工作人员在处理一份护照申请书至少需要 4 min，最多需要 6 min，由于 $p(x)$ 中的 c 是待定常数，为了使它成为 X 的密度函数，按定义 6.3，必须满足以下条件：

(1) $p(x)\geqslant 0$，在这里要求 $c\geqslant 0$.

(2) $\int_{4}^{6} p(x)\mathrm{d}x=1$，在这里要求 $c(6-4)=1$，即 $c=0.5$.

当 c 用 0.5 代替后，密度函数 $p(x)$ 的图像如图 6－2a 所示.

现寻求该工作人员 4 min 到 4.5 min、5 min 到 5.5 min、5 min 到 6 min 之内处理好一份申请书的概率.这些概率就是图 6－2b 和 6－2c 所示的几块阴影面积.由于它们都是矩形，这些概率很容易求得

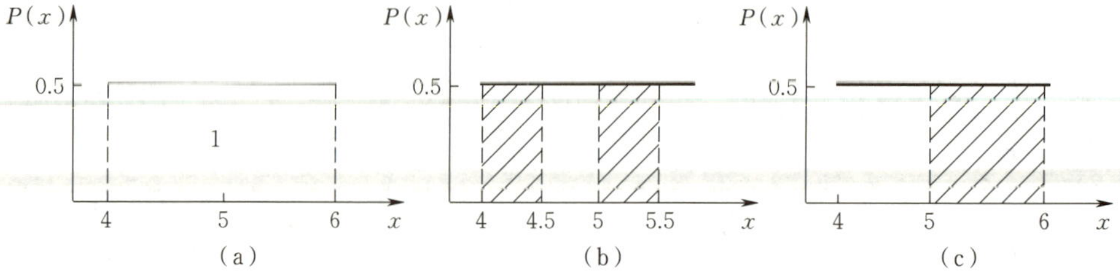

图 6－2　密度函数图像

$$P(4\leqslant X\leqslant 4.5)=0.5\times(4.5-4)=0.25,$$
$$P(5\leqslant X\leqslant 5.5)=0.5\times(5.5-5)=0.25,$$
$$P(5\leqslant X\leqslant 6)=0.5\times(6-5)=0.5.$$

从图6-2b上可以看出，底边相等的两个矩形面积总是相同的，从而X在这两个小区间上取值的机会是相同的.这就是“均匀”的含义，因此称这特点的分布为**均匀分布**.

一般地，在有限区间(a,b)上为常数，在此区间外为零的密度函数$p(x)$都称为**均匀分布**，并记为$X\sim U(a,b)$，其密度函数为

$$p(x)=\begin{cases}\dfrac{1}{b-a}, & a<x<b,\\ 0, & \text{其他}.\end{cases}$$

因此，上述分布可用均匀分布表示，记为$X\sim U(4,6)$.

【注意】均匀分布在实际中常使用，譬如一个半径为r的汽车轮胎，当司机使用刹车时，轮胎接触地面的点要受很大的力，并借用惯性还要向前滑动（不是滚动）一段距离，故这点会有磨损.假如把轮子的圆周用0到$2\pi r$标记，那么刹车时接触地面的点的位置X是服从区间$[0,2\pi r]$上的均匀分布，即$X\sim U(0,2\pi r)$.

根据分布函数定义可知在(a,b)区间上的**均匀分布的分布函数**为

$$F(x)=\begin{cases}0, & x<a,\\ \dfrac{x-a}{b-a}, & a\leqslant x<b,\\ 1, & x\geqslant b.\end{cases}$$

2. 指数分布

若连续型随机变量X的密度函数为

$$p(x)=\begin{cases}\lambda \mathrm{e}^{-\lambda x}, & x>0,\\ 0, & x\leqslant 0.\end{cases}$$

其中$\lambda>0$是常数，则称随机变量X服从参数为λ的**指数分布**，记为$X\sim E(\lambda)$.

指数分布的分布函数为

$$F(x)=\begin{cases}0, & x\leqslant 0,\\ 1-\mathrm{e}^{-\lambda x}, & x>0.\end{cases}$$

【注意】指数分布在实际中有重要的应用，如在可靠性问题中，产品的使用寿命、维修时间等常常服从指数分布，而此时参数λ需要根据实际背景而确定.

例2　某种热水器首次发生故障的时间T（单位：h）服从指数分布$E(0.002)$，求该种热

水器在 100 h 内需要维修的概率是多少？在 300～500 h 内需要维修的概率是多少？在600 h 后需要维修的概率是多少？

解　由题意可得 T 的概率密度函数为

$$p(t)=\begin{cases}0.002e^{-0.002t}, & t>0,\\ 0, & t\leqslant 0.\end{cases}$$

其概率密度函数图像如图 6－3 所示.

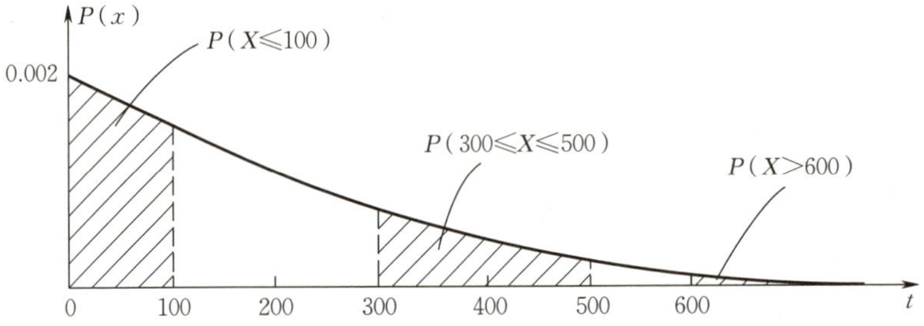

图 6－3　指数分布 $E(0.002)$ 的密度函数图像

具体计算如下：

100 h 内需要维修的概率为

$$P(X\leqslant 100)=\int_{-\infty}^{100}p(x)\mathrm{d}x=\int_{0}^{100}0.002e^{-0.002x}\mathrm{d}x=-e^{-0.002x}\Big|_{0}^{100}=1-e^{-0.2}=0.181\,3,$$

300～500 h 内需要维修的概率为

$$P(300\leqslant X\leqslant 500)=\int_{300}^{500}0.002e^{-0.002t}\mathrm{d}t=-e^{-0.002t}\Big|_{300}^{500}=e^{-0.6}-e^{1.2}=0.180\,9,$$

600 h 后需要维修的概率为

$$P(X<600)=\int_{600}^{\infty}0.002e^{-0.002t}\mathrm{d}t=-e^{-0.002t}\Big|_{600}^{\infty}=e^{-1.2}=0.301\,2.$$

3. 正态分布

在实际应用中，很多随机现象可以用正态分布描述或近似描述，例如，**测量误差**可以用正态分布来描述，由于测量误差 ε 是随机变量，时大时小、时正时负，不过误差大的机会少，误差小的机会大，这些现象与正态曲线“中间高两边低左右对称”是完全吻合的，所以测量误差总认为是正态变量；大批制造的同一**产品的尺寸**：长度、宽度、高度、直径等分别都是服从正态分布的随机变量；同龄人的**身高与体重**分别都是正态变量；一个地区的**年降雨量**（单位：mm）是正态变量等.

若随机变量 X 的概率密度函数为

$$p(x)=\frac{1}{\sqrt{2\pi}\sigma}e^{-\frac{(x-\mu)^2}{2\sigma^2}},\ -\infty<x<\infty,$$

其中 $-\infty<\mu<+\infty$，$\sigma>0$，则称 X 服从参数为 μ 与 σ 的**正态分布**，记为 $X\sim N(\mu,\sigma^2)$.

特别地，当 $\mu=0$，$\sigma=1$ 时，称 X 服从标准正态分布，记为 $X\sim N(0,1)$，此时 X 的概率

密度函数为

$$p(x)=\frac{1}{\sqrt{2\pi}}e^{-\frac{x^2}{2}},-\infty<x<\infty.$$

正态分布的密度函数 $p(x)$ 的图像称为正态曲线(图 6-4),它是一条钟形曲线:中间高、两边低、关于 $x=\mu$ 对称.

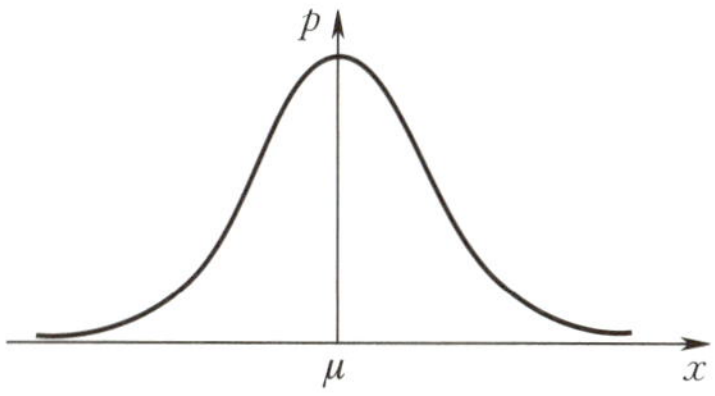

图 6-4 正态分布密度函数图形

正态分布的分布函数可以用如下积分表示

$$F(x)=\frac{1}{\sqrt{2\pi}\sigma}\int_{-\infty}^{x}e^{-\frac{(u-\mu)^2}{2\sigma^2}}du,-\infty<x<\infty.$$

对于均匀分布与指数分布,既可以利用概率密度函数求概率,也可利用分布函数求概率.但是对于正态分布,由于其概率密度函数较为复杂,积分计算较为困难,因此一般利用其分布函数的函数表计算.

对于标准正态分布,记其分布函数为 $\Phi(x)$,则 $\Phi(x)=\frac{1}{\sqrt{2\pi}}\int_{-\infty}^{x}e^{-\frac{u^2}{2}}du,-\infty<x<\infty$.

可以从标准正态分布表查出 $X\sim N(0,1)$ 的随机变量取小于等于指定值 $x(x>0)$ 的概率为

$$P(X\leqslant x)=\Phi(x).$$

$\Phi(x)$ 具有下列性质:

(1) $\Phi(x)+\Phi(-x)=1,\Phi(0)=\frac{1}{2}$.

(2) 若 $X\sim N(\mu,\sigma^2)$,则 $Z=\frac{X-\mu}{\sigma}\sim N(0,1)$,于是当 $X\sim N(\mu,\sigma^2)$ 时

$$P(a<X<b)=\Phi\left(\frac{b-\mu}{\sigma}\right)-\Phi\left(\frac{a-\mu}{\sigma}\right).$$

例 3 设 $X_1\sim N(10,2^2)$,$X_2\sim N(2,0.3^2)$,求下列概率:$P(8<X_1<14)$,$P(1.7<X_2<2.6)$.

解

$$\begin{aligned}P(8<X_1<14)&=P\left(\frac{8-10}{2}<U_1<\frac{14-10}{2}\right)\\&=\Phi(2)-\Phi(-1)\\&=0.977\,3-(1-0.841\,3)\\&=0.818\,5.\end{aligned}$$

$$\begin{aligned}P(1.7<X_2<2.6)&=P\left(\frac{1.7-2}{0.3}<U_2<\frac{2.6-2}{0.3}\right)\\&=\Phi(2)-\Phi(-1)=0.818\,5.\end{aligned}$$

例 4 某公司职员每周的超时津贴服从正态分布,其均值为 42.5 元,标准差为 10.4 元,试问每周超时津贴超过 60 元的职工在全公司中占多少比例?

解　设 X 是该公司职工每周的超时津贴，则 $X \sim N(42.5, 10.4^2)$. 所求的概率

$$\begin{aligned} P(X>60) &= 1-P(X\leqslant 60) \\ &= 1-\Phi\left(\frac{60-42.5}{10.4}\right) \\ &= 1-\Phi(1.68) \\ &= 1-0.9535 \\ &= 0.0465. \end{aligned}$$

这表明，每周得 60 元超时津贴的职工占全公司职工的 4.65%.

设 $X \sim N(\mu, \sigma^2)$，则 $P(|X-\mu|<k\sigma)=\Phi(k)-\Phi(-k)=2\Phi(k)-1$，这只要在不等式两端各除以 σ 后就可看出，特别当 $k=1,2,3$ 时，有

$$P(|X-\mu|<k\sigma)=\begin{cases} 0.6826, & k=1, \\ 0.9545, & k=2, \\ 0.9974, & k=3. \end{cases}$$

可见，正态变量 X 取值位于均值 μ 附近的密集程度可用标准差 σ 来度量.

特别地，当 $k=3$ 时，X 以大于 0.997 4 的概率落在区间 $(\mu-3\sigma, \mu+3\sigma)$ 内. 在一般情况下，X 在一次试验中落在区间 $(\mu-3\sigma, \mu+3\sigma)$ 以外的概率可以忽略不计，这就是通常所说的"3σ"原则，该原则已被广泛地应用到企业的质量管理上.

【课堂练习】

若随机变量 $K \sim N(\mu, \sigma^2)$，而方程 $x^2+4x+K=0$ 无实根的概率为 0.5，求 μ.

6.3.3　连续型随机变量函数的分布

设连续型随机变量 X 的分布函数 $F_X(x)$，即

$$F_X(x)=P(X\leqslant x),$$

如何求 $Y=g(X)$ 的分布？

首先，求出随机变量 Y 的分布函数

$$F_Y(y)=P(Y\leqslant y)=P[g(X)\leqslant y].$$

其次，当 $Y=g(X)$ 是连续型随机变量时，将分布函数 $F_Y(y)$ 关于 y 求导即可得到 Y 的密度函数.

定理 6.1　设已知随机变量 X 密度函数为 $p_X(x)$，又设 $Y=g(X)$，其中函数 $g(x)$ 是严格单调函数，且导数 $g'(x)$ 存在，则 Y 的密度函数为

$$p_Y(y)=\begin{cases}p_X[h(y)]\,|h'(y)|, & \alpha<y<\beta,\\ 0, & \text{其他}.\end{cases}$$

其中 $h(y)$ 是 $y=g(x)$ 的反函数.$\alpha=\min[g(x)]$,$\beta=\max[g(x)]$.

应用定理 6.1 求连续型随机变量函数的密度函数的关键在于写出反函数,找出反函数后,根据定理即可写出其密度函数.

例 5 设 $X\sim E(1)$,求 $Y=aX(a>0)$ 的概率密度.

解 由于 X 是连续型随机变量,$Y=aX$ 也是连续型随机变量.如今已知 X 服从参数为 $\lambda=1$ 的指数分布,其密度函数是

$$p_X(x)=\begin{cases}0, & x\leqslant 0,\\ \mathrm{e}^{-x}, & x>0.\end{cases}$$

现要求 $Y=aX$ 的密度函数 $p_Y(y)$,由于 $y=ax$ 是单调函数,其反函数为 $x=\dfrac{1}{a}y$,$x'=\dfrac{1}{a}$,故得 Y 的密度函数为

$$p_Y(y)=\begin{cases}0, & y\leqslant 0,\\ \dfrac{1}{a}\mathrm{e}^{-\frac{y}{a}}, & y>0.\end{cases}$$

这也表明,当 $X\sim E(\lambda)$ 时,$Y=aX(a>0)\sim E\left(\dfrac{\lambda}{a}\right)$.

例 6 设 $X\sim U(0,1)$,求 $Y=-\ln X$ 的概率分布.

解 均匀分布 $X\sim U(0,1)$的分布函数为

$$F_X(x)=\begin{cases}0, & x\leqslant 0,\\ x, & 0<x<1,\\ 1, & x\geqslant 1.\end{cases}$$

X 仅在$(0,1)$上取值,故 $Y=-\ln X$ 只可能在$(0,+\infty)$上取值.所以当 $y\leqslant 0$ 时,$F_Y(y)=0$;而当 $y>0$ 时,有

$$\begin{aligned}F_Y(y)&=P(Y\leqslant y)=P(-\ln X\leqslant y)\\&=P(\ln X\geqslant -y)=P(X\geqslant \mathrm{e}^{-y})\\&=1-P(X<\mathrm{e}^{-y})=1-F_X(\mathrm{e}^{-y})\\&=1-\mathrm{e}^{-y}.\end{aligned}$$

综合上述,Y 的分布函数为

$$F_Y(y)=\begin{cases}0, & y\leqslant 0,\\ 1-\mathrm{e}^{-y}, & y>0.\end{cases}$$

对其求导,得 Y 的密度函数为

$$p_Y(y)=\begin{cases}0, & y\leqslant 0,\\ e^{-y}, & y>0.\end{cases}$$

可见，当 $X\sim U(0,1)$ 时，$Y=-\ln X\sim E(1)$.

【课堂练习】

设 $X\sim U(0,1)$，利用定理 6.1 求 $Y=-\ln X$ 的概率分布.

习题 6.3

*1. 设随机变量 X 服从正态分布 $N(\mu,\sigma^2)$，若 $P(X\leqslant -1)=P(X\geqslant 3)=0.023$，$P(X\leqslant 2)=0.841$，则 $P(0\leqslant X\leqslant 3)=($　　$)$.

A. 0.272　　B. 0.682　　C. 0.818　　D. 0.954

2. 设随机变量 X 服从区间 $[2,5]$ 上的均匀分布，求对 X 进行 3 次独立观测，至少有 2 次的观测值大于 3 的概率.

3. 设随机变量 X 的密度函数为 $p(x)=\begin{cases}\frac{1}{3}, & 0\leqslant x\leqslant 1,\\ \frac{2}{9}, & 3\leqslant x\leqslant 6,\\ 0, & 其他.\end{cases}$ 若 $P(X\geqslant k)=\frac{2}{3}$，求 k 的取值范围.

4. 某仪器装了 3 个独立工作的同型号电子元件，其寿命 X(单位：h)都服从同一指数分布，密度函数为 $p(x)=\begin{cases}\frac{1}{600}e^{-\frac{1}{600}}, x>0,\\ 0, 其他.\end{cases}$ 求此仪器在最初使用的 200 h 内，至少有一个此种电子元件损坏的概率.

实践与实验

1. 用 MATLAB 软件给出泊松分布

例 1　某商店平均每小时顾客光顾的数量 X 服从参数 $\lambda=0.5$ 的泊松分布，求该商店每小时顾客光顾数量 $X\leqslant 15$ 的概率分布.

解　在 MATLA 软件命令窗口中输入如下命令：

```
lambda = 5; % 平均每小时顾客到达的数量
k = 0:15; % 考虑 0 到 15 个顾客到达的情况
probabilities = poisspdf(k, lambda); % 计算每个顾客到达数量的概率
% 输出结果
disp('顾客到达数量及其对应的概率:');
for i = 1:length(k)
    fprintf('顾客到达数量: %d, 概率: %.4f\n', k(i), probabilities(i));
end
% 绘制概率分布直方图
bar(k, probabilities);
title(['泊松分布(\lambda = ', num2str(lambda), ')']);
xlabel('顾客到达数量');
ylabel('概率');
```

运行结果如下：

```
顾客到达数量及其对应的概率:
顾客到达数量: 0, 概率: 0.0067
顾客到达数量: 1, 概率: 0.0337
顾客到达数量: 2, 概率: 0.0842
顾客到达数量: 3, 概率: 0.1404
顾客到达数量: 4, 概率: 0.1755
顾客到达数量: 5, 概率: 0.1755
顾客到达数量: 6, 概率: 0.1462
顾客到达数量: 7, 概率: 0.1044
顾客到达数量: 8, 概率: 0.0653
顾客到达数量: 9, 概率: 0.0363
顾客到达数量: 10, 概率: 0.0181
顾客到达数量: 11, 概率: 0.0082
顾客到达数量: 12, 概率: 0.0034
顾客到达数量: 13, 概率: 0.0013
顾客到达数量: 14, 概率: 0.0005
顾客到达数量: 15, 概率: 0.0002
```

概率分布直方图如图 6-5 所示.

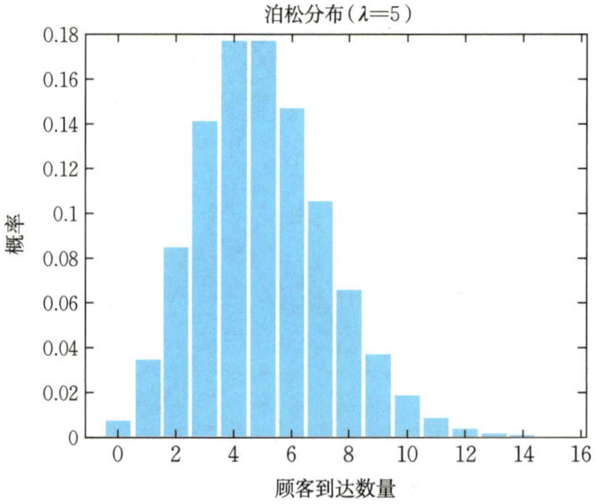

图 6-5 概率分布直方图

2. 用 MATLAB 软件给出均匀分布

例 2 假设公交车每 10 min 一班,等车时间 X 服从 $U=[0,10]$的均匀分布,计算各时间点的概率密度并绘制图像.

解 在 MATLAB 软件命令窗口中输入如下命令:

```
a = 0; % 均匀分布下限(min)
b = 10; % 均匀分布上限(min)
k = 0:1:10; % 考虑 0 到 10 min,步长 1 min
probabilities = unifpdf(k, a, b); % 计算每个时间点的概率密度
disp('等车时间及其对应的概率密度:');
for i = 1:length(k)
fprintf('等车时间: %.1f min, 概率密度: %.4f\n', k(i), probabilities(i));
end
% 绘制概率密度分布图
plot(k, probabilities);
title(['均匀分布(a = ', num2str(a), ', b = ', num2str(b), ')']);
xlabel('等车时间(min)');
ylabel('概率密度');
```

运行结果如下:

```
等车时间及其对应的概率密度:
等车时间:0.0 min, 概率密度: 0.1000
```

```
等车时间：1.0 min，概率密度：0.1000
等车时间：2.0 min，概率密度：0.1000
等车时间：3.0 min，概率密度：0.1000
等车时间：4.0 min，概率密度：0.1000
等车时间：5.0 min，概率密度：0.1000
等车时间：6.0 min，概率密度：0.1000
等车时间：7.0 min，概率密度：0.1000
等车时间：8.0 min，概率密度：0.1000
等车时间：9.0 min，概率密度：0.1000
等车时间：10.0 min，概率密度：0.1000
```

概率密度分布图如图 6 - 6 所示.

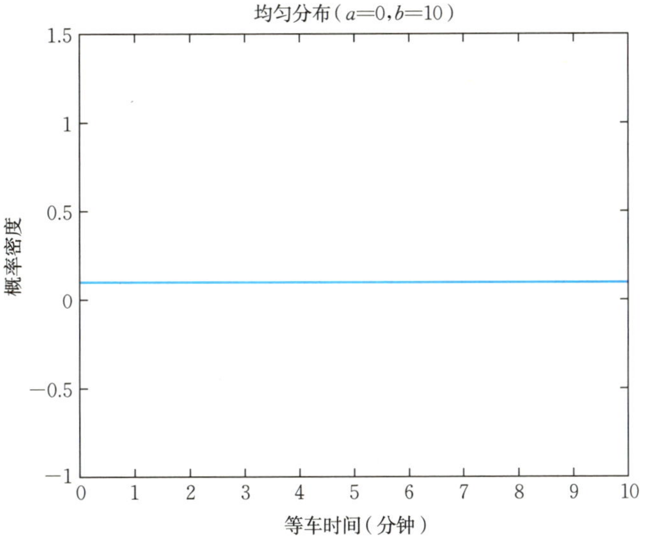

图 6 - 6　概率密度分布图

实验作业

1. 某书店平均每小时有 4 位顾客光顾，假设顾客光顾的次数服从泊松分布.求每小时恰好有 3 位顾客光顾的概率.

2. 某公交车站每隔 10 min 发一班车，乘客到达车站的时间是随机的，设乘客等车时间 X（单位：min）服从 [0,10] 上的均匀分布，求乘客等车时间超过 6 min 的概率.

本章小结

1. 随机变量

取值依赖于随机现象的变量称为随机变量，常用大写字母 X,Y,Z 等表示，其取值用小写字母 x,y,z 等表示.若随机变量仅可能取有限个或可列个值，则称此随机变量为离散型随机变量.若一个随机变量的可能取值充满数轴上的区间 (a,b)，则称此随机变量为连续型随机变量.

随机变量 X 的分布函数

$$F(x)=P(X\leqslant x), x\in(-\infty,+\infty).$$

分布函数的基本性质：

(1) $0\leqslant F(x)\leqslant 1(-\infty<x<+\infty)$；

(2) $F(-\infty)=\lim\limits_{x\to-\infty}F(x)=0, F(+\infty)=\lim\limits_{x\to+\infty}F(x)=1$；

(3) $F(x)$ 是变量 x 的非减函数，即对任意 $x_1<x_2$，有 $F(x_1)\leqslant F(x_2)$；

(4) $F(x)$ 是右连续函数，即 $F(x)=F(x+0)$.

2. 离散型随机变量

离散型随机变量的概率分布列（简称分布列）为

$$P(X=x_i)=p(x_i), i=1,2,\cdots,n.$$

分布列的基本性质：

(1) 非负性　$p(x_i)\geqslant 0, i=1,2,\cdots$；

(2) 正则性　$\sum\limits_{i=1}^{\infty}p(x_i)=1$.

分布名称	概率分布
两点分布	$P(X=0)=(1-p)$，　$P(X=0)=p(0<p<1)$
二项分布 $X\sim b(n,p)$	$P(X=k)=C_n^k p^k(1-p)^{n-k}, k=0,1,\cdots,n$
泊松分布 $X\sim P(\lambda)$	$P(X=k)=\dfrac{\lambda^k}{k!}e^{-\lambda}, k=0,1,\cdots$
几何分布 $X\sim G(p)$	$P(X=k)=pq^{k-1}, k=1,2,\cdots$.
超几何分布 $h(n,N,M)$	$P(X=x)=\dfrac{\dbinom{M}{x}\dbinom{N-M}{n-x}}{\dbinom{N}{n}}, x=0,1,\cdots,r, r=\min(n,M)$

3. 连续型随机变量

对任意两个实数 a 与 b，其中 $a<b$，且 a 可为 $-\infty$，b 可为 $+\infty$，X 在区间 $[a,b]$ 上取值的概率为曲线 $p(x)$ 在该区间上曲边梯形的面积，即

$$P(a\leqslant X\leqslant b)=\int_a^b p(x)dx$$

则称密度函数 $p(x)$ 为连续型随机变量 X 的密度函数.

分布名称	密度函数	分布函数
均匀分布 $X\sim U(a,b)$	$p(x)=\begin{cases}\dfrac{1}{b-a}, & a<x<b,\\ 0, & \text{其它}.\end{cases}$	$F(x)=\begin{cases}0, & x<a,\\ \dfrac{x-a}{b-a}, & a\leqslant x<b,\\ 1, & x\geqslant b.\end{cases}$
指数分布 $X\sim E(\lambda)$	$p(x)=\begin{cases}\lambda e^{-\lambda x}, & x>0,\\ 0, & x\leqslant 0.\end{cases}$	$F(x)=\begin{cases}0, & x\leqslant 0,\\ 1-e^{-\lambda x}, & x>0.\end{cases}$
正态分布 $X\sim N(\mu,\sigma^2)$	$p(x)=\dfrac{1}{\sqrt{2\pi}\sigma}e^{-\frac{(x-\mu)2}{2\sigma 2}},-\infty<x<\infty$	$F(x)=\dfrac{1}{\sqrt{2\pi}\sigma}\int_{-\infty}^{x}e^{-\frac{(u-\mu)2}{2\sigma 2}}du,-\infty<x<\infty.$

若连续型随机变量 X 的分布函数为 $F_X(x)=P(X\leqslant x)$，则随机变量 $Y=g(X)$ 的分布函数为

$$F_Y(y)=P(Y\leqslant y)=P[g(X)\leqslant y],$$

将分布函数 $F_Y(y)$ 关于 y 求导即可得到 Y 的密度函数.

复习题六

1. 统计调查表明，英格兰 1875 年至 1951 年期间在矿山发生 10 人或 10 人以上死亡的两次事故之间的时间 T(以日计)服从 $\lambda=241$ 的指数分布，求 $P(50<T<100)$.

*2. 设随机变量 X 服从正态分布 $N(\mu_1,\sigma_1{}^2)(\sigma_1>0)$，随机变量 Y 服从正态分布 $N(\mu_2,\sigma_2{}^2)(\sigma_2>0)$，若 $P(|X-\mu_1|<1)=P(|Y-\mu_2|<1)$，且 $P(X\leqslant\mu_2)<\dfrac{1}{2}$，则（　　）.

A. $\mu_1<\mu_2,\sigma_1=\sigma_2$　　B. $\mu_1>\mu_2,\sigma_1=\sigma_2$

C. $\mu_1=\mu_2,\sigma_1<\sigma_2$　　D. $\mu_1=\mu_2,\sigma_1>\sigma_2$

3. 一颗骰子抛两次，求以下随机变量的分布列：

(1) X 表示两次所得的最小点数；

(2) Y 表示两次所得的点数之差的绝对值.

*4. $X\sim N(1,5^2)$，$P(|X-1|\leqslant 5)=$______ [$\Phi(1)=0.841\,3$，$\Phi(x)$ 为标准正态分布的

分布函数].

5. 设随机变量 X 的概率密度函数为 $f(x)=\begin{cases} ax^2+\dfrac{1}{3}, 0\leqslant x\leqslant 1, \\ 0, 其他. \end{cases}$ 求：

(1) a；

(2) $P\left(\dfrac{1}{2}\leqslant x\leqslant 3\right)$.

6. 设随机变量 X 的密度函数为 $p(x)=\begin{cases} \lambda e^{-\lambda x}, x>0, \\ 0, x\leqslant 0 \end{cases}$ $(\lambda>0)$. 求 k，使得 $P(X>k)=0.5$.

7. 某人上班所需时间 $X\sim N(30,10^2)$(单位：min)，已知上班时间为 8：00，他每天 7:20 出门，求：

(1) 某天他迟到的概率；

(2) 一周以 5 天计，他一周最多迟到一次的概率.

第七章 随机变量的数字特征

随机变量的数字特征是概率论与数理统计中的核心组成部分.数字特征作为随机变量特性的量化描述,是连接理论与实践的桥梁.

随机变量的数字特征不仅为我们提供了一种简洁而有力的工具来刻画随机变量的性质,还在实际应用中发挥着重要作用,推动着相关领域的发展和进步.

在概率论与数理统计的各个领域,如金融分析、风险管理、质量控制、市场调研等,随机变量的数字特征都是不可或缺的分析工具.在金融领域,随机变量的数字特征可用于评估投资组合的风险与收益,制定投资策略;在质量管理中,通过计算产品质量的均值、方差等数字特征,可以评估产品质量的稳定性和一致性;在市场调研中,利用随机变量的数字特征分析消费者行为数据,有助于企业制定更精准的营销策略.

本章思维导图

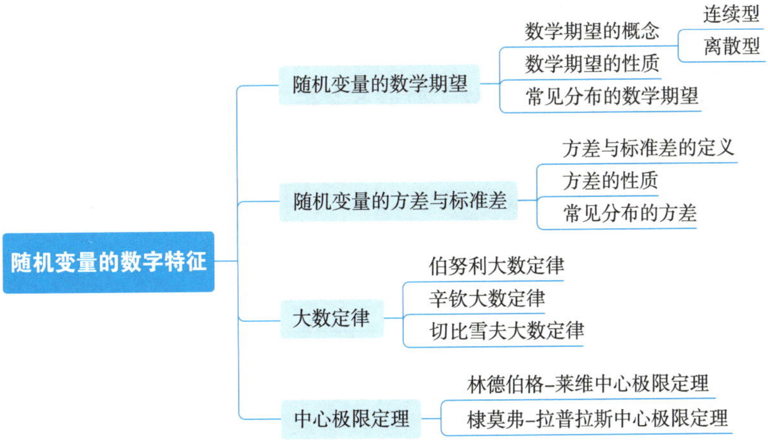

7.1 随机变量的数学期望

内容和目标

- 理解数学期望的概念与性质；
- 会求随机变量的数学期望.

7.1.1 数学期望的概念

随机变量的数学期望(也称为均值)是概率论中的一个基本概念,它用于描述随机变量取值的平均水平或中心趋势.对于不同类型的随机变量(离散型或连续型),数学期望的定义和计算方法略有不同.

1. 离散型随机变量的数学期望

定义 7.1 设离散型随机变量 X 的分布列为

$$p(x_i)=P(X=x_i),i=1,2,\cdots,n.$$

若 $\sum\limits_{i=1}^{+\infty}|x_i|p(x_i)<+\infty$,则称 $\sum\limits_{i=1}^{+\infty}x_ip(x_i)$ 为随机变量 X 的数学期望,简称期望或均值. 记为 $E(X)$,即

$$E(X)=\sum_{i=1}^{+\infty}x_ip(x_i).$$

若 $\sum\limits_{k=1}^{+\infty}|x_k|p(x_k)$ 不收敛,则称 X 的数学期望不存在.

例 1 根据 X 的分布列

X	-1	1	2
P	$\frac{1}{4}$	$\frac{1}{2}$	$\frac{1}{4}$

分别计算 $E(X),E(X^2),E(X^3)$.

解 由 X 的分布列,得到 X^2 及 X^3 的分布列为

X^2	1	4
P	$\frac{3}{4}$	$\frac{1}{4}$

X^3	-1	1	8
P	$\frac{1}{4}$	$\frac{1}{2}$	$\frac{1}{4}$

因此

$$E(X)=-1\times\frac{1}{4}+1\times\frac{1}{2}+2\times\frac{1}{4}=\frac{3}{4},$$

$$E(X^2)=1\times\frac{3}{4}+4\times\frac{1}{4}=1\frac{3}{4},$$

$$E(X^3)=-1\times\frac{1}{4}+1\times\frac{1}{2}+8\times\frac{1}{4}=2\frac{1}{4}.$$

【课堂练习】

根据随机变量 X 的分布列，计算随机变量 X 的数学期望 $E(X)$.

X	500 000	50 000	5 000	500	50	5	0.5
P	0.000 001	0.000 09	0.000 09	0.000 9	0.009	0.09	0.9

2. 连续型随机变量的数学期望

定义 7.2 设连续型随机变量 X 的密度函数为 $p(x)$.如果

$$\int_{-\infty}^{+\infty}|x|p(x)\mathrm{d}x<+\infty,$$

则称

$$E(X)=\int_{-\infty}^{+\infty}xp(x)\mathrm{d}x$$

为 X 的数学期望或该分布 $p(x)$ 的数学期望，以下简称期望或均值.若 $\int_{-\infty}^{+\infty}|x|p(x)\mathrm{d}x$ 不收敛，则称 X 的数学期望不存在.

例 2 设随机变量 X 的密度函数为 $f(x)=\frac{1}{\pi}\cdot\frac{1}{1+x^2}$，$-\infty<x<+\infty$，验证 $E(X)$ 不存在.

解 因为

$$\int_{-\infty}^{+\infty}|x|f(x)\mathrm{d}x=\int_{-\infty}^{+\infty}|x|\frac{1}{\pi}\cdot\frac{1}{1+x^2}\mathrm{d}x.$$

而 $\int_0^{+\infty}\frac{|x|}{\pi(1+x^2)}\mathrm{d}x=\int_0^{+\infty}\frac{x}{\pi(1+x^2)}\mathrm{d}x=\frac{1}{2\pi}\int_0^{+\infty}\frac{1}{1+x^2}\mathrm{d}x^2=\frac{1}{2\pi}[\ln(1+x^2)]_0^{+\infty}=+\infty$，

同理可得，$\int_{-\infty}^{0}\frac{|x|}{\pi(1+x^2)}\mathrm{d}x=+\infty$，所以 $\int_{-\infty}^{+\infty}|x|f(x)\mathrm{d}x$ 是发散的.由连续型随机变量数学期望的定义可知该随机变量的数学期望 $E(X)$ 不存在.

例 3　计算以下随机变量 X 的数学期望 $E(X)$.

(1) $f(x)=\begin{cases}\dfrac{1}{b-a}, a<x<b,\\ 0, 其他;\end{cases}$　　(2) $f(x)=\begin{cases}\lambda e^{-\lambda x}, x>0,\\ 0, 其他.\end{cases}$

解　(1) 由期望的定义得

$$E(X)=\int_{-\infty}^{+\infty} xf(x)\mathrm{d}x=\int_a^b \frac{x}{b-a}\mathrm{d}x=\frac{a+b}{2}.$$

这个结果可以解释为，因为 X 服从均匀分布的，所以 (a,b) 的“中点”是它的平均取值，即 $\frac{a+b}{2}$.

(2) 由密度函数可知，该随机变量 X 服从指数分布，由期望的定义可得

$$E(X)=\int_{-\infty}^{+\infty} xf(x)\mathrm{d}x=\int_0^{+\infty} x\lambda e^{-\lambda x}\mathrm{d}x=\lambda\cdot\frac{1!}{\lambda^2}=\frac{1}{\lambda}.$$

【课堂练习】

已知随机变量 X 的概率密度为 $f(x)=\frac{1}{2}e^{-|x|}(-\infty<x<+\infty)$，求 $E(x)$.

7.1.2　数学期望的性质

数学期望反映了随机变量平均取值的大小.数学期望的性质如下：

定理 7.1　数学期望的性质：

(1) 若 C 为常数，则 $E(C)=C$；

(2) 对任意常数 k，C，有 $E(kX+C)=kE(X)+C$；

(3) 对任意的两个函数 $g_1(x)$ 和 $g_2(x)$，有

$$E[g_1(X)\pm g_2(X)]=E[g_1(X)]\pm E[g_2(X)];$$

(4) 设 X 与 Y 为相互独立的随机变量，且 $E(X)$ 和 $E(Y)$ 存在，则 $E(XY)=E(X)E(Y)$.

例 4　设离散型随机变量 X 的分布列为

X	-1	0	2
P	0.3	0.4	0.3

求 $E(X)$ 和 $E(2X+1)$.

解　$E(X)=-1\times0.3+0\times0.4+2\times0.3=0.3$.

利用定理 7.1 中的性质(2)得，$E(2X+1)=2E(X)+1=1.6$.

【课堂练习】

设随机变量 X 的密度函数如下，试求 $E(3X+4)$.

$$p(x)=\begin{cases}e^{-x}, & x>0,\\ 0, & x\leqslant 0.\end{cases}$$

7.1.3 常见分布的数学期望

以下是几种常见分布的数学期望及其简要说明.

1. 两点分布

X	0	1
P	$1-p$	p

其数学期望为

$$E(X)=0\times(1-p)+1\times p=p.$$

2. 二项分布

若 $X\sim B(n,p)$，则其概率分布列为

$$P\{X=k\}=C_n^k p^k q^{n-k}, k=0,1,2,\cdots,n, (q=1-p),$$

其数学期望为

$$\begin{aligned}E(X)&=\sum_{k=0}^{n}k\cdot C_n^k p^k q^{n-k}=\sum_{k=1}^{n}k\frac{n!}{k!(n-k)!}p^k q^{n-k}\\ &=np\sum_{k=1}^{n}\frac{(n-1)!}{(k-1)!(n-k)!}p^{k-1}q^{n-1-(k-1)}\\ &=np\,(p+q)^{n-1}=np.\end{aligned}$$

3. 泊松分布

若 $X\sim P(\lambda)$，则其概率分布列为

$$P(X=k)=\frac{\lambda^k}{k!}e^{-\lambda},\quad k\in\mathbf{N}^*,\quad \lambda>0.$$

其数学期望为

$$E(X)=\sum_{k=0}^{\infty}k\frac{\lambda^k}{k!}e^{-\lambda}=\lambda e^{-\lambda}\sum_{k=1}^{\infty}\frac{\lambda^{k-1}}{(k-1)!}=\lambda e^{-\lambda}e^{\lambda}=\lambda.$$

4. 均匀分布

若 $X\sim U(a,b)$，其概率密度函数为

$$p(x)=\begin{cases}\dfrac{1}{b-a}, & a<x<b,\\ 0, & 其他.\end{cases}$$

其数学期望为

$$E(X)=\int_a^b x\cdot\frac{1}{b-a}\,dx=\frac{1}{b-a}\cdot\left.\frac{x^2}{2}\right|_a^b=\frac{a+b}{2}.$$

5. 指数分布

若 $X\sim E(\lambda)(\lambda>0)$，其概率密度函数为

$$p(x)=\begin{cases}\lambda e^{-\lambda x}, & x>0,\\ 0, & x\leqslant 0.\end{cases}$$

其数学期望为

$$\begin{aligned}E(X)&=\int_{-\infty}^{+\infty}x\cdot p(x)\,dx=\int_0^{+\infty}x\cdot\lambda\cdot e^{-\lambda x}\,dx\\&=\lambda\int_0^{+\infty}x\cdot e^{-\lambda x}\,dx=-\int_0^{+\infty}x\,d(e^{-\lambda x})\\&=-\left(xe^{-\lambda x}\Big|_0^{+\infty}-\int_0^{+\infty}e^{-\lambda x}\,dx\right)\\&=-\left(0-\int_0^{+\infty}e^{-\lambda x}\,dx\right)\\&=\int_0^{+\infty}e^{-\lambda x}\,dx\\&=-\frac{1}{\lambda}e^{-\lambda x}\Big|_0^{+\infty}\\&=\frac{1}{\lambda}.\end{aligned}$$

6. 正态分布

若 $X\sim N(\mu,\sigma^2)$，其概率密度函数为

$$p(x)=\frac{1}{\sqrt{2\pi}\,\sigma}e^{-\frac{(x-\mu)^2}{2\sigma^2}},\quad -\infty<x<+\infty.$$

其数学期望为

$$E(X)=\int_{-\infty}^{+\infty}x\,\frac{1}{\sqrt{2\pi}\,\sigma}e^{-\frac{(x-\mu)^2}{2\sigma^2}}\,dx\xlongequal{\text{令 }t=\frac{x-\mu}{\sigma}}\int_{-\infty}^{+\infty}(\sigma t+\mu)\,\frac{1}{\sqrt{2\pi}\,\sigma}e^{-\frac{t^2}{2}}\cdot\sigma\,dt=\mu.$$

以上几种常见分布的数学期望各有特点，它们分别适用于描述不同类型的随机现象. 在实际应用中，可以根据数据的特性和问题的需求选择合适的分布来描述和分析随机现象.

例 5　甲、乙、丙三人打靶，每个人的命中率分别为 0.4，0.6，0.8，每个人各有五次打靶的机会，命中次数记为 X,Y,Z，且服从二项分布，具体如下：

$$X\sim B(5,0.4);\quad Y\sim B(5,0.6);\quad Z\sim B(5,0.8).$$

求每个人打靶的平均命中次数.

解　由二项分布的数学期望得，每个人打靶的平均命中次数分别为

$$E(X)=5\times0.4,\quad E(Y)=5\times0.6,\quad E(Z)=5\times0.8.$$

例 6 设随机变量 X 服从泊松分布 $P(\lambda)$，求 $E(2X-\lambda)$.

解 由泊松分布的数学期望，得 $E(X)=\lambda$，利用随机变量的数学期望性质得

$$E(2X-\lambda)=2E(X)-\lambda=\lambda.$$

【课堂练习】

设随机变量 X 服从泊松分布 $P(\lambda)$，求 $E(X-\lambda)^2$.

习题 7.1

1. 一位顾客在某品牌鞋店中购买数 X 的分布列为

X	0	1	2	3	4	5
P	0.05	0.83	0.13	0.31	0.09	0.04

求该顾客在商店平均购买数.

2. 某工厂一个月内检测出不合格品件数 X 服从如下分布

X	0	1	2	3	4	5	6
P	0.301	0.362	0.216	0.087	0.026	0.006	0.002

求该工厂不合格品件数的月平均数.

3. 随机变量 X 在区间 $(0,1)$ 上取值，它的密度函数为

$$p(x)=\begin{cases}4(1-x)^3, & 0<x<1,\\ 0, & \text{其他}.\end{cases}$$

求随机变量 X 的数学期望 $E(X)$.

4. 某工厂维修零件时间 T 是一个随机变量，其密度函数为

$$p(t)=\begin{cases}0.02\mathrm{e}^{-0.02t}, & t>0,\\ 0, & t\leqslant 0.\end{cases}$$

求平均维修时间.

5. 设随机变量 X 的分布函数如下，求 $E(X)$.

$$F(x)=\begin{cases}\dfrac{\mathrm{e}^x}{2}, & x<0,\\ \dfrac{1}{2}, & 0\leqslant x<1,\\ 1-\dfrac{1}{2}\mathrm{e}^{-\frac{1}{2}(x-1)}, & x\geqslant 1.\end{cases}$$

*6. 设随机变量 X 的概率密度函数为

$$f(x)=\begin{cases} ax, & 0\leqslant x\leqslant 2, \\ 3-x, & 2\leqslant x\leqslant 3, \\ 0, & \text{其他}. \end{cases}$$

其中 a 为常数.求:(1) a 的值;(2) $E(X)$.

7. 设随机变量 X 的概率密度函数为

$$p(x)=\begin{cases} \frac{3}{8}x^2, & 0<x<2, \\ 0, & \text{其他}, \end{cases}$$

求$\frac{1}{X^2}$的数学期望.

7.2 随机变量的方差与标准差

内容和目标

- 理解方差与标准差;
- 掌握方差的性质;
- 会求随机变量的方差.

7.2.1 方差与标准差的定义

在概率论和统计学中,随机变量的方差和标准差是两个非常重要的概念,它们用于量化随机变量与其均值之间的偏离程度,即数据的离散程度或波动大小.这两个统计量对于分析数据集的稳定性和预测未来结果的不确定性非常有用.例如 X 与 Y 的分布列分别为

X	-1	0	1
P	1/2	1/2	1/2

Y	-20	0	20
P	1/2	1/2	1/2

可以计算出 $E(X)=E(Y)=0$,但显然表格中 Y 数值的波动要比 X 数值的波动大.因此均值无法反映数据的波动情况,而本节所介绍的方差与标准差正是度量这种波动大小的最重要的两个特征数.

定义 7.3　若随机变量 X^2 的数学期望 $E(X^2)$存在,则记$[X-E(X)]^2$ 的数学期望 $E[X-E(X)]^2$ 为随机变量 X(或相应分布)的方差,记作

$$D(X)=\mathrm{Var}(X)=E[X-E(X)]^2=\begin{cases}\sum\limits_i [x_i-E(X)]^2p(x_i),\text{在离散场合},\\ \int_{-\infty}^{+\infty}[x-E(X)]^2p(x)\mathrm{d}x,\text{在连续场合}.\end{cases}$$

定义方差的正平方根$\sqrt{D(X)}$为随机变量 X(或相应分布)的标准差,记为$\sigma(X)$或σ_X.

方差 $D(X)$和标准差$\sigma(X)$都是衡量数据离散程度的统计量,但方差是平方量,其大小与数据的量纲平方成正比,因此在实际应用中可能不太直观.而标准差则保留了原数据的量纲,更易于理解和比较.

两者在反映数据离散程度上具有一致性,即方差或标准差越大,说明数据的离散程度越大;反之,则说明数据的离散程度越小.

在实际应用中,方差和标准差常常一起使用,以更全面地描述数据的离散程度.例如,在统计分析、质量控制、金融风险评估等领域,都会同时计算方差和标准差来评估数据的稳定性和风险性.

例 1 设 A、B 两班各有 40 名学生,考试成绩及得分人数如下表所示,其中成绩以 10 的倍数表示.问:(1) A、B 两班概率统计的平均成绩各为多少? (2) 现需选出一个班级去参加比赛,应选哪个班级?

A 班分数	60	70	80	90	100	B 班分数	40	60	70	80	90	100
人数	2	9	18	9	2	人数	3	1	8	13	8	7
频率	$\frac{2}{40}$	$\frac{9}{40}$	$\frac{18}{40}$	$\frac{9}{40}$	$\frac{2}{40}$	频率	$\frac{3}{40}$	$\frac{1}{40}$	$\frac{8}{40}$	$\frac{13}{40}$	$\frac{8}{40}$	$\frac{7}{40}$

解 设 A、B 两班学生成绩为 X_1,X_2.

(1) A 班的平均成绩为

$$E(X_1)=\frac{60\times2+70\times9+80\times18+90\times9+100\times2}{2+9+18+9+2}$$

$$=60\times\frac{2}{40}+70\times\frac{9}{40}+80\times\frac{18}{40}+90\times\frac{9}{40}+100\times\frac{2}{40}=80.$$

同理,B 班的平均成绩为

$$E(X_2)=40\times\frac{3}{40}+60\times\frac{1}{40}+70\times\frac{8}{40}+80\times\frac{13}{40}+90\times\frac{8}{40}+100\times\frac{7}{40}=80.$$

因此两个班级的平均成绩是一样的.

(2) A 班的方差为

$$D(X_1)=(60-80)^2\ \frac{2}{40}+(70-80)^2\ \frac{9}{40}+(80-80)^2\ \frac{18}{40}+(90-80)^2\ \frac{9}{40}+$$

$$(100-80)^2\ \frac{2}{40}=85.$$

同理，B班的方差为

$$D(X_2)=(40-80)^2\frac{3}{40}+(60-80)^2\frac{1}{40}+(70-80)^2\frac{8}{40}+(80-80)^2\frac{13}{40}+(90-80)^2\frac{8}{40}+(100-80)^2\frac{7}{40}=240.$$

由于 $D(X_1)<D(X_2)$，所以A班的成绩更集中、更稳定，故应选A班参加比赛.

【课堂练习】

投资市场可划分为好、中、差三个等级，其发生的概率分别为0.2、0.7、0.1.某投资者有两个投资方向，餐饮和服装.通过调研，该投资者计算出投资于餐饮的收益 X（万元）和投资于服装的收益 Y（万元）的分布分别为

X	11	3	-3
P	0.2	0.7	0.1

Y	6	4	-1
P	0.2	0.7	0.1

请问：该投资者投资哪个产业好？

7.2.2　方差的性质

方差是衡量随机变量或一组数据离散程度的度量.方差的性质在数据分析、信号处理、机器学习等领域有着广泛的应用.下面介绍方差的一些基本性质：

性质1　$D(X)=E(X^2)-[E(X)]^2$.

证　$D(X)=E[X-E(X)]^2=E\{X^2-2X\cdot E(X)+[E(X)]^2\}$，利用数学期望的性质得

$$D(X)=E(X^2)-2E(X)\cdot E(X)+[E(X)]^2=E(X^2)-[E(X)]^2$$

【注意】在实际计算中，这个性质比 $\boldsymbol{D(X)=E(X-EX)^2}$ 更常用.

性质2　常数 c 的方差为0，即 $D(c)=0$，其中 c 是常数.

证　设 c 是常数，则

$$D(c)=E[c-E(c)]^2=E(c-c)^2=0.$$

性质3　若 a,b 是常数，则 $D(aX+b)=a^2D(X)$.

证　若 a,b 是常数，则

$$\begin{aligned}D(aX+b)&=E[aX+b-E(aX+b)]^2\\&=E\{a[X-E(X)]\}^2\\&=a^2D(X).\end{aligned}$$

性质4　设 X 与 Y 为相互独立的随机变量，则 $D(X\pm Y)=D(X)+D(Y)$.

证明从略.

例 2 若随机变量 X 与 Y 相互独立,且 $X\sim N(1,2)$,$Y\sim N(5,9)$,$Z=2X-Y+2$.求 Z 的密度函数 $f(z)$.

解 Z 服从正态分布,由随机变量的数学期望和方差的性质得

$$E(Z)=2E(X)-E(Y)+2=2\times1-5+2=-1,$$

$$D(Z)=4D(X)+D(Y)=4\times2+9=17.$$

所以

$$Z\sim N(-1,17),\quad f(z)=\frac{1}{\sqrt{2\pi}\cdot\sqrt{17}}e^{-\frac{(z+1)^2}{2\cdot17}}=\frac{1}{\sqrt{34\pi}}e^{-\frac{(z+1)^2}{34}},\quad -\infty<z<+\infty.$$

【课堂练习】

记 X 为掷一颗骰子出现的点数,求 $D(X)$.

7.2.3 常见分布的方差

以下介绍几种常见分布的方差及其简要证明.

1. 两点分布

若 $X\sim B(1,p)$,因 $E(X)=p$,且 $E(X^2)=1^2\times p+0^2\times(1-p)=p$,则其方差

$$D(X)=E(X^2)-[E(X)]^2=1-p^2.$$

2. 二项分布

若 $X\sim B(n,p)$,期望 $E(X)=np$,且

$$\begin{aligned}E(X^2)&=\sum_{k=0}^{n}k^2\cdot C_n^k p^k q^{n-k}=\sum_{k=0}^{n}k^2\frac{n!}{k!(n-k)!}p^k q^{n-k}\\&=\sum_{k=0}^{n}k(k-1)\frac{n!}{k!(n-k)!}p^k q^{n-k}+\sum_{k=0}^{n}k\frac{n!}{k!(n-k)!}p^k q^{n-k}\\&=n(n-1)p^2\sum_{k=2}^{n}\frac{(n-2)!}{(k-2)![(n-2)-(k-2)]!}p^{k-2}q^{(n-2)-(k-2)}+np\\&=n^2p^2+npq.\end{aligned}$$

则其方差

$$D(X)=E(X^2)-[E(X)]^2=n^2p^2+np(1-p)-n^2p^2=np(1-p).$$

3. 泊松分布

若 $X\sim P(\lambda)$,期望 $E(X)=\lambda$,且

$$\begin{aligned}E(X^2)&=\sum_{k=0}^{\infty}k^2\cdot e^{-\lambda}\frac{\lambda^k}{k!}=\lambda e^{-\lambda}\sum_{k=1}^{\infty}\frac{k\lambda^{k-1}}{(k-1)!}\\&=\lambda e^{-\lambda}\left[\sum_{k=1}^{\infty}\frac{(k-1)\lambda^{k-1}}{(k-1)!}+\sum_{k=1}^{\infty}\frac{\lambda^{k-1}}{(k-1)!}\right]\end{aligned}$$

$$=\lambda e^{-\lambda}\left[\sum_{k=2}^{\infty}\frac{\lambda^{k-1}}{(k-2)!}+\sum_{k=1}^{\infty}\frac{\lambda^{k-1}}{(k-1)!}\right]$$

$$=\lambda e^{-\lambda}\left[\lambda\cdot\sum_{k=2}^{\infty}\frac{\lambda^{k-2}}{(k-2)!}+\sum_{k=1}^{\infty}\frac{\lambda^{k-1}}{(k-1)!}\right]=\lambda e^{-\lambda}(\lambda e^{\lambda}+e^{\lambda})=\lambda^2+\lambda.$$

则其方差 $$D(X)=E(X^2)-[E(X)]^2=\lambda.$$

4. 均匀分布

若 $X\sim U(a,b)$，期望 $E(X)=\frac{a+b}{2}$，且

$$E(X^2)=\int_{-\infty}^{+\infty}x^2f(x)dx=\int_a^b x^2\cdot\frac{1}{b-a}dx=\frac{1}{b-a}\left[\frac{x^3}{3}\right]_a^b=\frac{b^2+ab+a^2}{3}.$$

则其方差 $$D(X)=E(X^2)-[E(X)]^2=\frac{(b-a)^2}{12}.$$

5. 指数分布

若 $X\sim E(\lambda)(\lambda>0)$，期望 $E(X)=\frac{1}{\lambda}$，且

$$E(X^2)=\int_0^{+\infty}x^2\cdot\lambda e^{-\lambda x}dx=\frac{2}{\lambda^2}.$$

则其方差 $$D(X)=E(X^2)-[E(X)]^2=\frac{1}{\lambda^2}.$$

6. 正态分布

若 $X\sim N(\mu,\sigma^2)$，则其方差

$$D(X)=\int_{-\infty}^{+\infty}(x-\mu)^2\frac{1}{\sqrt{2\pi}\sigma}e^{-\frac{(x-\mu)^2}{2\sigma^2}}dx\xlongequal{\text{令 }t=\frac{x-\mu}{\sigma}}\int_{-\infty}^{+\infty}(\sigma t)^2\frac{1}{\sqrt{2\pi}\sigma}e^{-\frac{t^2}{2}}\cdot\sigma dt$$

$$=\frac{-2}{\sqrt{2\pi}}\sigma^2\int_0^{+\infty}t\,de^{-\frac{t^2}{2}}=\frac{-2}{\sqrt{2\pi}}\sigma^2\left(te^{-\frac{t^2}{2}}\Big|_0^{+\infty}-\int_0^{+\infty}e^{-\frac{t^2}{2}}dt\right)$$

$$=\frac{-2}{\sqrt{2\pi}}\sigma^2\left(0-\frac{\sqrt{2\pi}}{2}\right)=\sigma^2.$$

【课堂练习】

已知 X 与 Y 相互独立，且 $X\sim N(1,2)$，$Y\sim N(5,9)$，$Z=2X-Y+2$. 求 Z 的方差 $D(Z)$.

习题 7.2

1. 设随机变量 X 的分布列如下

X	-1	0	-3
P	0.2	0.7	0.1

求 $D(X)$ 和 $D(\sqrt{5}X-5)$.

2. 设随机变量 X 和 Y 相互独立，且 X 服从参数为 $\frac{1}{3}$ 的指数分布，Y 服从参数为 6 的泊松分布，求 $D(X-2Y+1)$.

3. 设随机变量 X 服从参数为 λ 的指数分布，求 $P[X>\sqrt{D(X)}]$.

*4. 设随机变量 X 的概率密度函数为

$$f(x)=\begin{cases} ax^2+\frac{1}{3}, & 0\leqslant x\leqslant 1, \\ 0, & \text{其他}. \end{cases}$$

其中 a 为常数.求(1) a 的值;(2) $D(X)$.

5. 若 $X\sim U(a,b)$，且 $E(X)=3$，$D(X)=\frac{1}{3}$，求 a，b.

6. 已知 100 件产品中有 10 件次品，求任取出 5 件产品中的次品数的方差.

7.3 大数定律

内容和目标

- 了解大数定律;
- 掌握几种常见的大数定律.

7.3.1 伯努利大数定律

大数定律是概率论和统计学中最重要的定理之一，大数定律的提出源于对现实世界中随机现象的观察和研究.例如:早期数学家通过研究掷骰子、抛硬币等游戏，发现随着试验次数的增加，事件发生的频率会趋于稳定;保险公司通过大量保单的统计，发现风险事件的发生频率趋于稳定，从而能够合理定价.在数据分析和统计推断中，大数定律为样本均值估计总体均值提供了理论依据.

伯努利大数定律是概率论中最早提出的大数定律形式，由瑞士数学家雅各布·伯努利在其著作《猜度术》中首次提出并证明.它是大数定律的最简单形式，专门针对伯努利试验即只有两种可能结果的试验情况.

定理 7.2(切比雪夫不等式) 设随机变量 X 的数学期望 $E(X)$ 和方差 $D(X)$ 都存在，则对任意的 $\varepsilon>0$，有

$$P[|X-E(X)|\geqslant\varepsilon]\leqslant\frac{D(X)}{\varepsilon^2}\text{或}P[|X-E(X)|<\varepsilon]\geqslant 1-\frac{D(X)}{\varepsilon^2}.$$

由切比雪夫不等式可以看出：当误差 ε 取定时，随着方差 $D(X)$ 的减小，X 围绕 $E(X)$ 取值的概率增大；反之，随着方差 $D(X)$ 的增大，X 围绕 $E(X)$ 取值的概率减小.这也对应了方差能描述随机变量偏离均值 $E(X)$ 的程度.

切比雪夫不等式在理论上证明了大数定律.

在第五章中已经知道，在一定条件下多次重复进行某一次试验，随着试验重复次数 n 的增加，频率会稳定在某一常数附近，这个频率的稳定值就是事件发生的概率.但到目前为止，并未给出严格的证明.另外，经验表明，大量观测值的算术平均值也具有稳定性，随着试验重复次数 n 的增加，会稳定在某一常数附近，而这一数值就是观测值（即随机变量）的数学期望.而大数定律就是用来阐述大量随机现象平均结果的稳定性的.

定理 7.3（伯努利大数定律）　设 μ_n 为 n 重伯努利试验中事件 A 发生的次数，p 为每次试验中 A 出现的概率，则对任意的 $\varepsilon>0$，有

$$\lim_{n\to\infty}P\left(\left|\frac{\mu_n}{n}-p\right|<\varepsilon\right)=1$$

或

$$\lim_{n\to\infty}P\left(\left|\frac{\mu_n}{n}-p\right|\geqslant\varepsilon\right)=0.$$

伯努利大数定律指出，当试验次数 n 趋近于无穷大时，事件发生的频率与概率有较大偏差的可能性很小.

因此在实际问题中，当试验次数很大时，可以用事件发生的频率作为概率的近似值.

例 1　设随机变量 X 的方差为 2，试用切比雪夫不等式估计 $P[|X-E(X)|\geqslant 2]$.

解　由切比雪夫不等式可知，对任意的 $\varepsilon>0$，有

$$P[|X-E(X)|\geqslant\varepsilon]\leqslant\frac{D(X)}{\varepsilon^2},$$

则

$$P[|X-E(X)|\geqslant 2]\leqslant\frac{2}{4}=\frac{1}{2}.$$

【课堂练习】

设某城区有 1 000 个路灯，夜晚每个路灯开灯的概率为 0.7，假定所有的路灯的开或关是相互独立的，试用切比雪夫不等式估计夜晚同时开着的路灯在 620～740 个的概率.

7.3.2　辛钦大数定律

辛钦大数定律由苏联数学家亚历山大·雅科夫列维奇·辛钦提出.伯努利大数定律是辛钦大数定律的一个特殊情况.当辛钦大数定律中的随机变量序列为服从两点分布的随机变量时，辛钦大数定律就退化为伯努利大数定律.

定理 7.4(辛钦大数定律) 设$\{X_n\}$为一独立同分布的随机变量序列，若 X_i 的数学期望$E(X_i)=\mu$ 存在，则对任意的 $\varepsilon>0$，有

$$\lim_{n\to+\infty} P\left(\left|\frac{1}{n}\sum_{i=1}^{n} X_i-\mu\right|<\varepsilon\right)=1$$

辛钦大数定律指出：**当试验次数 n 趋近于无穷大时，算术平均值与数学期望有较大偏差的可能性很小**.因此可以用算术平均值来估计数学期望，这也是下一章参数估计中的重要理论依据.

辛钦大数定律在多个领域都有广泛的应用.例如，在物理学中，当需要测量某个物理量时，可以在不变的条件下重复测量多次，并取算术平均值作为该物理量的近似值.随着测量次数的增加，这个近似值与真实值之间的误差会越来越小.此外，在经济学、社会学等领域中，辛钦大数定律也被用来估计各种参数的期望值.

例 2 设$\{X_n\}$为独立同分布的随机变量序列，其共同的分布函数为

$$F(x)=\frac{1}{2}+\frac{1}{\pi}\arctan\frac{a}{x},\quad -\infty<x<+\infty.$$

试问：辛钦大数定律对此随机变量序列是否适用？

解 根据辛钦大数定律的条件，X_i 的数学期望需存在，由于

$$F(x)=\frac{1}{2}+\frac{1}{\pi}\arctan\frac{a}{x},\quad -\infty<x<+\infty.$$

于是其密度函数为

$$f(x)=-\frac{1}{\pi a}\frac{1}{1+\left(\frac{x}{a}\right)^2}.$$

由于期望

$$E(x)=\int_{-\infty}^{+\infty} xf(x)\mathrm{d}x=\int_{-\infty}^{+\infty} x\frac{1}{\pi a}\frac{1}{1+\left(\frac{x}{a}\right)^2}\mathrm{d}x=\infty.$$

因此不适用.

7.3.3 切比雪夫大数定律

切比雪夫大数定律与辛钦大数定律都是描述样本均值收敛到总体均值的定理，但它们的条件有所不同.辛钦大数定律要求随机变量序列是相互独立的且服从相同分布，且只要求数学期望存在.而切比雪夫大数定律则要求随机变量序列不仅相互独立，还要求具有有限的期望值和方差(或方差存在共同上界).因此，切比雪夫大数定律的条件更为严格，但适用范围也更广.

定理 7.5(切比雪夫大数定律) 设$\{X_n\}$为一列两两不相关的随机变量序列，若每个 X_i 的期望、方差存在，且方差有界，则对任意的 $\varepsilon>0$，有

$$\lim_{n\to+\infty} P\left[\left|\frac{1}{n}\sum_{i=1}^{n}X_i-\frac{1}{n}\sum_{i=1}^{n}E(X_i)\right|<\varepsilon\right]=1$$

【注意】两两不相关的随机变量是指协方差为0.协方差的定义如下

$$\mathrm{Cov}(X_i,X_j)=E\{[X_i-E(X_i)][X_j-E(X_j)]\}.$$

习题 7.3

1. 设$\{X_k\}$为独立随机变量序列，且

$$P(X_k=\pm 2^k)=\frac{1}{2^{2k+1}},\quad P(X_k=0)=1-\frac{1}{2^{2k}},\quad k=1,2,\cdots.$$

证明$\{X_k\}$服从大数定律.

2. 设$\{X_n\}$为独立随机变量序列，且

$$P(X_1=0)=1,$$

$$P(X_n=\pm\sqrt{n})=\frac{1}{n},\quad P(X_n=0)=1-\frac{2}{n},\quad n=2,3,\cdots.$$

证明$\{X_n\}$服从大数定律.

7.4 中心极限定理

内容和目标

- 掌握林德伯格-莱维中心极限定理；
- 掌握棣莫弗-拉普拉斯中心极限定理.

7.4.1 林德伯格-莱维中心极限定理

中心极限定理描述了在某些条件下，**大量相互独立的随机变量的和的分布趋于正态分布的情况.**

定理 7.6(林德伯格-莱维中心极限定理)　设随机变量序列$X_1,X_2,\cdots$相互独立同分布，若$E(X_i)=\mu,D(X_i)=\sigma^2$，且$0<\sigma^2<+\infty,i=1,2,\cdots$，则对任意实数$x$，有

$$\lim_{n\to\infty}P\left(\frac{\sum_{i=1}^{n}X_i-n\mu}{\sqrt{n}\sigma}\leqslant x\right)=\Phi(x).$$

定理7.6可以理解为，当n足够大时，可以近似地认为$\sum_{i=1}^{n}X_i\sim N(n\mu,n\sigma^2)$，记为

$\sum_{i=1}^{n} X_i \overset{\text{近似}}{\sim} N(n\mu, n\sigma^2)$.其中$\overset{\text{近似}}{\sim}$表示近似服从.在实际运用中,若 n 较大,可以借助正态分布近似求概率 $P\left(\sum_{i=1}^{n} X_i \leqslant a\right) \approx \Phi\left(\dfrac{a - n\mu}{\sqrt{n\sigma^2}}\right)$.

例 1 已知某计算机程序进行加法运算时,要对每个加数四舍五入取整.假设所有取整的误差相互独立,并且均服从均匀分布 $U(-0.5, 0.5)$.(1) 如果将 1 200 个数相加,求误差总和的绝对值超过 20 的概率;(2) 要使误差总和的绝对值不超过 5 的概率超过 0.95,最多有多少个加数?

解 (1) 设 X 为"对每个加数四舍五入,将 1 200 个数相加后的误差总和",并设 X_i 为"第 i 个加数的四舍五入误差",$i=1,2,\cdots,1\,200$.则 $X=\sum_{i=1}^{1\,200} X_i$.有 $X_i \sim U(-0.5, 0.5)$,

$$E(X_i)=\frac{-0.5+0.5}{2}=0,\quad D(X_i)=\frac{(0.5+0.5)^2}{12}=\frac{1}{12},\quad i=1,2,\cdots,1\,200,$$

$$E\left(\sum_{i=1}^{1\,200} X_i\right)=1\,200 \cdot 0=0,\quad D\left(\sum_{i=1}^{1\,200} X_i\right)=1\,200 \cdot \frac{1}{12}=100.$$

由林德伯格-莱维中心极限定理知,$X=\sum_{i=1}^{1\,200} X_i \overset{\text{近似}}{\sim} N(0,100)$.因此

$$P\left(\left|\sum_{i=1}^{1\,200} X_i\right|>20\right)=P\left(\frac{\left|\sum_{i=1}^{1\,200} X_i-0\right|}{\sqrt{100}}>\frac{20-0}{\sqrt{100}}\right)\approx 2[1-\Phi(2)]$$

$$=2 \cdot 0.022\,8=0.045\,6.$$

(2) 设加数最多有 n 个才能使误差总和的绝对值不超过 5 的概率超过 0.95.有

$$E\left(\sum_{i=1}^{n} X_i\right)=0,\quad D\left(\sum_{i=1}^{n} X_i\right)=\frac{n}{12}.$$

由林德伯格-莱维中心极限定理知,$\sum_{i=1}^{n} X_i \overset{\text{近似}}{\sim} N\left(0,\frac{n}{12}\right)$.因此

$$P\left(\left|\sum_{i=1}^{n} X_i\right| \leqslant 5\right)=P\left(\frac{\left|\sum_{i=1}^{n} X_i-0\right|}{\sqrt{\frac{n}{12}}} \leqslant \frac{5}{\sqrt{\frac{n}{12}}}\right)=2\Phi\left(\frac{5}{\sqrt{\frac{n}{12}}}\right)-1 \geqslant 0.95,$$

即 $\Phi\left(\dfrac{5\sqrt{12}}{\sqrt{n}}\right) \geqslant 0.975$,查表得 $\dfrac{5\sqrt{12}}{\sqrt{n}} \geqslant u_{0.975}=1.96$,有 $n \leqslant 12 \cdot \left(\dfrac{5}{1.96}\right)^2=78.092$,取 $n=78$.所以最多有 78 个加数,才能使误差总和的绝对值不超过 5 的概率大于 0.95.

一般来说,若随机变量 $X_1, X_2, \cdots, X_n$ 相互独立同分布且 n 较大时,中心极限定理有以下三种形式.

(1) $\dfrac{\sum_{i=1}^{n} X_i-n\mu}{\sqrt{n\sigma^2}} \overset{\text{近似}}{\sim} N(0,1)$;

(2) $\left(\sum_{i=1}^{n} X_i\right) \overset{\text{近似}}{\sim} N(n\mu, n\sigma^2)$;

(3) $\bar{X} \overset{\text{近似}}{\sim} N\left(\mu, \frac{\sigma^2}{n}\right)$.

【课堂练习】

在街头游戏中，店家在高尔顿钉板的底板两端距离原点超出 8 格的位置放置了值钱的东西来吸引顾客，试用中心极限定理来揭穿这个街头游戏中的骗术.

7.4.2　棣莫弗-拉普拉斯中心极限定理

棣莫弗在 1733 年发表的论文中首次提出了**二项分布在大样本极限下趋近于正态分布**的概念，这可以看作是中心极限定理的早期形态.该定理在概率论和数理统计学中具有广泛的应用.例如，在二项分布的问题中，当 n 足够大时，可以使用正态分布来近似二项分布，从而简化计算和分析.此外，该定理还为许多统计推断方法提供了理论基础，如估计置信区间、假设检验等.

定理 7.7(棣莫弗-拉普拉斯中心极限定理)　设随机变量序列 $X_1, X_2, \cdots$ 相互独立同分布，且 $X_i \sim B(1,p), i=1,2,\cdots$，则对任意实数 x，有

$$\lim_{n\to\infty} P\left(\frac{\sum_{i=1}^{n} X_i - np}{\sqrt{np(1-p)}} \leqslant x\right) = \Phi(x).$$

例 2　某单位的局域网有 100 个终端，每个终端有 10%的时间在使用，如果各个终端使用与否是相互独立的.(1) 计算在任何时刻同时最多有 15 个终端在使用的概率；(2) 用中心极限定理计算在任何时刻同时最多有 15 个终端在使用的概率的近似值.

解　设随机变量 $X_i = \begin{cases} 1, 第\ i\ 个终端在使用, \\ 0, 否则, \end{cases}$ $i=1,2,\cdots,100$.由已知得 $X_1, X_2, \cdots, X_{100}$ 相互独立同分布且 $X_i \sim B(1,p)$，其中 $p=0.1$.同时使用的终端数 $\sum_{i=1}^{100} X_i \sim B(100, 0.1)$.

(1) 借助于计算机计算得

$$P\left(\sum_{i=1}^{100} X_i \leqslant 15\right) = \sum_{k=0}^{15} \mathrm{C}_{100}^{k} 0.1^{k} \cdot 0.9^{100-k} = 0.960\,1,$$

即在任何时刻同时最多有 15 个终端在使用的概率为 0.960 1.

(2) 因为 $E\left(\sum_{i=1}^{100} X_i\right) = 100 \cdot 0.1 = 10, D\left(\sum_{i=1}^{100} X_i\right) = 10 \cdot 0.9 = 9$.运用棣莫弗-拉普拉斯中心极限定理得 $\sum_{i=1}^{100} X_i \overset{\text{近似}}{\sim} N(10, 9)$.因此

$$P\left(\sum_{i=1}^{100} X_i \leqslant 15\right) \approx \Phi\left(\frac{15-10}{\sqrt{9}}\right)=\Phi\left(\frac{5}{3}\right)=0.952\,2,$$

即在任何时刻同时最多有 15 个终端在使用的概率的近似值为 0.952 2.

习题 7.4

1. 已知某厂生产的晶体管的寿命服从均值为 100 h 的指数分布.现在从该厂的产品中随机地抽取 64 只.假定这些晶体管的寿命是相互独立的,求这 64 只晶体管的寿命总和超过 7 000 h 的概率.

2. 在一次集体登山活动中,假设每个人意外受伤的概率是 1%,每个人是否意外受伤是相互独立的.

(1) 为保证没有人意外受伤的概率大于 0.90,问:应当如何控制参加登山活动的人数?

(2) 如果有 100 人参加这次登山活动,求意外受伤的人数小于等于 2 人的概率的近似值.

3. 小王自主创业,开了一家蛋糕店,店内有 A、B、C 三种蛋糕出售,其售价分别为 5 元、10 元、12 元.顾客购买 A、B、C 三种蛋糕的概率分别为 0.2、0.5、0.3.假设今天共有 700 位顾客,每位顾客各买了一个蛋糕,且各位顾客的消费是相互独立的.用中心极限定理求小王今天的营业额在 7 000~7 140 元之间的概率的近似值.

实践与实验

常见分布的数学期望与方差的计算函数如下.

分布	MATLAB 软件调用格式	说明
二项分布	[M,V] = binostat(N,p)	N 为试验次数,p 是二项分布中的概率参数
泊松分布	[M,V] = poisstat(lambda)	lambda 为泊松分布的参数
均匀分布	[M,V] = unifstat(a,b)	a,b 为均匀分布的分布区间端点值
指数分布	[M,V] = expstat(mu)	mu 为指数分布的参数
正态分布	[M,V] = normstat(mu,sigma)	mu,sigma 为正态分布的参数

例 1 已知 $X \sim U(0,1)$,求其数学期望与方差.

解 在 MATLAB 软件命令窗口中输入如下命令:

```
a = 0;
b = 1;
```

```
[M,V] = unifstat(a,b)
```

运行结果如下：

```
M =
     0.5000
V =
     0.0833
```

例 2　已知某扫地机器人样品共 20 个，一级品率为 0.35，问：该样品中一级品的数学期望和方差为多少？

分析　该扫地机器人一级品分布为二项分布，可调用 binostat( )函数计算.

解　在 MATLAB 软件命令窗口中输入如下命令：

```
N = 20;
p = 0.35;
[M,V] = binostat(N,p)
```

运行结果如下：

```
M =
     7
V =
     4.5500
```

实验作业

1. 利用 MATLAB 软件计算掷硬币这一随机事件的数学期望与方差.

2. 已知某品牌的汽车蓄电池寿命服从 $\lambda=0.25$ 的指数分布，计算该品牌汽车蓄电池的数学期望与方差.

本章小结

1. 随机变量的数学期望与方差的定义

随机变量的数字特征是由随机变量的分布确定的，最重要的数字特征是数学期望和方

差,数学期望 $E(X)$ 描述随机变量 X 的平均大小,在离散型随机变量中,定义

$$E(X)=\sum_{i=1}^{+\infty}x_i p(x_i).$$

在连续型随机变量中,定义

$$E(X)=\int_{-\infty}^{+\infty}xp(x)\mathrm{d}x.$$

而方差 $D(X)=E\{[X-E(X)]^2\}$ 描述的是随机变量 X 与其数学期望 $E(X)$ 的偏离程度.其计算公式如下:

$$D(X)=\mathrm{Var}(X)=E[X-E(X)]^2=\begin{cases}\sum\limits_i [x_i-E(X)]^2p(x_i),\text{在离散场合},\\ \int_{-\infty}^{+\infty}[x-E(X)]^2p(x)\mathrm{d}x,\text{在连续场合}.\end{cases}$$

2. 常见分布的数学期望与方差

分布	分布列或概率密度	数学期望	方差
两点分布	$P(X=1)=p,P(X=0)=1-p.$	p	pq
二项分布	$P(X=k)=\mathrm{C}_n^k p^k q^{n-k},k=0,1,2,\cdots,n(q=1-p).$	np	npq
泊松分布	$P(X=k)=\dfrac{\lambda^k}{k!}\mathrm{e}^{-\lambda},k\in N^*,\lambda>0.$	λ	λ
均匀分布	$p(x)=\begin{cases}\dfrac{1}{b-a},a<x<b,\\0,\text{其他}.\end{cases}$	$\dfrac{a+b}{2}$	$\dfrac{(b-a)^2}{12}$
指数分布	$p(x)=\begin{cases}\lambda\mathrm{e}^{-\lambda x},x>0,\\0,x\leqslant 0.\end{cases}$	$\dfrac{1}{\lambda}$	$\dfrac{1}{\lambda^2}$
正态分布	$p(x)=\dfrac{1}{\sqrt{2\pi}\sigma}\mathrm{e}^{-\frac{(x-\mu)^2}{2\sigma^2}},-\infty<x<+\infty$	μ	σ^2

3. 大数定律与中心极限定理

在长期实践中认识到频率具有稳定性,即当试验次数不断增大时,频率稳定在一个数的附近,而大数定律以严密的数学形式论证了频率的稳定性.中心极限定理表明,在相当一般的条件下,当独立随机变量的个数不断增加时,其和的分布趋于正态分布.

复习题七

1. 已知随机变量 X 服从参数为 2 的泊松发布,则随机变量 X 的方差为(　　).

A. -2　　B. 0　　C. 0.5　　D. 2

2. 已知 $X \sim B(n,p)$ 且 $E(X)=2.4$，$D(X)=1.44$，则二项分布的参数为(　　).

A. $n=4, p=0.6$　　B. $n=6, p=0.4$　　C. $n=8, p=0.3$　　D. $n=24, p=0.1$

3. 已知 $E(X)=3$，$D(X)=5$，则 $E(X+2)^2=$(　　).

A. 30　　B. 26　　C. 31　　D. 25

*4. 设随机变量 $X \sim N(1,16)$，求 $D\left(\frac{1}{2}X+4\right)$.

*5. 设随机变量 X 的概率密度函数为

$$p(x)=\begin{cases} a\cos x, & 0 \leqslant x \leqslant \frac{\pi}{2}, \\ 0, & \text{其他}. \end{cases}$$

其中 a 为常数.求：(1) a；(2) $E(X)$.

6. 设随机变量 X 的密度函数如下，求 $E(3X+2)$.

$$p(x)=\begin{cases} e^{-x}, & x>0, \\ 0, & x \leqslant 0. \end{cases}$$

*7. 设随机变量 X 的概率密度函数为

$$f(x)=\begin{cases} 1+x, & -1 \leqslant x<0, \\ 1-x, & 0 \leqslant x<1, \\ 0, & \text{其他}. \end{cases}$$

求 $E(X)$.

8. 设随机变量 X 的概率密度函数为

$$p(x)=\begin{cases} a+bx^2, & 0<x<1, \\ 0, & \text{其他}. \end{cases}$$

已知 $E(X)=\frac{3}{5}$，求 $D(X)$.

9. 设随机变量 X 的分布列为

$$P(X=-2)=\frac{1}{2}, \quad P(X=1)=a, \quad P(X=3)=b.$$

若 $E(X)=0$，求 $D(X)$.

10. 一工厂生产的某种设备的寿命[单位：a(年)] X 服从指数分布，密度函数为

$$f(x)=\begin{cases} \frac{1}{4}e^{-\frac{x}{4}}, & x>0, \\ 0, & x \leqslant 0. \end{cases}$$

为确保消费者的利益，工厂规定出售的设备若在一年内损坏可以调换.若售出一台设备，工厂获利 100 元，而调换一台则损失 200 元，试求工厂出售一台设备获利的数学期望.

11. 袋中有 12 个零件，其中有 9 个为合格品，3 个为废品.安装机器时，将零件从袋中一个一个地取出(取出后不放回)，设在取出合格品之前已取出的废品的个数为随机变量 X，求 $E(X)$ 和 $D(X)$.

第八章 数理统计

数理统计是一门具有广泛应用价值的重要学科分支.

数理统计起源于对数据的收集、整理和分析需求.在人类社会的发展过程中,人们逐渐认识到数据中蕴含着宝贵的信息,而数理统计则为挖掘这些信息提供了科学有效的方法.

数理统计的发展历程充满了创新与突破.从早期对简单数据的描述性统计,到后来发展出各种复杂的推断统计方法,数理统计不断适应着不同领域的需求.在这个过程中,众多数学家和统计学家的贡献不可或缺,他们提出了一系列重要的理论和方法,如参数估计、假设检验、方差分析等.

数理统计的概念被广泛应用于众多领域:在生物学中,可用于分析实验数据、研究物种多样性等;在经济学中,可用于市场调研、经济预测等;在医学中,可用于临床试验分析、疾病流行趋势研究等;在工业生产中,可用于质量控制、生产过程优化等、在社会科学中,用于民意调查、社会学研究等方面.

总体而言,数理统计的发展历程见证了人类对数据的不断深入理解和运用.它已经成为现代科学研究和实际应用中不可或缺的重要工具,为从数据中获取知识、做出决策提供了强大的支持.

本章思维导图

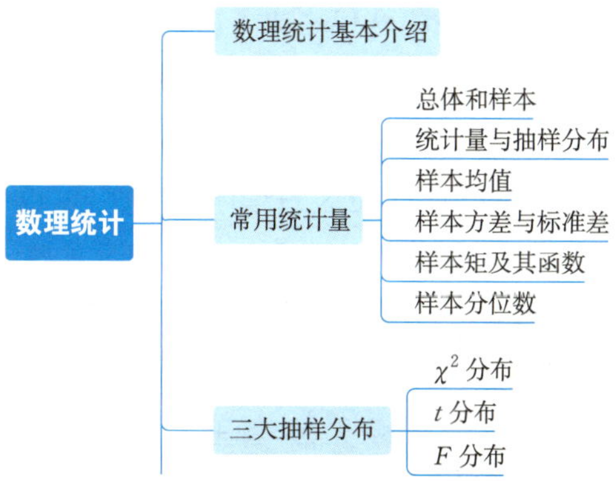

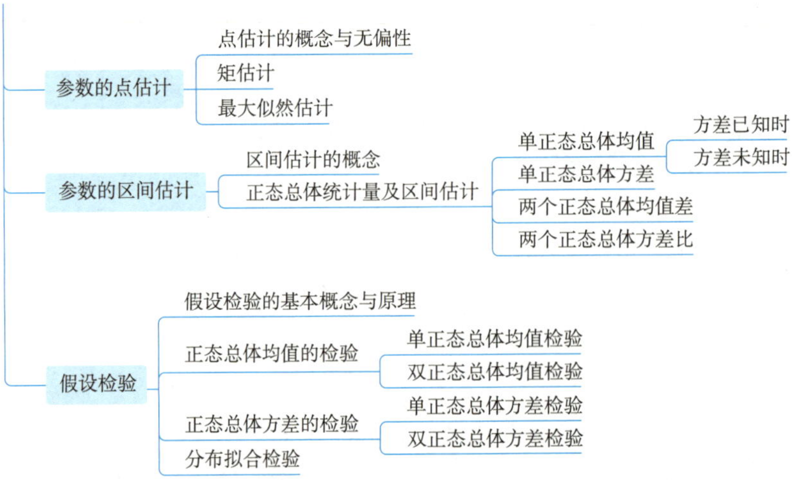

8.1　常用统计量

内容和目标

- 掌握总体与样本的概念；
- 掌握常见统计量的概念与计算.

8.1.1　总体和样本

定义 8.1　对于一个统计研究问题，定义研究对象的全体为**总体**，而构成这个总体的每一个单独元素则称为个体.

例如，假设在某市进行一次全面的人口普查，那么该市的 700 万人口就是需要研究的总体，而其中的每一位市民即为个体.如果特别关注的是该市市民的受教育程度这一特征，那么这 700 万位市民的受教育程度信息集合便构成了研究总体（在数据处理层面上，可以理解为 700 万个数据点）.由此可以看到，**总体既可以是具体的实体，也可以是相应的数据**.

在这些数据中，受教育程度被细分为未接受教育、小学、初中等多个层次，且每个层次在总体中的占比各不相同.为了更准确地描述这一总体的特性，可以引入随机变量 X，用其代表任意一位市民的受教育程度，并通过 X 的概率分布来刻画这些不同受教育程度在总体中的分布情况.此时，**总体也可以看成一个随机变量，或者是随机变量对应的概率分布**.

根据包含的个体数量是否有限，总体分为有限总体与无限总体.

引例　随着新能源汽车行业的迅猛发展，新能源汽车在碰撞后是否会发生燃烧甚至爆炸成为公众高度关注的话题.因此，新能源电池制造商对出厂电池的质量控制显得尤为关键.假设某厂家生产了一批共计 5 000 只的电池,厂家关注的焦点在于这批电池的合格状况.

在这个问题中,总体既可以是 5 000 只电池,也可以是 5 000 组数据,合格(用 0 表示)与不合格(用 1 表示).若以 p 表示不合格电池的占比率,此时总体可以用一个两点分布进行表示.其概率分布列如下.

X	0	1
P	$1-p$	p

而实际上,由于成本、时间等多重因素的限制,对一批次大产量的产品进行逐一合格性检验在现实中显得极为困难且不切实际.同时,从经济效益和运营效率的角度出发,多数情况下进行全面普查(即对所有产品进行检验)的意义并不显著,尤其是对于像螺帽这样的基础生产部件,进行普查不仅不符合企业的成本效益原则,还可能影响整体的生产节奏和运营效率.此时可以采取以下方法:**从总体中抽取部分个体,通过观察部分个体的表现,对总体的特征进行推断**.

定义 8.2 在总体 X 中抽取 n 个个体 $X_1,X_2,X_3,\cdots,X_n$,这 n 个个体共同构成总体 X 的一个容量为 n 的**样本**,其中 n 称为**样本容量**.

值得注意的是,由于样本 $X_1,X_2,X_3,\cdots,X_n$ 是从总体 X 中随机抽取的,每次抽取的结果都不尽相同,因此可以将 $X_1,X_2,X_3,\cdots,X_n$ 看成是随机变量.但是,在一次抽取之后,抽取得到的样本又是明确的,相应可以得到明确的观测值 $x_1,x_2,x_3,\cdots,x_n$(有时大小写可以混用).

从总体中抽取样本的目的是更好地对总体特征进行推断,在抽取样本的过程中,需要确保样本具有代表性.在统计工作中,常用的一种样本是简单随机样本.

定义 8.3 如果样本 $X_1,X_2,X_3,\cdots,X_n$ 是相互独立的,且与总体 X 具有相同的概率分布,则将样本称为**简单随机样本**.

在抽取样本时,如果总体中的每个个体被抽中的概率都是相同的,这样的抽样方法就称为是**随机抽样**.简单随机样本可以通过有放回逐次随机抽样,或者是总体数量很大时的无放回随机抽样得到.本书后续所提及的样本一般指代简单随机样本.

如果总体 X 的分布函数为 $F(x)$,可称样本 $x_1,x_2,x_3,\cdots,x_n$ 是来自总体 $F(x)$ 的(简单随机)样本,样本联合分布函数为 $F(x_1,x_2,\cdots,x_n)=F(x_1)F(x_2)\cdots F(x_n)$.

【课堂练习】

某校为了深入了解校内 2 万名学生在教育方面的年度支出情况,特开展了一项生活消费调研.在此次调研中,学校遵循随机抽样的原则,从全校范围内选取了 200 名学生作为调研对象.请描述在这个问题中的总体、样本和样本容量.

经验分布函数可以描述总体分布函数的大致形状,下面给出经验分布函数的定义.

定义 8.4 从总体 X 中随机抽取容量为 n 的样本,样本观测值为 $x_1,x_2,\cdots,x_n$,将样本观测值由小到大排列成 $x_{(1)} \leqslant x_{(2)} \leqslant \cdots \leqslant x_{n}$.如果 $x_{(k)} \leqslant x < x_{(k+1)}$，$k=1,2,\cdots,n-1$，则不大于 x 的样本观测值的频率为$\frac{k}{n}$，定义函数

$$F_n(x)=\begin{cases}0, & x<x_{(1)},\\ \frac{k}{n}, & x_{(k)} \leqslant x<x_{(k+1)},\\ 1, & x>x_{(n)}.\end{cases}$$

为经验分布函数.

当 n 充分大时，经验分布函数的任一观测值 $F_n(x)$ 与总体分布函数 $F(x)$ 仅有略微差别.

例 1　从总体 X 中随机抽取容量为 5 的样本，样本观测值为

$$5,7,3,2,9.$$

求 X 的经验分布函数.

解　将样本值按从小到大的顺序排列为

$$2<3<5<7<9,$$

因此经验分布函数为

$$F_5(x)=\begin{cases}0, & x<2,\\ \frac{1}{5}, & 2 \leqslant x<3,\\ \frac{2}{5}, & 3 \leqslant x<5,\\ \frac{3}{5}, & 5 \leqslant x<7,\\ \frac{4}{5}, & 7 \leqslant x<9,\\ 1, & 9 \leqslant x.\end{cases}$$

【课堂练习】

从总体 X 中随机抽取容量为 10 得样本，样本观测值为

$$2,5,7,1,5,13,2,8,9,9.$$

求 X 的经验分布函数.

8.1.2　统计量与抽样分布

样本取自总体，包含总体多方面信息，但这些信息较为零散.需要对样本进行整理，从而整合这些信息以反映总体的特征，若需深入了解总体的各项参数，常用方法是构建样本函

数，通过不同的样本函数来揭示总体的不同特性.

定义 8.5　假设从总体 X 中抽取了容量为 n 的样本 $X_1,X_2,\cdots,X_n$，如果由这个样本构造一个函数 $T(X_1,X_2,\cdots,X_n)$，且这个函数不依赖于任何未知参数，则称函数 $T(X_1,X_2,\cdots,X_n)$ 是一个**统计量**.统计量的分布称为**抽样分布**，该分布一般会依赖于未知参数.

如果得到样本的一组具体观测值 $x_1,x_2,\cdots,x_n$，将其代入函数算得数值 $T(x_1,x_2,\cdots,x_n)$，这就是一个具体的统计量值.

例如，若从服从均匀分布 $U(10,\theta)$ 的总体 X 中抽取容量为 n 的样本 $x_1,x_2,\cdots,x_n$，则 $T_1=\sum_{i=1}^{n}x_i$ 就是统计量.

【课堂练习】

依照从均匀分布 $U(10,\theta)$ 的总体 X 中抽取容量为 n 的样本 $x_1,x_2,\cdots,x_n$，请回答：(1) $T_2=\min(x_1,x_2,x_5,x_7)$ 是否是统计量；(2) $T_3=x_2+x_5+\theta$ 是否是统计量.

常见的统计量包括样本均值、方差与标准差以及样本矩等，这些概念将在后文中详细阐述.

除常见的统计量之外，有一些统计量也可以额外进行关注，如次序统计量、充分统计量等.

定义 8.6　**次序统计量**是指对样本观测值按照从小到大的顺序进行排列后得到的统计量.设从总体 X 中抽取容量为 n 的样本，将样本观测值 $x_1,x_2,\cdots,x_n$ 从小到大排列为 $x_{(1)}\leqslant x_{(2)}\leqslant\cdots\leqslant x_{(n)}$，这里 $x_{(1)},x_{(2)},\cdots,x_{(n)}$ 就是次序统计量.其中 $x_{(k)}$ 称为第 k 个次序统计量.

例如，对于一组样本数据 5，3，7，2，6，从小到大排列后为 2，3，5，6，7，那么 $X_{(1)}=2$，$X_{(2)}=3$，$X_{(3)}=5$，$X_{(4)}=6$，$X_{(5)}=7$.

定义 8.7　设 $x_1,x_2,\cdots,x_n$ 是来自总体分布 $f(x;\theta)$（其中 θ 是未知数）的样本，$T=T(x_1,x_2,\cdots,x_n)$ 是一个统计量.如果在给定统计量 T 的值后，样本的条件分布与未知参数 θ 无关，那么统计量 T 就是关于参数 θ 的**充分统计量**.

例如，对于正态总体 $N(\mu,\sigma^2)$，其中 μ 和 σ^2 是未知参数，样本均值 $\bar{x}$ 和样本方差 s^2 就是关于 μ 和 σ^2 的充分统计量.这意味着，如果想要对 μ 和 σ^2 进行推断，只需要关注 $\bar{x}$ 和 s^2，而不需要保留样本的所有观测值.

8.1.3　样本均值

定义 8.8　从总体 X 中抽取容量为 n 的样本，样本观测值为 $x_1,x_2,\cdots,x_n$，则将其算术平均值记为样本均值，用 $\bar{x}$ 表示，即 $\bar{x}=\dfrac{1}{n}\sum_{i=1}^{n}x_i$.

例 2　某学院对上届毕业的 300 名毕业生的月薪进行调研，随机抽取 25 名学生进行随访得到其月薪分别为

7 000，5 500，10 000，7 200，5 800，6 600，5 000，5 500，9 000，7 200，6 800，6 300，6 000，

5 700,6 000,5 500,5 200,5 300,6 000,8 000,5 800,6 000,7 200,7 000,6 000.
试求样本均值 $\bar{x}$.

解 样本均值为

$$\bar{x}=\frac{1}{25}(7\,000+5\,500+\cdots+6\,000)=6\,464.$$

定理 8.1 偏差是指样本中数据与样本均值的差，即 $x_i-\bar{x}$，偏差和记为 $\sum_{i=1}^{n}(x_i-\bar{x})$，其值为 0.

证 $\sum_{i=1}^{n}(x_i-\bar{x})=\sum_{i=1}^{n}x_i-\sum_{i=1}^{n}\bar{x}=\sum_{i=1}^{n}x_i-n\bar{x}$，其中 $\bar{x}=\frac{1}{n}\sum_{i=1}^{n}x_i$，因此 $n\bar{x}=\sum_{i=1}^{n}x_i$，故 $\sum_{i=1}^{n}(x_i-\bar{x})=0$.

这个性质有助于从另一个角度理解样本均值作为集中趋势代表的意义.偏差之和为 0 说明样本均值处于所有数据偏差的“平衡位置”，它使得正负偏差相互抵消.

接下来将探讨样本均值的抽样分布.前面提到样本是从总体 X 中随机抽取出来的，这意味着如果进行多次独立的样本抽取，每次抽取得到的样本集合将会是各不相同的.比如当研究总体为某班级女生的身高(单位:cm)：

160,158,168,163,163,165,169,172,170,155,158,166,160,159,158,167,166,162,154,158,157,173,162,165.

如果从中抽取 5 个个体作为一个样本，每次抽取结果可能都不相同，如抽取 160,158,163,157,162 为一个样本，或者抽取 158,165,167,162,154 为一个样本，此时两个样本所对应的样本均值也是不相同的.重复 1 000 次随机抽取绘制样本均值分布的直方图如图 8－1 所示.可见分布形状与“正态分布”类似.

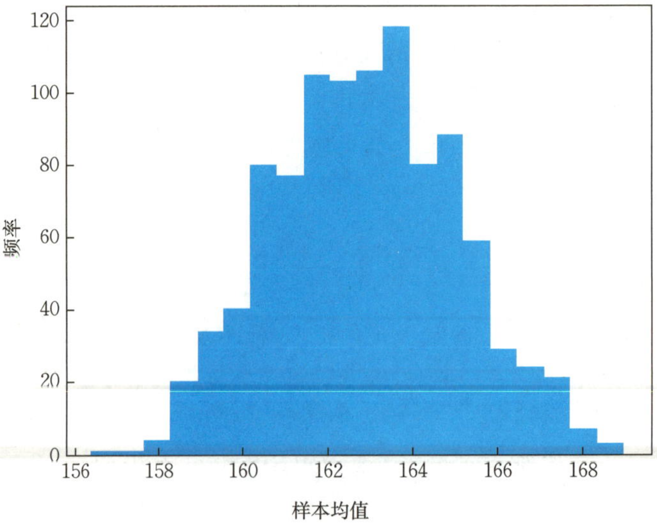

图 8－1 1 000 次随机抽取样本均值分布直方图

样本是从总体中随机抽取的，这种随机性导致了样本均值在多次抽样过程中会呈现出一种特定的分布模式，即样本均值的抽样分布.对于样本的抽样分布有下述重要结论.

定理 8.2　从总体中抽取容量为 n 的样本 $x_1,x_2,\cdots,x_n$，样本均值为 $\bar{x}$.

(1) 如果总体的分布是正态分布 $N(\mu,\sigma^2)$，样本均值的分布为 $N\left(\mu,\dfrac{\sigma^2}{n}\right)$；

(2) 如果总体的分布不是正态分布，但 $E(x)=\mu$，$D(x)=\sigma^2$，则当抽取样本量 n 较大时，$\bar{x}$ 的渐近分布为 $N\left(\mu,\dfrac{\sigma^2}{n}\right)$.

【注意】这里的渐近分布指的是 n 较大时的近似分布.

例如，从服从正态分布 $N(1,5^2)$ 的总体中抽取容量为 30 的样本，则样本的均值分布为 $N\left(1,\dfrac{5}{6}\right)$.

【课堂练习】

现在从服从均匀分布 $U(2,8)$ 的总体中抽取容量为 50 的样本，此时样本均值的分布图与正态分布近似，请给出样本均值的近似分布.

8.1.4　样本方差与标准差

定义 8.9　从总体 X 中抽取容量为 n 的样本，样本观测值为 $x_1,x_2,\cdots,x_n$，样本观测值与样本均值的平均偏差平方和称为**样本方差**，记作 s^2，

$$s^2=\frac{1}{n-1}\sum_{i=1}^{n}(x_i-\bar{x})^2,$$

其中 $\sum\limits_{i=1}^{n}(x_i-\bar{x})^2$ 称作偏差平方和，对于偏差平方和有

$$\sum_{i=1}^{n}(x_i-\bar{x})^2=\sum_{i=1}^{n}(x_i^2-2x_i\bar{x}+\bar{x}^2)=\sum_{i=1}^{n}x_i^2-n\bar{x}^2,$$

因此样本方差也可以记作

$$s^2=\frac{1}{n-1}\left(\sum_{i=1}^{n}x_i^2-n\bar{x}^2\right).$$

定义 8.10　对样本方差开平方根就得到**样本标准差** s，

$$s=\sqrt{s^2}=\sqrt{\frac{1}{n-1}\sum_{i=1}^{n}(x_i-\bar{x})^2}.$$

样本方差与样本标准差都是衡量数据离散程度的统计量，当样本方差或标准差较大时，说明样本数据较为分散.相较于样本方差来说，样本标准差与原始样本数据的度量单位是一

致的，更容易赋予实际意义，应用也相较广泛.

例 3　随机抽取两个班级 10 名学生英语期末考试如下：

班级 1：73，94，62，93，72，54，98，80，71，65.

班级 2：78，82，85，73，72，85，76，74，73，64.

试分析两班学生的成绩情况.

解　通过计算可知班级 1 的样本均值为：$\bar{x}_1=\frac{1}{10}(73+94+\cdots 65)=76.2$，班级 2 的样本均值为$\bar{x}_2=\frac{1}{10}(78+82+\cdots 64)=76.2$，两个班级的样本均值相等.通过计算两个班级的样本方差可得：

$$s_1^2=\frac{1}{10-1}((73^2+94^2+\cdots 65^2)-10\bar{x}_1^2)=218.18,$$

$$s_2^2=\frac{1}{10-1}((78^2+82^2+\cdots 64^2)-10\bar{x}_2^2)=46.62,$$

相应地两个班级的样本标准差分别为 $s_1=14.77$，$s_2=6.53$，因此可以得出结论：班级 2 的样本成绩比班级 1 的样本成绩更为集中.

【课堂练习】

请计算例 2 中案例的样本方差与样本标准差.

8.1.5　样本矩及其函数

定义 8.11　从总体 X 中抽取容量为 n 的样本，样本观测值为 $x_1,x_2,\cdots,x_n$，称

$$a_k=\frac{1}{n}\sum_{i=1}^{n}x_i^k,\quad k=1,2,\cdots$$

为样本的 **k 阶原点矩**，称

$$m_k=\frac{1}{n}\sum_{i=1}^{n}(x_i-\bar{x})^k,\quad k=1,2,\cdots$$

为样本的 **k 阶中心矩**.

其中，样本的一阶原点矩 $a_1=\frac{1}{n}\sum_{i=1}^{n}x_i,k=1,2,\cdots$ 就是样本均值，样本的二阶中心矩 $m_2=\frac{1}{n}\sum_{i=1}^{n}(x_i-\bar{x})^2,k=1,2,\cdots$ 又称为未修正样本方差.

例如，从总体中随机抽取的样本为 5，7，10，12，13，可计算得其一阶原点矩为 $a_1=\frac{1}{5}(5+7+10+12+13)=9.4$，其二阶原点矩为 $a_2=\frac{1}{5}(5^2+7^2+10^2+12^2+13^2)=97.4$.

【课堂练习】

请计算例 3 中样本的二阶中心矩与三阶中心矩.

样本矩函数在统计分析中具有重要作用,可以用来刻画样本数据的各种特征,如偏度、峰度等,为推断总体分布的性质提供依据.其中偏度是对数据分布偏斜程度的一种度量,而峰度是对数据分布峰值高低的一种度量.

定义 8.12 从总体 X 中抽取容量为 n 的样本,样本观测值为 $x_1,x_2,\cdots,x_n$,称

$$sk=\frac{m_3}{m_2^{\frac{3}{2}}}=\frac{\frac{1}{n}\sum_{i=1}^{n}(x_i-\bar{x})^3}{\left[\frac{1}{n}\sum_{i=1}^{n}(x_i-\bar{x})^2\right]^{\frac{3}{2}}}$$

为**样本偏度**.

如果样本偏度值大于 0,反映数据总体分布为正偏态(右偏),即数据的右侧有较多的极端值;如果样本偏度值小于 0,数据总体分布为负偏态(左偏),即数据的左侧有较多的极端值;如果样本偏度值接近 0,数据分布接近对称,如图 8-2 所示.

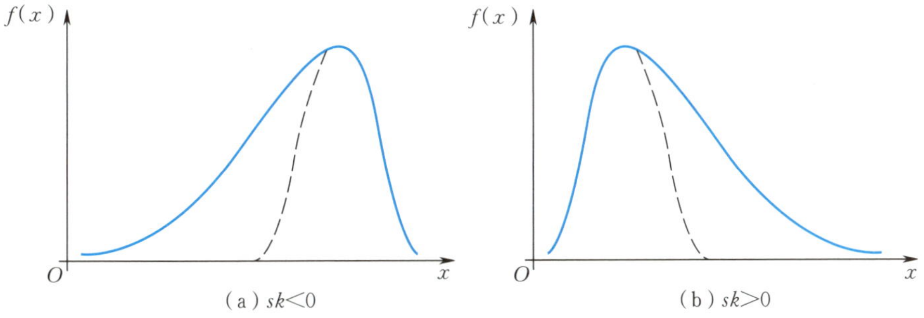

图 8-2 样本偏度

定义 8.13 从总体 X 中抽取容量为 n 的样本,样本观测值为 $x_1,x_2,\cdots,x_n$,称

$$ku=\frac{m_4}{m_2^2}-3=\frac{\frac{1}{n}\sum_{i=1}^{n}(x_i-\bar{x})^4}{\left[\frac{1}{n}\sum_{i=1}^{n}(x_i-\bar{x})^2\right]^2}-3$$

为**样本峰度**.

如果样本峰度值大于 0,数据总体分布比正态分布更尖峰;如果样本峰度值小于 0,数据总体分布比正态分布更平坦;如果样本峰度值接近 0,数据分布接近正态分布.

定理 8.3 设总体 X 的二阶中心矩存在,且 $E(X)=\mu,S(X)=\sigma^2$,从该总体中随机抽取容量为 n 的样本,样本观测值为 $x_1,x_2,\cdots,x_n$,则有

(1) $E(\bar{x})=\mu,D(\bar{x})=\frac{\sigma^2}{n}$;

(2) $E(s^2)=\sigma^2$.

8.1.6　样本分位数

样本分位数是样本数据的一种位置统计量，在描述数据分布以及异常值识别等统计应用场景中具有重要作用.

定义 8.14　从总体 X 中随机抽取容量为 n 的样本，样本观测值为 $x_1, x_2, \cdots, x_n$，将其从小到大排列为 $x_{(1)}, x_{(2)}, \cdots, x_{(n)}$，对于 $0<p<1$，**样本的 p 分位数**被定义为

(1) 当 np 为整数时，$f_p=\dfrac{x_{(np)}+x_{(np+1)}}{2}$；

(2) 当 np 不是整数时，设 $np=i+j$，其中 i 为整数部分，j 为小数部分，则有 $f_p=x_{(i+1)}$.

特别地，当 $p=0.5$ 时，可以得到样本的 0.5 分位数即样本的中位数.

例 4　从总体 X 中随机抽取容量为 10 的样本，样本观测值为

$$1.28, 2.31, 5.23, 3.79, 4.21, 0.78, 3.22, 2.39, 3.21, 4.54.$$

求样本的 0.5 分位数.

解　将样本从小到大排列为

$$0.78, 1.28, 2.31, 2.39, 3.21, 3.22, 3.79, 4.21, 4.54, 5.23,$$

此时

$$np=10\times 0.5=5,$$

$$f_{0.5}=\frac{x_{(5)}+x_{(6)}}{2}=\frac{3.21+3.22}{2}=3.215.$$

【课堂练习】

从总体 X 中随机抽取容量为 13 的样本，样本的观测值为

12.31, 11.28, 9.45, 12.33, 17.28, 15.39, 17.91, 16.45, 18.24, 21.22, 16.55, 12.28, 18.32.

求样本的 0.3 分位数.

习题 8.1

1. 从服从均匀分布 $U(3,\theta)$ 的总体 X 中随机抽取容量为 n 的样本，样本观测值为 $x_1, x_2, \cdots, x_n$，请指出下列哪几条为统计量.

(1) $x_1+x_2+x_3$；　(2) $\sum\limits_{i=1}^{n} x_i$；　(3) $\dfrac{1}{n}\sum\limits_{i=1}^{n} x_i-E(x)$；　(4) $E(x)+\theta$.

2. 某学校对本校男生的身高情况进行调研，随机抽取 100 名男生得到他们的身高情况如下：

身高/m	165～170	170～175	175～180	180～185	>185	合计
人数	13	39	26	17	5	100

提示:对于分组样本,用组中中位数(组中值)替代该组,如 165～175 组中值为 170,则该组身高和为 13×170.

求样本均值与样本方差.

3. 从服从两点分布 $b(1,p)$的总体 X 中随机抽取容量为 20 的样本,样本观测值为 x_1,x_2,…,x_n,请给出样本均值 $\bar{x}$ 的渐近分布.

4. 以下是某饮料厂对一个生产批次饮料的净含量(单位:mL)进行抽查得到的容量为 10 的样本:

600,602,598,595,602,600,598,602,601,600.

请由该数据求经验分布函数并作图.

8.2 三大抽样分布

内容和目标

- 掌握 χ^2 分布的计算与性质;
- 掌握 t 分布的计算与性质;
- 掌握 F 分布的计算与性质.

在从总体中抽取样本之后,通过分析样本的统计量来推断总体的分布特征,因此需要明确这些统计量所遵循的具体分布类型.接下来的内容将详细介绍几个常用的统计分布.

8.2.1 χ^2 分布

定义 8.15 从总体 $N(0,1)$中抽取容量为 n 的样本 $X_1,X_2,\cdots,X_n$,则称统计量

$$\chi^2=X_1^2+X_2^2+\cdots+X_n^2$$

为服从自由度为 n 的 χ^2 分布,记作 $\chi^2\sim\chi^2(n)$.

其中自由度是指上式右端所含独立变量的个数.

χ^2 分布的概率密度函数为

$$f(x)=\begin{cases}\dfrac{1}{2^{\frac{n}{2}}\Gamma\left(\dfrac{n}{2}\right)}x^{\frac{n}{2}-1}\mathrm{e}^{-\frac{1}{2}x}, & x>0,\\ 0, & 其他.\end{cases}$$

其中 $\Gamma(\ )$ 称作 Gamma 函数，$\Gamma(\alpha)=\int_0^{+\infty} x^{\alpha-1}\mathrm{e}^{-x}\mathrm{d}x$.$f(x)$ 的图像如图 8－3 所示，从图像中可以看到随着 n 的增大，密度函数的图像逐渐趋于对称.

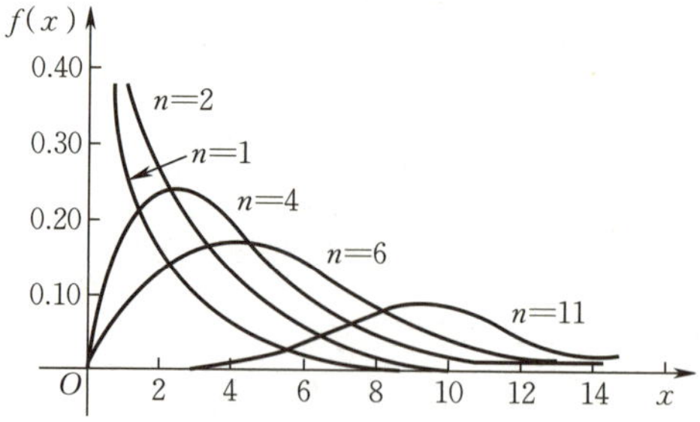

图 8－3　χ^2 分布的概率密度函数图像

对于 χ^2 分布而言具有如下定理.

定理 8.4　当 $\chi^2\sim\chi^2(n)$ 时，则 $E(\chi^2)=n$，$D(\chi^2)=2n$.

证　因为 $X_i\sim N(0,1)$，故有

$$E(X_i^2)=D(X_i)=1,$$

同时

$$D(X_i^2)=E(X_i^4)-[E(X_i^2)]^2=3-1=2,$$

因此可得

$$E(\chi^2)=E\left(\sum_{i=1}^{n}X_i^2\right)=\sum_{i=1}^{n}E(X_i^2)=n,$$

$$D(\chi^2)=D\left(\sum_{i=1}^{n}X_i^2\right)=\sum_{i=1}^{n}D(X_i^2)=2n.$$

定理 8.5　χ^2 分布具有可加性.若 $\chi_1^2\sim\chi^2(m)$，$\chi_2^2\sim\chi^2(n)$，且 χ_1^2，χ_2^2 相互独立，则有 $\chi_1^2+\chi_2^2\sim\chi^2(m+n)$.

证　设 $\chi_1^2=X_{11}^2+X_{12}^2+\cdots+X_{1m}^2$，$\chi_2^2=X_{21}^2+X_{22}^2+\cdots+X_{2n}^2$，其中 $X_{11},X_{12},\cdots,X_{1m}$ 与 $X_{21},X_{22},\cdots,X_{2n}$ 均服从 $N(0,1)$，且相互独立，则有

$$\chi_1^2+\chi_2^2=X_{11}^2+X_{12}^2+\cdots+X_{1m}^2+X_{21}^2+X_{22}^2+\cdots+X_{2n}^2.$$

χ^2 分布的上 α 分位数记作 χ_α^2，对于给定的 $\alpha(0<\alpha<1)$，有 $P[\chi^2>\chi_\alpha^2(n)]=\alpha$，其中 $\chi_\alpha^2(n)$ 的值可通过查表得到.

例 1　从服从 $N(0,1)$ 的总体中随机抽取容量为 6 的样本 $X_1,X_2,\cdots,X_6$，请求出常数 P 使 $P(X_1+X_3+X_5)^2+P(X_2+X_4+X_6)^2$ 服从 χ^2 分布.

解　由题意可知

$$X_1+X_3+X_5\sim N(0,3),\quad X_2+X_4+X_6\sim N(0,3),$$

因此有

$$\frac{X_1+X_3+X_5}{\sqrt{3}}\sim N(0,1),\quad \frac{X_2+X_4+X_6}{\sqrt{3}}\sim N(0,1),$$

且它们相互独立，可以得到

$$\left(\frac{X_1+X_3+X_5}{\sqrt{3}}\right)^2+\left(\frac{X_2+X_4+X_6}{\sqrt{3}}\right)^2\sim\chi^2(2).$$

因此可以求得满足条件的常数 $P=\frac{1}{3}$.

【课堂练习】

从服从 $N(0,1)$ 的总体中随机抽取容量为 6 的样本 $X_1,X_2,\cdots,X_6$，已知 $X_2^2+a(X_1+X_3)^2+b(X_4+X_5-X_6)^2$ 服从 χ^2 分布，请求出满足条件的常数 a 和 b.

8.2.2 t 分布

定义 8.16 设随机变量 $X_1\sim N(0,1)$，$X_2\sim\chi^2(n)$，且 X_1 与 X_2 相互独立，则称

$$T=\frac{X_1}{\sqrt{\frac{X_2}{n}}}$$

为服从自由度为 n 的 t 分布，记作 $T\sim t(n)$.

t 分布又称为学生分布.t 分布的概率密度函数为

$$f(x)=\frac{\Gamma\left(\frac{(n+1)}{2}\right)}{\sqrt{n\pi}\,\Gamma\left(\frac{n}{2}\right)}\left(1+\frac{x^2}{n}\right)^{-\frac{n+1}{2}},\quad x\in\mathbf{R}.$$

$f(x)$的图像如图 8-4 所示，可以看到其关于直线 $x=0$ 对称，同时当 n 充分大时，图像与标准正态分布的概率密度函数图像相似.

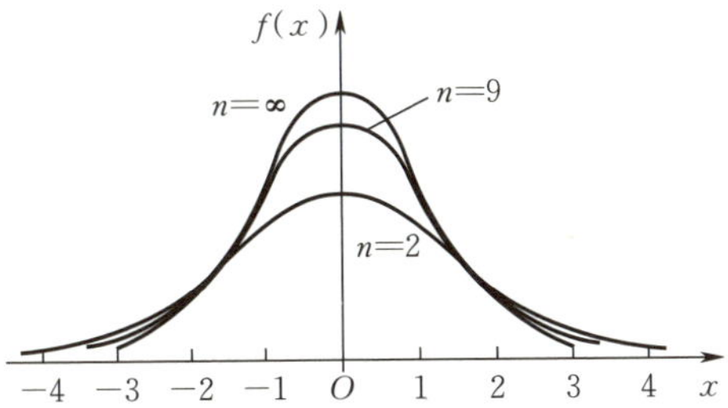

图 8-4 t 分布的概率密度函数图像

定理 8.6 当 n 充分大时，$t(n)$分布近似于标准正态分布，有

$$\lim_{n\to\infty}f(x)=\frac{1}{\sqrt{2\pi}}e^{-\frac{x^2}{2}}.$$

但需要注意的是，当 n 较小时，$t(n)$ 分布与标准正态分布有较大差别.

t 分布的上 α 分位数记作 t_α，对于给定的 $\alpha(0<\alpha<1)$，有 $P[T>t_\alpha(n)]=\alpha$. 同时如图 8-4所示，$t(n)$分布的概率密度函数图像具有对称性，可得

$$t_{1-\alpha}(n)=-t_\alpha(n).$$

$t_\alpha(n)$的值可通过查表得到，同时当 $n>45$ 时，对于常用的 α 值，可以用标准正态分布的分位数近似，即

$$t_\alpha(n)\approx z_\alpha.$$

例 2　设随机变量 $X_1\sim N(3,1)$，X_2,X_3,X_4,X_5 均服从 $N(0,4)$，且各个变量相互独立，若

$$T=\frac{4(X_1-3)}{\sqrt{X_2^2+X_3^2+X_4^2+X_5^2}},$$

求 T 的分布，并确定 t 的值，使 $P(T>t)=0.01$.

解　由题意可知

$$X_1-3\sim N(0,1),\quad \frac{X_2}{2}\sim N(0,1),\quad \frac{X_3}{2}\sim N(0,1),\quad \frac{X_4}{2}\sim N(0,1),\quad \frac{X_5}{2}\sim N(0,1),$$

因此有

$$T=\frac{4(X_1-3)}{\sqrt{X_2^2+X_3^2+X_4^2+X_5^2}}=\frac{X_1-3}{\sqrt{\dfrac{(X_2^2+X_3^2+X_4^2+X_5^2)}{4^2}}}=\frac{X_1-3}{\sqrt{\dfrac{\sum\limits_{i=2}^{5}\left(\dfrac{X_i}{2}\right)^2}{4}}}\sim t(4),$$

故 T 服从自由度为 4 的 t 分布. 通过查表可知 $t=t_{0.01}(4)=3.747$.

【课堂练习】

设随机变量 $X\sim N(2,4)$，$Y_i\sim N(0,16)$，$i=1,2,\cdots,16$，且各个变量 X,Y_i 之间均相互独立，若

$$T=\frac{128(X_1-2)}{\sqrt{\sum\limits_{i=1}^{16}Y_i^2}},$$

求 T 的分布，并确定 t 的值，使 $P(T>t)=0.01$.

8.2.3　F 分布

F 分布是一种连续型概率分布，常用于方差分析与回归分析.

定义 8.17　设 $X_1\sim\chi^2(m)$，$X_2\sim\chi^2(n)$，且 X_1 与 X_2 相互独立，则称

$$F=\frac{\frac{X_1}{m}}{\frac{X_2}{n}}=\frac{nX_1}{mX_2}$$

为服从自由度为(m,n)的 F 分布，记为 $F\sim F(m,n)$.显然若 $F\sim F(m,n)$，则有$\frac{1}{F}\sim F(n,m)$.

F 分布的概率密度函数为

$$f(x)=\begin{cases}\dfrac{\Gamma\left[\dfrac{(m+n)}{2}\right]}{\Gamma\left(\dfrac{m}{2}\right)\Gamma\left(\dfrac{n}{2}\right)}\left(\dfrac{m}{n}\right)^{\frac{m}{2}}x^{\frac{m}{2}-1}\left(1+\dfrac{m}{n}x\right)^{-\frac{1}{2}(m+n)}, & x>0,\\ 0, & \text{其他}.\end{cases}$$

$f(x)$的函数图像如图 8-5 所示.

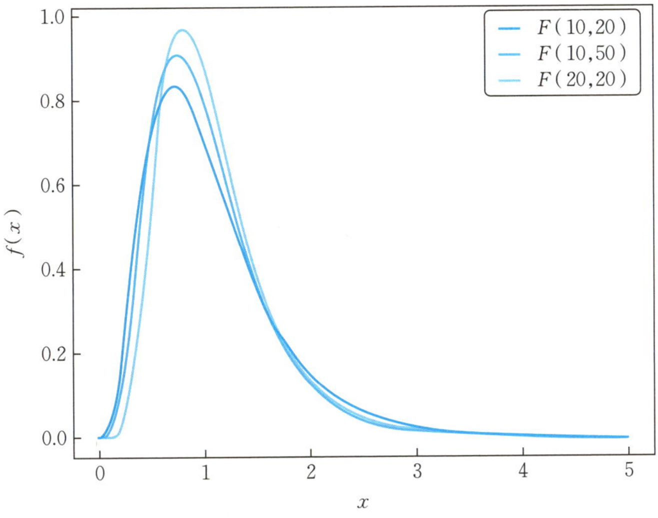

图 8-5　F 分布的概率密度函数图像

定理 8.7　若随机变量 $X\sim t(n)$，则 $X^2\sim F(1,n)$.

F 分布的上 α 分位数记作 F_α，对于给定的 $\alpha(0<\alpha<1)$，有 $P[F>F_\alpha(n,m)]=\alpha$，$F_\alpha(n,m)$的值可以通过表得到.对于 F 分布的分位数有一个重要的性质：

$$F_\alpha(m,n)=\frac{1}{F_{1-\alpha}(n,m)}.$$

可以通过该性质得到一些在 F 分布表上没有的分位数，如

$$F_{0.9}(1,5)=\frac{1}{F_{0.1}(5,1)}=\frac{1}{57.24}=0.017.$$

例 3　从服从 $N(0,9)$的总体中抽取容量为 5 的样本 $X_1,X_2,\cdots,X_5$，请给出常数 c，使

得 $c\dfrac{X_1^2+X_3^2}{X_2^2+X_4^2+X_5^2}$服从 F 分布.

解　由题意可得$\dfrac{X_i}{3}\sim N(0,1)$，因此

$$\left(\frac{X_1}{3}\right)^2+\left(\frac{X_3}{3}\right)^2\sim\chi^2(2),\quad \left(\frac{X_2}{3}\right)^2+\left(\frac{X_4}{3}\right)^2+\left(\frac{X_5}{3}\right)^2\sim\chi^2(3),$$

故

$$\frac{\dfrac{\left[\left(\dfrac{X_1}{3}\right)^2+\left(\dfrac{X_3}{3}\right)^2\right]}{2}}{\dfrac{\left[\left(\dfrac{X_2}{3}\right)^2+\left(\dfrac{X_4}{3}\right)^2+\left(\dfrac{X_5}{3}\right)^2\right]}{3}}=\frac{3}{2}\frac{X_1^2+X_3^2}{X_2^2+X_4^2+X_5^2}\sim F(2,3),$$

即常数 $c=\dfrac{3}{2}$.

【课堂练习】

从服从 $N(0,1)$的总体中抽取容量为 $n(n>7)$的样本 $X_1,X_2,\cdots,X_n$，请问统计量

$$\frac{\left[\left(\dfrac{n}{7}-1\right)\sum\limits_{i=1}^{7}X_i^2\right]}{\sum\limits_{i=8}^{n}X_i^2}$$

服从什么分布？

习题 8.2

1. 从服从 $N(0,1)$的总体中随机抽取容量为 n 的样本 $X_1,X_2,\cdots,X_n$，请问下面的统计量分别服从什么分布.

(1) $\dfrac{\sqrt{3}X_2}{\sqrt{X_1^2+X_3^2+X_5^2}}$；　(2) $\dfrac{X_2-X_3}{\sqrt{X_5^2+X_6^2}}$；　(3) $\dfrac{\left[\left(\dfrac{n}{4}-1\right)\sum\limits_{i=1}^{4}X_i^2\right]}{\sum\limits_{i=5}^{n}X_i^2}$.

2. 查表求下列分布的上分位数：$\chi^2_{0.95}(4)$，$\chi^2_{0.05}(8)$，$t_{0.01}(7)$，$F_{0.95}(2,8)$.

3. 从服从 $N(0,16)$的总体中抽取容量为 n 的样本 $X_1,X_2,\cdots,X_n$，求：

(1) 给出常数 c，使得 $c(X_1^2+X_5^2+X_6^2)$服从 χ^2 分布，并给出其自由度；

(2) 给出常数 k，使得 $k\dfrac{X_2+X_3+X_5}{\sqrt{X_1^2+X_6^2+X_7^2}}$服从 t 分布，并给出其自由度；

(3) 给出常数 g,使 $g\dfrac{X_7^2+X_3^2+X_5^2}{X_1^2+X_2^2}$服从 F 分布,并给出其自由度.

4. 设随机变量 $T\sim t(n)$,$F=\dfrac{1}{T^2}$,求随机变量 F 的分布.

8.3 参数的点估计

内容和目标

- 掌握点估计的概念与无偏性;
- 掌握矩估计法;
- 掌握最大似然估计法.

假设总体 X 的分布形式已知,但存在一个或多个未知参数,本节将探讨由总体 X 的样本对总体的未知参数进行估计的相关问题.

8.3.1 点估计的概念与无偏性

假设总体 X 的概率分布列或概率密度函数为 $f(x;\theta)$,其中 θ 为未知参数,称作总体参数,总体参数虽然是未知的,但是它的可能取值范围是已知的,将其取值范围称为参数空间,记作 Θ.

定义 8.18 从总体 X 中随机抽取容量为 n 的样本,样本观测值为 $x_1,x_2,\ldots,x_n$,θ 是总体分布中的未知参数,为估计未知参数 θ,需要构造一个适当统计量

$$\hat{\theta}(X_1,X_2,\cdots,X_n),$$

用它的观测值 $\hat{\theta}(x_1,x_2,\cdots,x_n)$来估计 θ,此时将 $\hat{\theta}(x_1,x_2,\cdots,x_n)$为 θ 的一个点估计值.

需要注意的是对于随机抽取的不同的样本观测值,点估计值可能是不同的.

例 1 假设客服中心一个小时接到呼叫的次数 X 是一个随机变量,服从泊松分布,其概率分布列为

$$P(X=k)=\frac{\lambda^k}{k!}e^{-\lambda},\quad k=0,1,2,\cdots,$$

其中 λ 是一个未知参数,现得样本值如下:

呼叫次数 k	0	1	2	3	4	5	6	>6	合计
k 次呼叫发生次数	15	10	12	16	30	11	6	0	100

试估计未知参数 λ.

解　对于泊松分布，有 $\lambda=E(X)$，因此可以用样本均值来估计总体均值 $E(X)$.通过计算可以得到：

$$\bar{x}=\frac{1}{100}(0\times15+1\times10+2\times12+3\times16+4\times30+5\times11+6\times6)=3.87,$$

即 λ 的一个估计值为 3.87.

【课堂练习】

设某种类型灯泡的寿命 X（单位：10^3 h）是一个随机变量，服从指数分布，其概率密度函数为

$$f(x)=\frac{1}{\theta}\mathrm{e}^{-\frac{x}{\theta}},\quad x>0,$$

其中 θ 为未知参数，现得样本值如下：

2.5,2.6,2.4,2.5,2.5,2.7,2.3,2.3,2.4,2.2.

请估计未知参数 θ.

事实上，对于一个未知参数而言，可能会有多种估计方法，所得到的估计量也会有所不同.对于服从泊松分布的总体 X 而言，如果未知参数为 λ，既有 $E(X)=\lambda$，也有 $D(X)=\lambda$，因此既可以用样本均值估计未知参数 λ，也可以用样本方差来估计未知参数 λ.基于此需要通过一定的评价标准对不同估计量的好坏进行评价.常用的评价标准有无偏性、有效性与相合性.

定义 8.19　设参数 θ 的一个估计值为 $\hat{\theta}=\hat{\theta}(x_1,x_2,\cdots,x_n)$，如果有

$$E(\hat{\theta})=\theta,\quad \theta\in\Theta,$$

则称 $\hat{\theta}$ 是 θ 的**无偏估计**.否则称为有偏估计.

对于无偏估计可以做如下理解：在做参数估计时，每次随机抽取的样本都会有所不同，因此出来的估计值 $\hat{\theta}$ 也会随着样本观测值的改变而改变，而无偏估计意味着在多次重复抽样和估计的过程中，估计值 $\hat{\theta}$ 的平均值会无限接近于被估计参数的真实值 θ.

定理 8.8　对于任一总体 X，从总体 X 中随机抽取容量为 n 的样本 $X_1,X_2,\cdots,X_n$，总体 X 的均值记作 μ，方差记作 σ^2，则有以下结论：

(1) 样本均值 $\bar{x}$ 是 μ 的无偏估计；

(2) 样本方差 s^2 是 σ^2 的无偏估计.

例 2　从总体 $N(0,\sigma^2)$ 中随机抽取容量为 n 的样本 $X_1,X_2,\cdots,X_n$，试证明

$$\hat{\sigma}^2=\frac{1}{n}\sum_{i=1}^{n}X_i^2$$

是 σ^2 的无偏估计.

证 由于 $E(\hat{\sigma}^2)=\frac{1}{n}\sum_{i=1}^{n}E(X_i^2)=\frac{1}{n}\sum_{i=1}^{n}D(X_i)=\frac{1}{n}n\sigma^2=\sigma^2$，因此$\hat{\sigma}^2$ 是 σ^2 的无偏估计.

【课堂练习】

请给出定理 8.8(1)的证明.

定义 8.20 设 $\hat{\theta}_1=\hat{\theta}_1(x_1,x_2,\cdots,x_n)$与$\hat{\theta}_2=\hat{\theta}_2(x_1,x_2,\cdots,x_n)$都是参数 θ 的无偏估计，若存在

$$D(\hat{\theta}_1)<D(\hat{\theta}_2),$$

则称 $\hat{\theta}_1$ 比 $\hat{\theta}_2$ 有效.

对于有效性，可以做如下理解：有时一个参数可能会存在多个无偏估计，如果要对这些无偏估计做进一步选择，期望找到的无偏估计围绕参数真实值的波动越小越好，使估计值与真实值偏差较小，此时选取“方差”这个指标对“波动”进行了衡量，方差越小波动越小.

定义 8.21 设 $\hat{\theta}=\hat{\theta}(x_1,x_2,\cdots,x_n)$是未知参数 θ 的一个估计量，如果对任意 $\varepsilon>0$ 有

$$\lim_{n\to\infty}P(|\hat{\theta}-\theta|\geqslant\varepsilon)=0,$$

称 $\hat{\theta}$ 是 θ 的相合估计量.

对于相合性，可以做如下理解：当估计量满足无偏性与有效性的要求后，则进一步希望随着样本量的增大，估计值能够越来越接近真实值.

8.3.2 矩估计

矩估计法的核心思想是用样本矩来替代总体矩，前面已经学习矩的相关概念，可知矩分为原点矩与中心矩.下面先分别给出总体原点矩、样本原点矩、总体中心矩与样本中心矩的表达形式.

总体 k 阶原点矩：$\mu_k=E(X^k)$.

样本 k 阶原点矩：$A_k=\frac{1}{n}\sum_{i=1}^{n}X_i^k$.

总体 k 阶中心矩：$v_k=E\{[X-E(X)]^k\}$.

样本 k 阶中心矩：$M_k=\frac{1}{n}\sum_{i=1}^{n}(X_i-\bar{x})^k$.

假设总体 X 的概率分布列或概率密度函数为 $f(x;\theta_1,\theta_2,\cdots,\theta_k)$，其中 $\theta_1,\theta_2,\cdots,\theta_k$ 为 k 个未知参数.下面给出求未知参数矩估计法的一般步骤：

(1) 先写出总体 X 前 k 阶原点矩的表达式 $u_i=u_i(\theta_1,\theta_2,\cdots,\theta_k)$，$i=1,2,\cdots,k$.注意这里将会写出 k 个等式.

(2) 对于 k 个未知参数 θ_i，$i=1,2,\cdots,k$，通过联立(1)中的 k 个等式形成方程组，可以反

写出 θ 关于 μ 的表达式，即 $\theta_i=\theta_i(\mu_1,\mu_2,\cdots,\mu_k)$，$i=1,2,\cdots,k$.

(3) 使用样本原点矩 A_i，$i=1,2,\cdots,k$ 分别来替代总体原点矩 u_i，$i=1,2,\cdots,k$，因此就可以得 $\hat{\theta}_i=\theta_i(A_1,A_2,\cdots,A_k)$，$i=1,2,\cdots,k$ 分别作为 θ_i，$i=1,2,\cdots,k$ 的估计量.

例 3 从服从参数为 λ($\lambda>0$ 是未知参数)的指数分布的总体 X 中随机抽取容量为 n 的样本，样本观测值为 $x_1,x_2,\cdots,x_k$.求总体未知参数的矩估计量.

解 由题意可知，$E(X)=\frac{1}{\lambda}$，因此 $\lambda=\frac{1}{E(X)}$，λ 的矩估计值可记作 $\hat{\lambda}=\frac{1}{\bar{x}}$.

【课堂练习】

从服从均匀分布 $U(a,b)$ 的总体 X 中随机抽取容量为 n 的样本，样本观测值为 $x_1,x_2,\cdots,x_n$，求总体未知参数 a,b 的矩估计量.

8.3.3 最大似然估计

在讲最大似然估计法之前，先来思考一个问题：现在有两个糖果罐，一号糖果罐里装了 99 颗软糖和 1 颗硬糖，二号糖果罐里装了 99 颗硬糖和 1 颗软糖.如果现在从这两个糖果罐里取出了一颗硬糖，请问这颗糖是从哪个糖果罐里取出来的呢？

在这个问题中，观察到的结果是硬糖，对比这两个罐子的硬糖概率，二号糖果罐产生硬糖的概率 $\frac{99}{100}$ 远大于一号糖果罐产生硬糖的概率.因此在给定观测结果为硬糖的情况下，将"这颗糖来自哪个糖果罐"看成待估参数，将选取使观测结果(硬糖)出现概率最大的参数(这颗糖来自二号糖果罐)作为估计结果.

最大似然估计法的基本思想与上述例子的思想相似：假设总体的分布中含有未知参数 θ，在已经得到一个样本观测值或者实验结果的情况下，应该寻找使这个结果出现可能性最大的参数值(记为 $\hat{\theta}$)作为 θ 的估计，此时称 $\hat{\theta}$ 为 θ 的最大似然估计.换句话说，最大似然估计是一种通过最大化观测数据出现的概率来估计未知参数的方法.

下面分别就总体 X 为离散性和连续型的情况进行讨论：

(1) 对于**离散型总体** X，其概率分布为

$$P(X=x)=p(x;\theta) \quad (\text{其中 } \theta \text{ 为未知参数}).$$

从总体中抽取容量为 n 的样本，样本观测值为 $x_1,x_2,\cdots,x_n$，则样本的联合分布为 $\prod_{i=1}^{n}p(x_i;\theta)$，这是关于未知参数 θ 的函数，记作 $L(\theta)$，即 $L(\theta)=\prod_{i=1}^{n}p(x_i;\theta)$，称作**似然函数**.

(2) 对于**连续型总体** X，概率密度为 $f(x;\theta)$，其中 θ 为未知参数.从总体中抽取容量为 n 的样本，样本观测值为 $x_1,x_2,\cdots,x_n$，则其似然函数可以定义为 $L(\theta)=\prod_{i=1}^{n}f(x_i;\theta)$.

似然函数描述了在已知样本数据的情况下，当未知参数 θ 取不同值时，这些样本出现的可能性大小不同.通常期望在已经得到样本观测值 $x_1,x_2,\cdots,x_n$ 的前提下，选择能够使 $L(\theta)$ 取到最大值的 $\hat{\theta}$ 作为 θ 的估计值.

定义 8.22 从总体 X 中抽取容量为 n 的样本 $x_1,x_2,\cdots,x_n$，如果统计量 $\hat{\theta}=\hat{\theta}(x_1,x_2,\cdots,x_n)$满足

$$L(\hat{\theta})=\max_{\theta\in\Theta}L(\theta),$$

称 $\hat{\theta}$ 是 θ 的最大似然估计，简记为 MLE(Maximum Likelihood Estimate).

在求似然函数的最大值时，如果似然函数对于未知参数是可微的，可以使用微分学中求最大值的方法进行求解.因为 $\ln L$ 是 L 的单调递增函数，因此 $\ln L$ 与 L 求最值是等价的，且对数似然函数求导会相对简单，通常将求 $L(\theta)$ 最大值的问题，转化为求 $\ln L(\theta)$ 最大值的问题.

例 4 设总体 X 服从指数分布，其概率密度函数为

$$f(x;\lambda)=\begin{cases}\lambda e^{-\lambda x}, & x\geqslant 0,\\ 0, & x\leqslant 0,\end{cases}$$

其中 $\lambda>0$ 是一个未知参数，从总体中抽取容量为 n 的样本，样本观测值为$x_1,x_2,\cdots,x_n$，试求参数 λ 的最大似然估计值.

解 由题意可得似然函数为

$$L(\lambda)=\lambda^n e^{-\lambda\sum\limits_{i=1}^{n}x_i}\quad(x_i>0),$$

取对数得

$$\ln L(\lambda)=n\ln\lambda-\lambda\sum_{i=1}^{n}x_i,$$

对参数 λ 求导得

$$\frac{d[\ln L(\lambda)]}{d\lambda}=\frac{n}{\lambda}-\sum_{i=1}^{n}x_i,$$

并令导数为 0，可求得参数 λ 得最大似然估计值为

$$\hat{\lambda}=\frac{n}{\sum\limits_{i=1}^{n}x_i}=\frac{1}{\frac{1}{n}\sum\limits_{i=1}^{n}x_i}=\frac{1}{\bar{x}}.$$

【课堂练习】

设总体 X 服从参数为 λ 的泊松分布，其概率分布函数为

$$P(x=k)=\frac{\lambda^k e^{-\lambda}}{k!}.$$

从总体中随机抽取容量为 5 的样本数据，样本观测值为 3,2,4,5,1，请求出参数 λ 的最大似然估计.

导数是求最值的常用方法，但并不能解决所有的问题，此时可从最大似然估计的基本思想出发来求解最大值.

例 5　设总体 X 服从参数为 θ 的均匀分布，其概率密度函数

$$f(x;\theta)=\begin{cases}\dfrac{1}{\theta}, & 0\leqslant x\leqslant\theta,\\ 0, & \text{其他}.\end{cases}$$

从总体 X 中抽取容量为 4 的样本，样本观测值为 2,3,4,5，试求参数 θ 的最大似然估计.

解　由题意可得似然函数为

$$L(\theta)=\frac{1}{\theta^4},\quad \theta\geqslant\max(x_1,x_2,x_3,x_4),$$

为了使似然函数最大，需要 θ 要尽可能小，同时要满足 $\theta\geqslant\max(x_1,x_2,x_3,x_4)$，因此可得最大似然估计为 $\hat{\theta}=5$.

习题 8.3

1. 总体 X 服从泊松分布，概率分布函数为

$$P(x=k)=\frac{\lambda^k e^{-\lambda}}{k!},$$

从该总体中随机抽取容量为 n 的样本，样本观测值为 $x_1,x_2,\cdots,x_n$，试证明样本均值 $\bar{x}=\dfrac{1}{n}\sum\limits_{i=1}^{n}x_i$ 是未知参数 λ 的无偏估计量.

2. 总体 X 的概率分布函数为

$$P(x;p)=\binom{m}{x}p^x(1-p)^{m-x},$$

从总体中抽取容量为 n 的样本，样本观测值为 $x_1,x_2,\cdots,x_n$，请试求未知参数 p 的矩估计.

3. 假设总体的概率函数为

$$p(x;\theta)=\sqrt{\theta}x^{\sqrt{\theta}-1},\quad 0<x<1,\theta>0,$$

从总体中抽取容量为 n 的样本，样本观测值为 $x_1,x_2,\cdots,x_n$，请试求未知参数 θ 的最大似然估计.

4. 假设在一个试验中有三种可能结果，发生的概率分别为

$$p_1=2\theta(1-\theta),\quad p_2=\theta^2,\quad p_3=(1-\theta)^2,$$

在 n 次重复试验中，三种可能结果发生的次数分别为 n_1,n_2,n_3，请试给出未知参数 θ 的最大似然估计.

8.4 参数的区间估计

内容和目标

- 掌握区间估计的概念；
- 会计算单正态总体均值的置信区间；
- 会计算单正态总体方差的置信区间；
- 会计算两个正态总体均值差的置信区间；
- 掌握两个正态总体方差比的置信区间.

8.4.1　区间估计的概念

区间估计是参数估计的另一种形式.在参数的点估计中，给出了未知参数的一个近似估计值，但是在点估计中，不能得到这个估计的准确程度与可靠程度.此时引入区间估计，区间估计可以在点估计的基础上，提供一个范围，使得更清楚地了解总体参数可能所在的区间，以及这个区间的可靠程度.

定义 8.23　假设 θ 是总体 X 的一个未知参数，从总体 X 中抽取容量为 n 的样本，样本观测值为 $x_1,x_2,\cdots,x_n$，对于给定的 $\alpha(0<\alpha<1)$，若存在两个统计量

$$\theta_L=\theta_L(x_1,x_2,\cdots,x_n),\quad \theta_U=\theta_U(x_1,x_2,\cdots,x_n),$$

使得对任意 $\theta\in\Theta$ 有

$$P(\theta_L\leqslant\theta\leqslant\theta_U)=1-\alpha,$$

则称随机区间 (θ_L,θ_U) 是 θ 的置信水平为 $1-\alpha$ 的(双侧)**置信区间**.其中 θ_L 与 θ_U 是 θ 的置信下限与置信上限.

每次从总体中抽取的样本都不尽相同，不同的样本对应所构造的估计区间也会不相同. $1-\alpha$ 的置信水平表示在重复多次抽样的情况下，有 $1-\alpha$ 的概率所构造的区间会包含总体参数的真值.较高的置信水平意味着对区间包含总体参数真值的概率更大，但同时区间也会更宽.相反，较低的置信水平会使区间变窄，但对总体参数真值的包含概率也会降低.

枢轴量法是一种用于构造置信区间的重要方法.枢轴量是一个样本的函数，其分布不依赖于总体分布的未知参数，但包含了待估的未知参数.也就是说枢轴量的分布是已知的，或者是可以通过已知的分布进行推导得到的.通过对枢轴量进行变换，可以得到总体参数的置信区间.其具体步骤如下：

(1) 求出未知参数 θ 的一个点估计值 $\hat{\theta}=\hat{\theta}(x_1,x_2,\cdots,x_n)$.

(2) 构造关于 $\hat{\theta}$ 和 θ 一个函数 $G=G(\hat{\theta},\theta)$.函数中仅包含一个未知参数 θ，且 G 的分布

已知或可以通过推导得到.此时这里的函数 G 就是枢轴量.

(3) 确定常数 c,d,使得对给定的 $\alpha(0<\alpha<1)$ 有

$$P(c\leqslant G\leqslant d)=1-\alpha.$$

(4) 对不等式 $c\leqslant G\leqslant d$ 进行变形,得到 $\theta_L\leqslant\theta\leqslant\theta_U$ 的形式,则有

$$P(\theta_L\leqslant\theta\leqslant\theta_U)=1-\alpha.$$

由此就找到了 θ 的置信水平为 $1-\alpha$ 的置信区间 (θ_L,θ_U).

例 1　设总体 $X\sim N(\mu,\sigma^2)$,其中 σ^2 已知.从该总体中抽取样本容量为 n 的样本,样本均值为 $\bar{x}$.求总体均值 μ 的置信水平为 $1-\alpha$ 的置信区间.

解　由题意可确定枢轴量为

$$Z=\frac{\bar{x}-\mu}{\frac{\sigma}{\sqrt{n}}},$$

该枢轴量服从标准正态分布 $N(0,1)$.

由标准正态分布的双侧 α 分位数的定义,有

$$P\left(-z_{1-\frac{\alpha}{2}}\leqslant\frac{\bar{x}-\mu}{\frac{\sigma}{\sqrt{n}}}\leqslant z_{1-\frac{\alpha}{2}}\right)=1-\alpha,$$

即

$$P\left(\bar{x}-\frac{\sigma}{\sqrt{n}}z_{1-\frac{\alpha}{2}}\leqslant\mu\leqslant\bar{x}+\frac{\sigma}{\sqrt{n}}z_{1-\frac{\alpha}{2}}\right)=1-\alpha.$$

因此就得到了 μ 的一个置信水平为 0.95 的置信区间为

$$\left(\bar{x}-\frac{\sigma}{\sqrt{n}}z_{1-\frac{\alpha}{2}},\bar{x}+\frac{\sigma}{\sqrt{n}}z_{1-\frac{\alpha}{2}}\right).$$

【课堂练习】

设总体 X 服从指数分布,概率密度函数为 $f(x)=\lambda\mathrm{e}^{-\lambda x}$,$x>0$.从该总体中抽取容量为 n 的样本,样本均值为 $\bar{x}$.求总体参数 λ 的置信水平为 $1-\alpha$ 的置信区间.

前面所讨论的置信区间为双侧置信区间,但是在许多问题中,只需关注上限或者下限,比如对一些产品设备的寿命,常关注它的平均寿命下限.下面给出单侧置信区间的定义.

定义 8.24　假设 θ 是总体 X 的一个未知参数,从总体 X 中抽取容量为 n 的样本,样本观测值为 $x_1,x_2,\cdots,x_n$,如果存在统计量

$$\theta_L=\theta_L(x_1,x_2,\cdots,x_n),$$

满足

$$P(\theta\geqslant\theta_L)=1-\alpha,$$

则称 θ_L 为 θ 的置信水平为 $1-\alpha$ 单侧置信下限.相应地如果存在统计量

$$\theta_U=\theta_U(x_1,x_2,\cdots,x_n),$$

满足

$$P(\theta\leqslant\theta_U)=1-\alpha,$$

则称 θ_U 为 θ 的置信水平为 $1-\alpha$ 的单侧置信上限.

8.4.2 正态总体统计量及区间估计

1. 单个正态总体

设总体 $X\sim N(\mu,\sigma^2)$,从总体 X 中抽取容量为 n 的样本,样本观测值为 $x_1,x_2,\cdots,x_n$,置信水平为 $1-\alpha$,样本均值为 $\bar{x}=\dfrac{1}{n}\sum\limits_{i=1}^{n}x_i$,样本方差为 $s^2=\dfrac{1}{n-1}\sum\limits_{i=1}^{n}(x_i-\bar{x})^2$.

首先对于均值 μ 的置信区间,分别针对 σ^2 已知与 σ^2 未知两种情况进行探讨.

当 σ^2 已知时,根据 8.4.1 中例 1,可以得到 μ 的一个置信水平为 $1-\alpha$ 的置信区间

$$\left(\bar{x}-\frac{\sigma}{\sqrt{n}}z_{1-\frac{\alpha}{2}},\bar{x}+\frac{\sigma}{\sqrt{n}}z_{1-\frac{\alpha}{2}}\right).$$

当 σ^2 未知时,样本方差 s^2 是总体方差 σ^2 的无偏估计.由于

$$\frac{\bar{x}-\mu}{\frac{\sigma}{\sqrt{n}}}\sim N(0,1),\quad \frac{(n-1)s^2}{\sigma^2}\sim\chi^2(n-1),$$

因此由 t 分布的定义有

$$\frac{\dfrac{\bar{x}-\mu}{\frac{\sigma}{\sqrt{n}}}}{\sqrt{\dfrac{(n-1)s^2}{\sigma^2(n-1)}}}=\frac{\bar{x}-\mu}{\frac{s}{\sqrt{n}}}\sim t(n-1).$$

令 $\dfrac{\bar{x}-\mu}{\frac{s}{\sqrt{n}}}$ 为枢轴量,可得

$$P\left[-t_{1-\frac{\alpha}{2}}(n-1)\leqslant\frac{\bar{x}-\mu}{\frac{\sigma}{\sqrt{n}}}\leqslant t_{1-\frac{\alpha}{2}}(n-1)\right]=1-\alpha,$$

因此有

$$P\left[\bar{x}-\frac{s}{\sqrt{n}}t_{1-\frac{\alpha}{2}}(n-1)\leqslant\mu\leqslant\bar{x}+\frac{s}{\sqrt{n}}t_{1-\frac{\alpha}{2}}(n-1)\right]=1-\alpha,$$

得到 μ 的一个置信水平为 $1-\alpha$ 的置信区间为

$$\left(\bar{x}-\frac{s}{\sqrt{n}}t_{1-\frac{\alpha}{2}}(n-1),\bar{x}+\frac{s}{\sqrt{n}}t_{1-\frac{\alpha}{2}}(n-1)\right).$$

一般情况下在探究总体方差 σ^2 的置信区间时，μ 已知的情况不常见.因此接下去对 μ 未知的情况进行介绍.

构造枢轴量 $\frac{(n-1)s^2}{\sigma^2}\sim\chi^2(n-1)$，$\chi^2$ 分布为偏态分布，如图 8-6 所示.

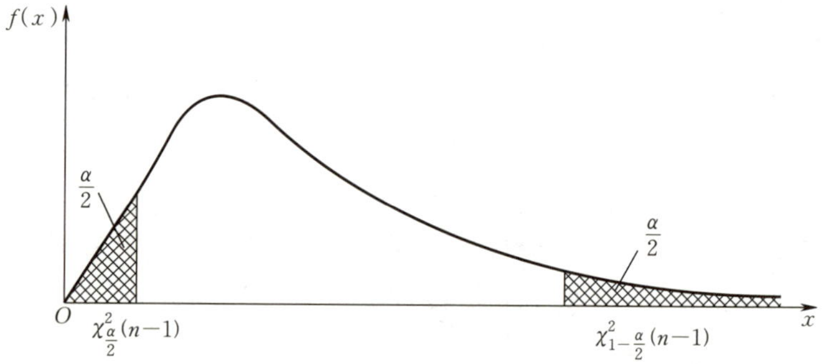

图 8-6　偏态分布图像

则有

$$P\left[\chi_{\frac{\alpha}{2}}^2\leqslant\frac{(n-1)s^2}{\sigma^2}\leqslant\chi_{1-\frac{\alpha}{2}}^2\right]=1-\alpha,$$

对不等式变形可得

$$P\left[\frac{(n-1)s^2}{\chi_{1-\frac{\alpha}{2}}^2(n-1)}\leqslant\sigma^2\leqslant\frac{(n-1)s^2}{\chi_{\frac{\alpha}{2}}^2(n-1)}\right]=1-\alpha,$$

因此得到 σ^2 的一个置信水平为 $1-\alpha$ 的置信区间为

$$\left(\frac{(n-1)s^2}{\chi_{1-\frac{\alpha}{2}}^2(n-1)},\frac{(n-1)s^2}{\chi_{\frac{\alpha}{2}}^2(n-1)}\right).$$

例 2　某饮料厂生产一种罐装饮料，每罐饮料的容量服从正态分布 $N(\mu,25)$.现从生产线上随机抽取 25 罐饮料进行检测，测得样本均值为 250 mL，求总体均值 μ 的一个置信水平为 0.95 的置信区间.

解　由于正态总体的方差已知，因此置信区间为

$$\left(\bar{x}-\frac{\sigma}{\sqrt{n}}z_{1-\frac{\alpha}{2}},\bar{x}+\frac{\sigma}{\sqrt{n}}z_{1-\frac{\alpha}{2}}\right),$$

对于 0.95 置信水平，双侧置信区间对应的分位数为 $Z_{1-\frac{\alpha}{2}}=1.96$，代入得

$$\left(250-\frac{5}{\sqrt{25}}\times1.96,250+\frac{5}{\sqrt{25}}\times1.96\right).$$

所以总体均值 μ 的置信水平为 0.95 的置信区间为(248.04,251.96).

【课堂练习】

1. 某电子厂生产一种微型芯片，其质量特性服从正态分布.先从生产线上随机抽取 16 个芯片进行检测，测得样本均值为 50.2 mg，样本标准差为 1.5 mg.求该芯片总体均值的置信水平为 0.9 的置信区间.

2. 某农场种植了一种新型水果，其果实的重量服从正态分布.现从该农场中随机抽取 20 个水果进行称重，测得样本数据如下(单位:g)：

120,122,118,125,119,121,123,124,120,117,

122,121,119,120,123,122,124,118,121,120,

求该水果总体方差的置信水平为 0.95 的置信区间.

2. 两个正态总体

在实际问题中，常会遇到需要对两个正态总体进行比较和分析的情况.比如在不同种植方法下水果的产量比较、不同教学方法对学生成绩的影响等.这就需要掌握两个正态总体的均值估计方法，从而更准确地判断两个总体之间是否存在显著差异.

假设有两个正态总体 $X\sim N(\mu_1,\sigma_1^2)$ 与 $Y\sim N(\mu_2,\sigma_2^2)$，分别从两个总体中抽取容量为 n_1 和 n_2 的样本，样本观测值分别为 $x_1,x_2,\cdots,x_{n_1}$ 与 $y_1,y_2,\cdots,y_{n_2}$.两个总体的样本均值分别为 $\bar{x}$ 与 $\bar{y}$，样本方差分别为 s_1^2 与 s_2^2.

首先对两个总体均值差 $\mu_1-\mu_2$ 的置信区间进行探究.

当 σ_1^2 与 σ_2^2 均已知时，$\bar{x}-\bar{y}$ 是 $\mu_1-\mu_2$ 的无偏估计，由正态分布的性质有

$$\bar{x}-\bar{y}\sim N\left(\mu_1-\mu_2,\frac{\sigma_1^2}{n_1}+\frac{\sigma_2^2}{n_2}\right),$$

进一步有

$$\frac{(\bar{x}-\bar{y})-(\mu_1-\mu_2)}{\sqrt{\frac{\sigma_1^2}{n_1}+\frac{\sigma_2^2}{n_2}}}\sim N(0,1),$$

根据置信区间的构造方法，易得 $\mu_1-\mu_2$ 的一个置信水平为 $1-\alpha$ 的置信区间为

$$\left(\bar{x}-\bar{y}-z_{1-\frac{\alpha}{2}}\sqrt{\frac{\sigma_1^2}{n_1}+\frac{\sigma_2^2}{n_2}},\bar{x}-\bar{y}+z_{1-\frac{\alpha}{2}}\sqrt{\frac{\sigma_1^2}{n_1}+\frac{\sigma_2^2}{n_2}}\right).$$

当 $\sigma_1^2=\sigma_2^2=\sigma^2$，但具体值未知时，可构造枢轴量

$$\frac{(\bar{x}-\bar{y})-(\mu_1-\mu_2)}{s_W\sqrt{\frac{1}{n_1}+\frac{1}{n_2}}}\sim t(n_1+n_2-2),$$

其中

$$s_W^2=\frac{(n_1-1)s_1^2+(n_2-1)s_2^2}{n_1+n_2-2}$$

为合并样本方差，进一步可得 $\mu_1-\mu_2$ 的一个置信水平为 $1-\alpha$ 的置信区间为

$$\left(\bar{x}-\bar{y}-t_{1-\frac{\alpha}{2}}(n_1+n_2-2)s_W\sqrt{\frac{1}{n_1}+\frac{1}{n_2}},\bar{x}-\bar{y}+t_{1-\frac{\alpha}{2}}(n_1+n_2-2)s_W\sqrt{\frac{1}{n_1}+\frac{1}{n_2}}\right).$$

同时，在实际工作中也常关心两个正态总体的方差比情况，方差比可以反映两个总体的离散程度.对于两总体方差比$\frac{\sigma_1^2}{\sigma_2^2}$，仅讨论总体均值 μ_1,μ_2 未知的情况.此时可以构造枢轴量

$$\frac{\frac{s_1^2}{s_2^2}}{\frac{\sigma_1^2}{\sigma_2^2}}\sim F(n_1-1,n_2-1),$$

进一步可得$\frac{\sigma_1^2}{\sigma_2^2}$的一个置信水平为 $1-\alpha$ 的置信区间为

$$\left(\frac{s_1^2}{s_2^2}\frac{1}{F_{1-\frac{\alpha}{2}}(n_1-1,n_2-1)},\frac{s_1^2}{s_2^2}\frac{1}{F_{\frac{\alpha}{2}}(n_1-1,n_2-1)}\right).$$

例 3　已知有两个工厂生产同一种零件，A 工厂生产的零件直径服从正态分布 $N(\mu_1,\sigma^2)$，B 工厂生产的零件直径服从正态分布 $N(\mu_2,\sigma^2)$.从 A 工厂中随机抽取 25 个零件，测得样本均值为 10.5 cm，样本方差为 0.25 cm^2；从 B 工厂中随机抽取 36 个零件，测得样本均值为 10.2 cm，样本方差为 0.2 cm^2.求两个工厂生产零件直径均值差 $\mu_1-\mu_2$ 的置信水平为 0.95 的置信区间.

解　首先计算合并样本方差为

$$s_W=\sqrt{\frac{(n_1-1)s_1^2+(n_2-1)s_2^2}{n_1+n_2-2}}=\sqrt{\frac{(25-1)\times0.25+(36-1)\times0.2}{25+36-2}}\approx0.224,$$

对于置信水平为 0.95，自由度为 $25+36-2=69$，查分布表可得 $t_{1-\frac{\alpha}{2}}\approx1.995$.置信区间为

$$\left(\bar{x}-\bar{y}-t_{1-\frac{\alpha}{2}}(n_1+n_2-2)s_W\sqrt{\frac{1}{n_1}+\frac{1}{n_2}},\bar{x}-\bar{y}+t_{1-\frac{\alpha}{2}}(n_1+n_2-2)s_W\sqrt{\frac{1}{n_1}+\frac{1}{n_2}}\right)$$

代入计算得两个工厂生产零件均值差 $\mu_1-\mu_2$ 的置信水平为 0.95 的置信区间为(0.122，0.478).

【课堂练习】

设有两种不同型号的灯泡，其寿命分别服从正态分布 $N(\mu_1,\sigma_1^2)$和 $N(\mu_2,\sigma_2^2)$.从第一种型号的灯泡中随机抽取 16 个进行测试，得到样本方差为 120；从第二种型号的灯泡中随机抽取 25 个进行测试，得到样本方差为 80，求两个正态总体方差比$\frac{\sigma_1^2}{\sigma_2^2}$的置信水平为 0.9 的置信区间.

习题 8.4

1. 某学校对学生的数学成绩进行分析，已知学生的数学成绩服从正态分布.随机抽取了36名学生的数学成绩，样本均值为85分，样本标准差为8，求该校学生数学成绩总体均值的置信水平为0.95的置信区间.

2. 某电子元件厂生产一种电阻，其阻值的波动服从正态分布.现从生产线上随机抽取25个电阻进行测量，得到样本方差为4 Ω^2，求该电阻阻值总体方差的置信水平为0.9的置信区间.

3. 某城市有两家健身俱乐部A和B.从A俱乐部随机抽取36名会员，测得他们平均每周锻炼时间为8 h，样本标准差为1.5 h；从B俱乐部随机抽取49名会员，测得他们平均每周锻炼时间为7.5 h，样本标准差为1.2 h.已知两家俱乐部会员的每周锻炼时间均服从正态分布，且总体方差相等，求A和B俱乐部会员平均每周锻炼时间之差的置信水平为0.9的置信区间.

4. 某研究机构对两种不同品牌的手机电池续航能力进行比较.分别从A品牌的手机中随机抽取20部，测得续航时间的样本方差为120 h^2；从B品牌的手机中随机抽取25部，测得续航时间的样本方差为100 h^2.假设两个品牌手机续航时间均服从正态分布，求两个总体方差比的置信水平为0.95的置信区间.

8.5 假设检验

内容和目标

- 掌握假设检验的基本步骤；
- 能对正态总体的均值进行检验；
- 能对正态总体的方差进行检验；
- 能进行分布拟合检验.

8.5.1 假设检验的基本原理与概念

假设检验是统计推断中的一类重要问题，主要针对两类场景.一类是当总体分布未知时，要推断总体的分布类型或者总体的某些特征，称为**非参数检验**；一类是在总体分布已知的情况下，对总体的参数(如均值、方差等)进行推断，判断参数是否等于某个特定的值或者在某个特定的范围内，称为**参数检验**.

引例　假设某农场一直使用传统肥料，平均亩产量为$\mu_0=500$ kg，现在有一种新型肥料上市，宣传可以提高农作物产量.农场主想知道这种新型肥料是否真的有效，于是购入一定量的新型肥料对部分农田进行实验监测.

在这个问题中，需要对比使用新型肥料后的平均亩产量与使用传统肥料的平均亩产量之间是否存在显著差异，假设检验为这个问题提供了一种方法，能够帮助农场主做出判断.假设检验的基本步骤如下：

(1) **提出假设**　明确要检验的假设，包括**原假设**H_0和**备择假设**H_1.其中原假设通常是研究者想要检验并可能推翻的假设，一般表示为没有差异、没有效果等，比如假设两个总体均值相等.备择假设则与原假设对立，当原假设被拒绝时，将接受备择假设.

在本例中，可以设定：

原假设H_0为新型肥料对农作物产量没有影响，即使用新型肥料后的平均亩产等于500 kg，$\mu=\mu_0=500$ kg.

备择假设H_1为新型肥料对农作物产量有影响，即使用新型肥料后的平均亩产量不等于500 kg，$\mu\neq\mu_0$.

(2) **选择检验统计量**　根据样本的性质、总体的分布以及假设的类型来选择合适的统计量.

在本例中，要检验的是总体亩产量的平均值μ，因此可以考虑借助样本均值$\bar{x}$来近似总体均值μ进行判断.如果原假设为真，那么样本统计量$\bar{x}$与采用新型肥料之前的平均亩产量μ_0的偏差不应太大.

基于此，当总体方差σ^2已知时，可以构建一个标准正态分布统计量$z=\dfrac{\bar{x}-\mu_0}{\dfrac{\sigma}{\sqrt{n}}}$，其中$n$为样本容量.

当总体方差未知，此时不能使用z统计量，可以用样本方差s^2来代替总体方差σ^2，构建t统计量$t=\dfrac{\bar{x}-\mu_0}{\dfrac{s}{\sqrt{n}}}$，该统计量服从自由度为$n-1$的$t$分布.

这两个统计量都能够很好地衡量样本统计量$\bar{x}$与采用新型肥料前总体均值μ_0的相对偏离程度.因此可以选取一个正数c，当原假设H_0成立时，有$-c\leqslant z\leqslant c$，或$-c\leqslant t\leqslant c$，若有$z>c$或$z<-c$将拒绝原假设，称$(-\infty,-c)\cup(c,+\infty)$为**拒绝域**.

(3) **确定显著性水平**α　统计量的计算与样本的选取有关，由于抽样的随机性，选取不同的样本进行计算可能会导致不同的结果，进而有产生错误判断的概率.显著性水平α表示当原假设实际上为真时，但错误地拒绝了原假设的概率的上限.常见的α值有0.05、0.01和0.1，例如当选择$\alpha=0.05$时表示在原假设为真的情况下，有5%的概率错误地拒绝原假设(针对本例的问题，即本来新型肥料没有效果，却得出有效果的结论).

(4) **计算检验统计量** 根据样本数据计算出所选检验统计量的具体数值.例如,农场主抽取了 30 块农田作为样本,经过测量和计算,得到样本均值 $\bar{x}=50$ kg,样本标准差为 $s=40$ kg,则 $t=\dfrac{530-500}{\dfrac{40}{\sqrt{30}}}\approx 3.87$.

(5) **做出决策** 根据自由度 $df=n-1=29$,取 $\alpha=0.05$,查找 t 分布表,得到双侧临界值约为 ± 2.045,由于计算得到的 $t\approx 3.87$ 大于右侧临界值 2.045,因此拒绝原假设,认为新型肥料对农作物产量有显著影响.

在假设检验中,通常会遇到**两种类型的错误**,这两种错误是由于根据样本数据对总体参数做出的推断可能不准确所导致的.

第一类错误,也称为**拒真错误**.拒真错误在上文中已经有所提及,即当原假设 H_0 实际为真时,却错误地拒绝了它.拒真错误发生的概率通常用符号 α 表示,α 就是预先设定的显著性水平.

第二类错误,也称为**存伪错误**.即原假设实际是错误的,却没有拒绝原假设.其发生的概率通常用符号 β 表示.

通常情况下,在样本量固定的条件下,α 和 β 是此消彼长的关系.如果降低显著性水平 α(使犯第一类错误的概率降低),那么犯第二类错误 β 的概率往往会增加.可以通过一个简单的案例对这两类错误之间的关系进行阐述.假设在一个法庭上,原假设是被告无辜.拒真错误就是把实际无辜的被告判定有罪.法官如果想极力避免这种冤枉好人的情况,就会设定非常严格的判定标准,但是这样一来,一些真正有罪的人可能就因为证据没有达到那么高的标准被放过,即增加了犯第二类错误的概率.

8.5.2 正态总体均值的检验

1. 单正态总体均值检验

设总体 $X\sim N(\mu,\sigma^2)$,从总体中随机抽取样本容量为 n 的样本 $x_1,x_2,\cdots,x_n$.考虑以下三种关于均值 μ 的检验问题:

(1) $H_0:\mu\leqslant\mu_0 \leftrightarrow H_1:\mu>\mu_0$;

(2) $H_0:\mu\geqslant\mu_0 \leftrightarrow H_1:\mu<\mu_0$;

(3) $H_0:\mu=\mu_0 \leftrightarrow H_1:\mu\neq\mu_0$.

其中(1)与(2)称为单侧检验.单侧检验是用于检验总体参数是否在某一特定方向上与给定的假设值存在显著差异.它只关注总体参数是否大于或小于特定值,分为右侧检验(1)与左侧检验(2).(3)称为双侧检验.

当总体方差 σ^2 已知时,构造检验统计量 $z=\dfrac{\bar{x}-\mu_0}{\dfrac{\sigma}{\sqrt{n}}}$.

对于右侧检验问题，备择假设是 $\mu>\mu_0$，即当样本均值 $\bar{x}$ 比 μ_0 大到一定程度时将拒绝原假设.因此应该存在一个临界值 c，当 $z>c$ 时拒绝原假设.若给定显著性水平为 α，取临界值 $c=z_{1-\alpha}$，此时拒绝域可以记作 $(z_{1-\alpha},+\infty)$.

对于左侧检验问题，备择假设是 $\mu<\mu_0$，即当样本均值 $\bar{x}$ 比 μ_0 小到一定程度时将拒绝原假设.因此应该存在一个临界值 c，当 $z<c$ 时拒绝原假设.若给定显著性水平为 α，取临界值 $c=z_\alpha$，此时拒绝域可以记作 $(-\infty,z_\alpha)$.

对于双侧检验问题，备择假设是 $\mu\neq\mu_0$，即样本均值偏离 μ_0 到一定程度时将拒绝原假设，因此应该存在一个临界值 c，当 $|z|\geqslant c$ 时拒绝原假设.若给定显著性水平为 α，取临界值 $c=z_{1-\frac{\alpha}{2}}$，此时拒绝域可以记作 $(-\infty,-z_{1-\frac{\alpha}{2}})\cup(z_{1-\frac{\alpha}{2}},+\infty)$.

当总体方差 σ^2 未知时.构造检验统计量 $t=\dfrac{\bar{x}-\mu_0}{\frac{s}{\sqrt{n}}}\sim t(n-1)$.其中 s 为样本标准差.

与上述讨论类似，分别可以得到右侧检验的拒绝域为 $(t_{1-\alpha}(n-1),+\infty)$，左侧检验的拒绝域为 $(-\infty,t_\alpha(n-1))$，双侧检验拒绝域为 $(-\infty,-t_{1-\frac{\alpha}{2}}(n-1),)\cup(t_{1-\frac{\alpha}{2}}(n-1),+\infty)$.

例 1　某工厂生产一种零件，其长度服从正态分布.现从某天生产的零件中随机抽取 16 个，测得样本均值为 20.5 cm，样本标准差为 0.8 cm.已知该零件的标准长度为 20 cm，问在显著性水平 $\alpha=0.05$ 情况下，检验这天生产的零件平均长度是否与标准长度有显著差异?

解　对于该问题，可以设定原假设 $H_0:\mu=20$ cm，备择假设 $H_1:\mu\neq20$ cm.这是一个双边检验问题.

由于总体方差未知，选用 t 检验统计量：

$$t=\frac{\bar{x}-\mu}{\frac{s}{\sqrt{n}}}=\frac{20.5-20}{\frac{0.8}{\sqrt{16}}}=2.5.$$

对于给定显著性水平 $\alpha=0.05$，自由度 $df=n-1=15$，查 t 分布表可得双侧临界值 $t_{1-\frac{\alpha}{2}}(15)=2.131$，因此拒绝域为 $|t|>2.131$.因为计算出的 $t=2.5>2.131$ 落在拒绝域内，因此拒绝原假设 H_0，认为在显著性水平 $\alpha=0.05$ 情况下，这天生产的零件平均长度与标准长度有显著差异.

【课堂练习】

某品牌电池声称其平均续航时间不低于 50 h.为了检验该说法的真实性，随机抽取了 25 个该品牌电池进行测试，得到样本平均续航时间为 48 h，样本标准差为 4 h.在显著性水平为 0.05 情况下，检验该品牌电池的平均续航时间是否低于声称的 50 h.

2. 双正态总体均值检验

在实际情况中，常需要比较两个正态总体的均值是否有显著性的差异.例如比较两种不同教学方法下学生的平均成绩等.假设从正态总体 $N(\mu_1,\sigma_1^2)$ 中随机抽取容量为 n 的样本 $x_1,x_2,\cdots,x_n$,从正态总体 $N(\mu_2,\sigma_2^2)$ 中随机抽取容量为 m 的样本 $y_1,y_2,\cdots,y_m$,两个样本相互独立.可以考虑以下三种检验问题:

(1) $H_0:\mu_1-\mu_2\leqslant 0\leftrightarrow H_1:\mu_1-\mu_2>0$(右侧检验);

(2) $H_0:\mu_1-\mu_2\geqslant 0\leftrightarrow H_1:\mu_1-\mu_2<0$(左侧检验);

(3) $H_0:\mu_1-\mu_2=0\leftrightarrow H_1:\mu_1-\mu_2\neq 0$(双侧检验).

当总体方差 σ_1^2,σ_2^2 已知时.用两个样本均值差 $\bar{x}-\bar{y}$ 来估计 $\mu_1-\mu_2$,可以知道 $\bar{x}-\bar{y}$ 的分布为

$$\bar{x}-\bar{y}\sim N\left(\mu_1-\mu_2,\frac{\sigma_1^2}{n}+\frac{\sigma_2^2}{m}\right).$$

构造 z 检验统计量为

$$z=\frac{(\bar{x}-\bar{y})-(\mu_1-\mu_2)}{\sqrt{\dfrac{\sigma_1^2}{n}+\dfrac{\sigma_2^2}{m}}}.$$

与单个总体的 z 检验相似,通过分析容易得到:对于右侧检验而言,当 $z>z_{1-\alpha}$ 时拒绝原假设;对于左侧检验而言,当 $z<z_\alpha$ 时拒绝原假设;对于双侧检验而言,当 $|z|>z_{1-\frac{\alpha}{2}}$ 时拒绝原假设.

当总体方差未知,但 $\sigma_1^2=\sigma_2^2$ 时.首先先计算合并方差

$$s_p^2=\frac{(n-1)s_1^2+(m-1)s_2^2}{n+m-2},$$

其中 s_1^2 与 s_2^2 分别是两个样本方差.进一步可以构造 t 检验统计量:

$$t=\frac{(\bar{x}-\bar{y})-(\mu_1-\mu_2)}{s_p\sqrt{\dfrac{1}{n}+\dfrac{1}{m}}}\sim t(n+m-2).$$

与单个总体的 t 检验相似,通过分析容易得到:对于右侧检验而言,当 $t>t_{1-\alpha}(n+m-2)$ 时拒绝原假设;对于左侧检验而言,当 $t<t_\alpha(n+m-2)$ 时拒绝原假设;对于双侧检验而言,当 $|t|>t_{1-\frac{\alpha}{2}}(n+m-2)$ 时拒绝原假设.

例 2 假设要比较两种不同品牌的汽车的油耗情况.从品牌 A 的汽车中随机抽取 30 辆,测得平均油耗为 8 L/km,样本标准差为 1.5 L/km;从品牌 B 的汽车中随机抽取 40 辆,测得平均油耗为 7.5 L/km,样本标准差为 1.2 L/km.假设两个总体的油耗都服从正态分布,且总体方差未知但假设相等.在显著性水平 $\alpha=0.05$ 情况下,检验两个品牌汽车的平均油耗是否有显著差异.

解 对于该问题,可以设定原假设 $H_0:\mu_1=\mu_2$,备择假设 $H_1:\mu_1\neq\mu_2$.首先计算合并方差

$$s_p^2=\frac{(30-1)\times 1.5^2+(40-1)\times 1.2^2}{30+40-2}\approx 1.82,$$

然后计算 t 统计量

$$t=\frac{(8-7.5)-0}{\sqrt{1.82\times\left(\frac{1}{30}+\frac{1}{40}\right)}}\approx 1.57.$$

查 t 分布表得 $t_{\frac{\alpha}{2}}(68)\approx 1.995$，即拒绝域为 $|t|>1.995$.由于 $|1.57|<1.995$，因此不拒绝原假设，在显著性水平 $\alpha=0.05$ 情况下，没有足够的证据表明两个品牌汽车的平均油耗有显著差异.

【课堂练习】

某工厂有两条生产线生产同一种产品.已知生产线 A 生产的产品重量服从正态分布，生产线 B 生产的产品重量也服从正态分布.从生产线 A 抽取 20 个产品，其样本均值为 520 g，样本标准差为 15 g；从生产线 B 抽取 25 个产品，其样本均值为 500 g，样本标准差为 12 g.假设两条生产线产品重量的总体方差未知但相等.在显著性水平 $\alpha=0.05$ 情况下，检验生产线 A 生产产品的平均重量是否大于生产线 B 生产产品的平均重量.

8.5.3　正态总体方差的检验

在实际问题中，有时需要对正态总体的方差进行检验.例如判断生产过程中的稳定性(方差小表示稳定)、产品质量的波动情况等.

1.单正态总体方差检验

设总体 $x\sim N(\mu,\sigma^2)$，从正态中随机抽取容量为 n 的样本 $x_1,x_2,\cdots,x_n$.考虑以下三种关于方差 σ^2 的检验问题：

(1) $H_0:\sigma^2\leqslant\sigma_0^2\leftrightarrow H_1:\sigma^2>\sigma_0^2$(右侧检验)；

(2) $H_0:\sigma^2\geqslant\sigma_0^2\leftrightarrow H_1:\sigma^2<\sigma_0^2$(左侧检验)；

(3) $H_0:\sigma^2=\sigma_0^2\leftrightarrow H_1:\sigma^2\neq\sigma_0^2$(双侧检验).

在方差检验问题中，通常假定 μ 未知.构造 χ^2 检验统计量：

$$\chi^2=\frac{(n-1)s^2}{\sigma_0^2}\sim\chi^2(n-1),$$

其中 s^2 为样本方差.

对于右侧检验问题，备择假设是 $\sigma^2>\sigma_0^2$，即当样本方差 s^2 足够大时，将拒绝原假设.因此应该存在一个临界值 c，当 $\chi^2>c$ 时拒绝原假设.给定显著性水平 α，取临界值 $c=\chi^2_{1-\alpha}(n-1)$，当 $\chi^2>\chi^2_{\alpha}(n-1)$时拒绝原假设.

同理，对于左侧检验问题，当 $\chi^2<\chi^2_{\alpha}(n-1)$时拒绝原假设.对于双侧检验问题，当$\chi^2>\chi^2_{1-\frac{\alpha}{2}}(n-1)$或 $\chi^2<\chi^2_{\frac{\alpha}{2}}(n-1)$时拒绝原假设.

例 3　已知某种零件的长度服从正态分布 $N(\mu,\sigma^2)$，以往零件长度方差长期取 $\sigma^2=$

0.16 mm^2.现抽取容量为 10 的样本,计算得其长度的样本方差 $s^2=0.25\ mm^2$.问在显著性水平 $\alpha=0.05$ 情况下这批零件的长度稳定性较以往有没有显著变化.

解 对于该问题,可以设定原假设 $H_0:\sigma^2=0.16$,备择假设 $H_1:\sigma^2\neq 0.16$.计算 χ^2 检验统计量:

$$\chi^2=\frac{(n-1)s^2}{\sigma_0^2}=\frac{(10-1)\times 0.25}{0.16}=14.0625,$$

同时查表得 $\chi^2_{1-\frac{\alpha}{2}}(9)=19.023$,$\chi^2_{\frac{\alpha}{2}}(9)=2.7$,因此拒绝域为 $\chi^2<2.7$ 或 $\chi^2>19.023$.而 $\chi^2=14.0625$ 没有落入拒绝域中,不拒绝原假设 H_0.在显著性水平 $\alpha=0.05$ 下这批零件的长度稳定性较以往没有显著变化.

【课堂练习】

某厂生产的一种钢丝,其抗拉强度服从正态分布 $N(\mu,\sigma^2)$,现从一批钢丝中随机抽取 16 根,测得其抗拉强度(单位:MPa)如下:

105,108,110,112,115,118,120,122,125,128,130,132,135,138,140,142.

已知该钢丝抗拉强度的标准差在以往生产中稳定为 $\sigma_0=10$ MPa,在显著性水平 $\alpha=0.05$ 情况下,检验这批钢丝抗拉强度的方差是否有显著变化.

2. 双正态总体方差检验

假设从正态总体 $N(\mu_1,\sigma_1^2)$ 中随机抽取容量为 n 的样本 $x_1,x_2,\cdots,x_n$,从正态总体 $N(\mu_2,\sigma_2^2)$ 中随机抽取容量为 m 的样本 $y_1,y_2,\cdots,y_m$,两个样本相互独立,其中 μ_1,μ_2 未知.可以考虑以下三种检验问题:

(1) $H_0:\sigma_1^2\leqslant\sigma_2^2\leftrightarrow H_1:\sigma_1^2>\sigma_2^2$(右侧检验);

(2) $H_0:\sigma_1^2\geqslant\sigma_2^2\leftrightarrow H_1:\sigma_1^2<\sigma_2^2$(左侧检验);

(3) $H_0:\sigma_1^2=\sigma_2^2\leftrightarrow H_1:\sigma_1^2\neq\sigma_2^2$(双侧检验).

构造 F 检验统计量:

$$F=\frac{s_1^2}{s_2^2}\sim F(n-1,m-1),$$

其中 s_1^2 与 s_2^2 分别是两个样本方差.

给定显著性水平 α,对于右侧检验而言,当 $F>F_{1-\alpha}(n-1,m-1)$ 时拒绝原假设;对于左侧检验而言,当 $F<F_{\alpha}(n-1,m-1)$ 时拒绝原假设;而对于双侧检验而言,当 $F<F_{\frac{\alpha}{2}}(n-1,m-1)$ 或 $F>F_{1-\frac{\alpha}{2}}(n-1,m-1)$ 时拒绝原假设.

例 4 有两种机器生产同一种零件,假设零件的尺寸分别服从正态分布 $N(\mu_1,\sigma_1^2)$ 和 $N(\mu_2,\sigma_2^2)$.从第一种机器生产的零件中抽取 $n_1=10$ 个,样本方差 $s_1^2=0.05\ mm^2$;从第二种机器生产的零件中抽取 $n_2=12$ 个,样本方差 $s_2^2=0.03\ mm^2$.在显著性水平 $\alpha=0.05$ 情况下,检验两种不同机器生产零件的尺寸稳定性是否相同.

解　可以用方差检验来评价两种不同机器生产零件的尺寸稳定性.假定原假设 H_0：$\sigma_1^2=\sigma_2^2$，备择假设 H_0：$\sigma_1^2\neq\sigma_2^2$.计算检验统计量：

$$F=\frac{s_1^2}{s_2^2}=\frac{0.05}{0.03}\approx 1.67.$$

查表得 $F_{1-\frac{\alpha}{2}}(9,11)=F_{0.975}(9,11)=\dfrac{1}{F_{0.025}(11,9)}\approx 0.26$，而 $F_{\frac{\alpha}{2}}(9,11)=F_{0.025}(9,11)=3.59$，因此对于该假设检验问题拒绝域为 $F<0.26$ 或 $F>3.59$.因为 $F\approx 1.67$ 不在拒绝域内，因此不拒绝原假设.这说明在显著性水平 $\alpha=0.05$ 情况下，没有足够证据证明两种机器生产的零件的尺寸稳定性有显著差异.

【课堂练习】

某实验室对两种不同品牌的灯泡进行寿命测试.已知品牌 A 灯泡的使用寿命服从正态分布，品牌 B 灯泡的使用寿命也服从正态分布.灯泡使用寿命的稳定性是衡量灯泡质量的重要指标.从品牌 A 灯泡中随机抽取 10 个进行测试，得到其使用寿命数据，计算出样本方差为 $s_1^2=100\ \mathrm{h}^2$；从品牌 B 灯泡中随机抽取 12 个进行测试，得到其使用寿命数据，计算出样本方差为 $s_1^2=100\ \mathrm{h}^2$.现要在显著性水平 $\alpha=0.05$ 情况下，检验品牌 A 灯泡使用寿命的波动是否比品牌 B 灯泡使用寿命的波动小(即品牌 A 灯泡使用寿命的总体方差是否小于品牌 B 灯泡使用寿命的总体方差).

8.5.4　分布拟合检验

总体分布的假设检验用于判断总体是否服从某种特定分布，如正态分布、泊松分布、均匀分布等，这是一种非参数检验.总体分布的假设检验在许多场景中有着实际应用，例如在质量控制中，判断产品质量特性是否服某种理论分布以便采取合适的管理措施等.下面主要介绍利用 χ^2 拟合检验法来检验总体的分布.χ^2 拟合检验是基于比较频数(实际观测到的数据落在各个区间的数量)和理论频数(按照假设分布计算出数据应该落在各个区间的数量)之间的差异进行的.

针对总体分布一般假定：

$$H_0\text{：总体 } X \text{ 的分布函数为 } F(x),$$
$$H_1\text{：总体 } X \text{ 的分布函数不是 } F(x).$$

将总体 X 的取值范围分成 k 个互不相交的区间 $(a_0,a_1),(a_1,a_2),\cdots,(a_{k-1},a_k)$.从总体 X 中随机抽取容量为 n 的样本 $x_1,x_2,\cdots,x_n$，计算样本值落入各个区间的实际频数 $n_i(i-1,2,\cdots,k)$.进一步根据假设的分布 $F(x)$ 计算样本落入各个区间的理论频数 np_i，其中 $p_i=P(a_{i-1}\leqslant X<a_I)$，$i=1,2,\cdots,k$.构建 χ^2 统计量

$$\chi^2=\sum_{i=1}^{k}\frac{(n_i-np_i)^2}{np_i},$$

衡量实际频数与理论频数之间的差异.若 n 充分大时($n\geqslant 50$),χ^2 统计量近似服从 $\chi^2(k-1)$.当 H_0 为真时,χ^2 统计量的值不应过大,存在临界值 c,当 $\chi^2>c$ 时需拒绝原假设.在置信水平 α 情况下,取临界值 $c=\chi^2_{1-\alpha}(k-1)$,即当 $\chi^2>\chi^2_{1-\alpha}(k-1)$时需拒绝原假设.

例 5 某商店想检验每天的顾客人数是否服从 $\lambda=12$ 的泊松分布,收集了 $n=100$ 天的顾客人数数据:

顾客人数区间	实际频数 n_i
0～4	10
5～9	20
10～14	30
15～19	25
20～24	10
25 及以上	5

请在显著性水平 $\alpha=0.05$ 情况下帮商店进行判断.

解 针对该问题,可以设定:

原假设 H_0:每天的顾客人数服从 $\lambda=12$ 的泊松分布;

备择假设 H_1:每天的顾客人数不服从 $\lambda=12$ 的泊松分布.

计算每个区间的理论概率

$$p_1=P(0\leqslant X\leqslant 4)=\sum_{k=0}^{4}\frac{12^k e^{-12}}{k!}\approx 0.007\,6,$$

理论频数

$$np_1=100\times 0.007\,6=0.76,$$

同理可以计算得 $np_2=11.33$,$np_3=26.7$,$np_4=25.6$,$np_5=11.3$,$np_6=5.1$,因此

$$\chi^2=\sum_{i=1}^{k}\frac{(n_i-np_i)^2}{np_i}=119.55,$$

查表得 $\chi^2_{1-\alpha}(6-1)=11.07$,$\chi^2=119.55>11.07$,应该拒绝原假设,认为商店每天的顾客人数不服从 $\lambda=12$ 的泊松分布.

【课堂练习】

在一个生产线上,产品按照一定的时间间隔依次通过检测点.为了检测产品通过检测点的时间是否在周一到周五这五个工作日内均匀分布,记录了连续 50 个产品通过检测点的日期.具体数据如下:

工作日	周一	周二	周三	周四	周五
频数	12	8	10	11	9

请你在显著性水平 $\alpha=0.05$ 情况下进行检验.

但在一些时候，总体分布参数是不完全已知的，此时还需要对参数进行估计.即分布函数为 $F(x,\theta_1,\theta_2,\cdots,\theta_r)$，其中 $\theta_1,\theta_2,\cdots,\theta_r$ 为未知参数.需要利用样本 $x_1,x_2,\cdots,x_n$ 求出 $\theta_1,\theta_2,\cdots,\theta_r$ 的最大似然估计 $\hat{\theta}_1,\hat{\theta}_2,\cdots,\hat{\theta}_r$.在分布函数 $F(x,\hat{\theta}_1,\hat{\theta}_2,\cdots,\hat{\theta}_r)$ 中用 $\hat{\theta}_1,\hat{\theta}_2,\cdots,\hat{\theta}_r$ 替代 $\hat{\theta}_1,\hat{\theta}_2,\cdots,\hat{\theta}_r$，进一步用 $F(x,\theta_1,\theta_2,\cdots,\theta_r)$ 计算 p_i 的估计值 $\hat{p}_i(i=1,2,\cdots,k)$.构建 χ^2 统计量

$$\chi^2=\sum_{i=1}^{k}\frac{(n_i-n\hat{p}_i)^2}{n\hat{p}_i}.$$

当 n 充分大时，χ^2 统计量近似服从 $\chi^2_{1-\alpha}(k-r-1)$ 分布.在置信水平 α 情况下，若有 $\chi^2>\chi^2_{1-\alpha}(k-r-1)$，则拒绝原假设.

例 6　某电子元件的使用寿命可能服从指数分布.现从一批电子元件中抽取 50 个进行测试，得到它们的使用寿命数据(单位：h)如下：

使用寿命区间(单位：h)	频数
0～100	12
100～200	18
200～300	10
300～400	7
400 及以上	3

在显著性水平 $\alpha=0.05$ 情况下，检验该批电子元件的使用寿命是否服从指数分布.

解　针对该问题，可以提出

原假设 H_0：该批电子元件的使用寿命服从指数分布；

备择假设 H_1：该批电子元件的使用寿命不服从指数分布.

对于指数分布，概率密度函数为 $f(x)=\lambda e^{-\lambda x}$，其中 λ 为未知参数，可以用样本均值的倒数 $\frac{1}{\bar{x}}$ 来估算：

$$\bar{x}=\frac{12\times50+18\times150+10\times250+7\times350+3\times450}{50}=200,$$

因此 $\lambda=\frac{1}{\bar{x}}=0.005$.

接着计算理论概率与理论频数

$$p_1=P(0\leqslant X\leqslant100)=1-e^{-\lambda\times100}\approx0.393,\quad np_1=50\times0.393=19.65,$$

同理得：

$$np_2=50\times0.239=11.95,\quad np_3=50\times0.165=8.25,\quad np_4=50\times0.104=5.2,$$

$$np_5=50\times0.135=6.75,$$

计算 χ^2 统计量：

$$\chi^2=\sum_{i=1}^{5}\frac{(n_i-np_i)^2}{np_i}=8.73,$$

最后查 χ^2 表得 $\chi^2_{0.95}(3)=7.815$，由于 $\chi^2=8.73>7.815$，所以应该拒绝原假设，认为在显著性水平 $\alpha=0.05$ 情况下，有足够证据表明该电子元件的使用寿命不服从指数分布.

【课堂练习】

对一本即将出版的书籍进行检查，随机抽取 100 页，记录每页错误的个数，记录结果如下：

错误个数	0	1	2	3	4	5	6	>6
页数合计	36	40	19	2	0	2	1	0

请检验在显著性水平 $\alpha=0.05$ 情况下，每页的错误个数是否服从泊松分布.

习题 8.5

1. 某学校对学生的身高进行抽样调查，已知学生身高服从正态分布.随机抽取了 36 名学生，测得平均身高为 165 cm，样本标准差为 6 cm.已知全国同年龄段学生的标准身高为 163 cm.在显著性水平为 0.01 情况下，检验该学校学生的平均身高是否与标准有显著差异.

2. 有甲、乙两种生产工艺生产同一种产品，已知两种工艺下产品的质量指标均服从正态分布.从采用甲工艺生产的产品中随机抽取 20 个，测得样本均值为 50 g，样本标准差为 4 g；从采用乙工艺生产的产品中随机抽取 18 个，测得样本均值为 48 g，样本标准差为 3 g.在显著性水平为 0.05 情况下，检验甲、乙两种工艺生产的产品质量均值是否有显著差异.

3. 某品牌的罐装饮料容量服从正态分布.现从生产线上随机抽取 40 罐饮料，测得其容量的样本标准差为 5 mL.已知该品牌饮料容量的总体标准差一直稳定在 4 mL.在显著性水平为 0.05 情况下，检验这批罐装饮料容量的方差是否发生了显著变化.

4. 某种型号的灯泡寿命被认为可能服从指数分布，随机抽取 60 个该型号的灯泡，记录其寿命数据，具体如下：

寿命区间(单位:h)	灯泡数量
[0,200)	10
[200,400)	15
[400,600)	18
[600,800)	12
[800,+∞)	5

请在显著性水平 $\alpha=0.05$ 情况下，检验该型号灯泡的寿命总体是否服从指数分布.

实践与实验

1. 用 MTLAB 软件求解样本均值、方差与标准差

在 MATLAB 软件中，可以使用内置函数 mean()来计算样本均值；用函数 var()来计算样本方差；用函数 std()来计算样本标准差.函数的基本语法是：

mean(data),

var(data),

std(data),

其中 data 是样本数据.

例 1 从总体中随机抽取容量为 10 的样本，样本观测值为

9.21,9.37,8.95,9.11,8.72,8.85,8.23,8.54,9.54,9.56.

请分别计算样本均值、样本方差与标准差.

解 在 MATLAB 软件命令窗口中输入如下命令：

```
data = [9.21,9.37,8.95,9.11,8.72,8.85,8.23,8.54,9.54,9.56]
mean_value = mean(data);                          % 计算均值
disp(['样本均值为:', num2str(mean_value)]);       % 输出结果
variance = var(data);                             % 计算方差
disp(['样本方差为:', num2str(variance)]);
standard_deviation = std(data);                   % 计算标准差
disp(['样本标准差为:', num2str(standard_deviation)]);
```

运行结果如下：

```
样本均值为:9.008
样本方差为:0.18951
样本标准差为:0.43532
```

2. 用 MTALAB 软件对单正态总体均值进行假设检验

例 2 从正态总体中随机抽取容量为 5 的样本，样本观测值为

10,12,15,13,11.

已知总体的标准为 12，请问样本均值与总体标准是否存在显著差异.

解 在 MATLAB 软件命令窗口中输入如下命令：

```
data = [10, 12, 15, 13, 11];                                   % 样本数据
mu0 = 12;                                                      % 假设均值
n = numel(data);                                               % 样本数量
sample_mean = mean(data);                                      % 样本均值
sample_std = std(data);                                        % 样本标准差
t_statistic = (sample_mean - mu0)/(sample_std/sqrt(n));
alpha = 0.05;                                                  % 显著性水平
df = n - 1;                                                    % 自由度
critical_value = tinv(1 - alpha/2,df);                         % 双侧检验临界值
if abs(t_statistic)>critical_value
  disp('拒绝原假设');
else
  disp('不拒绝原假设');
end
```

运行结果如下：

```
不拒绝原假设
```

实验作业

1. 计算样本的均值、方差与标准差：

19.21,18.31,17.58,18.29,19.11,19.19,19.43,20.21,19.32,17.11,20.19.

2. 已知某工厂生产的零件长度服从正态分布，已知标准长度为10，从某批次中抽取容量为10的样本，样本观测值为

9.2,9.8,9.9,10.2,10,10.1,10,10.5,9.9,9.7.

请问该批次的零件长度与标准长度在显著性水平 $\alpha=0.05$ 情况下是否存在显著差异.

本章小结

1. 总体和样本的定义：总体是研究对象的全体，样本是从总体中抽取的一部分个体.通常将总体记为 X，将样本观测值记为 $x_1,x_2,\cdots,x_n$.

2. 样本均值、方差与标准差、矩及其函数、分位数求法.

样本均值：$\bar{x}=\frac{1}{n}\sum_{i=1}^{n}x_i$；

样本方差：$s^2=\frac{1}{n-1}\sum_{i=1}^{n}(x_i-\bar{x})^2$；

样本标准差：$s=\sqrt{s^2}=\sqrt{\frac{1}{n-1}\sum_{i=1}^{n}(x_i-\bar{x})^2}$；

样本 k 阶原点矩阵：$a_k=\frac{1}{n}\sum_{i=1}^{n}x_i^k, k=1,2,\cdots$；

样本 k 阶中心矩：$m_k=\frac{1}{n}\sum_{i=1}^{n}(x_i-\bar{x})^k, k=1,2,\cdots$；

样本 p 分位数：

(1) 当 np 为整数时，$f_p=\frac{x_{(np)}+x_{(np+1)}}{2}$；

(2) 当 np 不是整数时，设 $np=i+j$，其中 i 为整数部分，j 为小数部分，则有 $f_p=x_{(i+1)}$.

3. χ^2 分布，t 分布与 F 分布的定义：

从总体 $N(0,1)$ 中抽取容量为 n 的样本 $X_1,X_2,\cdots,X_n$，则称统计量

$$\chi^2=X_1^2+X_2^2+\cdots+X_n^2$$

为服从自由度为 n 的 χ^2 分布，记作 $\chi^2\sim\chi^2(n)$.

设随机变量 $X_1\sim N(0,1)$，$X_2\sim\chi^2(n)$，且 X_1 与 X_2 相互独立，则称

$$T=\frac{X_1}{\sqrt{\frac{X_2}{n}}}$$

为服从自由度为 n 的 t 分布，记作 $T\sim t(n)$.

设 $X_1\sim\chi^2(m)$，$X_2\sim\chi^2(n)$，且 X_1 与 X_2 相互独立，则称

$$F=\frac{\frac{X_1}{m}}{\frac{X_2}{n}}=\frac{nX_1}{mX_2}$$

为服从自由度为 (m,n) 的 F 分布，记为 $F\sim F(m,n)$.显然若 $F\sim F(m,n)$，则有 $\frac{1}{F}\sim F(n,m)$.

4. 点估计是用样本统计量对总体的未知参数进行估计.若估计量 $\hat{\theta}$ 的期望 $E(\hat{\theta})=\theta$，则称 $\hat{\theta}$ 是 θ 的无偏估计.

设 $\hat{\theta}_1=\hat{\theta}_1(x_1,x_2,\cdots,x_n)$ 与 $\hat{\theta}_2=\hat{\theta}_2(x_1,x_2,\cdots,x_n)$ 都是参数 θ 的无偏估计，若存在

$$D(\hat{\theta}_1)<D(\hat{\theta}_2),$$

则称 $\hat{\theta}_1$ 比 $\hat{\theta}_2$ 有效.

5. 矩估计法的一般步骤：

第一步　列出总体的 k 阶原点矩 $u_i=u_i(\theta_1,\theta_2,\cdots,\theta_k)$，$i=1,2,\cdots,k$；

第二步　反写出未知参数 θ 关于 μ 的表达式.即 $\theta_i=\theta_i(\mu_1,\mu_2,\cdots,\mu_k)$，$i=1,2,\cdots,k$；

第三步　用样本矩 A_i，$i=1,2,\cdots,k$ 代替原点矩，得到 $\hat{\theta}_i=\theta_i(A_1,A_2,\cdots,A_k)$，$i=1,2,\cdots,k$.

6. 最大似然估计法的一般步骤：

第一步　写出似然函数 $L(\theta)=L(x_1,x_2,\cdots,x_n;\theta)$；

第二步　对似然函数取对数得到 $\ln L(\theta)$；

第三步　求对数似然函数关于参数的导数，并另其为 0，得到方程；

第四步　解方程得到参数的估计值.

7. 参数的区间估计的一般步骤：

第一步　求出未知参数 θ 的一个点估计值 $\hat{\theta}=\hat{\theta}(x_1,x_2,\cdots,x_n)$；

第二步　构造关于 $\hat{\theta}$ 和 θ 一个函数 $G=G(\hat{\theta},\theta)$.函数中仅包含一个未知参数 θ，且 G 的分布已知或可以通过推导得到.此时这里的函数 G 就被称作枢轴量.

第三步　确定常数 c，d，使得对给定的 $\alpha(0<\alpha<1)$ 有

$$P(c\leqslant G\leqslant d)=1-\alpha.$$

第四步　对不等式 $c\leqslant G\leqslant d$ 进行变形，得到 $\theta_L\leqslant\theta\leqslant\theta_U$ 的形式，则有

$$P(\theta_L\leqslant\theta\leqslant\theta_U)=1-\alpha.$$

由此就找到了 θ 的置信水平为 $1-\alpha$ 的置信区间 (θ_L,θ_U).

8. 假设检验的一般步骤：

第一步　提出原假设 H_0 与备择假设 H_1；

第二步　选择合适的检验统计量；

第三步　确定拒绝域的形式；

第四步　根据给定的显著性水平 α，确定拒绝域的临界值；

第五步　计算检验统计量的值；

第六步　根据观察检验统计量的值是否落在拒绝域内，做出拒绝或接受原假设的判断.

复习题八

1. 在对某小区居民的月收入情况进行调查时，抽取了部分居民的月收入(单位：元)数据如下：4 500，5 200，4 800，5 100，5 800，7 300，6 700，5 600，则该样本的样本方差为________.

2. 已知一组样本数据为：12，15，18，21，24，27，30，33，36，39，则该样本数据的 0.75 分位

数为________.

3. 若从某工厂生产的一批产品中随机抽取一部分进行质量检测.以下说法中正确的是(　　).

A. 这批产品的总数是一个统计量

B. 抽取的这部分产品的平均质量是一个统计量

C. 该工厂所有产品的平均质量是一个统计量

D. 抽取的这部分产品中质量最好的那个产品的质量是一个统计量

4. 设 x_1, x_2, x_3 是来自正态总体 $N(\mu_1, \sigma^2)$ 的样本，y_1, y_2 是来自正态总体 $N(\mu_2, \sigma^2)$ 的样本，且两个样本相互独立.令 $T=\dfrac{\bar{x}-\bar{y}}{s_p\sqrt{\dfrac{1}{3}+\dfrac{1}{2}}}$，其中 $\bar{x}$ 与 $\bar{y}$ 分别是两个样本的均值，$s_p^2=\dfrac{2s_1^2+s_2^2}{4}$，$s_1^2$ 和 s_2^2 分别是两个样本的方差，则 T 分布服从(　　).

A. $t(3)$分布　　B. $t(4)$分布　　C. $t(5)$分布　　D. 不服从 t 分布

5. 设总体 X 的密度函数为 $f(x)=\begin{cases}2x\theta^2, & 0<x<\dfrac{1}{\theta},\\ 0, & \text{其他},\end{cases}$ 其中 $\theta>0$ 为未知参数，$x_1, x_2, \cdots, x_n$ 是来自总体 X 的样本，则 θ 的矩估计量为(　　).

A. $\dfrac{\sqrt{2n}}{\bar{x}}$　　B. $\dfrac{\sqrt{3n}}{\bar{x}}$　　C. $\dfrac{\sqrt{2n}}{\sum\limits_{i=1}^{n}x_i}$　　D. $\dfrac{\sqrt{3n}}{\sum\limits_{i=1}^{n}x_i}$

6. 为了解某种水果的大小情况，随机抽取了 10 个该水果进行测量，其直径(单位:cm)分别为:6.2,6.5,7.1,6.8,7.3,6.9,6.6,7.0,6.7,7.2.

(1) 计算该样本的二阶原点矩;

(2) 计算该样本的三阶中心矩.

7. 设 x_1, x_2, x_3, x_4 是来自总体 $N(0,4)$ 的简单随机样本，且 $Y=a(x_1-2x_2)^2+b(3x_3-4x_4)^2$ 服从 χ^2 分布，求常数 a, b 的值.

8. 设总体 X 的概率密度为 $f(x)=\begin{cases}\theta x^{\theta-1}, & 0<x<1,\\ 0, & \text{其他},\end{cases}$ 其中 $\theta>0$ 为未知参数，$x_1, x_2, \cdots, x_n$ 是来自总体 X 的样本，求 θ 的最大似然估计.

9. 某工厂生产一种新型灯泡，其使用寿命服从正态分布.现随机抽取了 25 个灯泡进行测试，得到样本平均使用寿命为 1 500 h，样本标准差为 100 h.试在置信水平为 0.95 情况下，估计该新型灯泡的平均使用寿命的置信区间.

10. 某汽车制造商为比较两种不同发动机的性能，分别对安装发动机 A 的 45 辆汽车和安装发动机 B 的 50 辆汽车进行了测试.已知安装发动机 A 的汽车行驶里程总体服从正态分布 $N(\mu_1, \sigma_1^2)$，其中 $\sigma_1^2=1\,600\ \text{km}^2$，样本平均行驶里程为 5 000 km;安装发动机 B 的汽车行驶里程总体服从正态分布 $N(\mu_2,\sigma_2^2)$，其中 $\sigma_2^2=1\ 225\ \text{km}^2$，样本平均行驶里程为 4 800 km.在置信水平为 0.95 情况下，求两种发动机平均行驶里程之差 $\mu_1-\mu_2$ 的置信区间.

11. 某地区过去小麦的平均亩产量为 500 kg.今年采用了新的种植技术，随机抽取块麦田进行产量测量，得到样本平均亩产量为 510 kg，样本标准差为 8 kg.在显著性水平 $\alpha=0.05$ 情况下，检验采用新种植技术后小麦的平均亩产量是否发生了变化.

12. 某城市有两个不同区域的超市，为比较两个区域超市某种商品的平均售价是否有差异.从区域一的超市随机抽取 30 件该商品，平均售价为 50 元，样本标准差为 4 元；从区域二的超市随机抽取 40 件该商品，平均售价为 48 元，样本标准差为 3 元.在显著性水平下 $\alpha=0.05$ 情况下，检验两个区域超市该商品的平均售价是否有显著差异.

附　录

附录 1 标准正态分布函数值表

$$\Phi(x)=\frac{1}{\sqrt{2\pi}}\int_{-\infty}^{x} e^{-\frac{t^2}{2}}dt$$

	0.00	0.01	0.02	0.03	0.04	0.05	0.06	0.07	0.08	0.09
0.0	0.500 0	0.504 0	0.508 0	0.512 0	0.516 0	0.519 9	0.523 9	0.527 9	0.531 9	0.535 9
0.1	0.539 8	0.543 8	0.547 8	0.551 7	0.555 7	0.559 6	0.563 6	0.567 5	0.571 4	0.575 3
0.2	0.579 3	0.583 2	0.587 1	0.591 0	0.594 8	0.598 7	0.602 6	0.606 4	0.610 3	0.614 1
0.3	0.617 9	0.621 7	0.625 5	0.629 3	0.633 1	0.636 8	0.640 6	0.644 3	0.648 0	0.651 7
0.4	0.655 4	0.659 1	0.662 8	0.666 4	0.670 0	0.673 6	0.677 2	0.680 8	0.684 4	0.687 9
0.5	0.691 5	0.695 0	0.698 5	0.701 9	0.705 4	0.708 8	0.712 3	0.715 7	0.719 0	0.722 4
0.6	0.725 7	0.729 1	0.732 4	0.735 7	0.738 9	0.742 2	0.745 4	0.748 6	0.751 7	0.754 9
0.7	0.758 0	0.761 1	0.764 2	0.767 3	0.770 4	0.773 4	0.776 4	0.779 4	0.782 3	0.785 2
0.8	0.788 1	0.791 0	0.793 9	0.796 7	0.799 5	0.802 3	0.805 1	0.807 8	0.810 6	0.813 3
0.9	0.815 9	0.818 6	0.821 2	0.823 8	0.826 4	0.828 9	0.831 5	0.834 0	0.836 5	0.838 9
1.0	0.841 3	0.843 8	0.846 1	0.848 5	0.850 8	0.853 1	0.855 4	0.857 7	0.859 9	0.862 1
1.1	0.864 3	0.866 5	0.868 6	0.870 8	0.872 9	0.874 9	0.877 0	0.879 0	0.881 0	0.883 0
1.2	0.884 9	0.886 9	0.888 8	0.890 7	0.892 5	0.894 4	0.896 2	0.898 0	0.899 7	0.901 5
1.3	0.903 2	0.904 9	0.906 6	0.908 2	0.909 9	0.911 5	0.913 1	0.914 7	0.916 2	0.917 7
1.4	0.919 2	0.920 7	0.922 2	0.923 6	0.925 1	0.926 5	0.927 9	0.929 2	0.930 6	0.931 9

续表

	0.00	0.01	0.02	0.03	0.04	0.05	0.06	0.07	0.08	0.09
1.5	0.933 2	0.934 5	0.935 7	0.937 0	0.938 2	0.939 4	0.940 6	0.941 8	0.942 9	0.944 1
1.6	0.945 2	0.946 3	0.947 4	0.948 4	0.949 5	0.950 5	0.951 5	0.952 5	0.953 5	0.954 5
1.7	0.955 4	0.956 4	0.957 3	0.958 2	0.959 1	0.959 9	0.960 8	0.961 6	0.962 5	0.963 3
1.8	0.964 1	0.964 9	0.965 6	0.966 4	0.967 1	0.967 8	0.968 6	0.969 3	0.969 9	0.970 6
1.9	0.971 3	0.971 9	0.972 6	0.973 2	0.973 8	0.974 4	0.975 0	0.975 6	0.976 1	0.976 7
2.0	0.977 2	0.977 8	0.978 3	0.978 8	0.979 3	0.979 8	0.980 3	0.980 8	0.981 2	0.981 7
2.1	0.982 1	0.982 6	0.983 0	0.983 4	0.983 8	0.984 2	0.984 6	0.985 0	0.985 4	0.985 7
2.2	0.986 1	0.986 4	0.986 8	0.987 1	0.987 5	0.987 8	0.988 1	0.988 4	0.988 7	0.989 0
2.3	0.989 3	0.989 6	0.989 8	0.990 1	0.990 4	0.990 6	0.990 9	0.991 1	0.991 3	0.991 6
2.4	0.991 8	0.992 0	0.992 2	0.992 5	0.992 7	0.992 9	0.993 1	0.993 2	0.993 4	0.993 6
2.5	0.993 8	0.994 0	0.994 1	0.994 3	0.994 5	0.994 6	0.994 8	0.994 9	0.995 1	0.995 2
2.6	0.995 3	0.995 5	0.995 6	0.995 7	0.995 9	0.996 0	0.996 1	0.996 2	0.996 3	0.996 4
2.7	0.996 5	0.996 6	0.996 7	0.996 8	0.996 9	0.997 0	0.997 1	0.997 2	0.997 3	0.997 4
2.8	0.997 4	0.997 5	0.997 6	0.997 7	0.997 7	0.997 8	0.997 9	0.997 9	0.998 0	0.998 1
2.9	0.998 1	0.998 2	0.998 2	0.998 3	0.998 4	0.998 4	0.998 5	0.998 5	0.998 6	0.998 6
3.0	0.998 7	0.998 7	0.998 7	0.998 8	0.998 8	0.998 9	0.998 9	0.998 9	0.999 0	0.999 0
3.1	0.999 0	0.999 1	0.999 1	0.999 1	0.999 2	0.999 2	0.999 2	0.999 2	0.999 3	0.999 3
3.2	0.999 3	0.999 3	0.999 4	0.999 4	0.999 4	0.999 4	0.999 4	0.999 5	0.999 5	0.999 5
3.3	0.999 5	0.999 5	0.999 5	0.999 6	0.999 6	0.999 6	0.999 6	0.999 6	0.999 6	0.999 7
3.4	0.999 7	0.999 7	0.999 7	0.999 7	0.999 7	0.999 7	0.999 7	0.999 7	0.999 7	0.999 8
3.5	0.999 8	0.999 8	0.999 8	0.999 8	0.999 8	0.999 8	0.999 8	0.999 8	0.999 8	0.999 8
3.6	0.999 8	0.999 8	0.999 9	0.999 9	0.999 9	0.999 9	0.999 9	0.999 9	0.999 9	0.999 9
3.7	0.999 9	0.999 9	0.999 9	0.999 9	0.999 9	0.999 9	0.999 9	0.999 9	0.999 9	0.999 9
3.8	0.999 9	0.999 9	0.999 9	0.999 9	0.999 9	0.999 9	0.999 9	0.999 9	0.999 9	0.999 9

附录 2 t 分布分位数表

$$P(t(n) \leqslant t_\alpha(n)) = \alpha$$

n	α					
	0.75	0.90	0.95	0.975	0.99	0.995
1	1.000 0	3.077 7	6.313 8	12.706 2	31.820 5	63.656 7
2	0.816 5	1.885 6	2.920 0	4.302 7	6.964 6	9.924 8
3	0.764 9	1.637 7	2.353 4	3.182 4	4.540 7	5.840 9
4	0.740 7	1.533 2	2.131 8	2.776 4	3.746 9	4.604 1
5	0.726 7	1.475 9	2.015 0	2.570 6	3.364 9	4.032 1
6	0.717 6	1.439 8	1.943 2	2.446 9	3.142 7	3.707 4
7	0.711 1	1.414 9	1.894 6	2.364 6	2.998 0	3.499 5
8	0.706 4	1.396 8	1.859 5	2.306 0	2.896 5	3.355 4
9	0.702 7	1.383 0	1.833 1	2.262 2	2.821 4	3.249 8
10	0.699 8	1.372 2	1.812 5	2.228 1	2.763 8	3.169 3
11	0.697 4	1.363 4	1.795 9	2.201 0	2.718 1	3.105 8
12	0.695 5	1.356 2	1.782 3	2.178 8	2.681 0	3.054 5
13	0.693 8	1.350 2	1.770 9	2.160 4	2.650 3	3.012 3
14	0.692 4	1.345 0	1.761 3	2.144 8	2.624 5	2.976 8
15	0.691 2	1.340 6	1.753 1	2.131 4	2.602 5	2.946 7
16	0.690 1	1.336 8	1.745 9	2.119 9	2.583 5	2.920 8
17	0.689 2	1.333 4	1.739 6	2.109 8	2.566 9	2.898 2
18	0.688 4	1.330 4	1.734 1	2.100 9	2.552 4	2.878 4
19	0.687 6	1.327 7	1.729 1	2.093 0	2.539 5	2.860 9
20	0.687 0	1.325 3	1.724 7	2.086 0	2.528 0	2.845 3
21	0.686 4	1.323 2	1.720 7	2.079 6	2.517 6	2.831 4

续表

n	α					
	0.75	0.90	0.95	0.975	0.99	0.995
22	0.685 8	1.321 2	1.717 1	2.073 9	2.508 3	2.818 8
23	0.685 3	1.319 5	1.713 9	2.068 7	2.499 9	2.807 3
24	0.684 8	1.317 8	1.710 9	2.063 9	2.492 2	2.796 9
25	0.684 4	1.316 3	1.708 1	2.059 5	2.485 1	2.787 4
26	0.684 0	1.315 0	1.705 6	2.055 5	2.478 6	2.778 7
27	0.683 7	1.313 7	1.703 3	2.051 8	2.472 7	2.770 7
28	0.683 4	1.312 5	1.701 1	2.048 4	2.467 1	2.763 3
29	0.683 0	1.311 4	1.699 1	2.045 2	2.462 0	2.756 4
30	0.682 8	1.310 4	1.697 3	2.042 3	2.457 3	2.750 0
31	0.682 5	1.309 5	1.695 5	2.039 5	2.452 8	2.744 0
32	0.682 2	1.308 6	1.693 9	2.036 9	2.448 7	2.738 5
33	0.682 0	1.307 7	1.692 4	2.034 5	2.444 8	2.733 3
34	0.681 8	1.307 0	1.690 9	2.032 2	2.441 1	2.728 4
35	0.681 6	1.306 2	1.689 6	2.030 1	2.437 7	2.723 8
36	0.681 4	1.305 5	1.688 3	2.028 1	2.434 5	2.719 5
37	0.681 2	1.304 9	1.687 1	2.026 2	2.431 4	2.715 4
38	0.681 0	1.304 2	1.686 0	2.024 4	2.428 6	2.711 6
39	0.680 8	1.303 6	1.684 9	2.022 7	2.425 8	2.707 9
40	0.680 7	1.303 1	1.683 9	2.021 1	2.423 3	2.704 5
41	0.680 5	1.302 5	1.682 9	2.019 5	2.420 8	2.701 2
42	0.680 4	1.302 0	1.682 0	2.018 1	2.418 5	2.698 1
43	0.680 2	1.301 6	1.681 1	2.016 7	2.416 3	2.695 1
44	0.680 1	1.301 1	1.680 2	2.015 4	2.414 1	2.692 3
45	0.680 0	1.300 6	1.679 4	2.014 1	2.412 1	2.689 6

附录 3 卡方分位数表

$$P(\chi^2(n)\leqslant\chi_\alpha^2(n))=\alpha$$

n	α												
	0.005	0.01	0.025	0.05	0.10	0.25	0.50	0.75	0.90	0.95	0.975	0.99	0.995
1	0.000 0	0.000 2	0.001 0	0.003 9	0.015 8	0.101 5	0.454 9	1.323 3	2.705 5	3.841 5	5.023 9	6.634 9	7.879 4
2	0.010 0	0.020 1	0.050 6	0.102 6	0.210 7	0.575 4	1.386 3	2.772 6	4.605 2	5.991 5	7.377 8	9.210 3	10.596 6
3	0.071 7	0.114 8	0.215 8	0.351 8	0.584 4	1.212 5	2.366 0	4.108 3	6.251 4	7.814 7	9.348 4	11.344 9	12.838 2
4	0.207 0	0.297 1	0.484 4	0.710 7	1.063 6	1.922 6	3.356 7	5.385 3	7.779 4	9.487 7	11.143 3	13.276 7	14.860 3
5	0.411 7	0.554 3	0.831 2	1.145 5	1.610 3	2.674 6	4.351 5	6.625 7	9.236 4	11.070 5	12.832 5	15.086 3	16.749 6
6	0.675 7	0.872 1	1.237 3	1.635 4	2.204 1	3.454 6	5.348 1	7.840 8	10.644 6	12.591 6	14.449 4	16.811 9	18.547 6
7	0.989 3	1.239 0	1.689 9	2.167 3	2.833 1	4.254 9	6.345 8	9.037 1	12.017 0	14.067 1	16.012 8	18.475 3	20.277 7
8	1.344 4	1.646 5	2.179 7	2.732 6	3.489 5	5.070 6	7.344 1	10.218 9	13.361 6	15.507 3	17.534 5	20.090 2	21.955 0
9	1.734 9	2.087 9	2.700 4	3.325 1	4.168 2	5.898 8	8.342 8	11.388 8	14.683 7	16.919 0	19.022 8	21.666 0	23.589 4
10	2.155 9	2.558 2	3.247 0	3.940 3	4.865 2	6.737 2	9.341 8	12.548 9	15.987 2	18.307 0	20.483 2	23.209 3	25.188 2
11	2.603 2	3.053 5	3.815 7	4.574 8	5.577 8	7.584 1	10.341 0	13.700 7	17.275 0	19.675 1	21.920 0	24.725 0	26.756 8
12	3.073 8	3.570 6	4.403 8	5.226 0	6.303 8	8.438 4	11.340 3	14.845 4	18.549 3	21.026 1	23.336 7	26.217 0	28.299 5

续表

n	α												
	0.005	0.01	0.025	0.05	0.10	0.25	0.50	0.75	0.90	0.95	0.975	0.99	0.995
13	3.565 0	4.106 9	5.008 8	5.891 9	7.041 5	9.299 1	12.339 8	15.983 9	19.811 9	22.362 0	24.735 6	27.688 2	29.819 5
14	4.074 7	4.660 4	5.628 7	6.570 6	7.789 5	10.165 3	13.339 3	17.116 9	21.064 1	23.684 8	26.118 9	29.141 2	31.319 3
15	4.600 9	5.229 3	6.262 1	7.260 9	8.546 8	11.036 5	14.338 9	18.245 1	22.307 1	24.995 8	27.488 4	30.577 9	32.801 3
16	5.142 2	5.812 2	6.907 7	7.961 6	9.312 2	11.912 2	15.338 5	19.368 9	23.541 8	26.296 2	28.845 4	31.999 9	34.267 2
17	5.697 2	6.407 8	7.564 2	8.671 8	10.085 2	12.791 9	16.338 2	20.488 7	24.769 0	27.587 1	30.191 0	33.408 7	35.718 5
18	6.264 8	7.014 9	8.230 7	9.390 5	10.864 9	13.675 3	17.337 9	21.604 9	25.989 4	28.869 3	31.526 4	34.805 3	37.156 5
19	6.844 0	7.632 7	8.906 5	10.117 0	11.650 9	14.562 0	18.337 7	22.717 8	27.203 6	30.143 5	32.852 3	36.190 9	38.582 3
20	7.433 8	8.260 4	9.590 8	10.850 8	12.442 6	15.451 8	19.337 4	23.827 7	28.412 0	31.410 4	34.169 6	37.566 2	39.996 8
21	8.033 7	8.897 2	10.282 9	11.591 3	13.239 6	16.344 4	20.337 2	24.934 8	29.615 1	32.670 6	35.478 9	38.932 2	41.401 1
22	8.642 7	9.542 5	10.982 3	12.338 0	14.041 5	17.239 6	21.337 0	26.039 3	30.813 3	33.924 4	36.780 7	40.289 4	42.795 7
23	9.260 4	10.195 7	11.688 6	13.090 5	14.848 0	18.137 3	22.336 9	27.141 3	32.006 9	35.172 5	38.075 6	41.638 4	44.181 3
24	9.886 2	10.856 4	12.401 2	13.848 4	15.658 7	19.037 3	23.336 7	28.241 2	33.196 2	36.415 0	39.364 1	42.979 8	45.558 5
25	10.519 7	11.524 0	13.119 7	14.611 4	16.473 4	19.939 3	24.336 6	29.338 9	34.381 6	37.652 5	40.646 5	44.314 1	46.927 9
26	11.160 2	12.198 1	13.843 9	15.379 2	17.291 9	20.843 4	25.336 5	30.434 6	35.563 2	38.885 1	41.923 2	45.641 7	48.289 9
27	11.807 6	12.878 5	14.573 4	16.151 4	18.113 9	21.749 4	26.336 3	31.528 4	36.741 2	40.113 3	43.194 5	46.962 9	49.644 9
28	12.461 3	13.564 7	15.307 9	16.927 9	18.939 2	22.657 2	27.336 2	32.620 5	37.915 9	41.337 1	44.460 8	48.278 2	50.993 4
29	13.121 1	14.256 5	16.047 1	17.708 4	19.767 7	23.566 6	28.336 1	33.710 9	39.087 5	42.557 0	45.722 3	49.587 9	52.335 6

续表

n	α												
	0.005	0.01	0.025	0.05	0.10	0.25	0.50	0.75	0.90	0.95	0.975	0.99	0.995
30	13.786 7	14.953 5	16.790 8	18.492 7	20.599 2	24.477 6	29.336 0	34.799 7	40.256 0	43.773 0	46.979 2	50.892 2	53.672 0
31	14.457 8	15.655 5	17.538 7	19.280 6	21.433 6	25.390 1	30.335 9	35.887 1	41.421 7	44.985 3	48.231 9	52.191 4	55.002 7
32	15.134 0	16.362 2	18.290 8	20.071 9	22.270 6	26.304 1	31.335 9	36.973 0	42.584 7	46.194 3	49.480 4	53.485 8	56.328 1
33	15.815 3	17.073 5	19.046 7	20.866 5	23.110 2	27.219 4	32.335 8	38.057 5	43.745 2	47.399 9	50.725 1	54.775 5	57.648 4
34	16.501 3	17.789 1	19.806 3	21.664 3	23.952 3	28.136 1	33.335 7	39.140 8	44.903 2	48.602 4	51.966 0	56.060 9	58.963 9
35	17.191 8	18.508 9	20.569 4	22.465 0	24.796 7	29.054 0	34.335 6	40.222 8	46.058 8	49.801 8	53.203 3	57.342 1	60.274 8
36	17.886 7	19.232 7	21.335 9	23.268 6	25.643 3	29.973 0	35.335 6	41.303 6	47.212 2	50.998 5	54.437 3	58.619 2	61.581 2
37	18.585 8	19.960 2	22.105 6	24.074 9	26.492 1	30.893 3	36.335 5	42.383 3	48.363 4	52.192 3	55.668 0	59.892 5	62.883 3
38	19.288 9	20.691 4	22.878 5	24.883 9	27.343 0	31.814 6	37.335 5	43.461 9	49.512 6	53.383 5	56.895 5	61.162 1	64.181 4
39	19.995 9	21.426 2	23.654 3	25.695 4	28.195 8	32.736 9	38.335 4	44.539 5	50.659 8	54.572 2	58.120 1	62.428 1	65.475 6
40	20.706 5	22.164 3	24.433 0	26.509 3	29.050 5	33.660 3	39.335 3	45.616 0	51.805 1	55.758 5	59.341 7	63.690 7	66.766 0
41	21.420 8	22.905 6	25.214 5	27.325 6	29.907 1	34.584 6	40.335 3	46.691 6	52.948 5	56.942 4	60.560 6	64.950 1	68.052 7
42	22.138 5	23.650 1	25.998 7	28.144 0	30.765 4	35.509 9	41.335 2	47.766 3	54.090 2	58.124 0	61.776 8	66.206 2	69.336 0
43	22.859 5	24.397 6	26.785 4	28.964 7	31.625 5	36.436 1	42.335 2	48.840 0	55.230 2	59.303 5	62.990 4	67.459 3	70.615 9
44	23.583 7	25.148 0	27.574 6	29.787 5	32.487 1	37.363 1	43.335 2	49.912 9	56.368 5	60.480 9	64.201 5	68.709 5	71.892 6
45	24.311 0	25.901 3	28.366 2	30.612 3	33.350 4	38.291 0	44.335 1	50.984 9	57.505 3	61.656 2	65.410 2	69.956 8	73.166 1

附录 4　F 分布分位数表

$$P(F(m,n) \leqslant F_{\alpha}(m,n)) = \alpha$$

$\alpha = 0.75$

n \ m	1	2	3	4	5	6	7	8	9	10	11	12	13	14	15	16	17	18	19	20	21	22	23	24
1	5.828 4	7.500 0	8.199 9	8.580 9	8.819 8	8.983 3	9.102 1	9.192 3	9.263 1	9.320 1	9.367 1	9.406 4	9.439 8	9.468 5	9.493 4	9.515 3	9.534 7	9.551 9	9.567 3	9.581 3	9.593 9	9.605 3	9.615 8	9.625 4
2	2.571 4	3.000 0	3.153 4	3.232 1	3.279 9	3.312 1	3.335 2	3.352 6	3.366 1	3.377 0	3.385 9	3.393 4	3.399 7	3.405 1	3.409 8	3.413 9	3.417 6	3.420 8	3.423 7	3.426 3	3.428 7	3.430 8	3.432 8	3.434 6
3	2.023 9	2.279 8	2.355 6	2.390 1	2.409 5	2.421 8	2.430 2	2.436 4	2.441 0	2.444 7	2.447 6	2.450 0	2.452 0	2.453 7	2.455 2	2.456 5	2.457 6	2.458 5	2.459 4	2.460 2	2.460 9	2.461 5	2.462 1	2.462 6
4	1.807 4	2.000 0	2.046 7	2.064 2	2.072 3	2.076 6	2.079 0	2.080 5	2.081 4	2.082 0	2.082 3	2.082 6	2.082 7	2.082 8	2.082 9	2.082 9	2.082 9	2.082 9	2.082 9	2.082 8	2.082 8	2.082 8	2.082 7	2.082 7
5	1.692 5	1.852 8	1.884 3	1.892 7	1.894 7	1.894 5	1.893 5	1.892 3	1.891 1	1.889 9	1.888 7	1.887 7	1.886 7	1.885 9	1.885 1	1.884 3	1.883 7	1.883 1	1.882 5	1.882 0	1.881 5	1.881 0	1.880 6	1.880 2
6	1.621 4	1.762 2	1.784 4	1.787 2	1.785 2	1.782 1	1.778 9	1.776 0	1.773 3	1.770 8	1.768 7	1.766 8	1.765 1	1.763 5	1.762 1	1.760 9	1.759 7	1.758 7	1.757 8	1.756 9	1.756 1	1.755 3	1.754 6	1.754 0
7	1.573 2	1.701 0	1.716 9	1.715 7	1.711 1	1.705 9	1.701 1	1.696 9	1.693 1	1.689 8	1.686 9	1.684 3	1.682 0	1.680 0	1.678 1	1.676 5	1.675 0	1.673 6	1.672 4	1.671 2	1.670 2	1.669 2	1.668 3	1.667 5
8	1.538 4	1.656 9	1.668 3	1.664 2	1.657 5	1.650 8	1.644 8	1.639 6	1.635 0	1.631 0	1.627 5	1.624 4	1.621 7	1.619 2	1.617 0	1.615 0	1.613 2	1.611 6	1.610 1	1.608 8	1.607 5	1.606 4	1.605 3	1.604 3
9	1.512 1	1.623 6	1.631 5	1.625 3	1.617 0	1.609 1	1.602 2	1.596 1	1.590 9	1.586 3	1.582 3	1.578 8	1.575 7	1.572 9	1.570 5	1.568 2	1.566 2	1.564 3	1.562 6	1.561 1	1.559 7	1.558 4	1.557 1	1.556 0
10	1.491 5	1.597 5	1.602 8	1.594 9	1.585 3	1.576 5	1.568 8	1.562 1	1.556 3	1.551 3	1.546 9	1.543 0	1.539 6	1.536 5	1.533 8	1.531 3	1.529 1	1.527 0	1.525 2	1.523 5	1.521 9	1.520 5	1.519 1	1.517 9

续表

n	α=0.75																							
	m																							
	1	2	3	4	5	6	7	8	9	10	11	12	13	14	15	16	17	18	19	20	21	22	23	24
11	1.4749	1.5767	1.5798	1.5704	1.5598	1.5502	1.5418	1.5346	1.5284	1.5229	1.5182	1.5140	1.5104	1.5071	1.5041	1.5014	1.4990	1.4968	1.4948	1.4930	1.4913	1.4897	1.4883	1.4869
12	1.4613	1.5595	1.5609	1.5504	1.5389	1.5286	1.5197	1.5120	1.5054	1.4996	1.4946	1.4902	1.4862	1.4827	1.4796	1.4768	1.4742	1.4719	1.4697	1.4678	1.4659	1.4643	1.4627	1.4613
13	1.4500	1.5452	1.5451	1.5336	1.5214	1.5105	1.5011	1.4931	1.4861	1.4801	1.4748	1.4701	1.4660	1.4623	1.4590	1.4560	1.4533	1.4508	1.4486	1.4465	1.4446	1.4428	1.4412	1.4397
14	1.4403	1.5331	1.5317	1.5194	1.5066	1.4952	1.4854	1.4770	1.4697	1.4634	1.4579	1.4530	1.4487	1.4449	1.4414	1.4383	1.4355	1.4329	1.4305	1.4284	1.4264	1.4245	1.4228	1.4212
15	1.4321	1.5227	1.5202	1.5071	1.4938	1.4820	1.4718	1.4631	1.4556	1.4491	1.4434	1.4383	1.4339	1.4299	1.4263	1.4230	1.4201	1.4174	1.4150	1.4127	1.4106	1.4087	1.4069	1.4052
16	1.4249	1.5137	1.5103	1.4965	1.4827	1.4705	1.4601	1.4511	1.4433	1.4366	1.4307	1.4255	1.4209	1.4168	1.4131	1.4097	1.4067	1.4039	1.4013	1.3990	1.3968	1.3949	1.3930	1.3913
17	1.4186	1.5057	1.5015	1.4872	1.4730	1.4605	1.4497	1.4405	1.4325	1.4256	1.4196	1.4142	1.4095	1.4052	1.4014	1.3980	1.3948	1.3920	1.3893	1.3869	1.3847	1.3827	1.3807	1.3790
18	1.4130	1.4988	1.4938	1.4790	1.4644	1.4516	1.4406	1.4311	1.4230	1.4159	1.4097	1.4042	1.3994	1.3950	1.3911	1.3876	1.3843	1.3814	1.3787	1.3762	1.3739	1.3718	1.3698	1.3680
19	1.4081	1.4925	1.4870	1.4717	1.4568	1.4437	1.4325	1.4228	1.4145	1.4073	1.4009	1.3953	1.3903	1.3859	1.3819	1.3782	1.3749	1.3719	1.3692	1.3666	1.3643	1.3621	1.3601	1.3582
20	1.4037	1.4870	1.4808	1.4652	1.4500	1.4366	1.4252	1.4153	1.4069	1.3995	1.3930	1.3873	1.3822	1.3777	1.3736	1.3699	1.3665	1.3634	1.3606	1.3580	1.3556	1.3534	1.3513	1.3494
21	1.3997	1.4820	1.4753	1.4593	1.4438	1.4302	1.4186	1.4086	1.4000	1.3925	1.3859	1.3801	1.3749	1.3703	1.3661	1.3623	1.3589	1.3557	1.3529	1.3502	1.3478	1.3455	1.3434	1.3414
22	1.3961	1.4774	1.4703	1.4540	1.4382	1.4244	1.4126	1.4025	1.3937	1.3861	1.3794	1.3735	1.3683	1.3636	1.3593	1.3555	1.3520	1.3488	1.3458	1.3431	1.3406	1.3383	1.3361	1.3341
23	1.3928	1.4733	1.4657	1.4491	1.4331	1.4191	1.4072	1.3969	1.3880	1.3803	1.3735	1.3675	1.3622	1.3574	1.3531	1.3492	1.3456	1.3424	1.3394	1.3366	1.3341	1.3317	1.3295	1.3275
24	1.3898	1.4695	1.4615	1.4447	1.4285	1.4143	1.4022	1.3918	1.3828	1.3750	1.3681	1.3621	1.3566	1.3518	1.3474	1.3434	1.3398	1.3365	1.3335	1.3307	1.3281	1.3257	1.3235	1.3214

续表

$\alpha=0.9$

n \ m	1	2	3	4	5	6	7	8	9	10	11	12	13	14	15	16	17	18	19	20	21	22	23	24
1	39.863 5	49.500 0	53.593 2	55.833 0	57.240 1	58.204 4	58.906 0	59.439 0	59.857 6	60.195 0	60.472 7	60.705 2	60.902 8	61.072 7	61.220 3	61.349 9	61.464 4	61.566 4	61.657 9	61.740 3	61.815 0	61.882 9	61.945 0	62.002 0
2	8.526 3	9.000 0	9.161 8	9.243 4	9.292 6	9.325 5	9.349 1	9.366 8	9.380 5	9.391 6	9.400 6	9.408 1	9.414 5	9.420 0	9.424 7	9.428 9	9.432 5	9.435 8	9.438 7	9.441 3	9.443 7	9.445 8	9.447 8	9.449 6
3	5.538 3	5.462 4	5.390 8	5.342 6	5.309 2	5.284 7	5.266 2	5.251 7	5.240 0	5.230 4	5.222 4	5.215 6	5.209 8	5.204 7	5.200 3	5.196 4	5.192 9	5.189 8	5.187 0	5.184 5	5.182 2	5.180 1	5.178 1	5.176 4
4	4.544 8	4.324 6	4.190 9	4.107 2	4.050 6	4.009 7	3.979 0	3.954 9	3.935 7	3.919 9	3.906 7	3.895 5	3.885 9	3.877 6	3.870 4	3.863 9	3.858 2	3.853 1	3.848 5	3.844 3	3.840 5	3.837 1	3.833 9	3.831 0
5	4.060 4	3.779 7	3.619 5	3.520 2	3.453 0	3.404 5	3.367 9	3.339 3	3.316 3	3.297 4	3.281 6	3.268 2	3.256 7	3.246 8	3.238 0	3.230 3	3.223 4	3.217 2	3.211 7	3.206 7	3.202 1	3.197 9	3.194 1	3.190 5
6	3.775 9	3.463 3	3.288 8	3.180 8	3.107 5	3.054 6	3.014 5	2.983 0	2.957 7	2.936 9	2.919 5	2.904 7	2.892 0	2.880 9	2.871 2	2.862 6	2.855 0	2.848 1	2.841 9	2.836 3	2.831 2	2.826 6	2.822 3	2.818 3
7	3.589 4	3.257 4	3.074 1	2.960 5	2.883 3	2.827 4	2.784 9	2.751 6	2.724 7	2.702 5	2.683 9	2.668 1	2.654 5	2.642 6	2.632 2	2.623 0	2.614 8	2.607 4	2.600 8	2.594 7	2.589 2	2.584 2	2.579 6	2.575 3
8	3.457 9	3.113 1	2.923 8	2.806 4	2.726 4	2.668 3	2.624 1	2.589 3	2.561 2	2.538 0	2.518 6	2.502 0	2.487 6	2.475 2	2.464 2	2.454 5	2.445 8	2.438 0	2.431 0	2.424 6	2.418 8	2.413 5	2.408 6	2.404 1
9	3.360 3	3.006 5	2.812 9	2.692 7	2.610 6	2.550 9	2.505 3	2.469 4	2.440 3	2.416 3	2.396 1	2.378 9	2.364 0	2.351 0	2.339 6	2.329 5	2.320 5	2.312 3	2.305 0	2.298 3	2.292 2	2.286 7	2.281 6	2.276 8
10	3.285 0	2.924 5	2.727 7	2.605 3	2.521 6	2.460 6	2.414 0	2.377 2	2.347 3	2.322 6	2.301 8	2.284 1	2.268 7	2.255 3	2.243 5	2.233 0	2.223 7	2.215 3	2.207 7	2.200 7	2.194 4	2.188 7	2.183 3	2.178 4
11	3.225 2	2.859 5	2.660 2	2.536 2	2.451 2	2.389 1	2.341 6	2.304 0	2.273 5	2.248 2	2.226 9	2.208 7	2.193 0	2.179 2	2.167 1	2.156 3	2.146 7	2.138 0	2.130 2	2.123 0	2.116 5	2.110 6	2.105 1	2.100 0
12	3.176 5	2.806 8	2.605 5	2.480 1	2.394 0	2.331 0	2.282 8	2.244 6	2.213 5	2.187 8	2.166 0	2.147 4	2.131 3	2.117 3	2.104 9	2.093 8	2.083 9	2.075 0	2.067 0	2.059 7	2.053 0	2.046 9	2.041 2	2.036 0
13	3.136 2	2.763 2	2.560 3	2.433 7	2.346 7	2.283 0	2.234 1	2.195 3	2.163 8	2.137 6	2.115 5	2.096 6	2.080 2	2.065 8	2.053 2	2.041 9	2.031 8	2.022 7	2.014 5	2.007 0	2.000 1	1.993 9	1.988 1	1.982 7
14	3.102 2	2.726 5	2.522 2	2.394 7	2.306 9	2.242 6	2.193 1	2.153 9	2.122 0	2.095 4	2.072 9	2.053 7	2.037 0	2.022 4	2.009 5	1.998 1	1.987 8	1.978 5	1.970 1	1.962 5	1.955 5	1.949 0	1.943 1	1.937 7
15	3.073 2	2.695 2	2.489 8	2.361 4	2.273 0	2.208 1	2.158 2	2.118 5	2.086 2	2.059 3	2.036 6	2.017 1	2.000 1	1.985 3	1.972 2	1.960 5	1.950 1	1.940 7	1.932 1	1.924 3	1.917 2	1.910 6	1.904 6	1.899 0
16	3.048 1	2.668 2	2.461 8	2.332 7	2.243 8	2.178 3	2.128 0	2.088 0	2.055 3	2.028 1	2.005 1	1.985 4	1.968 2	1.953 2	1.939 9	1.928 1	1.917 5	1.907 9	1.899 2	1.891 3	1.884 0	1.877 4	1.871 2	1.865 6
17	3.026 2	2.644 5	2.437 4	2.307 7	2.218 3	2.152 4	2.101 7	2.061 3	2.028 4	2.000 9	1.977 7	1.957 7	1.940 4	1.925 2	1.911 7	1.899 7	1.888 9	1.879 2	1.870 4	1.862 4	1.855 0	1.848 2	1.842 0	1.836 2

续表

$\alpha=0.9$

n	m=1	2	3	4	5	6	7	8	9	10	11	12	13	14	15	16	17	18	19	20	21	22	23	24
18	3.007 0	2.623 9	2.416 0	2.285 8	2.195 8	2.129 6	2.078 5	2.037 9	2.004 7	1.977 0	1.953 5	1.933 3	1.915 8	1.900 4	1.886 8	1.874 7	1.863 8	1.853 9	1.845 0	1.836 8	1.829 4	1.822 5	1.816 2	1.810 3
19	2.989 9	2.605 6	2.397 0	2.266 3	2.176 0	2.109 4	2.058 0	2.017 1	1.983 6	1.955 7	1.932 1	1.911 7	1.894 0	1.878 5	1.864 7	1.852 4	1.841 4	1.831 4	1.822 4	1.814 2	1.806 6	1.799 7	1.793 2	1.787 3
20	2.974 7	2.589 3	2.380 1	2.248 9	2.158 2	2.091 3	2.039 7	1.998 5	1.964 9	1.936 7	1.912 9	1.892 4	1.874 5	1.858 8	1.844 9	1.832 5	1.821 4	1.811 3	1.802 2	1.793 8	1.786 2	1.779 2	1.772 7	1.766 7
21	2.961 0	2.574 6	2.364 9	2.233 3	2.142 3	2.075 1	2.023 3	1.981 9	1.948 0	1.919 7	1.895 6	1.875 0	1.857 0	1.841 2	1.827 1	1.814 6	1.803 4	1.793 2	1.784 0	1.775 6	1.767 8	1.760 7	1.754 1	1.748 1
22	2.948 6	2.561 3	2.351 2	2.219 3	2.127 9	2.060 5	2.008 4	1.966 8	1.932 7	1.904 3	1.880 1	1.859 3	1.841 1	1.825 2	1.811 1	1.798 4	1.787 1	1.776 8	1.767 5	1.759 0	1.751 2	1.744 0	1.737 4	1.731 2
23	2.937 4	2.549 3	2.338 7	2.206 5	2.114 9	2.047 2	1.994 9	1.953 1	1.918 9	1.890 3	1.865 9	1.845 0	1.826 7	1.810 7	1.796 4	1.783 7	1.772 3	1.761 9	1.752 5	1.743 9	1.736 0	1.728 8	1.722 1	1.715 9
24	2.927 1	2.538 3	2.327 4	2.194 9	2.103 0	2.035 1	1.982 6	1.940 7	1.906 3	1.877 5	1.853 0	1.831 9	1.813 6	1.797 4	1.783 1	1.770 3	1.758 7	1.748 3	1.738 8	1.730 2	1.722 2	1.714 9	1.708 1	1.701 9

$\alpha=0.95$

n	m=1	2	3	4	5	6	7	8	9	10	11	12	13	14	15	16	17	18	19	20	21	22	23	24
1	161.447 6	199.500 0	215.707 3	224.583 2	230.161 9	233.986 0	236.768 4	238.882 7	240.543 3	241.881 7	242.983 5	243.906 0	244.689 8	245.364 0	245.949 9	246.463 9	246.918 4	247.323 2	247.686 1	248.013 1	248.309 4	248.579 1	248.825 6	249.051 8
2	18.512 8	19.000 0	19.164 3	19.246 8	19.296 4	19.329 5	19.353 2	19.371 0	19.384 8	19.395 9	19.405 0	19.412 5	19.418 9	19.424 4	19.429 1	19.433 3	19.437 0	19.440 2	19.443 1	19.445 8	19.448 1	19.450 3	19.452 3	19.454 1
3	10.128 0	9.552 1	9.276 6	9.117 2	9.013 5	8.940 6	8.886 7	8.845 2	8.812 3	8.785 5	8.763 3	8.744 6	8.728 7	8.714 9	8.702 9	8.692 3	8.682 9	8.674 5	8.667 0	8.660 2	8.654 0	8.648 4	8.643 2	8.638 5
4	7.708 6	6.944 3	6.591 4	6.388 2	6.256 1	6.163 1	6.094 2	6.041 0	5.998 8	5.964 4	5.935 8	5.911 7	5.891 1	5.873 3	5.857 8	5.844 1	5.832 0	5.821 1	5.811 4	5.802 5	5.794 5	5.787 2	5.780 5	5.774 4
5	6.607 9	5.786 1	5.409 5	5.192 2	5.050 3	4.950 3	4.875 9	4.818 3	4.772 5	4.735 1	4.704 0	4.677 7	4.655 2	4.635 8	4.618 8	4.603 8	4.590 4	4.578 5	4.567 8	4.558 1	4.549 3	4.541 3	4.533 9	4.527 2
6	5.987 4	5.143 3	4.757 1	4.533 7	4.387 4	4.283 9	4.206 7	4.146 8	4.099 0	4.060 0	4.027 4	3.999 9	3.976 4	3.955 9	3.938 1	3.922 3	3.908 3	3.895 7	3.884 4	3.874 2	3.864 9	3.856 4	3.848 6	3.841 5
7	5.591 4	4.737 4	4.346 8	4.120 3	3.971 5	3.866 0	3.787 0	3.725 7	3.676 7	3.636 5	3.603 0	3.574 7	3.550 3	3.529 2	3.510 7	3.494 4	3.479 9	3.466 9	3.455 1	3.444 5	3.434 9	3.426 0	3.417 9	3.410 5

续表

n	$\alpha=0.95$																							
	m																							
	1	2	3	4	5	6	7	8	9	10	11	12	13	14	15	16	17	18	19	20	21	22	23	24
8	5.3177	4.4590	4.0662	3.8379	3.6875	3.5806	3.5005	3.4381	3.3881	3.3472	3.3130	3.2839	3.2590	3.2374	3.2184	3.2016	3.1867	3.1733	3.1613	3.1503	3.1404	3.1313	3.1229	3.1152
9	5.1174	4.2565	3.8625	3.6331	3.4817	3.3738	3.2927	3.2296	3.1789	3.1373	3.1025	3.0729	3.0475	3.0255	3.0061	2.9890	2.9737	2.9600	2.9477	2.9365	2.9263	2.9169	2.9084	2.9005
10	4.9646	4.1028	3.7083	3.4780	3.3258	3.2172	3.1355	3.0717	3.0204	2.9782	2.9430	2.9130	2.8872	2.8647	2.8450	2.8276	2.8120	2.7980	2.7854	2.7740	2.7636	2.7541	2.7453	2.7372
11	4.8443	3.9823	3.5874	3.3567	3.2039	3.0946	3.0123	2.9480	2.8962	2.8536	2.8179	2.7876	2.7614	2.7386	2.7186	2.7009	2.6851	2.6709	2.6581	2.6464	2.6358	2.6261	2.6172	2.6090
12	4.7472	3.8853	3.4903	3.2592	3.1059	2.9961	2.9134	2.8486	2.7964	2.7534	2.7173	2.6866	2.6602	2.6371	2.6169	2.5989	2.5828	2.5684	2.5554	2.5436	2.5328	2.5229	2.5139	2.5055
13	4.6672	3.8056	3.4105	3.1791	3.0254	2.9153	2.8321	2.7669	2.7144	2.6710	2.6347	2.6037	2.5769	2.5536	2.5331	2.5149	2.4987	2.4841	2.4709	2.4589	2.4479	2.4379	2.4287	2.4202
14	4.6001	3.7389	3.3439	3.1122	2.9582	2.8477	2.7642	2.6987	2.6458	2.6022	2.5655	2.5342	2.5073	2.4837	2.4630	2.4446	2.4282	2.4134	2.4000	2.3879	2.3768	2.3667	2.3573	2.3487
15	4.5431	3.6823	3.2874	3.0556	2.9013	2.7905	2.7066	2.6408	2.5876	2.5437	2.5068	2.4753	2.4481	2.4244	2.4034	2.3849	2.3683	2.3533	2.3398	2.3275	2.3163	2.3060	2.2966	2.2878
16	4.4940	3.6337	3.2389	3.0069	2.8524	2.7413	2.6572	2.5911	2.5377	2.4935	2.4564	2.4247	2.3973	2.3733	2.3522	2.3335	2.3167	2.3016	2.2880	2.2756	2.2642	2.2538	2.2443	2.2354
17	4.4513	3.5915	3.1968	2.9647	2.8100	2.6987	2.6143	2.5480	2.4943	2.4499	2.4126	2.3807	2.3531	2.3290	2.3077	2.2888	2.2719	2.2567	2.2429	2.2304	2.2189	2.2084	2.1987	2.1898
18	4.4139	3.5546	3.1599	2.9277	2.7729	2.6613	2.5767	2.5102	2.4563	2.4117	2.3742	2.3421	2.3143	2.2900	2.2686	2.2496	2.2325	2.2172	2.2033	2.1906	2.1791	2.1685	2.1587	2.1497
19	4.3807	3.5219	3.1274	2.8951	2.7401	2.6283	2.5435	2.4768	2.4227	2.3779	2.3402	2.3080	2.2800	2.2556	2.2341	2.2149	2.1977	2.1823	2.1683	2.1555	2.1438	2.1331	2.1233	2.1141
20	4.3512	3.4928	3.0984	2.8661	2.7109	2.5990	2.5140	2.4471	2.3928	2.3479	2.3100	2.2776	2.2495	2.2250	2.2033	2.1840	2.1667	2.1511	2.1370	2.1242	2.1124	2.1016	2.0917	2.0825
21	4.3248	3.4668	3.0725	2.8401	2.6848	2.5727	2.4876	2.4205	2.3660	2.3210	2.2829	2.2504	2.2222	2.1975	2.1757	2.1563	2.1389	2.1232	2.1090	2.0960	2.0842	2.0733	2.0633	2.0540
22	4.3009	3.4434	3.0491	2.8167	2.6613	2.5491	2.4638	2.3965	2.3419	2.2967	2.2585	2.2258	2.1975	2.1727	2.1508	2.1313	2.1138	2.0980	2.0837	2.0707	2.0587	2.0478	2.0377	2.0283
23	4.2793	3.4221	3.0280	2.7955	2.6400	2.5277	2.4422	2.3748	2.3201	2.2747	2.2364	2.2036	2.1752	2.1502	2.1282	2.1086	2.0910	2.0751	2.0608	2.0476	2.0356	2.0246	2.0144	2.0050
24	4.2597	3.4028	3.0088	2.7763	2.6207	2.5082	2.4226	2.3551	2.3002	2.2547	2.2163	2.1834	2.1548	2.1298	2.1077	2.0880	2.0703	2.0543	2.0399	2.0267	2.0146	2.0035	1.9932	1.9838

续表

$\alpha=0.99$

n	m=1	2	3	4	5	6	7	8	9	10	11	12	13	14	15	16	17	18	19	20	21	22	23	24
1	4 052.180 7	4 999.500 0	5 403.352 0	5 624.583 3	5 763.649 6	5 858.986 1	5 928.355 7	5 981.070 3	6 022.473 2	6 055.846 7	6 083.316 8	6 106.320 7	6 125.864 7	6 142.674 0	6 157.284 6	6 170.101 2	6 181.434 8	6 191.528 7	6 200.575 6	6 208.730 2	6 216.118 4	6 222.843 3	6 228.990 3	6 234.630 9
2	98.502 5	99.000 0	99.166 2	99.249 4	99.299 3	99.332 6	99.356 4	99.374 2	99.388 1	99.399 2	99.408 3	99.415 9	99.422 3	99.427 8	99.432 5	99.436 7	99.440 4	99.443 6	99.446 5	99.449 2	99.451 6	99.453 7	99.455 7	99.457 5
3	34.116 2	30.816 5	29.456 7	28.709 9	28.237 1	27.910 7	27.671 7	27.489 2	27.345 2	27.228 7	27.132 6	27.051 8	26.983 1	26.923 8	26.872 2	26.826 9	26.786 7	26.750 9	26.718 8	26.689 8	26.663 5	26.639 6	26.617 6	26.597 5
4	21.197 7	18.000 0	16.694 4	15.977 0	15.521 9	15.206 9	14.975 8	14.798 9	14.659 1	14.545 9	14.452 3	14.373 6	14.306 5	14.248 6	14.198 2	14.153 9	14.114 6	14.079 5	14.048 0	14.019 6	13.993 8	13.970 3	13.948 8	13.929 1
5	16.258 2	13.273 9	12.060 0	11.391 9	10.967 0	10.672 3	10.455 5	10.289 3	10.157 8	10.051 0	9.962 6	9.888 3	9.824 8	9.770 0	9.722 2	9.680 2	9.642 9	9.609 6	9.579 7	9.552 6	9.528 1	9.505 8	9.485 3	9.466 5
6	13.745 0	10.924 8	9.779 5	9.148 3	8.745 9	8.466 1	8.260 0	8.101 7	7.976 1	7.874 1	7.789 6	7.718 3	7.657 5	7.604 9	7.559 0	7.518 6	7.482 7	7.450 7	7.421 9	7.395 8	7.372 2	7.350 6	7.330 9	7.312 7
7	12.246 4	9.546 6	8.451 3	7.846 6	7.460 4	7.191 4	6.992 8	6.840 0	6.718 8	6.620 1	6.538 2	6.469 1	6.410 0	6.359 0	6.314 3	6.275 0	6.240 1	6.208 9	6.180 8	6.155 4	6.132 4	6.111 3	6.092 1	6.074 3
8	11.258 6	8.649 1	7.591 0	7.006 1	6.631 8	6.370 7	6.177 6	6.028 9	5.910 6	5.814 3	5.734 3	5.666 7	5.608 9	5.558 9	5.515 1	5.476 6	5.442 3	5.411 6	5.384 0	5.359 1	5.336 4	5.315 7	5.296 7	5.279 3
9	10.561 4	8.021 5	6.991 9	6.422 1	6.056 9	5.801 8	5.612 9	5.467 1	5.351 1	5.256 5	5.177 9	5.111 4	5.054 5	5.005 2	4.962 1	4.924 0	4.890 2	4.859 9	4.832 7	4.808 0	4.785 6	4.765 1	4.746 3	4.729 0
10	10.044 3	7.559 4	6.552 3	5.994 3	5.636 3	5.385 8	5.200 1	5.056 7	4.942 4	4.849 1	4.771 5	4.705 9	4.649 6	4.600 8	4.558 1	4.520 4	4.486 9	4.456 9	4.429 9	4.405 4	4.383 1	4.362 8	4.344 1	4.326 9
11	9.646 0	7.205 7	6.216 7	5.668 3	5.316 0	5.069 2	4.886 1	4.744 5	4.631 5	4.539 3	4.462 4	4.397 4	4.341 6	4.293 2	4.250 9	4.213 4	4.180 1	4.150 3	4.123 4	4.099 0	4.076 9	4.056 6	4.038 0	4.020 9
12	9.330 2	6.926 6	5.952 5	5.412 0	5.064 3	4.820 6	4.639 5	4.499 4	4.387 5	4.296 1	4.219 8	4.155 3	4.099 9	4.051 8	4.009 6	3.972 4	3.939 2	3.909 5	3.882 7	3.858 4	3.836 3	3.816 1	3.797 6	3.780 5
13	9.073 8	6.701 0	5.739 4	5.205 3	4.861 6	4.620 4	4.441 0	4.302 1	4.191 1	4.100 3	4.024 5	3.960 3	3.905 2	3.857 3	3.815 4	3.778 3	3.745 2	3.715 6	3.688 8	3.664 6	3.642 5	3.622 4	3.603 8	3.586 8
14	8.861 6	6.514 9	5.563 9	5.035 4	4.695 0	4.455 8	4.277 9	4.139 9	4.029 7	3.939 4	3.864 0	3.800 1	3.745 2	3.697 5	3.655 7	3.618 7	3.585 7	3.556 1	3.529 4	3.505 2	3.483 2	3.463 0	3.444 5	3.427 4
15	8.683 1	6.358 9	5.417 0	4.893 2	4.555 6	4.318 3	4.141 5	4.004 5	3.894 8	3.804 9	3.729 9	3.666 2	3.611 5	3.563 9	3.522 2	3.485 2	3.452 3	3.422 8	3.396 1	3.371 9	3.349 8	3.329 7	3.311 1	3.294 0
16	8.531 0	6.226 2	5.292 2	4.772 6	4.437 4	4.201 6	4.025 9	3.889 6	3.780 4	3.690 9	3.616 2	3.552 7	3.498 1	3.450 6	3.408 9	3.372 0	3.339 1	3.309 6	3.282 9	3.258 7	3.236 7	3.216 5	3.197 9	3.180 8
17	8.399 7	6.112 1	5.185 0	4.669 0	4.335 9	4.101 5	3.926 7	3.791 0	3.682 2	3.593 1	3.518 5	3.455 2	3.400 7	3.353 3	3.311 7	3.274 8	3.241 9	3.212 4	3.185 7	3.161 5	3.139 4	3.119 2	3.100 6	3.083 5

续表

n	$\alpha=0.99$																							
	m																							
	1	2	3	4	5	6	7	8	9	10	11	12	13	14	15	16	17	18	19	20	21	22	23	24
18	8.285 4	6.012 9	5.091 9	4.579 0	4.247 9	4.014 6	3.840 6	3.705 4	3.597 1	3.508 2	3.433 8	3.370 6	3.316 2	3.268 9	3.227 3	3.190 4	3.157 5	3.128 0	3.101 3	3.077 1	3.055 0	3.034 8	3.016 1	2.999 0
19	8.184 9	5.925 9	5.010 3	4.500 3	4.170 8	3.938 6	3.765 3	3.630 5	3.522 5	3.433 8	3.359 6	3.296 5	3.242 2	3.194 9	3.153 3	3.116 5	3.083 6	3.054 1	3.027 4	3.003 1	2.981 0	2.960 7	2.942 1	2.924 9
20	8.096 0	5.848 9	4.938 2	4.430 7	4.102 7	3.871 4	3.698 7	3.564 4	3.456 7	3.368 2	3.294 1	3.231 1	3.176 9	3.129 6	3.088 0	3.051 2	3.018 3	2.988 7	2.962 0	2.937 7	2.915 6	2.895 3	2.876 6	2.859 4
21	8.016 6	5.780 4	4.874 0	4.368 8	4.042 1	3.811 7	3.639 6	3.505 6	3.398 1	3.309 8	3.235 9	3.173 0	3.118 7	3.071 5	3.030 0	2.993 1	2.960 2	2.930 6	2.903 9	2.879 6	2.857 4	2.837 0	2.818 3	2.801 0
22	7.945 4	5.719 0	4.816 6	4.313 4	3.988 0	3.758 3	3.586 7	3.453 0	3.345 8	3.257 6	3.183 7	3.120 9	3.066 7	3.019 5	2.977 9	2.941 1	2.908 2	2.878 6	2.851 8	2.827 4	2.805 2	2.784 9	2.766 1	2.748 8
23	7.881 1	5.663 7	4.764 9	4.263 6	3.939 2	3.710 2	3.539 0	3.405 7	3.298 6	3.210 6	3.136 8	3.074 0	3.019 9	2.972 7	2.931 1	2.894 3	2.861 3	2.831 7	2.804 9	2.780 5	2.758 3	2.737 8	2.719 1	2.701 7
24	7.822 9	5.613 6	4.718 1	4.218 4	3.895 1	3.666 7	3.495 9	3.362 9	3.256 0	3.168 1	3.094 4	3.031 6	2.977 5	2.930 3	2.888 7	2.851 9	2.818 9	2.789 2	2.762 4	2.738 0	2.715 7	2.695 3	2.676 5	2.659 1

参考文献

[1] 黄国建，蔡鸣晶，骈俊生．线性代数与概率统计：通用类[M]．北京：高等教育出版社，2021.

[2] 王佳新．线性代数与概率统计[M]．北京：机械工业出版社，2023.

[3] 马丽杰，明杰秀．线性代数与概率统计[M]．2版．武汉：武汉大学出版社，2017.

[4] 范红玲，徐峰．线性代数与概率统计[M]．北京：高等教育出版社，2013.

[5] 茆诗松，程依明，濮晓龙．概率论与数理统计教程[M]．3版．北京：高等教育出版社，2019.